乔冠华与龚澎

我的父亲母亲

（修订版）

乔松都◎著

世界知识出版社

谨以此书献给亲爱的爸爸妈妈

目录

代　序……11
前　言……15
编者的话……17

上篇　母亲龚澎

第一章　在颠沛流离中成长……3
在流亡中诞生……3
姥爷龚镇洲……4
姥姥徐文和她的家人……7
从横滨到广东……11
霞飞路上的小姑娘　难忘的教诲……12
圣玛丽亚女中……15

第二章　妈妈的青春之歌……18
获奖学金的女生……18
亲历“一二·九”学生运动……20
第一次记者招待会……23
敢死队员……24
传播《红星照耀中国》第一人……27

抉择　奔赴延安 30
马列学院第一期学员 33

第三章　太行情深 35
巧遇彭德怀 35
刘白羽忆龚澎 39
一段动人的往事 40
我们在太行山上 45

第四章　雾都六年 48
走进红岩村 48
曾家岩50号 50
周恩来初试龚澎 51
皖南事变前后 54
《新华日报》女记者甩尾巴 58
中共第一位新闻发言人 59
辅导周恩来学英语 66
生离死别　两个至亲的人走了 66

第五章　激情岁月 74
黎明之外是青山 74
神曲之门 76
纯阳洞的故事 78
化龙桥二重奏 80
断肠人找到心上人 82
到这里就是回家了 85
曾家岩摇篮曲：巴黎与华沙 86
战斗在敌人心脏 89
重庆谈判前后 92
三个美国士兵要见毛泽东 94

争取国际社会支持 97
与社会各界的交往 98
老记者重访团 103

第六章　走向新中国 107
北平军调部 107
南京局外交事务委员会 108
上海马斯南路107号 109
第一份外文期刊《新华周刊》........ 111
紧急撤退 113
香港英皇道173号 115
创办《中国文摘》........ 116
首任社长老乔 119
香港流年碎影 122
北上　大抢运行动 123

第七章　首任情报司长 127
开　国 127
政务院的花名册 129
组建情报司 131
老外交部街30号 133
另起炉灶 135
制定新法规 137
言传与身教 139
死马当活马医 142
重要的是客观报道 144
外国记者到西藏 146
采访大陈岛真相 147
毛主席来到新闻报道组：龚小姐你好啊！ 149
组织记者盛会 150

新闻发言的奠基人 152
当好中央的耳目喉舌 154
冷眼向洋看世界 159
创业时代：一个难忘的晚上 162
一部获百花奖的外事纪录片 164

第八章　外交生涯 167
1954年日内瓦会议亮相 167
万隆会议与“克什米尔公主”号空难 174
1961年解决老挝问题的日内瓦会议 178
亚非欧14国之行 182
安娜·路易斯·斯特朗访华纪实 188
埃德加·斯诺重访中国（一） 192
埃德加·斯诺重访中国（二） 197
与爱国作家韩素音的交往 202
难忘的合作 208
第一个电视采访中国领导人的西方记者格林 210

第九章　新闻司岁月 214
龚澎印象 214
为培养新中国外交人才尽心竭力 217
敢于为下级承担责任 222
妇女半边天 224
县委农工部部长龚澎 229

第十章　阳光明媚的家 233
全家福 233
台基厂保卫世界和平委员会大院 234
国际俱乐部琐记 236
无量大人胡同6号 237

报房胡同69号温馨的家 239
爸妈共同的小名 244
妈妈没有走 245
以身教者从 246
慈　母 247
启　蒙 250
妈妈和老疙瘩的朋友 253
钢琴梦 255
北戴河的天伦之乐 258
妈妈教练 261

第十一章　疾风识劲草 263
山雨欲来风满楼 263
势如破竹 264
夹着尾巴做人 266
龚澎，你怎么可能是三反分子呢？ 268
难忘的除夕之夜 272
请让龚澎同志坐下！ 275
坚决顶住！ 276
老乔，过来听国际歌！ 278
九十一人大字报 280
东交民巷　呕心沥血的日子 283
望着面色苍白的龚澎，周总理沉默了 285
最时髦的装束 287
最后一别 288
妈妈送我上山下乡 289
妈妈寄来温暖的信 295
最后的四口之家 299

第十二章　春蚕丝尽 304
三月八日雪花飘飘 304
重　托 309
周恩来探视：冠华同志，你要坚强一些！ 312
我捧着妈妈的骨灰 314
阿格不在了吗？ 316
尾　声 317

下篇　我和父亲

第一章　寻　根 321
苏北东乔庄 321
博学少年与马克思主义 328
东京帝国大学 330
留德同学 332

第二章　初展才华 337
“乔的文章顶得上两个坦克师” 337
转　折 340
哲学家的争论 343
双飞燕 345

第三章　建国初期 348
出席1950年联合国安理会 349
板门店停战谈判 350
与开城的不解之缘 359
第一次见父亲 363

第四章　笔杆子 365
北戴河的秀才们 365
论战后面的故事 368
茅台酒 370
军队进行曲 371
文开一代外交风 376

第五章　回望双亲 383
珠联璧合　风雨同舟30年 383
“我和龚澎可不是一般的夫妻！” 387
慈　父 389
启发式教育 391
寓教于乐 392
爸爸与北京的园林 393
老黄牛 396
和爸爸一起摸彩 397
逛厂甸　永远的大风车 399

第六章　从走资派到复出工作 402
一边挨斗，一边工作的走资派 402
打倒“陈、姬、乔”以后 404
复出　中苏谈判 405
父母的牵挂 408
连夜鏖战　五二〇声明 409

第七章　爸爸失去了一半生命 412
永远的仙客来 412
爸爸失去了一半生命 414
不思量，自难忘 415

妈妈出远门的时候 416
生不带来，死不带走 420
天涯若比邻 420
与陈老总的一段交往 422
爸爸与诗 426

第八章　走向事业高潮 428
爸爸要去联合国 428
“绿色”中国——长城挂毯 431
搭令，我要动身了！ 433
途中插曲 436
“乔的笑” 439
与华裔雇员在一起 443
老同学聚会 444
归　来 445
出名后的新问题 446
起草中美《上海联合公报》前后 448
联大纪实 450
友　情 453
最大的心愿 454

第九章　突如其来的变迁 455
百味人生 455
往事长相忆 456
1972年的爸爸 457
爸爸的心事 459
哥哥为什么要搬走 462
我是怎样离开家的 465
不辞而别——搬离报房胡同 469
少年已识愁滋味 471

写给妈妈的信 475
天凉好个秋 478
中南海西花厅 482
每逢佳节倍思亲 485
爸爸送的生日礼物 487
与爸爸分别的日子 489
祈祷与守望 491

第十章　重新走近父亲 495
事情就是这么简单！ 495
爸爸，我想对你说 498
母亲十年祭 500
和你妈妈在一起的日子我一天也没有忘记 502
小手指姑娘 504
爸爸的书桌 505
与夏衍的半世之交 508

第十一章　最后的日子 511
过去的事情一风吹 511
第六感觉和“最后的晚餐” 512
永　别 516
尾　声 517

续篇　怀念与思考 520

朋友的话 527
初版后记 529
再版后记 531
参考资料 533

代 序

呈现在读者面前的是一部五十多万字的具有传记写实性的回忆录。传主是新中国一代外交奇才夫妇乔冠华、龚澎。作者就是他们的亲生女儿乔松都。她费时几年，在青灯黄卷下翻阅了大量解密资料和相关著作，用心血拌着泪水写成的一部记录父母革命和家庭亲情的作品。

这部书是松都的处女作。作为一部写实性传记，最重要的是要做到两个字：真实。松都是按此去写作的，因此这本书是具有史料价值的。如书中写到龚澎阿姨如何在毛主席、周总理指示下几次负责接待中国人民的老朋友斯诺的真实景象等，都是第一次向外界详尽披露。作者以女儿家特有的精细、理性、绵密的笔触，以一种充满了只有血脉儿女才具有的真实感情和深深埋藏在心底的思念，写出了父亲乔冠华和母亲龚澎这对老外交家，艰苦奋斗、忠实执行党和人民所赋予光荣重大任务的历史真实原貌。为了新中国的建立，他们夫妻二人并肩战斗，互为连理而比翼双飞。毛主席曾赞誉乔冠华与龚澎是“天生丽质双飞燕，千里姻缘革命牵”，真是恰如其分呢！

龚澎阿姨无论在战争年代，还是在艰苦卓绝的开创性外交工作中，以及对人生的态度上，往往是巾帼不让须眉。她是开国首任外交部新闻司司长、也是外交部最早的新闻发言人，后升任外交部部长助理。在文革的动乱年代，在疯狂的造反派面前，龚澎阿姨坚守原则、站稳立场，在各种压力面前，她表现出的大无畏和坚忍不拔的革命精神，给我们下一代人心中永远留下一个伟大革命母亲的形象！这些在作者笔下都有生动的描述。

我永远忘不了20世纪50年代初，儿时的我经常到乔家居住过的台基厂3号、无量大人胡同6号、报房胡同35号等乔宅做客，我亲眼看到乔伯和龚姨总是因为开国外事繁忙而匆匆钻进汽车去上班，但更多的还是目睹龚姨常常骑上一辆女式“凤头”自行车瞬间消失在风雨中的难忘景象。还有作者松都尚在襁褓中的1954年，她的哥哥宗淮和我同读小学时，他们的父母一身戎装，胸前佩戴着“中国人民志愿军”军标，多次奔赴硝烟弥漫的朝鲜战场，停战后金日成元帅特发给他们军功章。

记得一个星期日上午，我到乔家为宗淮过10周岁生日，龚澎阿姨亲自“操办”，五六位小同学一人一块蛋糕，一杯汽水，一把糖果，真是“排排坐，吃果果”了。那时我们也不会唱什么英文生日歌，也没有烛光，只是在龚澎阿姨引导下“拍拍手，哈哈一笑”而已。我们每人还端起朝鲜人民军副总长赠送给乔伯伯和龚澎阿姨的苏式转盘冲锋枪，吃力地挎到脖子上，以“英雄”状而自娱，引得乔氏夫妇也大笑不止……

1963年我的父亲万里（时任北京市委书记处书记，北京市第一副市长）与乔伯伯一起跟随刘少奇主席去平壤访问，一路上，万、乔两人谈笑风生，我父亲教乔伯伯学会了打桥牌，这也是乔伯伯第一次“叫牌过招”呢。那是一次充满战友情、同志情的愉快出访，也是俩人唯一一次的共同出访。

弹指一挥间，这都是近半个世纪前的如烟往事了呀！

不容置疑，在中国百年难遇的改革开放的盛世之下，多少人向往的“百花齐放、百家争鸣”的明媚春天终于到来了。出书写传蔚然成风，但也难免鱼目混珠，许多关于乔外长的回忆录和传记纷纷问世，也刮起了一阵“乔老爷”的热潮。多少有些遗憾的是，在记述乔外长叱咤中国外交风云的纷繁文字中，关注和记录与他生活长达28年的夫人，也是一代杰出外交家龚澎的文章就颇为单薄了。有幸的是她的女儿乔松都做了生动和较为全面的补充，尽管还不够丰厚，但读者总可以“一叶知秋”了。我想通过这本书，读者不仅看到了乔冠华那些不为人知的故事，也认识了他身边这位经过长期革命战火考验的忠实伴侣，集美丽、智慧、勇气为一身的部长助理龚澎。

在文革的浩劫中，同样受到高压和冲击的龚澎阿姨，身心受到严重损害而英年早逝。难怪周恩来总理在龚澎重病期间，十分悲痛地命令医护人员大力抢救，并亲自到病房探望她。还有少为人知的龚澎的姐姐（作者的大姨）龚普生也是外交界的一位前辈，她的夫君章汉夫伯伯则是建国初期时的外交部副部长，他们都是新中国外交的历史见证人啊！这位开国的副外长在文革中受到残酷迫害而去世。龚澎的父亲——松都的姥爷龚镇洲也是一位德高望重、追随孙中山、被周总理尊称为“有德有年，功在民国”的革命先驱式人物。

当然，大家都比较熟悉松都的胞兄乔宗淮，亦是一位在外交战线埋头辛勤工作了二十多年的副部级外交官。

作者松都是学医的，从小受到学校和乔氏夫妇良好的教育。她见了我们这些大哥哥总是默默无语地点一下头，微微一笑，就忙着做功课和弹钢琴去了。如今她带着历史责任，更多的是对双亲的日夜思念，在亦乐亦悲中开始了自己的写作生涯。

松都出书写双亲，可喜可贺。有幸给愚兄机会写些心里话，借此机会为两位我所熟悉的革命前辈奉上点滴回忆拾遗，甚感荣幸。

中国作家协会会员

中国传记文学学会会长

万伯翱

2007年岁末写于京都苹花书屋

前言

秋高气爽、天色湛蓝的10月10日，这一天是我的母亲龚澎的诞辰日。

傍晚，我一个人不知不觉走到了北京东城区一条普通的街巷——报房胡同，低墙、矮树、小路，灰楼、老宅、旧物，一切如故。1957年至1973年间，我们一家就住在胡同中的一座宿舍大院里，这是爸妈在北京居住时间最长的地方，也是我们一家四口最后的家。院子里三十几家大使级干部是我们的老邻居。

一走进报房胡同，我的心就无法平静下来，那是充满阳光和激情的日子，三十年刻骨铭心的记忆和思念齐涌心头，往事历历在目，爸妈的音容笑貌栩栩如生，浮现在眼前。

那是妈妈——

优雅的身姿，浓密的头发，两颗钻石般的眸子闪动着智慧和真诚，眉宇之间还有一种比美更豁达的气质。

妈妈的身旁是一个高高的身影，清瘦的脸上架着一付秀郎镜，开朗的神情，洒脱的笑容，他和妈妈长得有几分相似，这是我的爸爸。

1971年他在联合国的那张“乔的大笑”的新闻照片，成为中国人民重返国际舞台的象征，而他大笑背后的动人故事却鲜为人知。

爸爸妈妈是一对“天生丽质双飞燕，千里姻缘革命牵”的恩爱夫妻，也是我和哥哥的好父亲、好母亲，他们携手并肩、相濡以沫，走过了二十八年的风雨春秋。

建国之初，周恩来总理兼外交部长亲自点将，妈妈任外交部新闻司司长，爸爸任部长助理，他们双双驰骋在新中国的外交战线上。每当世界上发生重大事件的时候，院子里总有几盏彻夜不眠的灯光，人们经常透过书

房的窗帘，看到爸妈和同事们忙碌的身影……

时光飞转，当年的门庭若市、车水马龙已是明日黄花。沧海桑田，遥望双亲，往事如梦。只有老屋前那棵丁香树，虽然早已过了开花的盛年，却依旧在根茎上生出苍绿的枝叶，车库旁繁茂的紫藤萝散发着幽香，我一个人站在寂静的老院子里，恍如昨日。

爸妈留下的许多动人故事已在时光隧道中流逝，然而青史留痕，在共和国诞生与成长的画卷中，仍然可以清晰地发现爸妈的身影，找到他们耕耘的足迹。当年周恩来为外交部女同志树起的那面旗帜至今仍在许多老同志的心中飘扬。

在夜色中，我遥望着无际的星空，看！那两颗闪烁的星星就是爸和妈！他们在遥远的天国正关切地注视着我。爸爸妈妈，你们看见了吗？我又回咱们家了。我一直在寻找你们，我又来到咱们的老屋前，等着你们下班回来。

什么时候我们全家可以重新团聚？什么时候我可以像天下所有的女儿一样，可以在除夕之夜守候在自己年迈的老父老母身旁？现在，我的身边又多了我的儿子——您们的外孙。我希望他能够了解他的姥姥、姥爷这一代人是怎样工作和生活的。

人海茫茫，天地两相隔。

爸和妈！你们听到我的声音了吗？

我有很多话，是从心里流淌出来的！

我想一个人静静地倚在你们身边，轻轻地为你们朗读我为你们写的书，悄悄地倾听从那九泉之下传来你们的回音……

我听见了！那叮咚的泉水声是妈妈亲切的回答！

我看见了！苍翠的松柏在悠悠地晃动，那是爸爸在会意微笑地点头！

我感觉到了！那柔和的春风像是爸妈的大手抚摸着我的头。

爸和妈！在你们身边，我心里很踏实很温暖，就像一只快乐的小鸟，愿我和你们在此书中重逢。

编者的话

人们都知道，新中国外交的创始人是周恩来，很多人还知道，在新中国的外交队伍中，有一位女性深得周恩来的赏识和信任，她就是外交部首任情报司（新闻司）司长——35岁的龚澎。

龚澎同志为新中国外交和新闻事业作出了卓越的贡献，无论从学识能力还是修养风度，她都可以称得上是中国妇女的骄傲。从1940年重庆时期开始，龚澎就成为周恩来在外事和新闻工作中的一名得力助手。

能够承担如此重任的这位女性是一个怎样的人呢?

她的家庭又是什么样的呢?

本书作者是龚澎与乔冠华的女儿。

让我们一起沿着她追寻父母的脚印去探索吧!

上　篇

母亲龚澎

初春的种子已经枝繁叶茂，
金秋的果实里有她的名字。
神秘的竖琴在花蕊中歌唱，
她来自古老而芬芳的大地。

我的母亲龚澎是一个十分勤奋刻苦的人，为了事业她倾注了自己毕生的心血与热情。她默默地为党和国家做了许多工作却很少提及自己，因为她为人一向低调，从不张扬。

母亲待人真挚宽厚，非常重情义。她不但是世界一流的女外交官，还是一位出色的妻子和母亲。她不仅从生活上关心儿女，更重要的是教育我们怎么做人，如何选择人生的道路。母亲走过的路和她的一言一行是我们最好的榜样。

第一章

在颠沛流离中成长

安得国民均能知，真正幸福由极痛苦中来也。

——黄兴

在流亡中诞生

1914年10月10日，日本东京湾最大的港口城市横滨，在一位追随孙中山的革命志士家里诞生了一个健康的女婴。她天庭饱满，五官端正，一双明亮有神的眸子就像两颗晶莹的黑葡萄。按当地人的习惯，家里叫她“阿格”（日语：小女孩）。这个孩子就是我的母亲龚澎。

她排行老二，上面是比她大一岁的大姨龚普生。根据佛家“普度众生，慈悲为怀”的说法，姥姥、姥爷先为大姨取名“普生”，又为母亲取名“慈生”（又名庆生）；二位老人忧国忧民的爱国情怀可见一斑。母亲在学生时代改用“维航”；参加革命后，因敬仰革命先烈彭湃而更名为“龚澎”。

那时的中国可以用杜甫的两句诗来形容，“国破山河在，城春草木深”。1913年，灾难深重的中国处于一个巨变的大时代。辛亥革命推翻了清王朝统治，袁世凯却窃取了革命成果，以孙中山为代表的一大批革命先行者探索着中国的救亡图存之路，我的姥爷参加了辛亥革命和反袁护国斗争。讨伐袁世凯的战役开始后，姥爷在芜湖、长江流域树帜响应，并率先发布《讨袁檄文》，“今数其大罪与天下共弃之”。二次革命失败后，他受

到袁世凯的明令通缉，1913年深秋，在上海革命党人的帮助下，姥爷姥姥带着刚满月的大姨秘密地登上一条运煤船的底舱，懂事的大姨一路上一声不吭，似乎明白此刻的境遇。小木船驶到吴淞口后，三人登上开往日本的轮船，连夜离开了上海，全家顺利脱离险关，并且在日本最大的港口城市横滨住了下来。

我没能见到姥爷，可从相片上看得出来，他身材魁梧，相貌堂堂，长得很威武神气。

姥爷龚镇洲

我的姥爷龚镇洲（原名龚镇鹏，1882—1942），是辛亥革命时期安徽著名的革命党人，安徽省合肥市长丰县岗集镇人（原为合肥北乡古溏村）。祖上14代高祖从江西迁入安徽。

姥爷姥姥全家　左起：龚普生（大姨）、龚镇洲（姥爷）、徐婉球（三姨）、龚维航（龚澎，母亲）、徐文（姥姥）、龚维禹（舅舅，前立男孩）

北乡古溏村位于蚌埠、淮南、合肥三市之间，地处江淮交通要道，现今属合肥市长丰县。战国时有楚头吴尾之说，是南北文化交汇之处。长丰地势重要，自古以来为兵家必争之地。抗战期间，新四军独立团在淮西与敌人进行殊死战斗，并建立了抗日根据地，这片土地历来就是农民起义和人民革命的策源地，素有“民风刚毅之乡”之称。

龚氏家族在合肥地区是一户大姓，姥爷自幼家境贫寒，家中只有茅屋三间，几亩赖以为生的薄田。房子外面丛林杂草丛生，常有野狼出没。太姥爷龚宗瑜平时一边在家中教私塾，一边种田务农。他为人正直，喜好书画，对史学颇有研究，国民党元老吴忠信当年曾是龚氏家塾的学生。

姥爷十岁就帮家里干许多农活儿，和兄长们一起担负着繁重的家务劳动。所幸的是，由于有太姥爷执教私塾，农闲时可近水楼台，接受了“人之初”的基础教育。在家塾听课之余，他还阅读了大量进步书籍，接受了许多新知识和新思想，特别是康梁的维新思想对他产生了较大的影响，他开始向往着一个更加广阔的世界，关注着国家前途和命运。

戊戌变法失败之后，姥爷结识了当地一批有志的青年，他们常常在一起聚会，共谋推翻满清政府之大计。为了掌握更多的军事知识，姥爷到江南将备学堂学习了一段时间。

1905年底，姥爷因在江南将备学堂被清政府指为“革命党人”而被捕，经同乡好友营救出狱后，由同盟会安徽分会主盟人吴旸谷介绍，加入了同盟会组织。不久，姥爷到安庆城外参加了李鸿章创建的新军。

1907年7月6日，姥爷龚镇洲和薛哲、倪映典等新军将士参与了安徽省警务督办徐锡麟刺杀安徽巡抚恩铭的武装起义，原订新军和徐锡麟的警校学生共同起事，因事变故，徐只得仓促提前动手，在击毙恩铭后，独率学生军攻打占领军械所，此刻驻扎在城外的新军已无法接应增援，徐在孤立无援的情形下与清军激战四小时，终告起义失败，徐锡麟当场被捕后慷慨就义。这是一次光复会领导的反清武装起义，虽然安庆起义失败，却给予清政府反动统治以沉重打击。

清军立即开始大规模搜捕革命党成员，为防不测，姥爷决定离开安徽。他身上揣着仅有的一元钱，手拿一把雨伞，背着包裹，从安徽出发，翻山越岭直奔保定府，经过徒步近一个月的路程，终于来到位于直隶省境

内的保定陆军速成学堂。

新成立的军校不收学费，却要求考生具有一定社会地位和背景，恰逢本族一位堂兄报名后改变了主意，没有去考场，姥爷便冒名顶替参加了入学考试，并以优异成绩考入保定陆军速成学堂（后更名“保定军官学校”），成为这里的第一期学生，主修炮兵，与蒋介石同期同班。姥爷也从此改名为龚镇洲。翌年，蒋被军校保送去日本留学。姥爷则到安庆讲武堂任教官。

1911年10月10日，武昌起义爆发的消息迅速传向各地，担任讲武堂教官的姥爷正在准备响应之时，得知当地清政府驻军将奉命开往南京镇压可能发生的起义，姥爷迅速集合数十名士官生，趁黑夜潜入城内，待城外驻军刚刚开拔，便与清江城内守军激战起来，无奈寡不敌众，弹尽无援，姥爷跳入水中突围时不幸被捕入狱。在即将被处以极刑之际，几个属下士官冒死把姥爷从狱中带伤劫出，秘密潜往安庆。这次由龚镇州领导发动的清江起义打响了苏皖一带响应武昌起义的第一枪。

而姥爷的挚友吴旸谷却惨遭清政府杀害，在其慷慨就义时留下一首绝命诗：

来来去去本无因，只觉区区不忍心，
拼着头颅酬死友，敢将多难累生灵。

1911年11月25日晨，孙中山先生从法国马赛港乘船经新加坡、香港抵达上海十六铺金利源码头，正在上海养伤的姥爷和同盟会党、政、军各界人士齐聚码头迎接。后来孙先生专门召见了他。黄兴特意把自己夫人徐宗汉的堂妹徐文介绍给姥爷，那就是我的姥姥，不久后一对有情人终成眷属。

1912年孙中山就任中华民国临时大总统后，以“不取奉薪，唯以北伐”为宗旨，在皖北成立了范鸿先领导的5000壮士组成的铁血军，姥爷担任陆军部第35旅旅长，掌理军务。他作战英勇果敢，被赞誉为“铁血大将军”。李济深先生称姥爷为“尽瘁革命的开国著勋”。

姥爷出身农家，生性低调，不善权谋，不好张扬。后来曾在陈炯明麾下掌兵，因不习惯官场的勾心斗角及军伐作风，故退出军界，寓居上海。尽管如此，姥爷的意志并不消沉，生活也不潦倒。在历史的几个大转折时期，他都能追求进步，从不趋炎附势向权贵低头。

1941年春，姥爷从桂林专程到重庆看望他的女儿们，周恩来得知这个消息后，当即与邓颖超、董必武、叶剑英等人在红岩村设宴招待他。

周恩来详细谈及共产党抗日民族统一战线的方针和政策，姥爷听后甚感欣慰，他感慨地说："我的女儿在你们这里不为个人谋私利而是为公工作，她找到了寻求真理的道路，我是很赞成的。我已告诉她，不管遇到多大挫折和困难，不要后退，要坚持到底。龚澎在你们身边工作，我可以放心啦！"

姥爷一生淡泊名利，因而留下的资料很少。1972年由国民党党史委员会编纂的《革命人物志》第十期中，记录了1942年有关龚镇洲的史料。

周恩来曾经在某次会见外宾时向毛泽东介绍了母亲的家世，毛泽东听后对母亲说，你的家庭是中国近代史的一个缩影。

姥姥徐文和她的家人

我的姥姥徐文，广东香山县（今中山市）人。姥姥生长在一个开放民主，文化氛围浓郁的大家庭。现珠海市拱北村就是徐家的祖居地，与澳门口岸近在咫尺。村头至今还保存着几颗枝繁叶茂的百年大榕树。

香山是位于珠江三角洲南端的一个半岛，这里距广州和香港都很近，一百多年前就是一个开放的口岸。岛的西南岸是澳门，许多华侨当年就是从这里漂洋过海到日本和欧美的。当地人以讲广州话为主。明清以来，这里涌现了一批在中国近代史上举足轻重的人物。

国父孙中山先生的故乡就在这里。当年在上海成功经商的有不少广东香山人，他们吃苦耐劳，精明能干，富于创业精神，曾给与上海政界、经济界显著影响。

姥姥的祖父徐荣村，第一批来沪闯荡的香山人，他在上海江浙一带经营丝绸茶叶，曾在英国人开办的上海宝顺洋行做主管。1851年万国博览会召开之际，徐荣村将荣记湖丝紧急船运伦敦参展，一举获得金牌和银牌，

是中国世博会参展第一人。这段风尘久远的历史被打开后，他的名字为世人所知。

洋务运动先辈徐润（号雨之，别号愚斋）是姥姥的伯父，徐荣村在侄儿徐润14岁的时候，将他从老家带到上海宝顺洋行做学徒。徐润勤奋好学，逐步升为副买办，后协助李鸿章开办招商局轮船公司，还在家乡集资办学校。徐润在自传中曾说，感谢四叔成就了自己。

1872年前后，徐润协助容闳组织四批幼童赴美留学（每期15年），生源大多来自广东。当时的中国社会对出洋的观念还十分保守，人们认为只有读四书五经，走科举之路才是正途，新式教育只能招收到没有地位的穷人子弟。略有钱财的家庭都不愿把孩子送到异邦。清政府还规定送子出国前，父母必须立下具结，“生死各安天命”，令许多家长望而生畏。容闳使出全身解数，在上海还是招不够人数。他不得不返回香山说服亲友报名，后又到香港招生，才凑足30名。以后三批同样艰难。为达标完成留学计划，组织者只有动员自己的亲朋好友去充数。

具有开放意识的徐润不仅从资金上支持容闳，而且尽力帮助容闳推进招生工作。他发动自己的亲属加入到留学生行列。就这样，在120名留美幼童名单之外，还有五位小留学生一起参加了留美全过程（1875年），他们分别是徐润的两个儿子和徐润的三个叔伯弟弟——徐荣村的五子、六子、和七子，我未来的太姥爷箹臣就在其中（见《徐愚斋自叙年谱》）。在容闳的带领下，他们远渡重洋，先在美国康涅狄克州读中学，后来考入耶鲁大学就读。1881年清政府召回小留学生时，几人又随同其他留美幼童回到了祖国。留美学生中最负盛名的就是中国铁路建设之父詹天佑。

我的太姥爷留学回来后，就在当时的招商局任职。除了学习先进的科学技术之外，他在美国最大的收获就是接受了西方的民主和文明，不为子女包办婚姻，女孩子一样上学堂。一位富家女嫁给了他，她认为受过西方教育的人不会娶小老婆。那就是姥姥的母亲。

最初姥姥家里是非常殷实的，上海的南京路上也有置办的产业。如果孩子们为大人做点事情，就会得到一个银元的奖励。

姥姥有一位关系很好的堂姐是做中学校长的，两人同庚，这就是徐润的小女儿徐婉珊。她用家中分得的遗产筹备了部分资金，在上海创办了

"启秀女校"。这是一个以中西女校和圣玛丽亚中学为蓝本而建立起来的女子中学，聘请了很多知名教师。孙中山先生的秘书是学校的董事和顾问。校内还设有成人班和钢琴班，姥姥就在这所学校学习过。

姥姥从小就知书达理，写得一手标准的钢笔字，并且也懂一些英文。

封建时代的妇女都盛行缠足，可姥姥是幸运的，她的父母率先在自家废除了这一摧惨妇女的封建习俗，因此我的姥姥是迈着一双大脚走向"共和"的，后来她又迈着这双大脚走进了龚家大门。这在当时是很开放的行为。

中法战争后，徐家房地产生意遭受重创，徐家兄弟不得不抛卖资产以偿还债务。尽管如此，徐家仍积极支持黄兴，为辛亥革命而捐赠银两。姥姥的父亲晚年生活贫穷，老爷子每天到上海租界地的法院附近，以娴熟的英语为打官司的人代写英文诉状为生。

姥姥的另一位堂姐徐宗汉是黄兴的夫人。1907年徐宗汉在马来西亚槟榔屿加入了同盟会，后受命回国秘密组建了广州同盟分会，并带动家人也参加了革命。后来她和黄兴一起参加了黄花岗起义。徐宗汉在武昌起义的炮火中抢救伤员，并冒险解救黄兴脱险。黄兴在一封写给徐宗汉的信里曾说，安得国民均能知，真正幸福由极痛苦中来也。这些思想给了家人很深的影响。

1916年，姥姥和姥爷带着全家从广东来到上海的时候，徐宗汉也在这座城市。徐宗汉是个新派人物，妈妈小时最喜欢过春节给大人拜年，有一年母亲拉着大姨跑去给她们的二姨妈拜年，刚走到大门口，正巧碰到徐宗汉从家里走出来，她对孩子们说，二姨妈不过旧历年！红包没有得到，孩子们扫兴而归。

1927年，徐宗汉接办了贫儿教养院，抗战期间移居重庆后仍想方设法安置贫苦儿童。1942年5月，母亲和大姨陪同周恩来、邓颖超等人在红岩村会见了她。此时，徐宗汉看到的是两个颇有抱负的年轻人，她高兴地对外甥女们说，你们姐妹是很有出息了！

姥姥与姥爷结婚后，生了五个儿女。兄弟姊妹团结互助，孝敬双亲，经常协助家里料理很多事情，每个孩子各有自己的特点：

大姨龚普生，在上海出生不久便跟随家人赴日本流亡，三年后回到广

东。先在上海圣玛利亚中学读书。1932年考入北平燕京大学经济系，毕业后在上海从事地下党活动，1938年春加入中国共产党。在周恩来领导下，长期从事党的地下工作和统战工作。新中国成立后，大姨和大姨夫章汉夫双双进入外交部工作，历任外交部条法司副司长、司长。1979年11月被任命为中国首任驻爱尔兰大使，是新中国150余位首任大使中第一位女性，也是第二位驻欧洲国家的女大使。她多次作为中国政府代表出席国际会议。在家中，大姨是孩子们的首领。

母亲龚澎排行老二，她平时话不多，总是宽厚待人，从不搬弄是非，也不飞扬跋扈。对待一些小事她很能忍让，但是如果有人一而再，再而三地惹她，她会怒睁着一双明亮的大眼睛，来个总爆发，把所有的旧账一下子翻出来。凡是见过这场面，听过她怒吼之声的人就再也不敢造次了。母亲属虎，姥爷因此送给她一个绰号叫“二老虎”。

三姨徐畹球，幼年时过继给姥姥那位任启秀女校校长的堂姐徐婉姗。她与娘家人始终保持着友好的联系。

老四是我的舅舅龚维禹，他是家里唯一的男孩子，也是老太太的宠儿。舅舅是一个非常聪明而忠厚的人，他和几个姐姐的感情很深，为了支持她们在外安心工作，他一直守侯在老人身旁，担负起赡养老人的责任，解放后一直和姥姥生活在一起。舅舅与母亲长得很有几分神似之处，看见他似乎就看到母亲的影子。

最小的是我的五姨龚慧生，曾被送到慈善堂寄养，不久后又被姥爷领了回来。大姨和母亲参加工作后，设法把她送到解放区的护士学校去读书，后来一直在山东省立医院工作。她是几姊妹中唯一健在的人。

姥姥是一个非常善良的人，她积极支持姥爷的事业，支持女儿参加革命，常常在家中向晚辈们讲述岳飞、林则徐、蔡廷锴的故事。有一次母亲在家发高烧几天不退，姥姥心急如焚，忽然发现一只蜈蚣在床下一动不动地趴着，姥姥马上把它送到院子里放生，小蜈蚣很快就跑得不知去向。第二天，母亲的高烧奇迹般地消退了，老人信奉佛教，她认为这是放生的结果，善举必得善报。

由于时代所限，姥姥重男轻女，特别喜欢男孩子。可偏偏她的女儿们都精明能干，所以，老人家就把女孩按男孩排名称呼，舅舅的孩子们用上海话称呼大姨和母亲为“大伯伯”“二伯伯”。

后来有人把龚家的四个女儿称为“最后的闺秀”。

从横滨到广东

母亲从她生命的第一天起，就与家人避难海外，奔走四方，这似乎是预示了她的未来将要在复杂动荡的国际国内环境中度过自己的一生。

横滨与上海隔海相望，她的原意为“水平的沙滩”，是日本最早的对外开放城市，历经内乱而不断复苏重建。

在旅居日本的日子里，姥爷继续追随孙中山进行革命活动，并把自己的一些旧部也召集到日本，当时东京湾附近聚集了一千多名同盟会员。为反对袁世凯复辟称帝，姥爷还受老友蔡锷将军之邀，奔波于新加坡等南洋诸国，在华侨中积极为护国军募捐。姥姥拉扯着两个年幼的孩子，跟着姥爷在异国他乡东奔西走，姥爷走到哪里，家就安在哪里。

给母亲印象最深的是，那时大人孩子都像日本人一样穿着木屐。

1916年3月22日，袁世凯被迫发表声明宣布取消帝制，在此之前，姥爷已秘密携家人经南洋返回祖国。

母亲的童年是在广东度过的。

广东是姥姥的故乡，也是母亲在祖国生活成长、留下深刻记忆的第一个地方，粤语成为她的母语。几十年后，母亲都没有忘记家乡话，只要遇到知音，她总是不由自主地讲起了广东话，那里有她太多童年的记忆：碧海蓝天，群鸥飞翔，孩子们光着脚板在沙路上跑来跑去；在古老的榕树下，他们唱着童谣《月光光》；郁郁葱葱的南国四季如春，凤凰花、木棉树，还有满街的槟榔和木瓜。儿时经常听母亲讲她小时候在广东生活的有趣情景。每当听到那些半音节的“鸟语”，她总有一种挥之不去的亲切与熟识的感觉。

我的三姨和舅舅都是在广东出生的。

1917年秋季，姥爷被以孙中山任大元帅的军政府任命为粤军支队司令，1920年他出任虎门要塞总指挥，守护着祖国的南大门。

从1921年起，母亲进入广州的小学上学，后来她又随全家来到汕头

市，并在当地学校继续就读。

姥爷是个清廉的人，到了广东他就东奔西走，忙于公务，却没有更多的精力好好安置自己的家。姥姥带着大姨、母亲、三姨和舅舅四个幼小的孩子过着简朴的日子，当时家里的生活并不富裕，更不能说是衣食无忧。

母亲说，他们全家曾住在阔亲戚给工人住的一间旧车库里，那房子靠着大门口，一碗热茶水泡米饭是孩子们经常吃的午餐。那是一段颠沛流离的生活。

1921年4月孙中山被选为非常大总统，5月广东革命政府正式成立，设总统府于观音山麓。打倒列强，分田地，那时的广州到处都洋溢着高涨的革命气氛。母亲就是在这风光绮丽的南国和热烈的革命氛围中渡过了自己的童年。

有一次姥爷带着大姨和母亲一道去总统府办事，正巧在那里碰上了孙中山先生。孙先生身穿深绿格子的长袍和姥爷亲切地交谈着，还抚摸着孩子们的头问长问短。这一幕深深地留在她们的记忆里。

孙中山先生一直是很器重姥爷的，但孙中山和粤军总司令陈炯明的关系逐渐走向不和，孙中山主张中央集权，要通过武力“北伐”来统一中国，而陈炯明却鼓吹联省自治，以“南北妥协”的和平手段来谋求中国的统一。姥爷和陈炯明同在粤军，护法战争的时候他随陈进军福建，在讨伐军阀龙济光的战役中屡建战功。姥爷曾多次劝告陈炯明而收效甚微，为避免矛盾，他终于退出军界，“太息而去”。

霞飞路上的小姑娘　难忘的教诲

1925年初，母亲跟随全家从广东搬迁到上海。从此龚家就在这座城市扎下了根。经老友协助，一家五口在卢湾区蒲石村一座公寓楼里安顿下来。母亲不久就进入上海吴山小学继续学习。

姥爷一向克己奉公，在军界服务时，从没有为自己积蓄下钱财，当时母亲和大姨都在念书，下面还有年幼的弟妹，家中常常因为钱不够用而去当铺典当，可姥爷却始终坚持要让子女到最好的学校去读书。

退出军界后，姥爷的意志并不消沉，生活也不潦倒。

生活是清贫的，但是孩子们自有乐趣。姥爷从乡下为他们带来新生的蚕籽，姐弟几人爬到桑树上采来嫩绿的叶子细心喂养起来。炎热的夏天，母亲把清凉的蚕宝宝放在身上，任它们自由地爬来爬去。

南方的夏日气候多变，傍晚时分，当家人围坐在饭桌前时，窗外经常电闪雷鸣，暴雨倾盆而下，姥爷打趣地对孩子们说，你们要多做善事，不能讲假话啊！否则“天上的雷公公会来找你的！”

姥爷不仅是一个英勇善战的军人，还是一个慈祥和蔼的父亲。他勤于思索，深明大义。在那个时代，旧军人娶姨太太是很平常的事情，可是姥爷却没有，他对姥姥相敬如宾、始终如一，对子女爱护有加、关怀备至。在家中，他经常为孩子们讲述戎马生涯时的经历，那些惊心动魄的故事使母亲极为着迷。姥爷远赴保定军校时，独自在深山中用雨伞与野狼周旋的情节孩子们听了一遍又一遍，以致日后成了孙辈们都知晓的家传惊险故事。

到13岁时，母亲已经长成一个亭亭玉立的小姑娘了。

在20世纪20年代中期，上海已发展为中国工商业最发达的地方，一个国际化大都市。放学后，母亲和同学们三三两两走过繁华的街道。淮海路上商店林立，不同阶层的人可以买到不同价格的商品。爱美之心人皆有之，更何况是豆蔻年华的少女。到上海不久，母亲学会了用简单的化妆品把自己妆扮得更加漂亮。

当时，姥爷为维持全家的生计和缴纳孩子们的学费，时常独自出外谋生，四处奔波，每次总是风尘仆仆地赶回家里。有一次，母亲正站在镜子前打扮时，刚好被走进家门的姥爷碰上了，看见女儿一脸稚气的样子，姥爷便把自己的所见所闻讲给她听，那是一个中国遭受漫长苦难的大时代……

就在他们全家来到上海的这一年，南京路上发生了震惊世界的英国巡警枪杀中国工人的“五卅惨案”，一个月后，广东发起省港工人大罢工，“沙基惨案”就是在这段时间发生的。

姥爷语重心长地说：“孩子，你要知道，这个社会上有很多受苦的老百姓，外国人还在欺负中国人，无辜和正直的人遭受到迫害，处处是不平。我们周围发生着很多你还没有感受体会到的事情。我到处奔波，不但

为我们一家的生活，也愿为祖国多出一把力。将来你长大了有很多大事情要做。国家兴亡，匹夫有责！只要你坚持努力，女孩子和男孩子一样，将来可以为国家做许多事情！”

从那以后，母亲的注意力转移到刻苦读书方面，她立志将来为自己的国家作出贡献。这件至关重要的小事影响了母亲的一生。

在我读初中的时候，母亲把她少年时的故事讲给我听，我有些不解地问道："你真的就那么听姥爷的话吗？"

母亲点点头说："那时的中国可以说是灾难深重。你姥爷并没有强迫我做什么，可是我一想到他说的，这个国家还有那么多不公道的事情在发生，我的心情就无法平静下来。以后我就把心思放在学习上，放在国家的大事情上了。"说罢，她出神地凝望着远方，似乎陷入了往事的回忆中。至今我还记得她满脸庄重的神态。

在上海闲居期间，姥爷与老友章太炎（章炳麟）先生常有来往。太炎先生"赋性恢宏而有远略"，是著名的国学大师和民主革命元勋。为了革命，他被清政府缉拿追捕，曾七次入狱，颇有"我不入地狱，谁入地狱"的气概。1932年淞沪抗战开始，姥爷亲自陪老友章太炎穿过战火纷飞的战场来到北平，代表东南民众敦请张学良发兵抗日。

太炎先生革命不忘学问，读书破万卷。他的书法自成一体，篆、楷、草书俱佳，行楷朴秀苍建，行草古朴飞扬，求字者甚多。而太炎先生十分自谦，当时盛传，"人以得到其片纸只字为荣，视若拱璧，代袭珍藏。倒是他本人，总不满意自己的作品。"

章太炎在晚年亲笔给姥爷写了一幅字，书文录自李白的一首诗《夜泊黄山闻殷十四吴吟》：龙惊不敢水中卧，猿啸时闻岩下音。这也是龚家收藏的传世纪念，至20世纪70年代曾存放在我们家中（符浩回忆中曾有详细记录）。后来这幅字画和我们的家庭历经动乱失散，龚氏族人曾几次寻访，至今未果。这是一段鲜为人知的历史。期盼它终能物归原主。

文革时，我曾询问母亲的出身家世，母亲说，姥爷生长在辛亥革命和资产阶级民主共和的年代，过去称旧军人。要是按照生活水平算，我们家就是城市贫民。

早年的生活环境和家庭熏陶对母亲的性格起着潜移默化的影响，她学会了坚韧、自立。

圣玛丽亚女中

姥爷对子女的教育十分重视，家境虽然不佳，却仍然坚持把孩子送到最好的学校去读书。1928年初秋，十四岁的母亲进入上海圣公会创办的圣玛丽亚女子中学（St. Mary's Hall）初中读书，同时在这个学校学习的还有我的大姨龚普生。

圣玛丽亚女中创办于1881年，校址位于万航渡路的圣约翰大学校园内。1923年学校迁往白利南路的新校舍，今长宁路1187号，这座建筑的外表很像一所修道院。学校各方面的管理要求极严格，是寄宿学校。

女中对学生的英文水平要求很高，授课、师生对话均使用英语，新旧约全书是必读之课。为此，很多家境富裕的同学很早就请了家庭教师作英语辅导。

一学期下来，母亲的英文成绩并不理想，班里有人暗自嘲笑这个来自平民家庭的孩子。面对那倨傲的目光，母亲立志发奋，一定要利用暑假这段时间迎头赶上去！

为此，母亲给自己制订了一个周密的补习计划。她踏下心来，一切从头开始，一词一句、一章一节，反反复复地读、说、听、写、背。在帮助父母料理家务时，她就尽量用英语对话。整个暑假母亲都在闷头学习，中间曾有同学邀她一起出去玩，都被她婉言谢绝了。

功夫不负有心人，新学期开始后，同学们惊奇地发现，龚维航的英文水平已经今非昔比，令人刮目相看了。从此，母亲的英文水平一直在班里名列前茅。课余，她还阅读了大量的英文书籍。英国著名作家沃尔特·司各特的历史系列小说使母亲如醉如痴，他的作品《艾凡赫》(《撒克逊劫后英雄传》) 情节浪漫复杂，语言流畅生动，后世不少作家写作都受他的影响。英国作家威尔士的科幻题材小说《隐身人》，雨果的《九三年》等都是母亲喜欢阅读的英文小说。她看书深入故事人物，兴之所至，得意忘形，有时手舞足蹈讲述书中的故事，以娱同窗学友，有时读书读得错过吃饭时间，姥爷知道了，便每周送她一罐马宝山牌饼干。得了这罐饼干以

后，母亲干脆连食堂也不去了，除了上课之外，便是看英文小说，饿了就把饼干桶一开，好像面对王母娘娘蟠桃园中的仙果，一手执卷，一面随手捡吃饼干。几年下来，已打下结实的英文功底，也为母亲后来胜任党的外事工作，奠定了坚实的英语基础。

冯亦代夫人郑安娜与母亲是同学，同住一间宿舍，几十年后提起这段往事还津津乐道，她对中学时代母亲的印象是："身材高大酷似乃父的龚澎一副男孩子脾气，衣着朴素，从不打扮。她唯一的爱好就是读书，废寝忘食简直到了如醉如痴的地步。"

冯亦代在《忆龚澎》一文中回忆说："安娜在世之日，每值黄昏，暝色四合，我们在书案前相对而坐，已倦于读书写作，往往掩卷停笔，相互谈些友情往事，我们谈得最多的是龚澎，她与安娜是少年同窗，我与她却是盛年挚友……原来维航是个读书迷，维航读了一书讲给同学听，安娜读了一书也讲给同学听，记不住的就重新阅读，这样等二人毕业时，学业不过尔尔，但英语根底却打得很结实。安娜以感激的心情思念龚澎，觉得当年如无龚澎的提携，就读不了那么多书，她以后也难以靠英语谋职……

"在香港时，老乔是我们家里的常客，他才气横溢，每每语惊四座；安娜常常叹说，如果维航与老乔相识，倒是天生一对。不过话也只是说说而已。那时，安娜根本不知维航身在何处，至于我知道的维航则是浅而又浅的，印象中讲到维航总和她那只马宝山饼干桶联系在一起。"

母亲与冯亦代夫妇保持了多年的友谊，直到新中国成立以后，一接到老朋友打来的电话，母亲就吴侬细语地讲起了地道的上海话。

进入高中以后，母亲担任了学生会（当时称国光会。学校里还有一个和学生会类似的学生团体名为"自治会"）主席。它的成员是每学年由学生投票选举产生的，主要负责组织学生讲演比赛、体育比赛、联谊会等活动。自然，母亲也从中得到了不少锻炼，特别是在组织能力方面。当年的老师和校友们说，龚维航的嘴巴很厉害。

母亲一直在追求真理的路上探索着。最初她曾一度信奉基督教，可是目睹民族的危亡，她再也无法沉浸在宗教的世界里。很快她就成为学校里出名的异教徒。当年，我的大姨也是校内活动的积极分子，她曾在校刊《凤藻》上多次发表文章，探讨人生和宗教问题。

1933年6月，19岁的母亲以优异的成绩考取了燕京大学历史系。这也是她第一次离开家庭开始独立的学习和生活，此时，我的大姨龚普生已先她一年考入燕大经济系。

第二章

妈妈的青春之歌

如果你认为你的选择是正确的，那么你就要坚持下去，不要回头！

——龚镇洲

获奖学金的女生

这是母亲第一次来到北国。清澈的湖水，美丽的塔影，飞檐斗拱的中式建筑，燕园不大，却别有一番景致。大学时代的日子是珍贵而美好的，在未名湖畔，母亲如饥似渴地学习。

在燕京大学宿舍　摄于1933年

位于北京西北郊的燕京大学成立于1919年，最初由汇文大学与协和大学合并而成。校内八百多名学生中大部分出身于富裕家庭，少数是来自印度尼西亚和夏威夷的华侨。生于中国杭州的美国传教士司徒雷登先生是燕大的创始人，他以几位军阀的后花园为基础，建成了这所中国北方最大的美国私立大学（后来与北京大学合并）。根据有关规定，从1932年起，中国教育家吴雷川出任校长，司徒校长改任教务长，但他始终大权在握。珍珠港事件前，他利用美国与日本尚且维持外交关系的便利，在校内掩护了许多进步教授和学生。

燕京大学门口　摄于1933年

当时燕大的师资和教学水平都是世界一流的。司徒雷登是一名杰出的教育家，他主张西学东进，开明办学。由于是洋人办的教会学校，国民政府对这里的控制相对松散，燕园里学术空气活跃，言论、集会比较自由，学生们得到了较为全面的发展。按今天的话说，学生们除受到良好的科学文化教育外，还得到了德智体全面的发展。

不过，在当时的高等院校中，燕大的学费是很高的，每年的学杂费加在一起要150银元左右，比清华大学的费用要贵出许多，大户人家对这笔钱是不在乎的，可是对于寻常百姓来讲，这可是个不小的数字。母亲清楚，家里能够支持她们姐妹二人都来燕大读书是非常不容易的。在上海报考志愿的时候，姥姥就意味深长地对她说，如果你想上最好的学校，那就自己努力吧！

燕京大学对各科的成绩要求很高，家境不富裕的子女要想进入这所学校就读，首先要在直考中闯过难关。如果取得优异成绩，就有资格申请到校内颁发的奖学金了，不仅能完成学业，还可以减轻家中的负担。

在历史系，母亲每期学都以名列前茅的分数获得安徽省籍的优秀学生奖学金，只有一个学年没有拿到名次，母亲心里非常难过，下决心以后再不让家里为她操劳了。接下来的整个学期，母亲都在埋头苦战、拼命读书，连话都很少讲。第二年，她又争取到了第一名的好成绩。

区棠亮阿姨（原中联部副部长）是妈妈燕京高一届的同学。1933年秋天，新学期即将开始，大姨龚普生约她一起去前门火车站接母亲。刚下火车的母亲显得很潇洒亮丽，大家都很喜欢她。母亲为人随和，课余她时常与学友兼老乡棠亮阿姨一起在宿舍烧广东菜吃。

母亲是一位待人热情、开朗活跃的学生，她与各系同学都保持着良好的关系，特别是对新生，她总是给予多方关照，使他们很快融入到校园中。杨公素伯伯（原名余贻泽）1935年从东吴大学毕业后来到燕京政治学院读研究生，那时母亲已是燕大三年级的学生了。在学生们自发的欢迎会上，母亲对这位新来的学长说，请你一起参加我们欢迎新生的大会吧！为了让新来的同学尽快了解历史悠久的北平，母亲和几个高班学生还在周末作向导，带着他们游览故宫等名胜古迹。

1931年"九·一八"事变打破了燕大的平静，到母亲入校学习的时候，燕园之内已不再是单纯的读书声，各年级组成了多个小组会，大家讨论着"民族战争中学生的任务"，"中国是怎样沦为半殖民地的"等与时政相关的题目。

1935年5月，同学们改选了原本并不引人关注的学生自治会。进步学生在大选中获得多数通过，张兆麟任自治会主席，龚普生任副主席，陈絜当选文书，王汝梅（黄华）当选执委会主席。陈翰伯担任膳物部部长，龚维航为财务部部长。

新学期开始后，自治会为同学们办了几件漂亮的事情，还以个人名义组织了"事实座谈会"和"东北座谈会"，由于华北的局势越来越紧张，参加开会的同学越来越多，母亲也从中得到许多锻炼。

亲历"一二·九"学生运动

1935年日军不断寻衅滋事，北平风雨飘摇。日本通过《何梅协定》，攫取了包括平津在内的河北省的大部分主权。国民政府的军政人员从北平撤走了。街头上常常有横冲直闯的日本宪兵，到处是日文书、东洋货。不久，日本人占据了丰台火车站。

1935年8月1日，中共中央在《为抗日救国告全国同胞书》中提出"停止内战，一致抗日，全国人民不分阶级，不分党派团结起来！"

一批进步学生聚集在北京西北郊的玉泉山，在一块巨石上刻下了"保卫华北"的誓言。这四个巨型的大字至今仍屹立在丛林之中。

10月22日，燕大学生会召开了一次全体会，向正在南京开幕的国民党第六次会议发出电文，请求政府“开放言论集会自由，禁止非法逮捕学生”。学生会根据这个提案还起草了一份要求民主的宣言草案，得到北大、清华等九个学校的学生自治会的响应，共同发表要求国民政府实行民主改治的联合宣言。

当时，北平地下党领导的北平学联在燕大开展了许多秘密活动，母亲和一批进步同学时常聚集在新闻系讲师埃德加·斯诺家中，为了不引起注意，斯诺夫妇刚刚从城里的煤渣胡同搬到海淀郊区一所农户的住房。在那里，大家一起讨论着时政和斗争的方案。

经常在斯诺家中聚会的有：北大学生北平学联负责人俞启威（黄敬）、清华的姚克广（姚依林）、还有燕京的张兆麟、王汝梅（黄华）、龚普生、龚维航（龚澎）、陈翰伯等人。当时，大家以“燕大几个学生”的名义给宋庆龄写了一封信，表达了大家忧国忧民的想法。斯诺对学生们说，我认识宋庆龄，我负责把这封信交到她的手中！几天后，这封信经由史沫特莱女士到上海亲手交给了宋庆龄，并且，她还带回了宋庆龄给同学们亲笔签名的英文信。宋庆龄在信中说，“我们处在北国前线的青年不能只是埋头读书，你们要有所表示，你们要行动起来！”

为了推行丧权辱国的《何梅协定》，12月初，国民政府筹备在北平成立“冀察政务委员会”。

1935年12月7日，北平学联做出一个重大决定——两天以后在北平城内举行一次声势浩大的抗日救国请愿游行。

12月8日晚，学生会在燕园的贝公礼堂召开了一个简短的学生大会。大家争先恐后报名参加第二天的活动。母亲积极参加学生动员工作，杨公素伯伯后来回忆说，“一二·九”前一天，龚澎找到我和几位熟悉的同学说：“今晚半夜起来，有重大活动！参加我们的行动吧！”

12月9日清晨，全市各校近万名学生怀着满腔热血纷纷走出各自的学校。

原定集合的时间是早上8点，初次参加、组织这样重大运动的母亲一夜未眠，她和学生会的几位同学天不亮就提前来到了操场，他们分头在学生宿舍楼下面吹响了哨子。不一会儿就聚集了五六百名学生。此时有同学

跑来报告说，国民党的军警封锁了学校的正门，大家立即改变了路线，从另一个小旁门走了出去。此时天色还未放亮，为了防止队伍走散，同学们一个挨着一个行进。他们迎着寒冷的西北风，从海淀直奔预定的集合地点——新华门。

燕京大学组编了六个大队，每队90人，下面还设有小分队。母亲是六大队长之一。她和同学们一起，拿着牛皮纸卷成的话筒，轮流带领学生呼喊抗日救国的口号，遇到群众多时，就向群众发表抗日救国演说，挥泪控诉日军在东北的暴行，谴责国民政府的不抵抗政策。一路上大家群情激奋不断地撒传单，喊口号，高唱抗日歌曲。另外还有纠察队和骑自行车的交通队。

当游行队伍行至西直门外的高梁桥时，桥上戒备森严，密密麻麻布满了武装警察，他们端着上了刺刀的步枪，满脸杀气。为阻挡游行学生进入城内，当地增派了许多警力，并且在路口设置了三道防线。大家高喊着："让路！滚开！"一部分学生围着军警和他们进行交涉。

母亲此刻正行走在队伍的最前列，她站到高梁桥头一个高高的土墩上挥手高喊："同学们，冲啊！"那豪迈的声音直冲云霄，大家跟着她一哄而上，浩浩荡荡的游行大军冲散了军警的防线，警察们挥舞起棍棒和刀鞘，一些人被打伤，可是他们毫不退却。

学生们分两路来到了古老的西直门城墙下，此时城门已牢牢紧闭，清华等校学生也被堵截在这里，四周布满了全副武装的军警，箭楼上的北平官员在观看、劝阻游行队伍，竟然有日本军官和他们站在一起。学生们见状，大呼抗日口号。学生会派人交涉却未成功。学联负责人决定，就在城楼旁召开群众大会。正巧附近有一个老百姓搭的唱戏台子，就成了天然的主席台。燕大学生会主席张兆麟拿起喇叭筒站到小土堆上进行动员讲话，母亲和清华女生陆璀一起参加了这激动人心的大会。各校同学相继发表了抗日救国的演讲，场面非常热烈，陆璀的讲话尤为感人。

"反对华北五省自治！""打倒日本帝国主义！"母亲和同学们的热血在沸腾。周围的老百姓非常同情这些年轻人，见他们长时间站在刺骨的寒风中，就给他们端来热茶水和窝窝头。下午三时，北平市社会局局长雷季尚来到西直门，他在门缝里对各校代表说，"诸位的各项要求已转达何应钦部长，他已全盘接受，请同学们赶快回校……”

此时，城里北京大学、女师大等校的五六千学生冲破层层包围，终于汇集在新华门，向国民党当局提出了“反对防共自治运动”“停止一切内战”等六项要求……

如今，当你站在西直门外宽阔的马路上，只能看到一段很短的高粱桥，其他一切无影无踪，只有一个路标悬在路旁。可是每当我走过这里，眼前总是浮现出那些波澜壮阔的历史画面。

第一次记者招待会

北平的老百姓都亲眼看到了12月9日这一天发生的大事，可北平各大报纸却没有登载任何报道，只有美国记者爱德加・斯诺发了一条独家消息。国民党的新闻检查官扣压了当天的新闻。

为了驳斥国民党当局对学生运动的歪曲报道，让外国记者们更多地了解“一二・九”学生运动真实的情况，燕大学生自治会于12月12日在未名湖畔的临湖轩召开外国记者招待会，由学生自治会副主席龚普生和学生自治会执行委员会财务部长龚维航（龚澎）主持。

在记者招待会上，她们向世界发出了正义的呼声，揭露了日本侵略者在中国的暴行，抨击了蒋介石的不抵抗政策。

到会的共有十名中外记者，其中有：上海《密勒氏评论报》发行人兼主笔J.B.鲍威尔、《合众社》记者麦克・费西（抗战时期在重庆担任美国新闻处处长）、《芝加哥每日新闻》记者弗兰克・斯马瑟斯、《法新社》记者、斯诺夫妇、《亚细亚》杂志、天津《华北明星》报、《大学》杂志等报刊都纷纷派出记者前往现场采访。

那时的中国很少有记者招待会，更别说是由北平学生主持的记者招待会了。虽然母亲和大姨那时并没有从事这方面活动的经验，但是她们有许多愤怒和不平要告诉全世界，她们有很多话要说。

斯诺夫妇非常热情，他们帮着招待来宾，同时还把外国记者一一介绍给中国学生。斯诺夫人海伦对母亲说，你们亲口对他们讲，胜过我们说一百句。

在会上，母亲和大姨答复了记者们提出的问题，介绍了“一二·九”当天的情况，并且说明了她们对时局的看法和要求。

虽然这是年轻大学生们的“第一次”，但她们表述的是中国人民爱国的心声，这正义的感情增强了她们的信心和勇气，加上平时熟练的英文基础和对当前形势进行的深刻分析，记者招待会获得圆满成功。母亲的机智、敏锐和出色的口才给到会的记者们留下了深刻的印象。

《密勒氏评论报》的 J. B. 鲍威尔原是一个思想比较保守的人，招待会之后，他发动上海的八名外国记者来燕大访问。12月16日那天，他又作为《芝加哥每日新闻》的代表到北平采访了学生运动。

敢死队员

为了抗议国民政府在12月14日成立的伪“冀察政务委员会”（这是一个卖国求和的机构），北平学联决定，动员全市学生进行总罢课，继“一二·九”后再发动一次大示威，把抗日救国运动推向新高潮。

鉴于清华、燕京等校学生上次被阻于西直门外的经验，学联要求，各校抽出部分学生组成先遣队，提前进城接应。在行动前夜，燕大学生会召开了全体会议，同学们一致同意参加翌日的示威游行。

学生会主席郑重宣布，为确保明天的行动顺利进行，我们要征集一支由三十人组成的敢死队，他们将走在游行队伍的最前面，用来排除可能遇到的任何障碍，“请有意参加的同学到主席台来报名！”会场一片肃静，同学们紧急思考着，似乎不约而同地期待着一位挺身而出的壮士。

此刻，母亲的眼前出现了姥爷坚毅的目光，国家兴亡，匹夫有责！顾不得想那么多了！她果断地站了起来。

只听后排传来一阵“噔噔噔”的脚步声，大家的目光顿时集中过来，原来是历史系的女同学龚维航，她像男子汉一样仰起头果断地走到了主席台上。在那条洁白的围巾衬托下，她的脸庞显得更加秀美红润，一双湖水般清澈的大眼睛炯炯有神地凝望着大家。

一阵暴风雨般的掌声打破了短时的沉寂，全场向她投去敬佩的目光，接着，一排排男女同学先后站了出来。妈妈在学生中威信很高，也很有号召力，大家看到她第一个走上前去报名，都纷纷跟着响应。由于人数太多，主席竟不得不让后站出来的退回原座，敢死队就这样诞生了。

1935年12月16日，北平城再一次发出惊天动地的吼声。

燕京、清华两校以敢死队队员作骨干组成的精干队伍已在前一天晚上冒着严寒潜入北京城，大家分散住到北京城内的校友会或是同学家里。第二天清晨，母亲和同学们迅速赶到了预定集合地点——西直门内北沟桥。上午9点，大家在东北大学宿舍排成队，燕京30人在队列的最前面，清华30人居中，后面是东北大学数百人的大队。

母亲与同学们勇敢地走上了街头，他们招呼着沿路的学生一起参加游行。先遣队和东北大学的队伍从北河沿行至石驸马大街，在接应北师大同学突围时遭到军警猛烈袭击，军警们用大刀皮鞭和准备好的水龙头驱赶着学生们，冰水浇透了母亲的棉衣，不少同学受了伤，还有人遭到逮捕。学生队伍数次被冲散又数次顽强地集结起来，敢死队终于提前来到了天桥总会场。

上午11时，北平学联在天桥召开了市民大会，到场的有两万多人。大会结束后，母亲和同学们臂膀扣着臂膀，每8人或12人一排，形成了一支浩荡的游行队伍。学生们向周围散发了大量的传单，“反对华北自治！”“打倒卖国贼！”“反对成立冀察政务委员会！”的口号此起彼伏。这次行动有力地打击了伪政府的卖国活动，当局不得不被迫宣布延期成立“冀察政务委员会”。

1981年12月16日的《北京晚报》刊登了一篇“兑员”的文章，记述了46年前的敢死队员们，经过报社帮助，我找到了作者，母亲的老同学朱伯伯，他对我说，你妈妈十分勇敢，在同学中很有威信，也很有号召力，我们看到她带头走上前去第一个报名，大家都纷纷相应……时值冬日，我带了一条白围巾，他笑着我说，你回头的时候很像你妈妈，一二·九的时候，就是这个样子……

在学生运动最紧张的时候，母亲仍然写出了她的论文《清代汉人拓殖东北述略》，后来发表在顾颉刚主编的《禹贡》半月刊上。那时，凡是在学生运动中有卓越表现者，一定是品学兼优的人。

“一二·九”以后，燕大呈现出一片崭新的精神面貌。

燕京大学毕业照　摄于1937年

母亲担任了学生自治会新成立的课外活动委员会主席，她积极策划开展了许多工作。委员会下设华北专题研究会、时事研究会、青年问题座谈会、宣传处（内设对外宣传组、出版组等五个组）。其中的对外宣传组有16人参加。学生们负责给国外青年团体和著名大学的学生写信，在交朋友中宣传抗日。此外，他们还要用英文写稿报道“一二·九”运动，并且向国内外英文报刊投寄。不久，母亲加入了共产主义青年团。

1936年1月，部分学生组成了南下扩大宣传团。一个多月后，南京国民政府发布了一个取缔北平学联的通知，军警先后在东北大学、中国大学、清华大学等几所学校里逮捕了200多名学生，学生运动进入低谷。

1936年初春，母亲经燕大同学陈絜（陈矩孙）介绍，加入了中国共产党。陈絜是福建人，燕大毕业后奔赴延安，解放后曾担任刘少奇同志的秘书。

当时党组织十分需要发展和扩大自己的队伍，至1936年上半年，党团支部发展迅速，形成了校内革命活动很强的骨干队伍。燕大第一任支部书记王永琪（王明远）回忆了燕大党支部建立的经过：在“一二·九”开始的时候，一个深夜，燕大学生陈絜在燕大图书馆后面的广告牌前找到了正在贴秘密传单的清华同学姚依林。第二天陈絜对姚依林自述了自己曾于1930年在福州参加过共青团，现在找不到关系。姚依林便把他介绍给周晓舟，当时地下党非常需要新生力量，陈絜很快被吸收为党员。第二天陈絜就发展了一位同学，这位同学又发展了王永琪。1936年2月，南下宣传团回到北平之后，燕京大学成立了党支部，由王永琪担任书记。陈絜是西郊区委书记，他和文书都不参加燕大党支部。不久，陈絜又吸收几个学生会的领导人入党，由上级直接领导，也未编入燕大党支部。

当时校内各年级都有党、团员和民先队员，以1935年入学这一届人数最多。柯华回忆（原驻英国大使）说："回想'一二·九'运动中的燕京同学，谁也不能不承认，龚澎是一个卓越的学生领袖，她是燕大同学的光荣，她是燕大同学的骄傲。"

不久前我碰到一位比母亲低两届的学友，当年也是参加抗日活动的积极分子，后来随丈夫远赴国外，这位年逾九旬的长者问我的第一句话是，龚维航怎么样了？可见当年记忆之深。

传播《红星照耀中国》第一人

燕京大学有一批同情中国学生运动的外籍教师，他们对母亲的成长和影响至深，如众所周知的埃德加·斯诺，1933年至1935年他是新闻系担任客座讲师的外国记者之一。他的夫人海伦·福斯特·斯诺则在校内旁听哲学与美学等课程。斯诺对待学生平易近人，他喜欢用启发式教学，不久，很多学生都成了他的朋友。

福斯特·海伦是一个能干而热情的人。斯诺在他的文中形容海伦"是位极不寻常的女人……她是一位希腊女神，走到哪里都受到人们的爱慕。她标致健康，一双蓝眼睛总是跳来跳去，是美貌与智慧罕见的结晶"。

母亲很快结识了斯诺夫妇，大家经常在一起谈天，交换对时局的看法。当时国民党军警不能随便进入外国人的住所，因此，斯诺夫妇的家就成了相对的安全岛，进步学生在这里可以看到外面看不到的"禁书"，比如史沫特莱写的《中国红军在前进》等深受欢迎的书籍，还可以听到来自国民党统治区以外的声音。

斯诺夫妇都不是共产主义者，但是他们痛恨法西斯和日本军国主义，对灾难深重的中国人民抱着深深的同情心，在最困难的日子里，他们一如既往地鼓励和支持青年学生的抗日活动，并且时常为他们提供庇护。斯诺做专职记者后一直保持着和学生们的来往。那时，他家已从燕园附近搬到城里东便门附近的苏州胡同盔甲厂13号，这是一座布置得古色古香的房子，此时与他们合住一个院子的瑞典人经常不在家，这为学生们的活动提供了很多方便。

1935年12月9日那天，斯诺夫妇邀来十几名记者，其中有《芝加哥每日新闻》的弗兰克斯·马瑟斯、《美联社》的吉米·怀特、《国际合众社》的迈克·费希、《泰晤士报》的C. M. 麦克唐纳等著名记者。大清早外国记者们就在街头等待着游行的队伍，他们把一个个真实的场面摄入了镜头，并且当天就向国外发出了电讯。一周后的12月16日，斯诺再次参加了学生们的行动，他和《芝加哥每日新闻》的富兰克·瑟马萨斯提前爬上了前门楼子，用特意购置的电影摄影机拍下了学生游行的生动场面。

和学生一起参加游行的外籍教师还有美国人夏仁德（Randolph Sailer），心理学教授，一个有声望的学者。他25岁那一年来到燕大，前后在中国工作了27年。

“一二·九”那一天，夏仁德教授和游行队伍一直走到西直门外。不久后，母亲和学生会的骨干在他的家中向斯诺夫妇和史沫特莱等外国朋友介绍“一二·九”以后各校学生的情况。

夏教授非常有正义感也极富同情心，曾为很多困难的学生提供过慷慨的援助。他反对一切压迫，同情中国人民反抗日本侵略的斗争。是一个虔诚的基督教徒。抗战期间，夏教授把进步学生藏在自己家里，躲过了日本宪兵队的搜捕，在紧急的关头，他甚至用自己的肩膀拖起学生越墙出走，奔向解放区。

英国著名的地球物理教授赖朴吾，他后来徒步进入八路军游击区，1942年燕大在成都复校，他回校在理学院任代院长，积极支持中共领导的学生运动，著有《中国革命的经历》一书。

还有经济系英国教师林迈可，他于1939年与赖朴吾、赵明、肖在田等四人行程一千多英里，历时三个多月，经北平西部的妙峰山徒步来到八路军驻地，并在那里见到朱德总司令。凑巧的是，那时候母亲已从燕大毕业，从延安马列学院来到了太行山八路军总部，当时为朱老总担任翻译的正是母亲。非常幸运，这幅珍贵的镜头被保存了下来。

1937年3月的一天下午，母亲和赵容声、柯华、陈龙、王向立、朱邵、李执、郑怀三、靳明等二十多名同学，课后相聚在夏仁德教授家中的客厅里，大家听取了埃德加·斯诺介绍的陕北苏区之行，并且荣幸地首先看到即将问世的《红星照耀中国》(*Red Star Over China*)的英文打字原稿。

埃德加·斯诺在书中写道，“从最实际主义的意义来讲，这些故事是中国革命青年们所创造，所写下的。这些革命青年使本书所描写的故事活着。”那些清新生动的文字和图片立即吸引了成千上万的年轻人。该书于1937年10月由伦敦戈兰茨公司首次出版，很快传遍全世界。1938年在上海由秘密共产党人胡愈之安排译成中文以“复社”的名义出版，为了适应当时的环境，中译本书名改为《西行漫记》。此后斯诺夫人海伦再次采访延安，撰写了《红色中国内幕》一书，中文版译为《续西行漫记》。

斯诺夫妇向同学们展示了二百余张陕北照片，还为他们放映了在延安拍摄的小电影。由于长期以来国民党对红色根据地的封锁，人们很难看到解放区的真实面貌。正如海伦·斯诺所说，在当时国民党统治下的中国，任何其他的人无论走到天涯海角也休想在书刊上讲出真话。

解放区究竟是怎样的一片天地呢？在斯诺家的小小银幕上，母亲第一次看到了生气勃勃的延安和兵强马壮的红军，还有毛泽东、周恩来、朱德等革命领袖神采奕奕的形象，她仿佛来到了一个充满生命力的世界，呼吸到一缕清新的空气。

会后，母亲向斯诺夫妇借阅了《红星照耀中国》的英文原稿，并利用业余时间翻译打印了其中的精彩章节，开始在燕大同学中传阅，而后开始在北平的各大中院校传阅。可以说，她是第一个把《红星照耀中国》部分章节翻译成中文并在学生中传播的人。在英文版《红星照耀中国》刊出的一张照片中，我看到了母亲和大姨，她们和参加学生运动的几位同学站在一起，尽管打着伞，我还是认出了她们年轻的身影。

《红星照耀中国》对帮助当时青年学生了解认识中国共产党和它的卓越领导人毛泽东、周恩来、朱德等人，起到了任何政治宣传方式所无法替

代的作用。在此前后，很多当年“一二·九”学生运动的领袖都先后奔赴延安，母亲与斯诺的友谊也持续了一生。

爱德加·斯诺在《复始之旅》一书中写道：“国民党政府把大批最有才能最能干的青年男女驱赶到了中国最后的希望—红旗之下，在他们当中有一批就是司徒雷登博士所主持的燕京大学最优秀的基督徒学生。”

小说《青春之歌》描述了一批年轻知识分子，从“九·一八”到“一二·九”这一历史大风暴中的成长历程，在书中似乎能找到母亲和她的同学们英勇斗争的身影。这一时期也是母亲人生道路转折的重要阶段。

抉择　奔赴延安

1937年初夏，母亲在燕京大学毕业后回到上海，在母校圣玛丽亚女中教授地理课，并以此为掩护，在上海基督教学生团体联合会（简称“上海联”）进步学生中开展地下党活动。

“上海联”本是教会系统大中学生与青年会的一个传统校级组织，在中共地下党与进步力量的推动下，他们积极团结、引导青年学生走上爱国进步道路，为支援抗战，组织青年学生为伤员服务，举办读书会、歌咏会、夏令营和冬令营等多种形式的活动。燕京大学“旅沪同学会”还请进步名人在女青年会演讲，上海许多中学和大学的基督徒与非基督徒都喜欢到这里来。

大姨是先母亲一年回到上海的，和母亲同在上海联工作。在此期间，母亲认识了许多高校学生领袖。此时斯诺夫妇也住在上海，他们与燕大的同学一直保持着联系。

这一年的8月13日，日军进攻吴淞口，上海军民浴血淞沪保卫战，为支援前线，母亲积极参加地下党组织的赈济扶伤活动。

10月间，斯诺夫妇在位于上海泰兴路的公寓中举行了一次座谈会，母亲把斯诺和他的夫人海伦介绍给在场的近二十名进步学生（有计苏华、王书圣等人参加）。那一次，正巧遇到胡愈之先生把胡仲持等《世界知识》杂志的同仁们刚翻译好的《红星照耀中国》中文稿带到上海，在场的学生们有幸看到了这本中文全译本。母亲又先睹为快，情不自尽地朗读起来……

11月11日，上海沦陷。一个月后，南京失守，三十万军民惨遭日寇大屠杀。祖国半壁江山已是遍体鳞伤。

深思熟虑后，母亲决定和几个燕大同学一起奔赴延安。那时我的舅舅尚且年幼，二老双亲年迈体弱，还要担负沉重的家庭负担，实在让母亲牵肠挂肚，她向姥爷告别时，没有说出真正的去向，但老人已猜到了八九分。在上海家中，姥爷已经看过母亲所译《红星照耀中国》的部分章节，他对书中描述的红军领袖十分敬佩。虽然姥爷很希望女儿留在自己的身边，可他凭着自己的判断，认定女儿选择的道路是正确的。老人地默默同意了，他坚定地对母亲说："如果你认为你的选择是正确的，那么你就要坚持下去，不要回头！"

1938年初，母亲和同学们带着简单的行装悄悄离开了上海，她担任了行动小组的负责人。在途经香港的时候，正巧在街上碰到了大学同学区棠亮。棠亮阿姨向母亲诉说了自己一直想去延安的心愿，并希望加入他们的行列，母亲热情地欢迎她一起上路。一群朝气勃勃的年轻人心中充满了激情。在路上，大家一边唱着救亡歌曲，一边憧憬着向往的解放区是什么样子。风尘仆仆走了近半个月的路程，终于来到了西安八路军办事处。几天后，大家又乘车到达了延安。

对母亲真正的考验是到达延安之后才开始的，延安的生活条件是异常艰苦的，这里的一切都与大城市截然不同。当初，和母亲一起出发、同时到达陕北的几个人都对解放区怀有一种浪漫的激情和向往。可对于从小生长在大城市的"洋学生"来说，要真正扎根在这种贫瘠的环境中，走出知识分子的小圈子，与农工民众一起献身革命，决非轻易之举。面对严峻的现实，和母亲同到延安的同学中有人犹豫动摇了，有的人又辗转投奔到了国统区大后方。

母亲坚定地度过了生活关，经受了革命的洗礼，她和另外两名同学毅然留了下来，棠亮阿姨在西安办事处成为林伯渠同志的秘书，她们的友谊一直保持到晚年。

解放后，棠亮阿姨的二老双亲还像当年一样，经常招待女儿的学友一起品尝他们亲手做的肉粽子。20世纪60年代初经济困难时期，爸妈带着

我和哥哥到他们家里聚餐，大家围坐在庭院的小桌旁，尽管条件简陋，菜肴是以素代荤的“人造肉”，主食是玉米面和红薯面做的，可端上来的每样食品都是地道的广东口味。老人在我们身旁忙碌着，把自己制作和贮存的美味一盘盘端出来招待大家。看着大家有滋有味地吃着，阿公阿婆脸上露出了满意的笑容，此时的爸妈都成了他们眼里的大孩子。

母亲受过当时中国最好的教育，她有温馨的双亲和家庭，有稳定的收入和工作，更没有被逼婚和逃婚的事情，她完全有条件选择另一条道路，继续在上海教书，守护在父母身边，将来嫁人过一种更为安逸的日子；作为燕大历史系的高才生，她也可以选择出国深造，做一名研究历史的学者，可是她却偏偏放弃了上帝为她所造就的，原本属于她的一切，而选择了让现代人已经无法理解的艰辛坎坷之路。

母亲奋斗了一辈子，身后却什么东西也没有留下，没有财产，没有房屋，甚至连相片也很少，年轻人对她的名字已经陌生。妈妈，你为什么选择这条路呢？

在我上小学的时候，就知道广东海丰县有一位革命前辈名为彭湃，他出身富裕家庭，却毅然放弃了眼前的富贵生活而投身革命事业。后来不幸被叛徒出卖，在上海龙华被国民党杀害，临死前英勇不屈。早年他曾在日本早稻田大学留学，是一位知识分子出身的革命者。母亲很敬佩他的为人，在奔赴延安的时候，特意把自己学生时代的名字更为“龚澎”。我想，这也反映了母亲年轻时的追求和她对人生价值观的理解。

20世纪40年代初，母亲曾经在打字机上直接用英文写过一本自传体的书稿。文中描述她少时在家中的和睦生活，学校里难忘的日子，年轻时到延安和太行山的经历，一直写到赴重庆十八集团军办事处工作。

母亲对家人对朋友感情深厚，情意浓浓。文章的开始部分就谈到她为什么离开敬重的姥爷和姥姥，放弃在上海的生活和工作而参加革命，对她来说，舍弃这些需要巨大的决心，而这种决心来自于一种强烈的使命感。当她看到祖国大地哀鸿遍野，中华民族面临生死存亡之际，深感为人不能只考虑自己的个人利益和得失，她要勇敢地担负起解救民族的重任。

在我的大姨即将远赴美国学习之际，母亲把这本英文自传体文稿交给了她，希望得到名师指点后在美国出版。

到美国之后，大姨即把原稿交给美国著名女作家赛珍珠阅读。赛珍珠是诺贝尔文学奖得主，被誉为“沟通东西方的人桥”，时任《读者文摘》的负责人，她看了母亲的文章后高兴地说，写得很好，你妹妹是个年轻人，请转告她，如果稿件上再加上她在爱情方面的故事就更加完整了。我的大姨如今还记得文稿中的主要章节。

不久太平洋战争爆发，此事就此搁置下来了。

马列学院第一期学员

母亲到延安后先在陕北公学22队学习了一段时间。1938年3月，她进入延安马列主义学院，成为那里的第一期学员。

脱掉了身上的旗袍和洋装，母亲很快适应了延安的生活节奏。在这里，她有机会接触学生圈子之外的工农干部和基层群众，还认识了许多有着丰富革命斗争经验的老同志。母亲对我零星地讲过许多刚到延安时的生活和她所遇到的名人。

马列学院是延安的“高级党校”，学员中有海外留学生，也有经过战争考验的红军干部，文化水准普遍较高。在这里，母亲亲耳聆听了毛泽东、刘少奇、陈云、张闻天、艾思奇、陈昌浩等中共负责人和马列理论专家的报告和授课。

在大学时代，母亲已从斯诺的小电影中初识了延安领导人的风采，此刻他们就近在咫尺。有一次母亲在河边散步恰巧碰到了毛泽东，因为刚到延安，她激动得不知说什么好，灵机一动，她立正站好，向毛主席深深地行了一个鞠躬礼，毛泽东笑呵呵地用他那浓重的湘音问母亲，你叫么子啊？当母亲把自己更改姓名的故事讲给毛主席后，毛主席笑着习惯性地挥起手臂说，改得好，改得好嘛！我们就是要像澎湃同志那样，掀汹涌澎湃的巨浪推翻旧世界！你说对不对呀？！

在马列学院听课时，母亲经常坐在第一排。当时她的皮肤晒得很黑，远远看去，只露出一双大眼睛和一口洁白的牙齿，她边听边做笔记。毛泽东再次注意到这个认真听讲的学生，课间休息的时候，他风趣地问母亲：“龚澎同志，你是南洋的华侨吗？”母亲微笑着答道：“我的家在上海，是

燕京大学历史系毕业的。”毛泽东高兴地点点头，这位澎湃的崇拜者——龚澎，给毛泽东留下了深刻的印象。

不久，“七一”前夕的一天，党中央准备在凤凰山附近举行一个纪念性集会，领导同志邀请了几位外国朋友参加，母亲被毛泽东亲点抽调出来担任他的翻译工作。

那次集会，母亲的老同学区棠亮阿姨也去了。她回忆说，龚澎紧跟在毛泽东身旁，毛主席问龚澎：“你是CY呢，还是CP？”（CY是共青团，CP是共产党）龚澎回答说：“是CP。”那是她第一次为中央领导人担任翻译。

尽管陕北的生活艰苦，但却充满了朝气。在延安同学的印象里，龚澎是一位机智而幽默的人物，她兴趣广泛，喜欢聊天，有时也善意地给某位同学起个外号，很有人缘。

母亲曾回忆说，刚到延安时一身学生气，也不善于与周围的工农干部和群众打交道，时常觉得别人不理解自己，在实际生活的磨炼中，她从老同志身上学到了许多宝贵的经验和优秀品质，逐渐融入以工农干部为主流的大家庭之中。这一年，母亲24岁。

60年后，马列学院的师生们为了庆祝学校成立纪念日而再次相聚。我代母亲收下了那份珍贵的纪念品：镶嵌在水晶里的宝塔山与延河闪烁着金色的余晖。

第三章

太行情深

我爱太行山那片贫瘠的土地，因为它是被我们最亲爱的同志们的血滋养着的。它曾是我生命中最快乐的一段生活的见证……

——龚澎

巧遇彭德怀

1938年10月，母亲结束了在马列学院的学习，被分配到太行山沁县后沟村《新华日报》社（华北版）参加工作。

从延安出发到太行山的路途中，母亲恰巧与第十八集团军副总司令彭德怀将军同行，彭总在延安参加了中央全会，正准备返回华北抗日前线。他们从垣曲渡过黄河进入太行山区。

身经百战的彭德怀为人耿直、刚毅，并且爱惜重用人才，他们一路交谈后，竟戏剧般的改变了母亲的行程。彭德怀决定把母亲留在八路军总部秘书科工作。1938年11月14日，彭总一行回到屯留县故县镇八路军总部，1938年12月成立八路军前方总指挥部。

母亲穿上了八路军军装，成为总部的一名秘书。草拟对外函电，记录整理首长讲话，报告广播里抄收到的国内外新闻，接待来访的外国客人等等都是秘书科的工作。可以说彭大将军对母亲有着知遇之恩。

在总部机关，母亲结识了朱德总司令和左权将军等领导人，并在他们

1939在八路军总部陪同朱德总司令会见国际友人　左起：林迈克、肖田、朱德、龚澎　赖朴吾 摄

的直接领导下工作。朱总司令有着丰富的革命斗争经历，早年曾在德国留学，是一位见多识广，光明磊落的老前辈，他待人诚恳宽厚，十分谦虚，很少讲自己的过去，大家都亲切地叫他总司令。

1939年10月11日，八路军总部机关从交通不便的砖壁村转移到武乡县王家峪村。1939年12月1日，朱总司令在抗日前线度过54岁生日，总部机关在内部开了一个小型庆祝会，他所在党支部送给他一面写有“模范党员”的贺幛。总司令嘱咐，实物一律婉言退回不准收。为扩大共产党在抗日根据地的影响，对干部战士进行教育，华北《新华日报》发表了《庆祝朱副司令长官五十晋四诞辰》。彭德怀指示筹办了一个华诞展览，将各部队、地方党政机关和抗日团体发来的贺信、贺幛展示出来。母亲写了“献给朱德总司令五四寿诞”贺诗一首，以表达对总司令的崇敬之情（原稿存朱德纪念馆）。

母亲在和党的第一代领导人近距离接触中，学习到很多过去在书本上学不到的东西，特别是他们高尚的品质和高瞻远瞩的战略思维。幸运的是，母亲一生都得到了这些“恩师”的指点。

太行深处，山峦起伏，一望无际，崇山峻岭之中沟崖纵横，地势险要，人烟稀少。这里生活条件艰苦，八路军在前线浴血奋战坚持抗日，十万人马只能领到国民政府发给的四万五千人的军饷。在他们活动的山区严重缺水，许多老百姓有半年要靠窖藏雨雪水度日。总部的工作人员每天只有小半盆水可以清洁洗脸，洗了脸再洗脚，水是这里最宝贵的东西。到太行山后，母亲很久都没有洗过澡，平时只有用湿毛巾擦一擦。

1938年12月总部转移到屯留路县北村，1939年又几次转移到武乡县砖壁村。八路军每到一地，都要发动群众，武装群众建立乡村农会、工会、青救会、妇救会、儿童团和民兵、游击队组织。母亲为组织起来的民兵们讲授文化课、深入农村做妇女工作，她与她们同甘共苦，睡一条炕、吃一锅饭。不久，母亲的头上和身上长满了虱子。大家开玩笑说，这是革

1939年暑假，英国人林迈可走了3000里路，到达武乡县砖壁村，见到朱德总司令，并为八路军总部通讯科检修电台通讯设备。龚澎陪同并担任翻译。左起：林迈克、豪格、朱光、龚澎、肖田、赖朴吾。

命者身上的革命虫。这时的母亲已经和游击队、农村基层干部打成一片。

当时山村的妇女地位很低，她们不但要干农活，做家务带孩子，还经常受丈夫的打骂。母亲和妇女干部一起向群众宣传妇女解放的新思想新观念，并且帮助她们组织起来，反对和批判大男子主义，改变了当地男尊女卑的旧观念。

据美国人霍华德·索伦伯格牧师回忆（1938年至1940年笔记与信件）在1938年11月至1940年8月底期间，朱德总司令、彭德怀副总司令会见外宾时，母亲均担任翻译。

彭德怀与索伦伯格一边交谈一边对弈，母亲都在现场。他们下棋的石头棋盘，今天仍然保存着。在黎城八路军总部，母亲曾任战俘所所长，负责国际战俘的培训工作。

索伦伯格还珍藏了彭德怀送给他的纪念抗日战争三周年讲稿。通过与龚澎的交谈，索伦伯格对八路军留下了美好印象，他对中国人民的抗日斗争也因此充满了信心。

在太行山给民兵讲课　摄于1938年

刘白羽忆龚澎

每当提起“太行”，母亲的神情总是非常振奋。小时候练钢琴时，母亲常常让我弹奏《游击队之歌》，一遍又一遍总是百听不厌，这使我很想一睹太行的风采。2005年，我终于来到了太行山脉，西部是连绵起伏的山岳地带，东部除泰山大峰山外，是一望无际的千里平原，那重叠的群山峻岭用“雄伟”二字形容一点也不为过，这里的确是抗日的好战场。

1939年，太行山的斗争异常严酷。一次，母亲跟随作战部队开进一个刚被日军扫荡过的村子，侥幸活下来的百姓跪在村边向八路军磕头，遍地都是死尸……残酷的战争场面给了母亲极大的震撼，面对这一切，她感到再也没有什么可怕的了。

母亲说，自从她参加八路军以后，整个人都改变了，变得朝气勃勃。

2004年初春，我看望了太行时期母亲的战友——诗人作家刘白羽。当他确认我是龚澎的女儿之后，脸上露出了亲切的笑容。白羽伯伯的头脑非常清晰，尽管他已年过九旬，行动不便，却对太行往事记忆犹新。

1939年，刘白羽从延安到太行山北方局工作，与八路军总部仅隔一个山谷。有一次总部机关在转移途中遇到了扫荡的日军，母亲和同志们急行军来到漳河边，此时正是河水上涨的时候，水深没人，朱总司令站在岸边，镇定地指挥部队渡河。会游泳的游渡，不会游泳的骑马。母亲和刘白羽都分到了一匹马，他们伏在马背上渡过了湍急的河水，当时情况十分紧迫，早已顾不上全身的衣服湿透冰凉……

在太行山上他们聊起学生时代的往事，母亲说，在燕京参加了地下党以后就有了一种责任感。当时有很多秘密文件需要及时销毁，为了确保安全，她又跑到离燕京更远的京郊去处理文件。一个女孩子参加了革命，什么都不怕了。

以后在重庆，刘白羽又认识了我的父亲。白羽伯伯对我说，你的爸爸妈妈都是很好的人，你应该好好写写他们，特别是你的妈妈，她是很值得写的，也有很多东西可写。我问道，怎么刻画人物才能比较真实呢？

白羽伯伯思索片刻后说，有些事情的细节能反映一个人的品质。

他讲述了重庆时期的一段往事：1946年2月22日，国民党特务操纵部分学生举行反苏反共游行，学生们认为自己很勇敢，是在搞学生运动，而一批被雇用的暴徒就混在其中。接近中午时分，游行队伍在国民党的广播车引导下涌到曾家岩办事处铁门外，怎样能劝阻住这些学生，又做到讲策略不授人以柄呢？负责警卫的同志极力克制着自己冲动的感情，想尽一切有力的措施来疏导闹事的年轻人。当十几名大学生作为代表向中共代表团递交“致共产党书”时，博古与王若飞等领导人严肃而和蔼地向他们讲述了当时的事实真相。分管青年工作的母亲正在现场。

此时外面传来《义勇军进行曲》的歌声，母亲威严地站了起来对学生们说，不客气地讲，你们学生不知天高地厚，唱《义勇军进行曲》来向我们示威，你们知道这支歌是谁写的？是共产党员写的！国民党骂我们卖国、汉奸，请问，这种歌曲国民党能写出来吗？我们搞学生运动的时候还没有你们呢！有本事你们去找日本人闹去！

学生们像见到了这么严厉的老师，顿时被镇住了，他们感到再无话可说。在大家的共同努力下，游行队伍撤退了。

事后同事们钦佩地说，嘿！龚澎同志还真有两下子！“这就很能代表你妈妈的特点。”老人若有所思沉默片刻，又说：“再比如，丁玲同志就谈过对你妈妈的印象，她说，女同志不一定要浓妆艳抹才好看，龚澎平时随随便便地走来走去，一参加活动，稍微打扮一下就神采焕发，显得很漂亮。丁玲观察得很准确呀！”

白羽伯伯最后惋惜地告诉我：“解放后我和你妈妈分配到不同部门工作，见面的机会少了，只有在中央召开会议时才能碰到。最后一次见到她，是在文革期间的1967年，有一天我参加完一个活动已经很晚，在东安市场门口，我看见你妈妈独自在散步，我问她，你怎么这么晚还在外边呢？你妈妈说，我就住在附近，晚上睡不着，出来走走。那时你妈妈似乎身体不大好。这是我们最后一次见面。”

一段动人的往事

1938年冬季的一天，朱老总兴奋地告诉大家：有一位在德国留学八年的留学生要来秘书处工作，母亲和同事们既高兴又好奇。

第二天果真见到了这位高材生，他身体高大而健壮，戴着一付黑边眼镜，满脸英气和庄重，看上去像是一位学者，而且是立即能博得众人好感的人。他就是刘文华。

当时，前方总司令部设在豫县武军寺的一个大庙里，庙前舞台上的三间小房子就是秘书处。八路军一方面要对日军反扫荡，一面又要对国民党反摩擦，往来电报函件、战况、作战部署等都要及时编译成文，大家工作任务很重。

母亲与刘文华同在秘书处工作，两人逐渐熟悉了解。刘文华经常帮助母亲分析和认识问题，有一次母亲半开玩笑地说，你学了六七年的机械工程现在用不上了，目前做的事和机械工程毫无关系，等革命胜利后你还是彻底改行吧！刘文华却说，我将来还是要做工程师！我现在是效法鲁迅先生，鲁迅先生本来是学医的，可是他认为医治中国人的灵魂更重要，他就从事了文学创作……待赶走日本鬼子，革命成功后，我还是要当我的工程师，好好建设人民的国家。

在个人问题上母亲始终坚持自己的标准，当年在延安的女同志很少，要嫁一位老资格并不困难，可她更在意兴趣上的一致和彼此之间能够沟通和理解。

经过慎重考虑，母亲认为在共同的理想和思想基础上建立起来的感情是成熟的。1940年8月1日，她和刘文华结为伉俪，并郑重地在村后一棵杨树上刻上了他们的名字和日期，此时正是百团大战的前夕。

8月30日，母亲奉中央命令调往重庆南方局工作。那时上级党组织并不清楚她已经在一个月之前结婚。母亲和刘文华没有提出任何要求，他们商定，抗日战争胜利的那一天，就是我们团聚的日子！分别的那一天，刘文华和左权将军站在山冈上为各自的亲人送行。

谁知这次的生离，竟成了日后的死别。

那是母亲和刘文华伯伯分手后的第一个冬天，中央加强了调查研究工作，前方总司令部在晋中设立了战略情报站，左权将军兼任处长，并从总部及129师和军分区各抽调了一批干部，申伯纯、王百平、李新农、刘文华四位同志分别负责太行各地区的敌后情报。临行之前，左权将军把自己

的手枪和坐骑马给了刘文华，同时还为他配备了机要员、饲养员（养马）和警卫员。刘文华与一名即将派往敌后的干部来到了晋东南地区的和顺县，这里也是129师新编10旅（曾绍山任副旅长兼太行军区第2分区司令员）的驻地，平时大家都住在一起，傍晚时分，战友们围着篝火煮起一大锅南瓜汤。旁边一个村子是129师新编11旅的驻地。（20世纪80年代我在意大利碰到秦基伟将军率领的军事代表团，秦伯伯对我说，你家的历史我比你还清楚！）

龚澎在太行山 摄于1938年

在总部的直接领导下，情报站（对外称交通站）负责搜集敌人据点的情报，向外派遣干部，在开明人士和地主绅士中间开展统战，并且利用家庭和社会关系打入敌人内部，进行了大量不为人知的工作。

为了工作，刘文华常常深夜不眠，黎明即起。因为条件艰苦，晚上就点着菜油灯，利用敌伪报纸的材料整理材料，没有稿纸，就在旧报纸边上的空白处写文章。他知识渊博，记忆力极强，可出口背诵许多诗词。

1942年5月，日本侵略军向太行山区发动了大规模进攻，这是八年抗战最艰难的岁月。夏日的一天，刘文华一行人赶到总部汇报工作，在返回情报站的路途中，他们遇到了扫荡的日本兵。在急行军中，刘文华因为急腹症发作无药医治而腹疼难忍，同行的战友向附近的老百姓借了一块门板做担架，并找了两位老乡帮忙，他们打算把病人送到邻近的医院去治病。只要翻过前面的山岭，再穿过敌人封锁的公路就可以到达目的地了。

抬着担架又走了一段路程，蜿蜒的公路已经近在眼前。这时已是半夜两三点的时辰了，病人疼痛加剧，临时带的两片药已经起不到任何作用了。为了不引起敌人的注意，一行人抬着担架钻到公路旁一个农民看庄稼的小窝棚里，里面光线很暗，他们从挎包里拿出平时自制好的灯捻儿（用一种野草做的）使劲搓着，终于搓出火花可以照明用了。

从窝棚的缝隙向公路上望去，日本人骑着马不停地在公路上巡逻，几步就是一个岗哨，马上穿过封锁线是不可能的。此刻，刘文华因为疼痛加剧几乎休克，他强忍疼痛吃力地对身边的沈少星干事交待了工作，并准备了万一不测的遗嘱：请转告我的妻子……沈干事含着泪从挎包里取出了精心保存的钢笔，一笔一画地记录着：

> 我现在忍受着有生以来最大的疼痛，倘若是在敌人刑场上我一定忍受到最后一分钟。我相信党的三·三制政策，我相信坐镇华北领导抗战的彭德怀同志。我的妻子我爱她，我倘有不测，让她嫁人，只要不脱离革命，就对得起我。亦兮痛哉！

在战友的搀扶下，刘文华用尽全身最后的气力，在遗嘱上签上了自己的名字，他还把随身的挎包交沈干事保存。那时从129师调情报站协助刘文华工作的沈少星还是一个不到20岁的小青年。时隔60年，他仍然能够背诵出这份令人无法忘怀的遗嘱。

当时在场的还有刘文华的助手赵增寿、马夫贺满仓、警卫员赵五锁等几位同志。

眼见着天已蒙蒙亮，刘文华疼得大汗淋漓，渐渐无法谈话，失去知觉休克过去。拂晓时分，战友们抬着担架又折回去寻找打散的部队。

在走到西沟村返回总部途中，病人病势逐渐加重，呼吸微弱，手脚冰凉，再无法走下去了……他的心脏停止了跳动。

战友们悲痛地取出他留下的挎包里面的一些随身用品，其中有一本自制的精致小相册，贴在首页的是一个年轻女子的照片，她的脖子上围着一条白围巾，身后是一幅大的标语：打倒日本帝国主义！这是母亲“一·二九”留下的珍贵照片。此外书包里还有一张发旧而精致的贺卡，里面是一缕母亲的黑发精心地别在上边。另外是两封夹杂着英文的短信，那纤秀的文字是母亲的字迹，那上面记述着她在重庆的见闻与感想。

1942年12月7日的《新华日报》(重庆版)刊登了母亲的文章《悼文华》。其中有一段深情的描述:“我爱着太行山那块贫瘠的土地。因为它是被我们最亲爱的同志们的血滋养着的。它曾是我生命中最快乐的一段生活的见证:它本身包藏着我的丈夫的尸骨。我更爱在那里坚持抗战和敌人作殊死战斗的同志们，老乡们。”

母亲在世的时候没有在我面前提起这段往事，但她对太行老区流露出的真挚之情却深深地感染了我，由此我也更加了解母亲的一生是多么不易。

沿着母亲走过的足迹，我来到了河北省邯郸市晋冀鲁豫军区烈士陵园。在瞻仰了原八路军副参谋长左权将军的纪念碑(1942年6月他在反扫荡战斗中牺牲)之后，我在南院西侧找到了刘文华的墓地(1949年从山西迁过来)。碑文是这样写的:刘文华同志，北京市人，生于1913年。幼小就读于北京汇文中学及天津北洋工学院，留学德国专学机械工程，在德国八年并加入中国共产党，七七事变后即启程返国，1938年赴八路军总部任朱彭总司令之秘书。1941年刘文华同志奉命到晋中工作，因任务艰巨，积劳成疾诊治无效，不幸于1942年6月30日返总部途中病逝，时年三十岁。

我蹲下来用手轻轻拂去碑文上的尘土，默默地献上一束鲜花:“刘伯伯，我替妈妈看你来了!”

望着一排又一排的烈士陵墓，似乎来到了久远的战争年代，和这些民族精英与忠魂在一起，内心有一种升华。

刘文华为了抗战从德国回到了祖国，当他来到武汉时，接到了全国五所著名大学的聘任书，可是他却自觉放弃了这些，走上一条更为艰险的道路，以致牺牲了自己的生命。站在题有“英勇牺牲的烈士们千古，无上光荣”(毛泽东题)的纪念碑之前，我深深地一鞠躬。

陵园里种满了苍松翠柏，沿着开阔的大道漫步，似乎一切忧愁烦恼都化为乌有，在这里，人的灵魂可以得到净化和安宁。

我们在太行山上

经过多方考证，母亲在太行的足迹渐渐清晰起来。2013年我与几位抗战将士的后人一起来到了位于晋东南的黎城县，属长治市所管辖。为我们带路的是县政府孙广兴主任，他在公路边向我们指点着昔日的战场和遗址分布图。登上板山终于一领太行山的风采，黄崖洞兵工厂遗址与周边的丹霞地貌令人震撼。史书上的文字渐渐鲜活起来。

孔家峧是黎城县城西北一个山区行政村。全村分布在一条长约10里的山沟中心，分别叫南峧、下峧。这是太行山下一处郁郁葱葱的盆地，非常便于隐蔽。1938年底，母亲跟随八路军总部辗转来到这里，就住在副村长郭建仁的家中。

南峧村西一段修长的石阶把我们带到了75年前。山坡上坐落着几处错落有致的瓦房和农家小院，这就是抗战期间八路军在黎城的总部和129

我们在太行山上

师师部旧址。房东郭建仁是当地有名的医生，抗战爆发后，郭建仁积极为入驻孔家峧的八路军筹粮捐款，成为党组织十分信赖的村干部，如今郭家已有第四代传人了。战争期间为了保密，加上老房东的低调行事，很长时间这里都没有被宣传出去。

院子门口有一处农家常用的石碾子，当地老百姓说，朱德总司令带领总部人员第一次来到这里时，天色已经很晚，八路军没有打扰房东而露宿门外，朱德就睡在这个石磨上。小路旁有个石头制的方形储水兼洗脸盘，也是当年部队所用。

山西的民居类似四合院，郭家有二进东西四个院落，中分十字成棋盘型，故有棋盘院之称。院后西北角长有一棵高大粗壮的老柏树又称柏树院。院子西靠与房几乎等高的石堰，还有在晋东南民居中少见的4个门，战时遇到紧急情况，可以随时择门撤离。司令部设在西院北房，东面的二层小楼，为母亲当年工作的秘书处所在地，如今已经破旧无法居住。院落西侧有陈赓等人住过的房屋。

黎城孔家峧八路军总部旧址：妈妈走过的路

邻院的北侧是机要办公室，里边有一间6平方米左右的宿舍，房间门面很小，要低头转身才能进去。里面摆放一张木床和一张小桌已经满满当当。房东告诉我，母亲曾经住在这里。“当时条件艰苦，八路军新婚夫妻不摆酒席，典礼非常简单。1940年8月1日刘文华和龚澎结婚时，仅用了2张红粉连纸，剪了两个‘喜’字帖起来，就算举行了典礼仪式。”

八路军总部总部秘书处

走出院落的后门就来到通往上山的小路，驻扎在这里的确是来去自如。放眼望去，远山一片郁郁葱葱，周围草木旺盛，空气格外清新。老房东的孙子郭先生（他的女儿已经上中学了）带着我沿着山坡向山峦高处走去，脚下的土地变得泥泞起来。我询问母亲当年刻下名字的那颗老杨树的大概位置，郭先生指着南峧沟深处葱葱的密林说，就在那边，年代久了……

这里是《游击队之歌》响起的地方。

我独自一人爬了一段山路，凝望着山间茂密的丛林，我的心底在呼唤，妈妈，我来太行了！

第四章
雾都六年

在1943年弥漫在重庆的沮丧的单调气氛中，她那充沛的生命力使人如同呼吸到了一股新鲜空气。

——费正清

走进红岩村

2004年春天我第一次来到重庆。对于雾都来说，那一天是少见的好天气，蓝天在云雾中露出晴朗的笑脸，南风徐徐吹过，走在绿树茵茵的山路上抬头远望，长江和嘉陵江好似两条蜿蜒聚首的长龙，即将启程的轮船鸣响了汽笛，很像当年的纤夫唱起的川江号子。

大半个世纪以前，重庆是抗战时期国民政府的临时首都，雾气腾腾的街头上随处可以看到饥饿贫穷的画面和被敌机轰炸的断壁残垣。国民党要员在南岸建有豪华的别墅，这里还驻有许多国家的驻外使团和记者。

此时正值国共合作时期，第十八集团军驻渝办事处就设在这座云雾缭绕的山城。

1940年深秋，在通往红岩嘴的小路上，一位与众不同的年轻女子随身带着一个小小的包裹在匆匆地赶路。她苗条的身体挺得直直的，浓密的短发塞在军帽里，一身洗得发白的灰色的军装，腿上还打着绑腿。这个女军人的气质不凡，人们的目光不由得向她多注视了几眼，这位英姿飒爽的女八路就是母亲龚澎。

这一年九月，母亲从太行山调往重庆工作。她和朱德总司令等一行离开总部，中途经过西安办事处时，恰巧碰到了一起奔赴延安的老同学区棠亮（她当时是林伯渠的秘书），两人愉快地诉说着分手之后的经历。当时和母亲同行的还有总部的另一位秘书以及到洛阳赴任的十八集团军办事处主任。他们渡过黄河来到洛阳，朱老总会见了卫立煌之后，母亲继续向南赶路。

几经周折，母亲终于来到了位于重庆市郊的红岩嘴，起伏的山峦绿树葱葱，沿着石阶往上走，经过半山腰国民党“外办”的灰色小楼，很快就进入了大有农场。高大的灌木和芭蕉树在湿润的空气中生气勃勃地舒展着枝叶，一棵茂密的黄桷树成了醒目的路标，以此右上的山坡通往红岩村，而顺着左下的小路走几分钟就是“国民参政会”，当年有很多盯梢的特务就出没在附近，原来国共配合得是这样密切！十几分钟后，群山之中出现了一座有着两个尖顶的楼房，建筑不高，却有着庄重的气势，这里就是十八集团军、新四军驻渝办事处（简称办事处，处长钱之光）和中共中央南方局（简称南方局）所在地红岩村。以周恩来为首的中共南方局是延安派驻重庆的代表机关，由于国民党当局的种种限制，南方局的活动是秘密的。根据规定，新调来的工作人员都要去这里报到。

对于母亲的到来，《红岩村轶事》一书中有如下描述：“1940年秋末，红岩村来了个大美人。”当时办事处的同志们都拥到会客室想看个究竟，新来的同事是什么样呢？

“人群中站着一位戎装的姑娘，旅途的劳累也遮掩不住她的风采：粉腮秀眉，明眸皓齿，短发齐耳，女性的妩媚中透出无穷的青春朝气。果然是一位绝色佳人。”

其实这样的形容是过于夸张了。当年的老同志告诉我，你妈妈到达重庆时，用四个字形容最准确：风尘仆仆。从太行到延安，再设法搭车到重庆，而且年轻同志大都坐在最后的位子上，一路上至少要走十几天的路程。不停地颠簸和奔波，顺利到达重庆已是很辛苦了。

尽管是满身的劳累和尘土，但精神却十分振奋：终于到达目的了！这里的年轻女同志并不多，大家见面格外亲切。母亲希望和同志们尽快熟悉，她大方地自我介绍：“我叫龚澎，从八路军总部调来的，能和大家一

起工作很高兴！”

走进红岩村，仿佛置身在八路军的军营中，房子设施整洁而简朴，包括几位领导人的办公室和住房都极为朴素。办事处的同事们还在空地上开荒种地，自给自足。想象中父母亲的生活至少是大都市化的，而我所看到的却截然相反。

曾家岩50号

周副主席初到重庆时先住在上清寺渔村，1939年二、三月间，邓颖超以周恩来的名义租下了接近闹市区的曾家岩50号的大部分房屋，以作为南方局部分人员办公住宿之用。实际上这里是局机关驻地的一部分，主要负责对外开展统战工作，对外称“周公馆”。

曾家岩50号位于嘉陵江边的中山路，“沿着一条一头通向悬崖的街道往上走，先经过求精中学，那里有15个文化赈灾机构，还有美国大使馆的办公厅，再经过蒋介石府邸的大门和行政院，到街头尽头处，你还得走过一幢白色的大房子，即白宫馆，戴笠就住在里面，然后突然拐入一条沿着悬崖而筑的小巷……”当年小路两侧开着各式各样的小店铺，许多特务便隐藏其中。

2004年我来到这里的时候，周围的建筑被拆除了，费正清先生笔下描写的街景已经不复存在。只有隔壁不远的一条崎岖小路仍旧闪现着当年的旧景：依山而建的街道，光溜溜的石板路，褪了色的老楼，遮住乌云的繁枝茂叶。继续走上几十米，路边出现了一座深灰色的三层小楼，铁门上方有几个手写的路标：曾家岩50号。

这里就是当年被险恶环境所包围的周公馆。

走进50号大门就来到了“解放区”，据说每到下雨时，小院里经常满是泥泞，来访者可以把满是泥水的脚印一直带到接待室。很多年后妈妈多次提起曾家岩50号，那亲切的神情就像是提起自己的老家。

仿佛似曾相识，仿佛我早已来过这里，真是一种奇妙的感觉。就连门口那个大眼睛的女讲解员也好像是家里人。

进入主楼往右走，有一间十分不起眼儿的宿舍，在初来的日子里，母亲就住在这里。屋子里原有的三张小竹床分别属于张颖、陈瞬瑶、刘昂几位年轻女同事，他们在文艺处、宣传处、机要处等部门工作，妈妈来后又添上了一张床，小屋里挤得满满的。尽管条件艰苦，几人相处得却一直很愉快。

二楼是一个国民党官员先租下的，两家互不来往。

三楼仍旧是办事处的地方，外事组和叶剑英同志领导的军事组都在这一层。站在南面的阳台上，可以看到雾中的嘉陵江和在水中航行的船舶。

小楼后面有一道小门能通向悬崖下，国民党盖了一间小屋守候在路边，并且在四周布满了带刺的铁丝网。这栋房子有的出口和楼梯是国民党使用的，有些是共产党专用的，彼此交错，被形容为“国共三明治”式的格局。国民党特工在旁边的楼梯上可以清楚地看到小楼里的一举一动。

周恩来同志的办公室兼卧室在一楼，这是曾家岩50号的工作人员最熟悉的地方。

周恩来初试龚澎

根据南方局领导的安排，母亲被分配到周恩来同志身边工作。自中央红军到达陕北，周恩来担任军委副主席后，很多同志都称他为周副主席，办事处的年轻人则叫他周公。

几天之后，母亲准时来到了周恩来办公室，此时周副主席正在隔壁与另外一位同志谈工作，他请母亲先坐下来等候。

新的工作马上就要开始了，母亲的心情十分激动，周副主席将要分派给自己什么样的任务呢？母亲思索着，她抬头环顾四周，这是一间朴素的办公室，里面的陈设简单而整洁，迎面墙壁上有三张作战地图，每张图上都标有数字和说明。她用极快的目光迅速扫了一眼。

就在这时，周副主席匆匆走了进来。他神采奕奕，两道浓眉下炯炯有神的目光给人留下极为深刻的印象，他一边和母亲打招呼，一边随手拉上了地图边的帘子。

母亲做了自我介绍，周恩来微笑地点头，然后开始了他们的谈话：“在我进来之前你在这间屋子都看到了什么？”

"我看到了三张地图。"

周恩来继续提问:"那你具体说说看!"

母亲描述了印在脑海里的情景:"有一张是欧洲地图。还有一张是中国抗日战场上的军事地图，上面的数字是×××，说明文字是关于华北战场的兵力分布情况，还有一张我只看了一半，您走进来把帘子拉上了。"

周恩来十分高兴:"你的观察力很敏锐!"

接下来的谈话很顺利。很多年之后，母亲还像小学生通过老师的考试一样兴奋：我的眼睛十分好用，可以做到过目不忘。周副主席的提问我都答对了!

从那时起，母亲开始担任周副主席的外事秘书，同时也是周恩来与外国记者、外国使节打交道的联络员和新闻发布员。作为外事组的成员，她的任务是开创对外宣传的局面，并且负责与国际统一战线以及外国记者的联络工作。

南方局外事宣传组是外事组的前身，它成立于1939年4月，1940年冬季，外事宣传小组改称外事组。它的工作一直是在周副主席的直接领导下进行的。周恩来回延安时，先后领导过外事组的有叶剑英、董必武、王若飞。

外事组长王炳南（副组长陈家康，1942年南方局任命龚澎为副组长）是一位德高望重的老同志。他早年留学德国，回国后在杨虎城将军身边做统战工作，1937年奉命调到中共中央长江局、南方局从事外事工作，并担任外事委员会副书记（书记周恩来）、外事委员会副主任（主任叶剑英），母亲一直尊称他为王大哥（父亲叫他炳公）。王炳南的德籍妻子原名安娜·丽泽，历史和语言学博士，一位反法西斯战士，曾两次被盖世太保逮捕入狱。到中国后曾在中国保卫民主同盟重庆办事处工作，是宋庆龄最信任的朋友和助手。她曾协助外事组做过许多有益的工作。

南方局的外事工作是在特殊的政治背景和复杂的国际背景下展开的，当时的主要任务是：搜集各国对华态度和政策情报，宣传中共的对外政策，广交朋友，扩大影响。同时开展华侨工作，指导香港和东南亚地区的中共统战外事工作。外事组的几位同志分别承担了不同的任务。

母亲融入了新的战斗生活。

周恩来同志既是上级又是导师，在他的直接领导下工作是幸运的，每天的耳濡目染使母亲获益匪浅。她还认识了很多前辈和老同志：董必武、叶剑英、邓颖超、何连芝、钱瑛……

根据毛主席制定的抗战方针，周副主席在外事工作中提出了“站稳立场、坚持原则、机动灵活、多做工作、扩大影响、争取多数、孤立敌人”的基本立场。

在重庆，周恩来同很多国际要人都直接交谈过，并且在皖南事件前夕还会见了美国著名作家路易斯·斯特朗，他们连续会谈了几天，母亲在现场陪同，并担任翻译工作。周恩来还与美国记者埃德加·斯诺和著名作家海明威进行过长时间的会谈。周恩来对国际形势做过很多精辟的分析，他深入浅出的演说使人豁然开朗，许多外国朋友都愿意和他探讨问题。遇到敌机轰炸的时候，大家就在防空洞门口搭起竹席棚。

办事处的同事们都知道，周副主席一般都习惯在午夜12时到凌晨4时办公，在他身边做具体工作的人员在此时都不能睡，因为他不定在办哪一件事时要问到哪个人。大家都是按照恩来同志的习惯来安排日程的。

有一次母亲回到宿舍休息，她悄悄地告诉张颖说，今天周公批评我了！原来，母亲在晚上汇报工作时，精力有些不集中，周副主席看到后就说，嗨！你们年轻人还没我有精神呢，你看，我还不困呢！

张颖阿姨撰文描述了母亲当年的状况：“当时住在曾家岩50号的同志，除了恩来同志与邓大姐，董老、叶帅、徐冰和张晓梅夫妇这几位各有一间小房，是办公兼卧室外，其他工作人员，有党派的、军事的、外事的、文化的，都在公共办公室里，大家工作都很紧张。龚澎常常考虑到打字机的响声会影响别的同志工作，她总是等着人最少的时候才在办公室里打字。白天大家都外出活动，人少些，她就在白天翻译打字，晚上出外活动，半夜再继续干活。”

为了更好地配合中央领导同志的工作，母亲始终在磨炼自己的意志，她很快适应了夜战。每当夜深人静之时，母亲就悄悄伏在一盏小灯下用功。在完成手头的工作之后，她开始埋头做每天必做的功课，搜集主要报刊新闻，密切跟踪形势发展，掌握最新动态信息，这成为她多年保持的一种习惯。

皖南事变前后

母亲来到重庆的时候正值皖南事变前夕。

1939年抗日战争进入战略相持阶段，国民党顽固派消极抗日，不断制造两党之间的摩擦，在通过了“限制异党活动办法”之后，又连续发动三次反共高潮，环境越来越险恶。为此，中共中央制定了一系列关于白区工作的方针：“隐蔽精干，长期埋伏，积蓄力量，以待时机”。为了更好地保守组织秘密，大家不相关的事情不谈，不该自己知道的事情不问。南方局还提出了“勤业，勤学，勤交友”的具体精神。

1941年1月4日，新四军军部、教导团及第三支队9000人奉命北调，6日行至安徽泾县茂林地区附近时，突然遭遇国民党军7万多重兵的包围和攻击，一场激战开始了。经过七天七夜血战，除少数突围外，死伤被俘7000多人。军长叶挺被扣，项英、袁国平、周子昆遇难。1月13日晚，重庆红岩村传来新四军总部发来的最后一份电报：“我军弹尽粮绝伤亡惨重，已战斗到生命最后一刻。”这就是震惊中外的“皖南事变”。

国民党袭击新四军的举动使爱国的中国人无比愤慨，连西方记者也感到震惊。但是重庆官方的报纸却只字未提。外国记者向有关部门询问也没有得到答复，共产党方面写的报道都被新闻检查处扣押了下来。“中国当局既不允许中国记者实地采访，也不容许中国报纸刊登真实情况，这可是个不小的悲剧”。（白修德语）不明真相的人们得不到任何相关的详细情况和媒体的证实。

周副主席获悉消息后于1月7日连夜召集外事组的全体同志，要求他们尽快与驻重庆的外国人取得联系，特别是外国记者和外交官，通过他们将皖南事变的真实面貌迅速告诉全世界。并且把编印好的有关资料提供给他们，分别转往美国和南洋香港等地发表。紧急会议结束后，母亲与同事们立即分头行动起来，他们想尽一切办法与自己熟悉的记者和外国朋友联系上。

此刻重庆到处是特务和盯梢的尾巴。外国记者站的门口日夜都有人严密把守着，谁也别想蒙混过关。尽管如此，母亲总有办法向他们传递信息，进不去就设法把外国记者约出来见面，通过他们带进去解放区的宣传品。母亲还和王炳南、王安娜夫妇分别拜访了自己熟悉的外交官和外国记者，向他们说明了“皖南事变”的真相和共产党坚持抗战的方针政策。

在一次记者招待会上，一直支持中国人民抗战的英国大使克拉克·卡尔爵士对国民党的做法表示出种种不满，母亲立即抓住这个机会，用大量的事实揭露了皖南事变的真相，指出了“同室操戈”的实质和由此可能引发的严重后果：国民党一手挑起的破坏行为，有可能导致日本侵略者的大规模进攻。记者们在现场提出一个又一个问题，母亲无形中成了记者招待会的中心人物。

英国是最早同希特勒交战的欧洲国家之一，为了打败法西斯，他们在极其艰苦的条件下进行了英勇的斗争。当王安娜把事件真相告诉英国驻华大使卡尔爵士后，他马上邀请周恩来到他的寓所商谈，周恩来向他揭露了国民党顽固派的阴谋，卡尔大使随即向国内做了如实报告。英国政府警告蒋介石，内战只会使日本人加强对中国的攻击。

太平洋战争爆发之前，美国等西方政府对中国的抗日战争采取了中立和观望态度，他们希望中国战场尽可能把日本人牵制住，以防止战争扩大化。当时日本侵华期间的大部分战争物资都是美国输送的。1939年希特勒军队进入捷克，西方人的远东绥靖政策很快面临破灭。尽管如此，他们仍然探求着中日谈判的可能性。因此，要让英美等国看到“皖南事变”的真相是十分重要的。

不久，周恩来接见了来华进行调查工作的罗斯福总统特使居里。美国政府根据居里回国后的报告明确表示：如果蒋介石在此时发动内战，就将暂停一切对华援助。周恩来还会见了苏联驻华武官崔可夫（后来成为斯大林格勒保卫战的指挥官）。

在重庆的又一次记者招待会上，卡尔大使故意当众邀请时任周恩来新闻秘书的母亲坐在自己的旁边，当时很多外国人都认识母亲。这显然是为了表示不赞成蒋介石破坏团结抗日的举动。此后，卡尔大使也与母亲成了好朋友，他们保持了多年的友谊，直到新中国成立以后。

1942年3月，《新华日报》登载了一篇龚澎写的卡尔大使访问记：《惜别一位真挚的中国友人》，这是母亲遵照周副主席的指示，以《新华日报》

记者的身份对卡尔大使进行专访之后写成的。

母亲在文中写道："英国驻华大使卡尔爵士在华已四年，他在促进中英邦交上有着显著的贡献，他代表着英国人民对正义战争的意志，真挚的爱护中国抗日战争和中国人民……记者谨祝这位来自致力于反法西斯的民主国家的中国友人和外交家健康与成功。"

国民党顽固派一手制造的"皖南事变"惊醒和教育了对他们抱有幻想的人们，爱国的中间分子趋向同共产党人联合，反对内战的"中国民主政团同盟"也在此时诞生了。中共维护抗战大局的态度博得各界人士的广泛同情，赢取了政治上的优势。一些西方政府警告国民党不要扩大矛盾，国际舆论纷纷要求国民党实行民主，建立包括中共在内的联合政府。

1941年1月17日晚，国民党中央通讯社发布了国民党军事委员会的通令和发言人谈话，反诬新四军叛变，悍然宣布撤销新四军番号，声称要把叶挺交付军事法庭，这些决定第二天就要在报纸上发表。周恩来即刻召开了南方局和办事处全体会议，他分析了当前的形势与对策。

母亲和同志们一起聆听了周副主席的讲话："如果国民党把我们全抓起来了，我们就一起坐牢……我们在牢里要坚持不泄露党的机密，好好保养自己身体。国民党也有可能不杀我们，但也要做最坏的准备，要准备牺牲，要牺牲，我们一块儿牺牲。要学习先烈们在任何情况下保持共产党员的革命气节。我们现在的工作更困难了，我们当共产党员就不要怕困难，只要国民党还没有把我们抓起来，就要坚持工作。为了避免和减少牺牲，要疏散一些同志，留下的同志要更加努力的工作。"

周副主席走上讲台的时候，会场上的电灯曾突然断电几分钟，但这并没有中断他的讲话：有革命斗争经验的人，都懂得怎样在光明和黑暗中奋斗，不但遇着光明不骄傲，主要是遇见黑暗不灰心丧气。只要大家坚定信念，光明一定会到来！

南方局要求大家力争合作抗日，准备全面分裂。并且要做好最坏的打算，准备着被捕和牺牲。并且约定好，没有暴露身份的女同志就说是家属，而公开身份的只承认是共产党员。每一个同志都表了态。

为了掩盖事实真相，国民党当局动员了他们控制的报纸、刊物和广播，四处散布新四军不听军令，擅自举行暴动的谎言，企图一手遮人耳目。重庆的新闻检查官一反常态来到《新华日报》馆坐等监视，他们扣押了第二天即将发行的《新华日报》刊登皖南事变的新闻报道和抗议社论。

当晚，母亲在红岩村办公室亲眼目睹了周恩来满怀悲愤挥毫写下了《为皖南事变死难烈士题词》和《皖南事变题词》。报馆的同事们连夜行动起来，他们准备了两套版面，一种是应付审查临时用的，另一种是刊登了周恩来亲笔抗议题词准备大量发行的。

1月18日凌晨，《新华日报》抢先发行报纸销量大增，读者们在第二版六栏的位置上看到了周恩来的手迹：

为江南死国难者志哀　中华民国卅年一月十七日夜　　周恩来

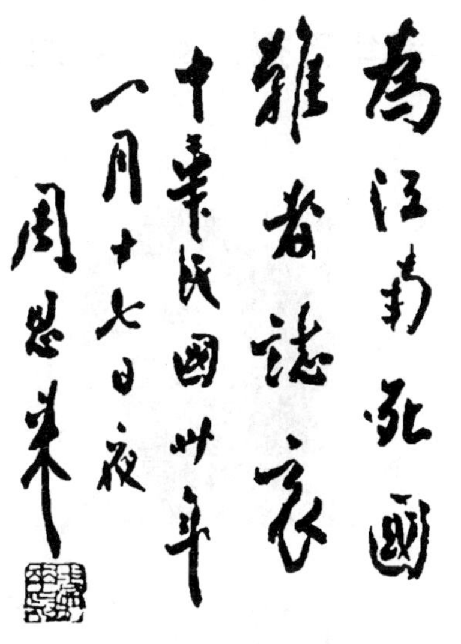

周恩来题词手迹

第三版五栏上刊登了一首诗：

千古奇冤，江南一叶。同室操戈，相煎何急！？　　周恩来

这满含激愤而又顾全大局的题词，极大震撼了国统区各界民众的心。

自1月6日以来，周恩来先后几次向蒋介石，何应钦，白崇禧，顾祝同等分别提出抗议，并义愤填膺地打电话怒斥何应钦："你们的行为，使亲者痛，仇者快。你们做了日寇想做而做不到的事。你何应钦是千古的罪人！"

皖南事变发生后，国民党顽固派加强了对国统区特别是重庆市区共产党人的打击和迫害，连有公开身份的中共代表和工作人员也受到严密监视。

为了保存实力，根据中共中央的命令，叶剑英将带领一大批干部和地下党名单撤退到延安等地开展工作。办事处只留下少部分骨干力量，由董老主持这一段的工作。周副主席说，以后再来不易，有些工作撤走以后再回来会丢失很多重要关系。为此，南方局对人员的去向作了周密的安排。

在叶帅出发到延安之前，留下“死顶”的人员纷纷托他从解放区给自己的亲属带信，当时的形势十分严峻，大家做好了随时牺牲的准备。如果发生意外，这就是最后的遗言。

在带往太行山总部的一封信里，母亲向远方的亲人诉说了当时在重庆所面临的危险处境，她告诉自己的亲人，万一有一天自己被捕牺牲了，就向他道别，并且希望他今后可以找到自己心爱的伴侣。

在董必武同志的带领下，母亲和留下来的同事们一起，战斗在重庆最艰难的时刻。

《新华日报》女记者甩尾巴

重庆时期的龚澎　摄于1941年

2003年我收到了一份珍贵的生日礼物，母亲在重庆时期的一张老照片。照片上的母亲微微仰着头，一双明亮深邃的大眼睛凝视着远方。在这张发黄的照片下面有一行陈旧而清晰的字迹：

Miss Gong Peng - Assistant to Zhou-En Lai

这是母亲到达重庆后，一位著名的外国记者为她拍摄并保存下来的作品。那时她已经驾轻就熟地活跃在重庆新闻界了。

1941年12月7日，日本联合舰队偷袭珍珠港美军基地，太平洋战争全面爆发，中国与英美等国正式成为国际反法西斯同盟国，南方局进一步加强了国际反法西斯统一战线工作。

经过几年不懈的努力，在周恩来同志的领导下，南方局的外事活动从一般的对外宣传转入了外交性活动，打破了国民党的外交垄断，中国共产党人逐步走向世界。

作为周副主席的外事秘书和助手，母亲见证了许多重要活动，而1940年重庆市警察局发放的一本居民身份证上却写着：龚澎，职业：《新华日报》社记者。曾与母亲同住一个宿舍的张颖阿姨回忆说：

“龚澎和我在对外活动中都以《新华日报》记者的名义出面，这是国民党政府承认的合法身份。但安全依然没有保证。我们有时早出晚归，有时为了避开特务盯梢，黄昏以后才出门。要是有哪一天谁回来晚了，另一个人就为她担心：会不会出了什么事呢？那时重庆不仅有特务盯梢，还有流氓欺负女孩子，所以不管多么晚，我们都要等对方回来了，才一起睡下。龚澎和我常常各自躺在自己的小竹床上，头顶着头，说悄悄话。对外边遇到的事情或交换看法，有时谈的高兴了，到半夜都不睡。”

曾家岩50号地形复杂，隔壁是国民党政治部招待所，不远处就是戴笠的宅院，国民党在附近的小杂货铺、茶馆、对门的修鞋摊都安插了特务。从红岩村通往城内主要街道的小铺子里大都装有监视电话，从周公馆里出来的人他们都盯梢，特别是没有人送的，就证明是内部的人，他们更要跟着，而且是一站一站的跟踪，时间长了彼此都认得。

母亲十分机敏，为了避开国民党特务的盯梢，她很快就总结出一套行之有效的办法。每天出门时她常常先到七星岗《新华日报》营业部会见第一个朋友，然后再从营业部到别的地方去。山城的道路曲曲弯弯，在大街小巷里转来转去，尾随的特务很容易就跟丢了目标。

但也不能每次都先到营业部，为了不让他们掌握其中的规律，最好的办法是先到与国民政府有关的地方去找个人，比如先去国际新闻署或是美国新闻处，倘若一段时间这样做，会使得特务们麻痹一阵。有时母亲和外国记者临时约在一个地方见面，这样特务们也很难摸到他们的行踪。

母亲只当跟在身后的特务是摇尾乞怜的狗，不和他们一般见识。可有时她们也会转过身来睁大眼睛怒视这些“尾巴”，你老跟在我后面干什么？跟踪的特务还厚着脸皮冲着你直点头。后来他们自嘲自己成了共产党的保镖。

中共第一位新闻发言人

母亲在山城有一项必做的工作：每天下午准时来到两路口附近巴县中学内的外国记者站，在这里，她将要向来自世界各地的外国记者发布来自中共南方局和解放区的新闻和消息。此时周恩来同志已经开始着手培养我

们党自己的新闻发言人了，在他的直接领导下，外事组的同事们以逻辑严密、真实可信的发言表达了抗战时期中国共产党人的鲜明立场和观点。

1941至1942年间，日军飞机不停地在重庆上空轰炸，曾家岩50号的部分楼房也被炸坏了，母亲与部分工作人员临时搬到了红岩村。为了开展外联工作，母亲每天冒着酷暑从郊区步行数里，先在化龙桥坐马车到上清寺，然后再换乘公交车赶往闹市区。那时，她经常身穿一件简朴而合身的旗袍，随身的手包里放满了来自解放区最新的广播稿副本，她已经做好了充分的准备。

当时南方局可以经常接收到延安的消息和来自抗日前线的战地新闻，母亲和同事们总是即时将有关内容编写翻译成英文，然后编印为若干份材料，并将它们很快分送到外国记者手中。

为了及时将《解放日报》、《新华日报》上发表的重要文章和毛泽东、周恩来等人对局势的讲话翻译成英文，母亲承担了大量的笔译工作，很多重要文章都是她在打字机上翻译成英文的。母亲要求自己精益求精地译好每一次谈话，校准每一份稿件。后来上级专门抽调了两位同志负责编译对外宣传的英文小册子。

最初他们出的是油印本，后来改进为铅印。

第二次世界大战期间，重庆已成为国际反法西斯统一战线各种力量的聚合地。这里设有四十多个国家的外交代表机构，此外还有各种国际性反法西斯组织与十多个中外文化协会。据1943年10月底重庆官方统计，常驻渝的外籍人士达1192人，其中英国人329名、美国人168名、苏联人163名，包括政治、经济、军事、商业、外交等各个领域。

驻重庆的上百名外国记者来自合众社、塔斯社、路透社、美联社、德新社、哈瓦斯社、海通社、国际新闻社、北美联合通讯社、美国全国广播公司等著名国际新闻通讯机构；美国《时代》、《生活》、《读者文摘》、《纽约时报》、《基督教科学箴言报》、《纽约先驱论坛报》，英国《每月邮报》、《每日快报》、《泰晤士报》，《悉尼晨报》，《巴黎晚报》，《莫斯科世界新闻》等著名报刊在重庆都派驻有记者。

两路口的记者站实际是国民政府为外国记者办的新闻招待所。旧址原有的砖楼成为国民党国际宣传处的办公室，操场上建了一批棚屋式简易房，里面居住着世界各地的新闻工作者，他们来自美、英、法等国各大新闻媒体，左、中、右各派势力都有。这是一批极为活跃的人群。

记者们以俱乐部的形式聚在一起，每天都要交流最新的战时消息和发布当日的重要新闻，然后以最快的速度把这些信息抢先发到世界各地。按照外国人起床时间比较晚的习惯，他们的新闻活动大都选择在午后进行。在记者站里可以会到各方熟人，还能结识新的朋友，母亲的到来和她所发布的最新消息受到了瞩目与欢迎。尤其是她带来的那些已经翻译成英文的印刷品，上面登载的内容引起了外国记者的极大兴趣。

驻重庆的西方记者每天都在跟当局的新闻检查机构展开斗争，他们对国民党当局封锁新闻消息和独家专政的做法极为不满，自然更加关注来自反对党方面的消息与报告。

“宣传出去，争取过来”是抗战期间南方局外事工作的方针。来到山城后，母亲陆续结交了几乎所有驻重庆的外国记者。无论是美联社、法新社还是各国大报刊的记者她都认识，与美国新闻处也时有来往。母亲还与在外国新闻机构中的中国雇员广交朋友，从他们那里得到了许多宝贵的信息。后来有些记者时常主动代母亲传递宣传材料，给她以多方支持。

母亲认为，与西方记者打交道就要了解他们在想什么，是如何看待问题的，要做到随时准备与他们打交道。当时美联社的记者是个出名的右翼分子，但母亲并没有疏远他，不理他，而是耐心地向他介绍中共的政策和事实真相，后来这个记者发回的稿子尽管态度不怎么友好，可其中的很多内容仍是引自母亲的手笔。

记者站也是许多国民党特务经常光顾的地方，他们常混杂在其中盯梢和监视进步人士。中统特务更有阴险的一套，他们不但分区搜集情报，还会蓄意制造事端，挑起激化矛盾。每天出入这里随时都会遭到绑架和不测。斗争是严酷的。

可这些并没有吓倒母亲，在朋友和同事们的眼里，她既是一个热情善良的女记者，又是一个顽强不屈的勇士。母亲大胆机敏地周旋在各国记者中间，不管遇到什么样的难题，她总会化险为夷，把最新的消息迅速发布出去。“横下一条心！”“要做事就不要前怕狼后怕虎！”这是她的口头禅。

母亲临危不惧、忠诚事业的精神和她从事外交的才智赢得了外国记

重庆时期的龚澎　摄于1943年

者的钦佩，他们称她是消息非常灵通而又富有吸引力的“中共外交发言人”。一些朋友主动帮助她传送消息。母亲也与许多外国记者和外交官成了朋友，他们也时常在周末去看望她。

哈佛大学终身教授费正清先生潜心研究中国问题几十年，是西方最具权威的中国问题专家之一。1943年他以美国国务院文化司对华关系处文官的身份来到重庆。经过美国《时代》杂志记者白修德先生的引见，他见到了母亲。他曾回忆说：

“没几天后，就有一位聪明的富有魅力的名叫龚澎的年轻女子来看我。那时，她刚刚开始走上作为周恩来新闻发布员的辉煌历程。”（1970年她因病早逝时，已是环球新闻界一个出类拔萃的女士了）

> 龚澎对那些没有家室之累的，主张采取有力行动的国外记者所产生的魅力，一定程度上出于她那才智超群的性格，另一方面，也因为在这个充斥着随声附和者的趋炎附势者的城市中，她扮演了一名持不同政见者的角色。她是在野党的发言人，而在野党的改良主张暴露了执政党的罪恶。

母亲答应定期来访并辅导费正清先生学习中文会话。

费正清在日记中记录了他在1943年10月25日去曾家岩50号拜访母亲的经历：

一步一滑地沿街去看望我们那位信奉共产主义的女朋友龚澎。她立即拿出一本政论小册子，里面共产党扮演了痛斥国民党的高贵角色。此书印刷精美，纸张洁白，真是鬼神莫测，他们竟能搞出这么漂亮的小册子，其中一半已经由她译成英文。当递给我这些书时，这位非常令人钦佩的传教士解释道，国民党机关认为她散发了过多的宣传品，正打算在某一天对她进行绑架，因此，她不能过多地离开这所庇护所。我向她保证，她的追随者马上就会订出一种护送制度……由于史迪威将军的一位随从武官来接她去吃午饭，我便离开了这位年轻小姐所在的老鼠横行的堡垒。

这位来自哈佛的中国通在其日记中这样评价母亲：

龚澎的性格里既有青春的朝气，又有对中国共产党事业的坚定信念，再加上随军记者所特有的敏锐观察力和清新的幽默感。在1943年弥漫在重庆的沮丧的单调气氛中，她那充沛的生命力使人如同呼吸到了一股新鲜空气。她所提出的问题正是民主人士揭露国民党种种罪行的诉状——暗杀、钳制舆论、捣毁印刷厂、捏造罪证而把民主人士投入监狱，不准游行示威，取消罢工权等等。当斥责国民党拒绝给予自由权，而共产党也同样拒绝给予时，龚澎就站在超然的立场上，显出纯粹的正直了。她知道双方的内情，因为她在彼此争斗的国共双方都生活过。

龚澎的魅力倾倒了美国大使馆和外国记者招待所里不少年轻人，她成了“言论自由的象征”。费正清在给他的夫人维尔玛的一封信中写道：

我发现龚澎对她所认识的每一个人都产生一种驯服功能。布鲁克斯·埃特金森也同样感到了她那奔放的热情，别的记者更不

用说了，纽约先驱论坛报记者约瑟夫·艾尔索普（Joseph Alsop）因她的魅力而发狂，美国哥伦比亚广播公司记者爱律克·萨瓦莱德（Philip D. Sprouse）则是暗自表示倾慕之情。英国大使馆中的部分人士也都是这样，还有哪些人我就不清楚了。主要之点是，她具有像你一样的善于同人交谈的品质。

费正清夫人费慰梅是一位画家，时任美国大使馆文化专员。当时正在收集中国的绘画、漫画和少数民族美术工艺品等，预备拿到美国华盛顿去办展览，以增进美国人民对中国文化的了解。费慰梅很信赖母亲，她认为母亲为人公正，懂得艺术，找哪些人的作品、找哪一类作品，她大都征求母亲的意见。母亲曾向她介绍了许多解放区的漫画、木刻、剪纸等艺术品。

有一次母亲突然生病发烧，费正清得知后告诉了《纽约时报》记者布鲁克斯·埃特金森，他把母亲悄悄送到海军医生那里，经过诊断，母亲患上了痢疾，在服用了几片磺胺药片后，她很快就痊愈了。父亲到达重庆后，经常与母亲一起向他们夫妇学习美式英语。

1940年底，中共中央在对美籍记者态度的一份文件中指出，为了加强对外宣传，提高我们的外交地位，我们应当自动有计划地供给各种适当的情况材料，以形成“与英美之间一定程度的外交关系”。

为了打开对外宣传的局面，母亲与各国记者和国际友人建立了深厚的友情。她与对方聊天、谈家常，从不把自己的观点强加于人，而是尽量寻求共同点。母亲总是兴趣盎然地倾听别人的谈话，并且友好地提出一些忠告，她善于接受每个人的独特个性，对意见不同者不抱有成见。记者们与她很谈得来，也因此愿意接近她。这种氛围不知不觉地影响着周围的人们。一位美国记者曾说，他也知道龚澎是为共产党说话的，但她的话不但说来令人信服，日后也能得到时间的考验。也有被反动宣传所蒙蔽的外国记者，常常说些带有侮辱中国人民的语言，母亲对此极为冷静，她采用摆事实讲道理的办法来说服对方。所以外国记者对她都十分敬重、钦佩。

母亲在重庆涉外新闻界中赢得了广泛的欢迎和信任。许多外国记者不愿意到重庆新闻局那里获取资料，却更愿意听取来自解放区的声音。国民党行政院新闻发言人张平群学识渊博，通晓中、英、德几国文字，与周恩来是南开时期的同学。尽管是政治上的对手，但他很敬重母亲，说龚澎很能干，对待工作一丝不苟，与记者打交道时非常灵活，能够随机应变处理问题。他的夫人也对母亲留下了很深的印象。

后来成为美国老牌电视评论家的塞瓦赖德说：

> 一看见龚澎，我便产生了毫无用武之地的感觉……当一个三心二意的自由主义者面临一个具有献身精神的真正的强者的时候，他就会产生这种全然徒劳无益的感觉，这位强者是这样一个人，她甘愿冒险犯难，下定决心，把自己的一生献给高贵的事业，献给她永远也看不到的未来——凯歌高唱的明天。

自然，在这样一位受欢迎的女记者周围，浪漫的插曲也会悄然响起。当时曾有一位出色的美国记者对母亲极有好感，尽管他知道不会有什么结果，却一往情深地暗恋着母亲。他没有任何非分的举动，却总是默默地出现在母亲经常出现的地方，希望能更多地看她一眼。

母亲一如既往地对待每一个朋友。很多年之后，几位老记者还得意地讲起这段浪漫的故事。

王安娜是父母亲的老朋友，她在《中国，我的第二故乡》一书中写道：

> 聪明的龚澎，她就像画中的美人。在外国记者中，龚澎很受欢迎，因此，那些怀着恶意的家伙便到处宣扬：外国记者的报告非常亲共，是因为他们想得到这个很有魅力的女共产党员的偏爱。龚澎与记者们很友好地合作，但并没有个人感情掺杂在内。对那些颇为露骨的求爱的话，她总是采取听而不闻的态度，不加理会，但外国记者中并没有人因此而对她抱有恶感。

母亲对现实始终保持着清醒的头脑，她认为自己还很肤浅，还有很多没有读懂的理论，不能仅仅成为一个宣传家，她经常对自己进行严格的剖析。

辅导周恩来学英语

1942年前后，为适应形势的发展，周恩来号召有一定文化水平的同志学习英语，办事处办起了业余学习班，母亲也拣起了基础课。

让她没有想到的是，尽管周副主席在南开大学毕业后到国外留学多年，英文、法文都很好，可以直接与外宾交谈，并且常常指出翻译工作中的错误，可他仍旧以身作则，虚心学习，并且请母亲为他讲授英语知识。

母亲为此进行了精心准备，可她却从未在众人面前提及教周恩来英语这件事。多年之后，老同事们的回忆相继再现了当年的情景。

陈舜尧阿姨说，龚澎自幼受的是洋学堂教育，她的英文功底很好。可是在她的身上却没有另一面高傲，显示自己，看不起别人。那时大家都很少谈各自工作上的事情，但我们时常聊起彼此的家庭，过去的经历。她对同志很真诚。尽管我们后来没有在一起共事，可我一直十分想念她。

1945年10月初，周恩来准备会见美国总统私人代表威尔逊之时，为了使工作更加周密妥当，他与在美国新闻处工作的刘尊棋同志商谈，还是由龚澎担任翻译，除非是美方另提出人选。

几天之后，周恩来在宋子文的家里与威尔逊见面会谈，并且再次向他提供了国民党制造摩擦的具体情况，说明蒋介石若不改变反共政策，势必造成中国内战，影响对日作战。

威尔逊在他的《天下一家》中回忆说："我就是在那里和中国共产党领袖之一的周恩来作了一次从容不迫，单独而不受阻碍的谈话。"

新中国外交部成立之后，周恩来同志仍然十分信任母亲，当年轻人在现场翻译时，周总理就对她说，翻译得怎么样啊？你看看有没有不准确的地方和漏掉的词句，你把关啊！

生离死别　两个至亲的人走了

在重庆，母亲时时关注着抗日前线的每一条消息。每周从太行山来的鸿雁家书给予她极大的精神支持和鼓舞。由于战时交通不便，几封家书往往在途中积压同时到达。这些用粉红色信纸写的书信被同志们笑称为“战地情书”。

由于工作任务繁重，母亲经常来不及按时回信。她常对同宿舍的战友念叨，在遥远的太行山上，那棵刻着我们俩名字的杨树不知是否已经长大?

她的心里还牵挂着上海的姥姥与姥爷。母亲参加革命后，家里生活状况不好，姥爷常常为了家里生计而四处奔波。我的舅舅龚维禹念完大学就留在上海工作，他一直和老人们住在一起，担负着养家的责任。母亲和大姨先后离开了家，如果没有舅舅在上海照顾老人，她们也不可能放心地出来参加革命。因此，母亲和大姨常说，你舅舅的功劳也是很大的。

1941年6月，大姨龚普生作为中国青年代表团团长参加了在荷兰阿姆斯特丹举行的世界基督教青年大会，会议结束后又在巴黎参加了世界学生联合会会议。回国后，她很快来到重庆。并为母亲带来一箱子衣服。其中有几件花旗袍是半年前姥爷姥姥专门为二女儿的婚礼而订做的。抗战时期，上海与太行山前线的联系是十分困难的，衣服已经准备很久了。看着从上海辗转带来的礼物，又想起了遥远的太行山。尽管那些旗袍大都无法穿了，可是老人的心意和对青春岁月的纪念却留在了心头。那时我的姥爷因为长期坎坷的生活，身体状况越来越不好，母亲为他联系了医生和就诊的医院，准备把老人接到重庆来治病。可是，这一计划却未来得及实现。

通过母亲的引荐，大姨龚普生在曾家岩50号见到了周恩来和邓颖超。根据周恩来的指示，1941年秋天她前往美国哥伦比亚大学深造。此间，她参加了世界青年运动，并结识了美国总统罗斯福夫人，1944年获硕士学位后回国。1945年4月联合国制宪会议开幕后，大姨再次赴美，在一位美国名人的推荐下，进入刚刚成立的联合国人权委员会，担任秘书处研究员。在联合国初创的三年中，她做了许多开拓性工作。1948年大姨到西柏坡中共中央统战部工作，任中央妇女委员会委员。

1942年是动荡的一年。日军的飞机不停地轰炸桂林，夏季来临后，这座城市流行起霍乱等疾病，姥爷的身体底子本来已很差，不想此刻又染上了传染病。战时医院缺医少药，姥爷不久因病情恶化而去世，终年60岁。噩耗传来，正在住院的母亲闻讯悲痛欲绝。

姥爷去世的消息传到红岩村后，八路军办事处立即给母亲写了一封由周恩来亲笔签名的慰问信：

龚澎同志：

刚才接到消息，说是你的父亲在桂林故世。我们听了这个消息异常的难过，想来你是更加的哀痛的。一个革命者对于父母子女间的情感，不但不会比一般人淡薄，相反的是一定更加丰富的。因此，我们在这里并不打算要求你完全像平常一样毫不动情。但是我们希望你能够更加注意保重自己的身体。因为过分的哀痛，是会对于你的健康不利的。

古话说："死者已矣，生者节哀。"这就是我们的希望，并向你致慰问的敬礼！

周恩来　红岩全体同仁

八·三

还有一封由周恩来同志亲笔写的信如下：

龚澎同志：

听说您父亲去世了，大家深为难过，您的悲痛是很深沉，这是我们想象得到的。不过，这深沉的悲痛并不能唤回老父已经逝去的生命，反而有损了您的身体。我们热切地希望您宽心些。我们将以无比的情谊和诚挚来补偿您已失去的父亲。这话也许是有些夸口的，然而我们相信这是出自我们的真诚，您是会接受的。

小超同志要走了，我们来不及多写，只有把我们的多颗赤诚的心带给您。伸出手来握您。

周子恩来

（其他还有十余人签名）

当时周恩来同志的父亲刚去世不久，按照老的习惯，丧父一年之内，儿子签名要在姓名后面加一个小写的"子"字。

1942年11月5日，姥爷的追悼会在桂林举行。周恩来、董必武、邓颖超联名发来了唁电：

镇洲先生，有德有年，功在民国。陪都接席，瞻仰怠慢。遽闻凋谢，实深悲悼。道远不及躬尊，特电致吊。

周恩来、董必武、邓颖超　叩

蒋介石撰挽联云：

解环钩党留元气，树帜张军振义声。

李济深先生在追悼会上高度评价了姥爷在辛亥革命和抗日战争时期的功绩，第二年，他又为姥爷的墓碑写下了碑文。此后国民政府军事委员会追任姥爷为陆军少将。

1944年3月，姥爷的几位旧友为他补办了公葬典礼，我的大姨从国外赶回参加了葬礼。李济深先生的祭文是这样写的：（部分）

军事参议院院长李济深谨以清花香酒之仪致祭于龚故将军镇洲镇鹏先生墓前而告曰：

鸣呼龚君，智勇冠军。尽瘁革命，开国著勋。
襟期轩邈，卓尔不群。讨袁护法，载波令闻。
沧波沉陆，君陷沪渎。唼利协威，宁死不屈。
……

1944年5月姥爷的老朋友柳亚子先生在桂林写了一首诗：

5月8日谒廖夫人于观音山旅邸，遂访南明江陵伯张文烈公别山先生暨原配许夫人合葬墓，尽录墓碣之文以归。归途复过同盟会旧友龚镇洲振鹏新冢，龚盖乔冠华之妻父也。七迭九字韵纪事

……归途更约访新鬼，脱岳难忘越窗牖，张公龚公皆人豪，

松楸郁郁枫青，月黑尚见鬼雄吼！

几十年来，母亲一直非常怀念姥爷。那是一个夏天的早上，母亲起床后一直在沉思着什么，她对我说，昨天晚上她又在梦中梦见姥爷来到自己身边了。醒来一看，离姥爷的忌日只有一两天的时间。这些年几乎都是这样。

母亲告诉我，姥爷是一个非常正直、特别喜欢孩子的人，母亲和他的感情很深。假如姥爷能够活到今天，可以见到他的第三代，那他是会非常高兴，非常愿意和孩子们在一起的。可惜，他走得太早了！到现在我都记得，母亲若有所失的哀伤表情和哽咽的声音，她悲伤的心境深深地感染了我。这是我见到母亲最难过的一次。

1942年夏，母亲康复后又恢复了忙碌的工作。让她未曾料到的是：另一个沉重的打击很快降临了。

往日母亲总是能够及时得到太行山的信息，可最近几个月一封信也没有，一丝忧虑涌上心头。文华，远方的亲人！你一切都平安吗？母亲在心中宽慰着自己，大概那边任务很重，顾不上写信，恐怕是自己多虑了！就这样忐忑不安地过了一些日子。有一天母亲突然收到一封来自太行山的信，她高兴地接过来，却是一位朋友写来的。母亲焦急地展开信，映入她眼帘的是这样的消息："1942年5月，日寇向太行山区发起了大面积进攻，我们的《新华日报》遭到了敌人的袭击，社长何云同志带领大家坚持战斗，直到最后一刻壮烈牺牲。他的妻子吴阿姨在信中说：革命是长期的，一点点牺牲算什么呢？"

母亲的心开始往下沉了，她的眼前浮现出战场上激烈的场面和行军中艰难的历程。太行是抗日斗争最艰难的地区，不久前，八路军副总参谋长左权同志在反扫荡斗争中英勇牺牲，莫非……一种不测的预感袭上心头。妈妈陷入了沉思，还是去问问恩来同志吧！她想，恩来同志一定笑自己疑心太重了吧！可是不问心里更是不安。

母亲鼓起勇气走进了周恩来的办公室。在诉说了自己的疑虑之后，她希望能够得到一切平安的证实，可是没有。

周恩来听罢母亲的询问，神情变得异常严肃，他默默凝视着远方，没有马上回答……

还用说什么呢？母亲一下子全明白了。

时任陕甘宁边区主席的林伯渠同志曾在延安窑洞写了一篇描述红岩生活的长诗，以表达自己对坚守奋战在国统区战友们的想念之情。林老在诗中对重庆的许多同志和事情都作了生动而幽默的形容和比喻，其中的“河朔音书今阻绝”，即指母亲翘首盼望亲人来信的情形。大概那时林老在延安已先得知刘文华遭遇不测的消息了。

寄怀红岩诸友作长句戏之

作于1942年7月24日夜12时

久别红岩故事疏，童鹏问后仅钱镠。
岂知袁盎增烦恼，更有陈平少匹俦。
河朔音书今阻绝，海南消息已沉浮。
两獐避猎皆腾踔，一雁凌空自漫游。
梓木多情成眷属，冰梅得意总绸缪。
宋平含笑家康喜，裕景怀忧子正愁。
养病山中大小许，举头天外女男刘。
孤单感叹龙飞虎，隆泰栖皇马唤牛。
藕断丝连徒热闹，梁空燕去卒淹留。
诸君此类都须咏，再度凭君细细讴。

周恩来同志曾经向华北方面提议，试图调刘文华来重庆，但他在晋中情报站肩负重任，终未如愿成行，一切都成永诀。

不久，母亲看到了刘伯伯留下的那份遗书，这是1942年6月间发生的事情。在姥爷去世前一个多月，刘伯伯就已先走了。可是周恩来得到消息是在姥爷刚刚病故之后，母亲又正在医院住院，组织上就把这不幸的消息暂压下，没有马上告诉她。现在看来，当时周恩来在姥爷病故时连署二封信给母亲，是何等用心良苦啊！

两个至亲的人几乎同时走了，这对母亲的打击是可想而知的。母亲

是一个非常重感情的人，她蒙着被子痛哭，在宿舍里躺了一整天。第二天，邓颖超看她来了，周恩来又找她到办公室谈话，希望她能够重新振作起来。

事后母亲对同宿舍的战友说："前方的斗争是残酷的，我的亲人牺牲了，也不是特别的意外，这也是我不对。"

母亲在《悼文华》这篇文章的后几段写道："我痛哭！我不忍回忆！幸而接到文华的噩耗是在父亲逝世之后——当我被逼对人的生死已经做过一个比较彻底的思考之后。人有生长也有死亡，这是自然界的规律。人的生死既不能纯由自己主观决定，也不能由爱他的人决定。人和爱他的人宝贵他的生命，是希望他在生的旅途中多做点事，而且与他相处得多一些，可以多得到他和多给他一些爱护和帮助。纵使由于体贴和注意，人的生命可以延长，但是长生不老的人并不存在。物质的形体必归还物质——人化为骨，骨化为土。一切都在变动中……痛定思痛，我抬起头来，决心将文华中途放下的事业继承下来，一则以纪念他，一则以贯彻我的信仰。"

从此，母亲全身心地投入了工作。毛泽东的《新民主主义论》发表后亟待译成各种文字，母亲一边认真阅读原著，一边在打字机上将稿件译成英文。接着是翻译毛主席的《揭批远东慕尼黑的阴谋》和《关于反法西斯的国际统一战线》等篇文章。

母亲办公的地方就在顶层东侧的小阁楼上，其实这是一处五六平方米的小门厅，紧贴着天窗有一张小小的办公桌，上面摆放着那台老式打字机。为了不打扰其他同志休息，母亲尽量在白天打字，晚上做其他工作。待深夜大家熟睡之后，她再爬起来继续白天没有完成的稿件。有一次为了翻译一份重要文件，母亲两天两夜没有离开过打字机，她的面色发黄，两眼充满血丝。厨房的蒋师傅特意为母亲煮了两个鸡蛋，同事们硬是把她拉回宿舍休息。可两三个小时之后，她又坐到了键盘前。

在那些顽强的嘀嗒声中，母亲逐渐振作起来。

在抗战最艰难的岁月里，母亲接连失去两位生命中最重要的人，在亲人离世的时候，母亲都没有守护在他们身旁。她把这些痛苦深深埋藏在心底，把一切精力全部投入了工作。

由于劳累和一连串的变故，母亲的体质下降了，经常发烧，注射打针的部位反复感染，肿痛难以行走。战时的重庆经常遭到敌机轰炸，当时母亲和几位病友住在红岩村两间简易房里，有一天下起了大暴雨，房子开始摇晃起来，大家都跳了起来。有工人说，旁边这间小房子没有房梁，赶快把龚澎抬出来！此时母亲自己挣扎着走了出来，刚刚迈出大门，只听轰隆一声，回头一看，小房子已经塌倒了，大家都惊得睁大了眼睛，母亲却开朗地大笑起来：原来老怕疼，其实我可以走啊！后来母亲曾几次住院，最后不得不在伤口上切了一刀，每逢医生为她患药时，她总是忍住剧痛，咬紧牙关一声也不吭。

很多朋友得知母亲生病的消息，都纷纷赶来探望她。其中有一位年轻的记者是母亲燕京时期的老同学，在美国新闻处工作，是地下党员。为减轻母亲的病痛，他时常带着鲜花到病房陪母亲聊天。父亲母亲相识后，他们仍然是好朋友。

其实，当时给母亲送花的远不止一人，父亲每天都会送给母亲一束含苞欲放的玫瑰花，来表达关切与爱慕之情。

第五章

激情岁月

毛泽东幽默地说，跟着我来了一个乔木，这儿又有一个乔木，总不能叫“大乔”“小乔”喽，我看就叫“南乔”“北乔”吧！

黎明之外是青山

1942年岁末，就在母亲从失去亲人的悲痛中逐渐走出来时，命运之神把我的父亲从千里之外牵到了母亲身旁。

父亲母亲相识在重庆曾家岩50号周恩来的办公室，那是他们俩第一次见面。那么，我的父亲是怎样来到重庆的呢？

让我们暂时把视线转向香港和九龙。

1941年12月8日，日军偷袭美军海军基地珍珠港，太平洋战争爆发。

日军即将占领九龙，中共南方局指示廖承志、连贯、夏衍、乔冠华等人，要迅速将滞留在九龙的文化界和民主人士抢救出来。他们日夜在忙碌着，想尽一切办法通知和疏散他们。

此时我的父亲乔冠华（笔名“乔木”）在香港写国际论评已经小有名气。他在香港对第二次世界大战的局势预见和分析条条入理而精辟，受到很多读者的欢迎。

1941年12月25日香港沦陷。

根据中央迅速撤离港九的指示，父亲与夏衍和连贯三人在铜锣湾“避风塘”租了一条船，冒险渡海，撤离了香港。在九龙与东江纵队政委林平汇合。此时，香港工委与东江纵队策划实施了香港大营救。

父亲等人化装成香客通过了封锁线来到牛池湾，翻过九龙坳，走过羊肠道，直至夜色降临，他们从企岭乘武装的船只偷渡大鹏湾。夜间三点行至沙鱼塘上岸，又走了一段山路，才脱离险境，当他见到东江纵队司令员曾生同志时，兴奋之情溢于言表。

紧接着他们连夜开会，决定分别在惠州、老隆、韶关、东江粤北一带设立秘密接待站。组织上决定爸爸留在韶关，以完成接送从香港、东纵疏散过来的人员，那时几乎每隔几天就有一批人从香港过来。

“香港大营救”期间先后有近百名爱国民主人士和文化界知名人士被安全护送到东江纵队游击区。其中有何香凝、柳亚子、邹韬奋、茅盾等著名爱国人士。

因为叛徒告密，廖承志在广东乐昌被捕，特务押着他到韶关上了一条小客船。此时父亲正好远远站在河边，刚要上前打招呼，廖承志见状转过头大声痛斥叛徒，由于他的机智，父亲才免遭一劫。

不久，军统局发出逮捕父亲的电报，父亲的老同学赵一肩暂时扣押了逮捕令，并且立即将这个消息告诉了他。父亲马上动身离开韶关来到桂林，然后继续前往目的地重庆。到周恩来身边工作！这已是他早就向往的事情！

火车从桂林行至贵州独山就再没有铁路了，人们都纷纷搭乘黄鱼车。什么是黄鱼车呢？当时国民政府为了出口钨砂，有许多途经西南公路运输钨砂的卡车，司机为了赚些外快，便沿途拉载顺路乘客，搭乘这种车的旅客叫它黄鱼车。乘客给司机一些钱，他就给你一个座位，钱多就坐在前面，因为钨砂单位重量大，在车上只铺了很浅一层，槽梆内剩余空间多，上面都可以坐人。为了继续赶路，父亲登上了一辆开往贵阳的黄鱼车。车上已经有不少乘客，父亲便背着小包坐在靠在边上的一个位子上。

卡车在崎岖的山峦上一路颠簸着，不久天上就开始下起了雨，而且越下越大，父亲身穿雨衣又靠着卡车的铁板，尚能挡住一部分风雨，可坐在中间的就惨了，干挨淋。父亲看见前边有一个老太太穿得少，被雨灌得直打哆嗦，就跟她换了个座，老太太少受了许多风雨之苦，连声道谢。

下雨走山路必须格外小心，下坡时司机不开油门，顺路向下滑行，人们已远远望到前边有灯火在闪烁了，可谁想就在此刻，突然之间天翻地覆一片黑，翻车了！汽车从公路边的悬崖上翻了个身，整个掉了下去。

惊恐之余父亲伸手一摸，身边的老太太已经死了，车上20个人死了一半，父亲不但没死，连伤也没有。后来他乘着警察开来的车来到了贵阳。通过老同学邓迁相助，搞到通行证，继续搭车来到了重庆。

很久以后，父亲和母亲闲聊当年的往事，我问他们在讲什么好听的故事？母亲说，你爸爸到重庆之前，九死一生，捡了一条命。我对父亲说，这就是一报还一报吧！

父亲显得若无其事，他笑眯眯地对我说，那是赶巧了！

神曲之门

21世纪初的重庆是一座现代化城市。傍晚，站在南岸的山峦上向北望去，江岸一片灯火辉煌好似小香港。听老同志们说，20世纪40年代的重庆可没有这样繁华。

我不由想起了父亲那带着浓重苏北口音的回忆：“到重庆的时候，我记得天还没黑，我跳下车子，拿起自己的小包袱，这里面有随身换的衣服，慢慢地向长江江堰上走去。这时候江水很低，江沿显得很高，站在南岸江堰上向对岸望去，那一边就是所谓的战时的首都——重庆。我心里不由自主地想起了但丁在《神曲之门》写的两句话：‘这里，必须根绝一切犹豫，这里，任何怯懦都无济于事。’”

刚到重庆时，父亲就住在香港时期结识的老朋友冯亦代家中。那时，父亲是冯伯伯家里的常客。不久，父亲见到了夏衍。几天以后，夏衍陪他一起去见周恩来。父亲说，这一定是他们提前就安排好的。

几十年后，父亲深情地回忆了当年第一次见周恩来的情景：“从冯亦代家里到曾家岩五十号需要一些时间，这在当时习以为常了。见了周恩来同志心情非常激动，因为这是我参加革命以来第一次见到他，从青年时代我就梦寐向往见到这位伟大的革命家。

当时我只向他扼要地谈了一下曲江的情况以及我从曲江化装到重庆的

经过。周恩来同志很详尽地问了广东粤北的政治情况，余汉谋的情况，我们部队的情况，廖承志被捕以后我们党的情况以及我党在曲江一些统一战线的情况，其中他特别关心赵一肩的处境和工作……他还亲切地询问我身体怎么样，我说我是坚定走这条路的。”

奔波动荡的生活使父亲患上了慢性结肠炎，他的背包里总是装着灌肠器，周恩来对人很体贴，他要父亲先在重庆多休息几天，工作上的问题过些时候再谈。

在他们的谈话即将结束的时候，周恩来请父亲在办公室稍候片刻，他将要为父亲引荐外事组的几位同事。

几分钟之后，周恩来办公室门口出现了两个人，一个是带着黑边眼镜的陈家康，他礼貌地和父亲握手问候。

后面是一位干练的年轻女士，瘦高苗条的身材，一头浓黑的头发随意盘起。当看见办公室里新来的战友时，她爽朗地微笑起来，深邃的眼睛里闪动着真诚和快乐：你好，欢迎你！

周副主席对父亲说，这位就是龚澎同志。

于是他们四目相视——

母亲的眼睛像两泉清澈的葡萄酒，父亲一眼望见就醉了，从此他们相互守望了一辈子。两年后，尚在襁褓中的哥哥作了夏公的干儿子，这大概是爸妈感谢夏衍伯伯的这次“无意插柳”吧！

1943年9月以后，外事组陆续增添了新成员，其中有蒋金涛、罗青、李绍石、章文晋、郑德芳、陈浩、沈野、邓光、吴明、沈蓉等同志。

在父亲开始工作之前，周恩来嘱托文艺宣传组的张颖带着水果花生和日用品到纯阳洞住所看望了他。父亲人很随和，穿着不讲究，也没有摆文人的架子。以后在《新华日报》，大家彼此逐渐熟悉了，同事们都称他为老乔。

几十年后，当年的旧貌已所剩无几，一位熟悉本地情况的同志指着虎头岩附近的繁华大厦说，看到大楼后面山坡上那片破旧低矮的楼基了吗？那就是《新华日报》社原址，一切都非常简陋。

可就是那一片“断壁残垣”引起了我的浓厚兴趣。

纯阳洞的故事

我很想知道爸妈在重庆的情况。父亲的老同事鲁明叔叔当年是重庆《新华日报》首席记者，曾多次陪同母亲到新村参加记者招待会，后历任外交部亚洲司副司长，驻越南大使馆参赞，驻科威特大使。他笑着对我说："让我告诉你老乔在纯阳洞的故事吧！"

那时我住一楼，你爸爸住在我的楼上。有一天夜已很深，我突然听到楼上有动静，原来是楼上在敲地板，我醒来静听，敲声是有节奏的，两快一慢，声调越来越急，一定是老乔在楼上遇到情况了！我跳起床向窗外一看，不好！有小偷在用竹杆子偷东西！等大家都跑出来抓小偷时，小偷早已溜之大吉。你爸爸定睛一看，挂在窗户上的那套唯一可以出门的西服被偷走了！

后来与他身材相仿的费正清先生拿出一套"1936年在牛津做的蓝哔叽西装"，极力说服父亲把它作为友谊的纪念品接受下来。父亲回答说："物质的东西是供人们使用的。重要的是使用者是谁……我相信，我文章里的观点是你所同意和欣赏的。我们正在追求一种共同的理想，并在同一条战线上作战，不是吗？"

1942年底，父亲根据周副主席的指示参加了《新华日报》编委会的工作，并担任《群众周刊》的主编，由左源和曾光如两同志担任他的助手。当时《新华日报》的三位主要领导是社长潘梓年、总经理熊瑾玎、总编章汉夫。爸妈一直亲切地称呼熊瑾玎夫妇为熊老板和老板娘。

当时西线的德国法西斯还没有打垮，中国的大片土地仍在日军占领之下。在《新华日报》报馆，父亲参加编报、主编专刊，每周撰写并发表国际论评一篇。那时他住的小屋的墙上到处都挂满了一张张第二次世界大战期间的军用地图，每当苏联红军攻克一地，他就在地图上标明确切位置，并且贴上一面小红旗。

和父亲同在国际新闻版工作的有夏衍、陈家康等人，这是一批实力强劲的高手，父亲到达重庆之后，这个版面的文章更加生辉。除此之外，周恩来还为父亲安排了另一项重要工作：参加党的外事活动。他对爸爸说，你过去在华南和海外工作，有一定的外事工作经验，重庆有使馆，有美军总部，还有很多的各国记者，这里有相当数量的外事工作等着我们去开展。

不久，经常跟在母亲身后盯梢的特务发现了新的线索：在龚澎身边常出现一个高个子戴着眼镜的男士。当年的“中统城分区主任”留下一段有趣的回忆：

> 1942年曾布置一次大规模的监视活动……由专职人员指挥，不可暴露，一定要水落石出。我负责纯阳洞街，历时一周多是有点收获的。
>
> 先是发现《新华日报》女记者龚澎与一高个，眼镜、颇有气度男子常常同行，很亲密。估计此男子不是一般人物，但查对照片，询问老特务都不知道他是谁，经过研究确定这人重要，非弄清不可。
>
> 连日跟踪知道他住在纯阳洞街新华日报宿舍，那里外间有一个皮作坊，老板是党网，也不知道此人是谁。
>
> 我只好窃绘了宿舍的地形图，准备扮作小偷窃密。
>
> 另据跟踪报告，××号（即此人，特务用编码保密）常去化龙桥《新华日报》社，都是半路下车，不走正路而是绕李子坝山野小径，远出正路一倍，甩掉“尾巴”。
>
> 另有报告，他夜访四得村×号，内有文化人秘密集会，经派人化装保甲去查户口，只知户主沈端先，其他客人姓名不知。
>
> 我一看坏了，沈端先就是夏衍，在他老先生面前玩化装简直是班门弄斧，他的客人也不是一般的文化人。可见被跟踪的是个未公开的大共产党。
>
> 于是一人跟踪改为三人交错，颇费了点精力，发现此人与龚澎几次进入一家外间极少人知，又无营业执照的宽仁医院专为医务人员设置的西餐厅，进入那里的都是高级知识分子，大都用外语交谈，临街则是嘉陵茶社，特务们忽略了……
>
> 我们忽又跟踪发现他俩在民生路若瑟堂一侧的一家照相馆中拍过照，于是由我出面，轻易加洗得这张照片……

最后只得把照片交“特情”查认。不久，经新华日报幼儿园的特情报告，此人是南方局的乔木（乔冠华）。

化龙桥二重奏

在重庆，父亲每周都有一天来到华龙桥附近的《新华日报》编辑部工作，如果有大块文章要完成，他就在那里鏖战一夜，其余时间大多在曾家岩50号和母亲一起参加外事组活动。在父亲眼里，参加新闻活动与撰写国际述评有许多共通的地方，它们和谐地交织在一起，就是一曲绝妙的“二重奏”。

父亲晚年回忆这段经历时说，这两方面的工作看起来是有些矛盾的，实际上是相辅相成的。尽管国民党千方百计阻挠我们和世界各大通讯社的联系，把大量稿件先收过来，由他们来控制发稿。但是，我们跟这些报纸的记者联系相当密切。因为当时美国的罗斯福总统是倾向于国共联合共同抗日，这对美国是有利的。另外一方面，我们想从外国记者那里得到一些消息，外国记者也想从我们这儿得到一点消息。我们的威信很高，因为我们给他们的消息都是客观准确的。

1942年至1945年间，重庆公开的和秘密的共产党员和进步人士都在十月革命节这天聚会在枇杷山。

父亲说，重庆虽小，外事活动却很多。这是党在国统区的主战场。

当时他经常与“龚澎、陈家康等同志”一起去两路口附近的记者招待站。在这里，他们可以广泛接触各方面的人，听到各方面的消息。

为了尽快打开工作局面，爸妈来到驻地与各国记者交谈，并且特别注意与不同倾向的西方记者接触。大家在一起吃饭，共同举行小型记者招待会，也因此增进了解，从渐渐熟悉到彼此成为可信的朋友。通过这些活动，父亲也从中掌握了丰富翔实的资料，这使得他在《新华日报》副刊《国际论评》专栏的“第一小提琴曲”更加富有生命力。

有几位美国人是父母亲都熟悉的。

其中一位是毕业于哈佛大学的白修得先生（Theodor White），他当时担任亨德尔路斯办的《时代》杂志驻中国特派记者，曾经是费正清的第一个学生。费正清先生到达重庆之后，正是通过他认识母亲的。

在白修德的回忆录《寻找历史：我的亲身经历》一书中，对20世纪40年代的重庆有这样一段描述："周恩来身边的工作人员都是年轻的共产党人，他们后来个个都成名了，他宠信的更是我所喜欢的，是一位我生平见过的最漂亮的中国女人，名叫龚澎……她调到重庆工作以前曾在华北打游击对付入侵者，是一个拿起手枪的真正女英雄。"

父亲在回忆重庆生活时提到此人："有个美国记者的中国名字叫白修德，这位朋友对我们态度很好，我想写新闻史的不应该忘记这一章。白修德写了一篇文章，专门揭露国民党黑暗的，在美国引起了很大的轰动。"

为了打开工作局面，外事组的同事们和美国驻重庆大使馆来往很密切。那时，美国在任大使是高斯。在大使馆内部也有不少同情共产党的人，如美国使馆的参赞科弗兰、阿德勒这两位朋友在美国就和我们的同志有交往，来到中国后还是保持着进步的态度。这些朋友提供给我们不少经济、财政方面的情报，我们党内能够让他们知道的情况也提供给他们。大家也因此逐渐熟悉起来，熟悉到"经常争论问题，争论得很激烈，但不会伤害双方的关系和感情"。在辩论当中，外国朋友认为父亲太容易把一个命题一般化，便开玩笑地称他为"一般化之王"。

1941年下半年，美国人增派了驻军事使团的人员。美军司令部和美驻外使馆还在重庆设立了规模庞大的美国新闻处，桂林和昆明也有。这在当时是起了积极作用的。如今重庆还保留着当年的旧址，这里也是母亲熟悉的地方。

在周恩来的领导下，外事组开展了卓有成效的工作，其中一些工作是与在美国新闻处的同志一起开展的。当时在新闻处的各个单位里，都有中国进步知识青年在里面工作。这些同志或朋友到美国新闻处工作，绝大部分是经过我们党组织同意的。前面提到的周恩来会见美国特使威尔基，就是通过在美新处工作的刘尊棋同志联络的。

当时我们党非常需要与外面的世界保持联系。战争时期各地之间交通不方便，外边的消息得不到，我们可以凭借这个机构得到大量消息，多收集一些必要的新闻材料。

由于工作需要，母亲经常与外国记者在《新华日报》营业厅碰面。这

儿也是父亲常来的地方。

营业厅位于重庆闹市区民生路的一座灰色小楼内，一楼对外开放，二楼和三楼是潘梓年等人的办公室和资料室，这是现今保存最完好的一处旧址。路边种满了高大的乔木，细雨飘摇，枝叶摇曳，不禁使人浮想联翩……

开始，"乔冠华同志"和"龚澎同志"只是不期而遇。在营业厅、在巴县中学记者站、在美国新闻处，每当此时，两人总是不约而同地发出会心的微笑。

小时曾经询问母亲是怎么与父亲相识的，母亲笑着说，我上燕京，你爸爸在清华，两个学校挨得很近，我们每天在校门口都碰得到。你爸爸总是喊，"龚澎，快出来呀！"长大之后才知道这是玩笑话。

母亲说，父亲年轻时长得很帅气。而母亲，尽管她被形容为"画上的美人"，可她对此好像从来不知。母亲从来没有说过自己当年如何，我想这正是她的魅力所在，真正的美是自然散发出来的。

父亲与母亲有大量的时间接触，他们的认识和交往是十分自然的。

不久，他们互相有了进一步的了解，并且发现彼此有很多相似的经历与共同的话题，自然，还有他们共同的爱好和品味。崇尚真善美，追求自由平等是爸妈共同的志向。两人都酷爱古典音乐，尤其是肖邦的作品，一曲《军队进行曲》把两颗风雨飘摇的心联结在一起。很快，母亲的朋友也成了父亲的熟人。

父亲战胜了其他追求者，他与母亲是同事，见面的机会绝对占优势，他们一起访朋友，一起送稿件，有时还一起去吃小馆子。一对风华正茂的年轻人渐渐心心相印。

我无法知道是哪一个细雨蒙蒙的夜晚，父亲母亲共同撑着一把雨伞，漫步在重庆幽静的小巷子和修长的石阶上，他们倾心深谈。从相识、相知、相得益彰，到相濡以沫、生死相依……

断肠人找到心上人

父亲年轻时的消化系统就不太好，颠簸的生活和旅途中的劳累使得他的体质下降了。一天傍晚，他突然感到腹痛难忍，便蜷缩着身体伏在桌子边，原以为撑一下就会过去的，谁知症状越来越重。望着父亲痛苦而苍白的面容，母亲心急如焚。

突然间她想起两年前在市民医院住院时为她治病的李颢医生，他医术精湛、富有正义感，母亲经常和他谈天，讨论对时局与人生的看法，那是一位值得信赖的医生！

想到这里，母亲立即跑了出去，在七星岩市民医院外科，她气喘吁吁找到了李颢医生，请求他能够立即去看一位急诊病人。经过检查，父亲被确诊为急性腹膜炎，需要连夜进行剖腹探查。母亲和李颢立即把他紧急送进了医院。为了让父亲尽快得到救助，唐瑜、黄苗子等老朋友发起了“救乔委员会”，大家捐钱凑够了医疗费。

这一次急诊手术由梁主任主刀，李颢作第一助手。麻醉以后打开腹腔一看，父亲原有的肠结核病灶已经穿破了肠腔，腹腔已经受到感染。专家们当即决定，清理腹腔，切除坏死的病灶，然后再择期进行肠吻合术。手术进行了好几个小时，当医生缝合完最后一针的时候，天色已经微微发亮了。

母亲急切地等候在手术室门口，一切都顺利吗？李颢深深地吸了口气说，要是能输点血就好了！

父亲是B型血，医院血库里眼下没有这种血型的血源，可他的病情急需输血，这可怎么办呢？到哪里去找合适的血源呢？母亲把父亲的病情告诉了两位好朋友，请他们帮忙想想办法。这两天，她焦急地几乎没有合上眼。

第二天清晨，当母亲推开病房的窗户时，她惊奇地发现，医院的门口已经站满了等候献血的人们，《新华日报》的很多同事都在队列里，还有送报的小报童。排在最前面的是美国使馆的二等秘书谢伟思先生，他伸出胳膊第一个带头。

谢伟思是史迪威将军的助手之一，他和父母亲都很熟。当时许多中国人对献血都充满了恐惧和疑虑，可看到这样的场面，重庆的市民被感动了，他们自觉地在医院门口排起了一条长长的献血队伍。很多人都是素不相识。

望着街头上一个个热情的身影，母亲的眼睛湿润了……很多年之后母

亲对我提起这段往事，她说，重庆这么大的城市很多年都没有出现过这样热烈的场面，而且是为了救助一个共产党人，那是非常感人的！

几天后，李颢成功地为爸爸做了肠吻合术，父亲逐渐恢复了健康。从那以后，李颢就成为爸妈两人的好朋友了。1945年9月，邓发同志代表解放区职工参加巴黎世界职工代表大会，董必武同志也将去联合国参加制宪会议，代表们到达机场后，国民党当局以缺少防疫接种证明为由，不与办理登机手续。当父亲急匆匆找到李颢时，他义不容辞地为代表们填了表，并请院长办公室秘书为自己"出国的亲戚"盖上公章……很多年后，李颢在苏州帮忙安葬了父亲。直至李伯伯自己去世，他自己也安息在洞庭东山父亲的墓地旁。

冯亦代回忆了这段日子：

> 1942年老乔从香港撤退，经华南游击区到了重庆，就住在我家里。但是后来被军统的王新衡知道了他的居处，他奉周恩来副主席的指示，住到《新华日报》去了，我们便较少见面。可他进城时，还是顺便到我家来坐一会儿。有一天黄昏，他忽然来到我家，同来的还有龚澎，是在周副主席身边工作的人，等安娜下班回来我才知龚澎即维航。她们挚友重逢，自有一番欢欣。
>
> 他们一道来过几次之后，安娜对我讲："你还记得我在香港说的话吗？我说维航和老乔是天生的一对，一个是才女，一个是才子。"于是我们在一旁察言观色，觉得他们的友情似乎超于普通的朋友，于是安娜和我便分头征求龚澎和老乔的意见。不想他们各有此意，却缺少一个当面说清或点破的人。就此我们做了月下老人，真是千里姻缘一线牵。后来老乔说周恩来副主席知道此事，说早该如此，安娜、亦代做了件好事。

1943年深秋，父亲母亲结婚了。在以后近三十年的漫长岁月中，人们看到了一对相得益彰的夫妻。

周围的老朋友们说，这是"断肠人找到了心上人"。曾家岩50号三楼右侧第一间屋子是他们的新房。在此之前，董老夫妇曾住过这间房子。一切都非常简单朴素，没有任何铺张，屋子里只有一张简单的旧铁床，还有一张三屉桌和两把椅子。两个人的被子叠放在一起就成了一家人。爸爸妈妈买了水果糖和花生米请道喜的同事们吃。

1943年结婚照

相对来说，母亲更加理性化，在政治上比较成熟，她善于做人的工作，与各式各样的人打交道。而父亲则是一个才华横溢的学者型革命者，他对人处事质朴耿直。他们两人在一起就像一艘向着灯塔行驶的船，一个划桨，一个掌舵。因此，有同行把他们两人的组合称为“绝配”。

有一件珍贵的纪念品来纪念这永远难忘的一日：一块正方形的大红丝绸布，上面有周恩来、董必武、邓颖超、叶剑英、林伯渠，博古，王若飞等人用毛笔题写的亲笔签名。那一个个名字从红绸布中心逐渐向四周如花瓣一般散开。上面还有一首董老题的诗。

很多年后，母亲整理箱子的时候拿出了这块不同寻常的红绸子，一个个笔墨不同的签名与题字栩栩如生出现在眼前，我觉得那是世界上最美丽的婚纱。

到这里就是回家了

2004年我终于有机会探访了父母亲的第一个家。沿着曾家岩50号狭窄的楼梯向上爬，在三楼东头的小屋门口，我惊喜地看到了双亲熟悉的身影，风华正茂的爸爸妈妈笑意盈盈地在照片中望着我，仿佛在说，亲爱的孩子，进去看看吧！

这是一间12平方米左右的正方形房间，里面简洁而整齐，原来是外事组的办公室，后来成了爸妈的新房，屋子里的摆设很少，一张褪了色的

木板床、一张方桌，几把简易的木椅组成了一个幸福的小屋。东侧临江处有一个不大的窗户，从那里可以眺望到远处的景色。那位大眼睛讲解员亲切地招呼我：到这里就是回家了，真的，这里就是你的家啊！

站在门口向旁边的小楼梯望去，洁白的墙面上仿佛映现出爸爸妈妈年轻时的身影，他们刚刚参加完一个活动正匆匆赶回家。周围的一切似乎都引退到六十年前，连屋子里的空气也变得柔和了。

据李颢伯伯回忆，爸妈住的三层小屋里经常聚集很多老朋友，常去的有夏衍、张瑞芳、胡绳、徐迟等人，一些国际友人也来访过，如美国使馆的费正清、苏联大使罗申、墨西哥使馆代办瓦叶等。

哥哥出生后也住在这间小屋子里。

这里是爸妈的新房，也是我们永远的家。

曾家岩摇篮曲：巴黎与华沙

1944年6月6日，美英为首的盟军在诺曼底发动登陆战役，欧洲战场苏联红军和盟军开始大反攻，形成对德军东西夹击之势。父亲推断，巴黎很可能会在哥哥出生那一天解放。爸妈商定，如果一切按预料中的进展，就为即将出世的孩子起名为“巴黎”。

预产期快到了，到哪里生下孩子最安全可靠呢？重庆的情况十分复杂，找自己人接生是最稳妥的，爸妈决定，请奥地利记者严森叔叔来帮忙。

奥地利记者严斐德（弗里茨·严森，Fritz Jensen 1903—1955）从年轻时起，就接受了马克思主义，他自幼聪明好学，喜爱体育，擅长拳击。为反对法西斯统治，他站在街头演讲，被当局抓到监狱关禁了一年。严森在医科大学毕业后在奥地利行医，1936年西班牙内战爆发后他志愿来到西班牙，在马德里成为反法西斯国际纵队的一名医生，同在这只闻名遐迩的队伍里工作的还有加拿大的白求恩大夫。此间他加入了奥地利共产党。1939年西班牙共和失败后，严森与部分国际纵队战友转到远东战线。保卫中国同盟把他们安排在贵阳红十字救护总队工作。不久，严森辗转来到重庆，在这里，他结识了他的妻子小王阿姨，爸妈参加了他们的婚礼。1947年严森在奥地利共产党中央《人民之声报》担任编辑，1953年成为报社派驻中国特派记者。1955年4月，严森在参加亚非会议途中，因“克什米尔公主”号失事不幸牺牲。

朋友们为即将出世的小生命感到兴奋，大家猜测着，这将是一个男孩子还是女孩儿？父亲说，男孩女孩都很好！不过，在这艰苦的战争年代，第一个最好是男孩子！

严森叔叔乐呵呵地说，一定是个男孩！我打赌！生了男孩子你们就请我吃冰激凌！

战时的生活十分艰难，更不要说有多少零花钱了。一位叔叔曾用一个月的稿费从餐馆买了一份想了很久的红烧鱼，每顿吃一点点，然后就放在床底下收藏好，几天后拿出来一看，全都发了霉，只好扔掉。同事们为此唏嘘不已，吃冰激凌更是奢侈的食品了。很多年后我们全家在一起吃一次冰砖是最快乐的事情，连从不吃冷饮的爸爸也要品尝几口。

7月下旬的天早已放亮，妈妈突然感到阵阵腹痛。爸爸早上出去办事，陪伴她的是王阿姨。妈妈对王阿姨说：“小王，我怕是要提前几天生了，我们早些准备吧！”

王阿姨马上找到了严森叔叔，并且立即通知了爸爸。几十分钟后，王阿姨陪着妈妈乘车来到一所空荡荡的学校。学生们已经放暑假，校园里一间闲置的办公室成了临时医院，严森已经清理了房间，正在紧张地准备着从医院里借来的消毒用品和医疗器械。爸爸很快就赶到了，他在“产房”里席地而坐陪着妈妈。

不久，屋子里传出了严森兴奋的喊声：Ice Cream! Ice Cream（冰激凌）！

等候在门外的人们欢呼起来！是男孩子！吃冰激凌庆祝！

一个健康活泼的婴儿出世了，他是爸妈的第一个孩子。这一天，苏联红军占领了华沙，她先于巴黎胜利了。所以，男孩子应被起名为“华沙”。

1944年7月至8月间，父亲没有文章问世，原因很简单，他一直守护在妻子和刚出生的儿子身边，细心地照料着母子二人。老朋友送来柔软的旧布衫给孩子做衣被，李少石和廖梦醒的女儿李湄为这个小弟弟特意织了一双新线袜。

爸爸的家庭是一个传统的家族，为了尊重盐城老家的规矩，妈妈决定，男孩子仍按着“宗”字辈分继续排行。由于爸爸和妈妈的家乡都位于淮河浇灌的大地，为了纪念两人共同的故乡，为了永远不忘记这条母亲河，爸妈最后为孩子取了淮河的“淮”字为名。

曾家岩摇篮曲　摄于1944年

夜幕降临。在曾家岩50号，妈妈一手怀抱着出生不久的儿子，一手轻轻摇着大芭蕉扇，她轻轻哼着约翰内斯·勃拉姆斯《摇篮曲（第49号）》的旋律：宝宝，你甜蜜地睡吧，小天使保佑你在梦中出现美丽的圣诞树，你静静地睡吧……

重庆是一个大火炉，住在楼顶更是汗流浃背。待孩子熟睡之后，母亲悄悄地走到打字机前，继续白天没有完成的工作。

当时红岩村有一个自助形式的托儿所，很多同志上班后都把身边的孩子送到那里。除了张所长之外，幼儿园没有专职的保育人员，所谓自助就是各个家长合作带孩子，每个父母要轮流去幼儿园当老师。在照料自己孩子的同时也照顾其他同志的孩子，最多时幼儿园里有二十多个大小不一的孩子。童小鹏和荣高棠的孩子都在那里生活过。

哥哥是在曾家岩长大的。爸爸妈妈没有条件去红岩村接送孩子，每天他们都要外出活动，总是在快吃饭的时候才急急忙忙赶过来喂奶，换尿布。为此，妈妈动了很多脑筋。她请办事处的同志用木头做了一个下面有底的围栏，上面再垫上一块旧毯子，很像外国的婴儿活动床，孩子可以在里面玩耍。大人出去的时候，就在他身上拴一条长带子，另一头固定在木床上。办事处的同事们谁有空谁就跑过去帮着照看一下，这个给一口水，那个塞一块饼干，好像喂小鸟一样。有一次红岩村的房主饶国模女士看到婴儿爬到了床外面，绳子却缠绕在身上，她急忙跑过去解开了绳子。

大木盆里总是堆满了尿布，一位兼做后勤的当地妇女帮着妈妈做一些清洗工作。陈舜瑶阿姨谈起当年的往事时说，你妈妈一边工作一边带孩子，非常辛苦，讲起来故事就多了。

天气暖和的日子里，爸妈常把小床摆在办事处的小天井中间，收发室警卫的同志时常带着哥哥一起值班，一起迎送来客，因此，他最早学会的一句话是“再见”。

周副主席的办公室就在一楼。经常是孩子哭了抱一抱，渴了饿了喂一口。爱泼斯坦说，曾家岩有一种浓厚的家庭气氛，龚澎的孩子坐在一边，周恩来更像一个舅舅。

在哥哥出生后两个多月的时候，爸爸又拿起了笔，他在《八月秋高风怒号——自九月九日至十月二十日》一文中写道：“胜利在西线，胜利在东线，胜利在海洋——东西南北的胜利都在呼唤我们”。“现在是我们认真振作起来的时候了”！

战斗在敌人心脏

作为周恩来的助手和中共新闻发言人，母亲被人们所熟悉，许多同行与国际友人都对她留下了深刻的印象。

一位在战时重庆工作过的中国记者回忆说：“八路军办事处一直是我向往走向革命的大门……做记者跑新闻之后，最能吸引我的新闻人物就是周恩来和叶剑英。不久我得到一个机会去采访周恩来举行的中外记者招待会。国共合作之前，国民党称共产党为‘共匪’……但是这些宣传却起了反作用。在这次记者招待会上，我第一次见到周恩来。他用目光扫视着全场，放射出一股神奇般的磁力，吸引着每个人的视线。他好像和每个人都很熟，对我这个新面孔也报以热情的微笑。”“紧跟在他后面步入会场的，是大家早已熟知的周恩来的秘书龚澎女士。龚女士不仅年轻貌美，而且很有风度。她身穿一件旗袍，优雅地坐在椅子上，坦诚地注视着大家，引得在场的中外记者不住地打量着她。加上龚澎能说一口地道的英文，交相辉

映，是典型的美与革命结合的化身。按照国民党的说法，她是一个女匪，这样的女匪实在可敬可爱。”

脱下了灰色的八路军服，盘起了乌黑的长发，一袭中式旗袍，外罩一件简单的翻领外衣，妈妈在重庆时的照片都显得优雅时尚，大方得体。

其实，当时的生活是非常俭朴的，妈妈的穿着很随意。可每当外出活动时，她总是精神焕发地出现在公众面前。用妈妈的话说，无产阶级是爱好整洁注重外表的，邋遢不代表革命。

文志忠（文幼章之子）在《文幼章传》中写道："许多共产党领导人给那些有机会了解他们的人总是留下了强烈而难于磨灭的印象，龚澎也不例外，'潮湿的地下室里的一朵长颈花'便是她的写照。她给外国记者的印象极深。"

长期担任世界和平友好协会会长的文幼章先生与父母亲是老朋友。1945年他在重庆的一次记者招待会上第一次见到周恩来，周恩来希望他将共产党的活动和主张向战略情报局做全面汇报，并当场把母亲介绍给他。周说自己经常不在总部，文幼章可以完全信任龚澎。此后他们打了15年

陪同周恩来会见美军修理电台人员　1945年摄于重庆。左后：周恩来、肖贤法、龚澎，前排戴眼镜者为乔冠华

交道。文幼章在写给一位中国朋友的信中说，对所有愿意了解革命斗争实质的人，龚澎都保持着一种热情友好的关系。从一开始，他就把我当作值得信任的好同志。

由于母亲在对外宣传上的鲜明立场，她受到国民党特务的严密监视，随时可能遭遇不测。为了避免给朋友们添麻烦，她尽量不在路上与熟人打招呼，以免对方受牵连。

有一次，费正清先生准备把手抄本文件送还周公馆，恰巧在街上遇到了母亲。时值清洗运动开始，母亲正被特务盯梢，处于被捕的威胁之下。她知道费正清不愿在公开场合和共产党人接触，便和他擦肩而过，招呼也不打，这使得费先生大吃一惊。

为了表示对国民政府的不满与对朋友的关怀，一群美国朋友在重庆冠生园餐厅设宴，公然邀请母亲和父亲。宴会在特务们的重重包围和严密监视下进行，朋友们大声地谈笑，为中国的未来，为这一对新闻夫妇频频干杯。

与外事组同事和外国友人在一起　1945年摄于重庆

前排左三手扶女孩者为龚澎，后排左二抱男孩者为乔冠华，男孩为乔宗淮

当时还发生过这样一件事，原八路军驻洛阳办事处处长袁某叛变后跑到重庆，国民党政要让他提出一份策反八路军重庆办事处工作人员的计划。他提出了三个人的名字：童小鹏、王梓木、龚澎。

童小鹏时任八路军办事处机要科科长，是在重庆卫戍司令部公开登记的，王梓木是八路军总部高级参谋，对内是军事组组长，而母亲从八路军总部到重庆后，一直担任周恩来的助手，并且经常出现在公众场合。他们都是八路军在重庆的公开工作人员，也是在周恩来、董必武、叶剑英直接领导下久经考验的战士，早就下定决心不怕杀头永不叛党。袁某向国民党要求一笔经费，拟定采取金钱收买或用突然袭击的办法，妄图绑架收买这三人。后来这个报告没有得到批准，一直压在档案柜里。

曾家岩50号一直处在国民党的严密监视下，陈秀霞第一次到那里时，看见窗外天井中央有一张小床，上面独自坐着一位男婴（那是哥哥），便好奇地走过去看孩子，一位工作人员悄悄告诉她：站在这里隔壁楼上的特务会拍照的！抬头一看，天井周围一圈高楼，许多窗子正对着天井和五十号。爸妈和同事们就是在这样的环境下生活战斗的。

有一张父亲母亲与外国记者在重庆的合影，照片上的爸妈特别苗条，引人注目的是妈妈手中抱的孩子，他长得瘦骨嶙峋，大脑袋上一双黑亮的大眼睛望着镜头，可以想见，当时的生活条件是十分艰苦的。但是，这些都阻挡不住他们的脸上洋溢着发自内心的笑容。

这是父亲母亲的黄金岁月。

母亲时常与年轻同事谈起重庆错综复杂的斗争形式，谈到处在斗争最前线的毛泽东和周恩来，也谈起她和同事们是怎样巧妙地冲破国民党的重重封锁线，通过不同类型的外国记者把很多真实的消息传到全世界。在她的眼里，这些风险相伴的生活成了一段段风趣的故事，因为她和父亲早已把自己融入其中了。

重庆谈判前后

1945年8月15日是中国人民永远值得纪念的一天，日本天皇裕仁通过广播向全世界正式宣告：接受波茨坦公告，日本无条件投降。消息传来，整个山城都沸腾了。

大家欢呼着、跳跃着，互不相识的男女老少拉起手尽情地歌唱着，人们放起了鞭炮、敲起了锣鼓、打开了啤酒。父亲母亲走上街头和大家一起欢庆胜利的这一天，望着远处一簇簇闪动的火把，他们默默地告慰在抗战中牺牲的亲人与战友。父亲写了一篇普天同庆抗战胜利的文章《天亮了》，文章开头借用了杜甫的诗句："剑外忽传收蓟北，初闻涕泪满衣裳，却看妻子愁何在，漫卷诗书喜欲狂。"

父亲在文章最后说，"值得欢庆但没有理由陶醉。"时势确实如此。

8月10日、11日，朱德总司令发布了一系列受降和配合苏军作战的命令，蒋介石却要求解放区的部队"就地待命，不准擅自行动"，一股暗流在涌动。远东盟军总司令麦克阿瑟向日本政府和在华日军下令，只能向蒋介石投降，不准向中共领导的部队缴械。

毛泽东早有预见，蒋介石不会和我们平分胜利，对美国人我们更不抱任何幻想。8月13日，毛主席草拟了给蒋介石的电报，坚决拒绝关于人民军队不许受降的命令。他还致电美英苏三国，声明延安总部指挥的中国人民武装力量有权接受日伪投降，有权派遣自己的代表参加同盟国处理敌国投降事宜。

慑于国内外实现和平的强大压力，蒋介石在美国人的授意下玩起了花招，他连发电报，邀请毛泽东到重庆来谈判，据说这是赫尔利的主意：给共产党摆一个鸿门宴，料定毛泽东不敢离开根据地到国民党统治中心来赴宴。他们的如意算盘很快就落了空。

8月28日下午，毛泽东在赫尔利、张治中的陪同下毅然飞抵重庆。当毛泽东、周恩来乘坐的飞机在重庆九龙坡机场降落的时候，欢迎的人们立刻沸腾起来。父亲母亲与办事处的同志们早已等候在这里，中外记者蜂拥而至，毛泽东走出机舱向大家频频挥手。照相机不停地闪烁着。

在周恩来的陪同下，毛主席来到了欢迎的人群中，在他们身后有一位女士，她用一双深邃的黑眼睛兴奋地望着眼前这难忘的瞬间，那是母亲的眼睛！还有穿着短裤正在点烟的父亲、王炳南伯伯……

毛泽东在中山路107号桂园的张治中公馆稍事休息，之后便来到了红岩村。

南方局和八路军办事处在小礼堂里举行了热烈的欢迎会。

毛主席接见了在重庆工作的部分干部。《新华日报》参加会见的有潘梓年、熊瑾玎、胡绳、刘白羽、乔冠华等人。刘白羽伯伯回忆了当时的情况，他说，当介绍到父亲时，毛泽东说：哲学家。后来他们握手时毛泽东又幽默地说道，跟着我来了一个乔木，这儿又有一个乔木，总不能叫"大乔""小乔"喽，我看就叫"南乔""北乔"吧！

谈判期间，毛泽东、周恩来、王若飞的外事活动十分频繁，毛主席广泛会见了各界人士，外事组的同志们在日夜忙碌着。为了紧密配合中央的工作，爸妈带着哥哥一起住到了红岩村。

三个美国士兵要见毛泽东

就在这段时间里，母亲见到了云南昆明大学地下党的同志，根据他们的反映，有几个美国士兵已经来到重庆，他们非常希望见到中共领导人毛泽东。

母亲详细询问了具体情况，并且立即向周副主席做了详尽的汇报：作为第二次世界大战中的盟国，美国派驻云南昆明的第十四航空队总部有几个正直的年轻士兵，他们是霍华德·海曼、爱德华·贝尔、杰克·艾德尔门。在昆明，他们结识了一群进步学生，彼此很快就熟悉起来。大家经常在一起聚会，谈论正在进行中的战争、中国革命斗争的真相，也讨论美国和未来。毛泽东赴渝谈判后，他们几人来到了重庆。海曼与贝尔即将退伍，在回国之前，他们渴望能亲眼见一见向往已久的解放区代表。

当时许多外国人还不了解中国共产党人。我们党需要利用一切机会向世界打开窗口，要让美国人民了解解放区，了解中国共产党人正在做什么。根据周恩来的指示，母亲在曾家岩五十号接待了三个美国士兵，并且与他们交谈了几个小时。几天之后，周恩来抽出时间热情地会见了几个美国士兵，母亲在场陪同。

几个美国年轻士兵事先得知毛抽烟非常厉害，为了表示对毛泽东的敬意，他们把从军营里领来的两条香烟和一张便条留在办事处，请求转交给毛泽东。

1945年毛泽东在重庆会见三个美国友人，右四为龚澎，后立戴眼镜者为乔冠华

让这几个年轻人没料到的是，一星期之后，他们接到了母亲的电话：毛泽东准备请他们去红岩村共进晚餐，他们欣喜若狂。

母亲为此提前作了周密而细致的安排。曾家岩附近的便衣特务很多，为了安全起见，联络员和陪同人约定，在附近的路口，有一位手持报纸的先生在等候他们，如果这位先生“无意中”把报纸掉在地上，再弯腰拾起报纸，则表明一切顺利，可以继续进行。

三个美国朋友步行几小时来到城里已是下午，按照事先的准备，他们安全到达曾家岩50号，等候在那里的人很快用车把他们送到红岩嘴13号。毛泽东在一楼会客室接见了美国客人，母亲和父亲等人陪同会见。与此同时，母亲还兼任了现场的翻译工作。毛泽东显得非常愉快，当看到美国朋友的脖子上挂着照相机时，便幽默地说，要照相可要赶在太阳下山之前哦！

毛泽东和年轻的美国士兵讨论着中国和她的前途。毛主席认为，中国人与美国人有许多共同之处，两国人民一定会建立伟大的友谊，他希望他们能把所见所闻告诉美国人民。

夕阳落下余晖，大家来到了主楼外面的院子里。那阵子爸妈带着哥哥就住在小院西面的两层小楼里。

美国客人们要求合影留念，毛泽东欣然同意。

靠近主楼边的土坡上有两棵七八米高的芭蕉树，它轻轻摇动着翠绿的大枝叶，仿佛是在向客人们招手，童小鹏举起了照相机……

参加接见的还有钱之光、章文晋、罗青、刘昂、张彦等人。在下一张的快门按动之前，母亲特意把刚满一岁的儿子叫了过来。这大概是她给予孩子的最高奖励吧！这一天是1945年9月16日。

这张照片如今陈列在红岩村和北京的革命博物馆里。

晚上7时，毛泽东、周恩来请几位美国朋友在二楼共进晚餐。三位年轻的客人将他们存有的115美元赠给毛主席，以表示对八路军新四军的支持。毛泽东则送了一套版画给他们留念。毛主席和周恩来亲自送三位客人到办事处大门外，同他们一一握别。毛主席寓意深长地说："希望有一天，在中国能再见到你们。"

这次会见历时三个小时。三位美国士兵从红岩村回到他们的驻地后，心情还是久久不能平静。爱德华·贝尔在日记中生动地记下了这个难忘的日子，他称颂毛泽东"非常谦虚，讲起话来声音柔和，从不提高音调，从不激动，是真正的人民领袖。在这样的人面前，我们不由得有卑微之感"，而周恩来"是个五英尺四英寸的壮汉子，我喜欢他那有力的握手。他真诚，英文讲得相当好，穿着举止都很有风度"。

在红岩村陪同毛泽东会见美国友人，右起为龚澎，后戴眼镜者为乔冠华 1945年摄于重庆

爱德华·贝尔回忆说："在这一天，语言不可能成为我们的障碍，我们通过译员谈了二次世界大战的意义，世界和平的重要与中美之间的友谊。"

争取国际社会支持

1945年国共谈判期间，毛泽东、周恩来、王若飞会见了苏、美、英、法、加等国驻华大使以及各国援华团体负责人和友好人士，还向路透社、合众社记者发表谈话，并回答了他们提出的许多重大问题。毛泽东利用一切机会做工作，在重庆开展了一系列卓有成效的外交活动。

母亲和外事组的同事为配合中央的部署在日夜奋战着。由于办事处的工作人员很少，许多同志都是身兼数职，母亲经常一边参加会见外宾，一边担任翻译工作。

中国人民的正义事业得到了广泛的支持和同情，很多在重庆的外国人也十分希望能见到这位在野党领袖。

1945年9月初，同情中国进步运动的美国人杰拉尔德·坦纳鲍姆从美国来到重庆，经老朋友介绍，他很快会见了许多中国要人，并同他们谈了话。不久，他和韩丁（当时在美国战时新闻处工作）从母亲那里接到了访问八路军办事处的邀请。美国客人称母亲是"周恩来的一名机敏活泼的助手"。

走进办事处接待室，看到轻松愉快的工作人员以及龚澎的满面笑容和向我们伸出的手，大街上那种恐怖气氛在我们脑海中就烟消云散了。

龚澎示意我们经过接待室走过会客室，当我们经过一间小会议室时，看到毛正在给解放区的干部和记者讲话……怪难为情的是，当时我们汉语懂得不多，听不懂他的话。

等了几分钟，我们听到会议室传来一阵掌声·接着毛主席出现在门口……我有许多问题要问他，却难得有机会问。从他提出的一连串探讨性问题可以明显看出，他读过有关美国的大量材料并对美国问题进行过很多讨论。毛向我们详细询问美国劳工运动

情况……由于同蒋介石打交道就是与杜鲁门打交道，他很关心罗斯福去世后刚升任总统的杜鲁门其人及其思想，因为这两点对他都是未知数。

毛的问题问完之后，向担任翻译工作的龚澎几乎不易觉察地点了一下头。龚澎微笑着说，主席还有事，他不能和我们一起吃饭了，但是他希望你们尝尝我们准备的几个简单的菜。我们同毛主席握手告别。

在这份回忆中，我们可以清晰地看到母亲工作时的剪影。在许多毛泽东、周恩来会见外宾的场合中，母亲作为陪同人员或翻译，都会给外宾留下深刻印象，并能写下回忆文章特别提到她、描述她，我想除了母亲特有的女性魅力外，她超群的洞察能力、沟通能力、智慧和不凡的风度，是令人印象深刻以至难忘的主要原因。

国共两党经过43天激烈的谈判和针锋相对的斗争，最终在10月10日签订了《国共双方会谈纪要》，即“双十协定”。

与社会各界的交往

在重庆，母亲除了从事众所周知的新闻工作之外，还担任中共南方局青年组成员（组长刘光），她的主要工作是负责与青年会的联系与研究。

为了打开工作局面，母亲与社会各界，特别是与重庆知识界的学者和青年知识分子有着多方交往。

抗战爆发后，国内一些著名的大专院校陆续搬迁到了内地，南开学校、上海医学院、南京大学等校分别在重庆建立了校舍，众多高级知识分子和青年学生云集在这座山城。皖南事变后，一批原属新四军领导的地下党员也转移到了重庆，他们的组织关系就放在曾家岩50号，母亲负责与这批同志联络。

当时，党的各级组织党员与组织之间实行单线联系，布置任务不再用开会的方式，而是个别进行，党员向组织汇报情况，也采用这种方式。

这部分工作是外界不熟悉的。因为周副主席一向主张，要把党的公开工作和秘密工作严格分开。

1939年7月，上海医学院第一个学生党支部建立，共有党员三人：计苏华、聂崇铭（方春望）、王士良（黄志尚）；书记计苏华是他们中间的老党员，一年以前，正在上海医学院读书的计苏华经我的大姨龚普生（在上海基督教青年会开展工作）介绍加入了中国共产党。

不久，上海医学院在昆明和重庆都成立了分校，1939年暑假，上医学生随学校迁往内地，到昆明后与上级失去联系，他们立即分头去寻找。聂、王两人利用到重庆中央医院实习的机会，设法看望了正在住院的周恩来同志，他们希望周恩来帮助他们恢复与组织上的联系。周恩来鼓励两位年轻医生说，不要急，将来总会联系上的！要把医学科学学好，这也是一通百通，真正把医学科学弄通了，与马列主义也是相通的。

不久，从抗战救护总队缅甸医疗队归来的计苏华见到了这两位同学，并且告诉他们，他已于1942年春天在重庆八路军办事处与上级接上了关系，由担任周恩来秘书的龚澎负责与他直接联系。同时，龚澎向他传达了周副主席的指示：在重庆要长期隐蔽，等待时机不能急躁暴露，目前不要发展党员，不要活动，但要做好交朋友工作，团结一批人。

回到学校后，他们把工作的重心放在交朋友上，并且先后团结了十几名积极分子，其中有不少人以后都加入了革命队伍。

为了工作便利，计苏华陆续把聂崇铭和王士良两位同志介绍给母亲，并交代了见面的办法：两至三个月交一次党费，三五个月与龚澎见一次面。1943年间，母亲作为上级党组织的联系人在曾家岩周公馆接待了他们，在了解他们的情况之后，母亲向他们讲述了当时的形势。

计苏华始终严守着组织的机密。多年以后，他的夫人史济招大夫才得知，原来在病房和自己倾心交谈的龚澎大姐，就是计苏华与党组织的联系人。几十年后，史大夫仍旧非常动感情，她说，和龚澎在一起，不仅能增长知识，也是一种精神上的享受。她从不对我长篇大论地讲革命道理，而是通过轻松愉快的、家庭式亲切的聊天把她要讲的话说出来，她的只字片语汇集起来就是送给我的最有价值的礼物。

1945年8月，毛泽东从延安来到重庆与蒋介石进行谈判，为保证首长安全，我们党急需一个自己的医务工作者。周恩来接受母亲的建议，把政

治上可靠，技术上过硬的计苏华调来执行任务。当时的条件非常有限，没有任何测试设备。为了确保毛主席吃的饭和饮用的水都是安全无毒的，在谈判的43天里，每一次都是计苏华先喝先尝，甚至先给自己注射测试。他还将毛主席的血液涂片交给聂大夫检验，当得知结果是阴性时他才放心。母亲是这段历史的见证人。

计苏华为人谦逊，从未向外人提起这段经历。很多年以后，人们才从大姨的讲述中得知这段感人的故事。

1946年母亲转赴上海办事处工作以后，仍旧负责与上海医学院校的地下党组织联系。1947年计苏华在党组织的安排下远赴美国学习，1949年3月回到祖国，成为新中国第一批胸外科专家。解放后，历任中央保健局副局长，北京医院副院长。文革中计苏华成了被打倒的对象，有段时间连周总理也找不到他的下落。在那些艰难的岁月里，我们两家一直保持着密切来往，母亲经常请他的夫人史济招带着孩子到家里来。

梁思成先生是我国著名建筑学家，他当时在四川进行建筑研究，因为陪夫人林徽因看病，住在中央研究院宿舍。在梁思成的记忆中，龚澎是他认识的第一个共产党员。他回忆当时的情景说，有一个年轻女子找到他们的住处，自我介绍叫龚澎，是共产党员，并且说，我们共产党愿意结识一些学者，了解你们的情况，听听你们的看法。梁先生说，“龚澎文雅漂亮，给我和林徽因留下良好的印象。”

解放后他们又在颐和园相遇，母亲告诉梁先生，在重庆那次会面，是周恩来从费正清夫人费慰梅处得知他们的消息，特意派了母亲前去看望他们夫妇的。

陈秀霞1944年从上海到重庆中央大学（原南京大学）学习，到达重庆之后，她立即设法与办事处的党组织取得联系，在曾家岩50号接待她的就是母亲。

不久，陈秀霞准备回上海治病，那时内地交通极为不便，解放区被封锁，四处战乱，一段段各自为政的铁路互不衔接，很短的路程常常要走上好几个月，万般无奈的陈秀霞向母亲诉说了自己的难处。几天后，母亲告诉她一个可行的计划：过两天将会有一位“中央日报社”的记者李先生去找她，然后她将以李太太的身份和这位记者扮成夫妻，搭乘一架美军的飞

乔冠华与龚澎　摄于1946年

机前往南京，然后再转道去其他地方。

由于工作关系，母亲与史迪威将军主持的美军司令部的朋友很熟，她时常通过这条渠道为我们的同志提供方便。几天之后，一切准备就绪，陈阿姨按计划“化妆”登上了一架军绿色的飞机，两个小时之后，他们顺利降落在南京机场。

父亲刚到重庆时，照例承袭了在香港的惯例，在神仙横街《新华日报》社租住的一间屋子里牵头组织了读书会。结婚后，他不再唱“独脚戏”，而是开“夫妻店”了。

读书会的大部分主题是关于当前国际形势的讨论，袁水拍、胡绳、徐迟、冯亦代、胡风、戈宝权、阳刚等人时常是座上客。在这方面，母亲自然有许多独到的见解，她时常在父亲的发言之后提出自己的质疑。冯亦代曾饶有兴致地回忆了当年愉快的情景：“老乔照例做总结发言，但是龚澎常有质疑，两夫妻往往争得面红耳赤。不过他们的争论，我们其他参加的人很难提意见，一是他们理论水平高，二是他们看的材料多，而龚澎看的材料和她得到的时局消息，特别牵涉到国际问题，使她说来头头是道，我们听了不得不点头称是。老乔也看书多，而且特别熟悉德国军事理论家克劳塞维茨的主张，对世界大战的形势研究有素。听他们的争论，对于我们听者常是一种快感，因为他们言必有据，决不信口下结论。我看当时能参加他们争论的也只有胡绳、杨刚两人，其他人只能洗耳恭听。他们的争论往往使复杂的形势、暧昧的外交辞令，几句话就说清楚了，揭穿了那些所谓政治家的谎言。我想我们这些人在抗战时能够对世界及国内形势看得比较清楚，和他们的说论是分不开的。”

有一次爸妈来得很晚，原来他们出发不久便发现身后又跟着两条尾巴，母亲说，应该整整跟踪的小特务，于是他们相约放慢脚步，突然同时

转身面对特务，怒斥他们以后是不是还要盯梢，特务连说不敢，鼠窜而去，引得爸妈一阵欢声笑语。

在那段时间里，父亲母亲与知识界的朋友共同促成了不少有益的事情。当时费正清提出出版一套《美国文学丛书》，为了促成这部丛书之得以翻译出版，夫妇二人东奔西走花了不少力气，几位中国翻译家承担了这项工作。经过多方努力，美国新闻处最终出版了这套丛书。这是一件两全其美的好事，既增进了中美文化交流，又补贴了生活困苦的中国翻译家，“一笔可观的翻译费于生活也不无小补”。

著名记者伊斯雷尔·艾泼斯坦就住在两路口的记者站。作为美国《联合劳工新闻》记者，艾泼斯坦和母亲有许多工作上的来往。有时他们约好在一个地方见面，母亲总是很准时，而爱泼斯坦时常迟到，母亲就在街上转来转去，那时周围有很多的国民党特务，如果总是在一个地方等人是很危险的。艾老回忆这段经历时说，对此我真是很抱歉。

伊斯雷尔·艾泼斯坦出生于波兰。父母是犹太人，自幼来到中国天津，15岁开始在英文版《京津泰晤士报》从事新闻工作，曾任美国合众社战地记者，1933年结识美国记者斯诺，成为他主办的《民主》刊物的主编和撰稿人，并且掩护过爱国学生和共产党的干部。重返中国后担任《今日中国》名誉总编，政协委员。60年以后，记者采访了艾老。

那时他的身体已经很差，一般的来访都不见了。可得知是谈龚澎，艾老爽快地答应了，这是一位和蔼而风趣的老人。龚澎很美，艾老幽默地说，另一方面她工作十分认真严谨，善于和各方面的人建立很好的关系。外国记者都非常喜欢和她接触。艾老认为，记者们喜欢母亲的原因主要有两个，一个是她提供的新闻真实，另一个是她为人的真诚和她的品格。

在谈到重庆时期外国记者的状况时，艾老说，当时，外国记者总的来说不相信国民党的话，但他们相信周恩来。在武汉他们还相信国民党（宋庆龄还在武汉），在重庆，他们不相信国民党，特别不相信军事发言人，因为他们撒谎比较多。当时流行一个笑话，说人们不需要告诉国民党军事发言人任何情况，防止他们说谎话。

为什么外国记者相信中共发言人的话呢？因为龚澎他们讲实话！龚澎善于利用一切机会做工作。她往往是在给舆论以正确引导，但并不使你感到是在被人“引导”。

采访延安给了爱泼斯坦极大的触动。1949年新中国成立，他和邱茉莉决定再次来到这块熟悉的土地。1950年11月，新中国派出伍修权率领的代表团来到纽约，登上联合国安理会的讲坛，爱泼斯坦找到早在重庆时期就相识的父亲，提出了去中国的请求。不久，他收到宋庆龄的信函，请他到正在筹办的对外宣传英文刊物《中国建设》（后改名《今日中国》）工作。1954年母亲邀请他参加日内瓦会议的采访工作。1957年爱泼斯坦加入中国籍，并且留在了中国。朋友们亲切地叫他“艾佩”，晚辈人则尊称他“艾老”。1968年文革的时候他们夫妇受到迫害被关在秦城监狱，直到1973年1月才出狱。

艾老说，现在共产党是一个执政党了，当时龚澎是一个地下工作者，但她非常开朗，透明。和她来往使人感到很亲切。

艾老在谈到过去的人对现时的意义时说，人们不应该忘记龚澎。现在的宣传媒体应该多宣传像龚澎这样的人。

艾老还风趣地提到了当年曾家岩50号养的一只矮脚狗，因为它长得丑，人们开玩笑管它叫贝当（当时法国的汉奸将军），其实它脾气温和从不咬人。后来这只狗被吃掉了，周恩来最恨人吃狗肉，因此而大发雷霆。

当我写出这些珍贵的回忆时，艾老过完90岁生日永远离开了我们。感谢他的夫人黄浣碧阿姨赠送我的爱泼斯坦回忆录《见证中国》。所有爱好和平与正义的人们永远不会忘记他。

老记者重访团

20世纪80年代初，一批二战期间曾经在中国工作过的老记者相聚在美国亚利桑那州，他们以“Who lost China”（谁失去了中国）为题，展开了热烈的讨论。

在这次研讨会中，与会者多次提到了他们在重庆所认识的中国共产党人，也提到了母亲龚澎（Kong Peng，重庆时沿用的拼法）。

其实，这个题目早在新中国成立之际就在美国引起了一场大辩论。这是由当时的美国政府炮制的一个关于美中关系白皮书而引发的。美国政要

们不愿承认在中国失败的事实，但是白皮书遭到了猛烈的抨击。毛泽东撰写了《丢掉幻想，准备斗争》、《别了，司徒雷登》等篇文章。

十几年之后，这个题目仍为关心世界局势发展的人们所关注。

1985年3月23日，这批在抗日战争和解放战争期间曾经在中国做战地报道的美国新闻工作者重访中国。老记者重访团应《中国日报》刘尊棋总编和中国记者协会主席吴冷西之邀，在重庆、延安、北京和南京等地访问了三周，邓小平同志接见了他们。

老记者们大都是二战期间在中国开始记者生涯的。尽管他们都先后离开了中国，现在的身份也各不相同，可他们对中国都有着深厚的感情，他们是中国革命的见证人。报道革命，支持正义，那一段经历留下了他们青春的理想和浪漫的脚印。为了重返中国，他们已经等待了近40年。

时光飞转，老记者们旧地重游，大家不由得想起曾经活跃在他们中间的一个倩影——龚澎。

在北京，一位老记者向接待人员表示，非常希望能够亲眼见到龚澎的女儿，他们要向后一代讲讲当年在重庆的往事，而且，他要自己打电话。不知为什么，虽然近在咫尺却没有联系上……非常遗憾。我渴望听到母亲的故事。

在美国有一批与母亲十分熟悉的老记者，如：汉克·利伯曼（Henk Lieberman）、比尔·鲍威尔（Bill Powell）以及克里斯托弗·兰德（Christopher Rand，已去世）等。一些新闻界的名记者、名报人谈到母亲时仍然很有感情。在一次宴会上，在美国使馆工作的张颖阿姨与著名记者索尔兹伯里坐在一起，他们并不相熟，因为偶然提起母亲，索尔兹伯里的话匣子突然打开了，说龚澎是外交界少有的人才。张颖说："那一晚，我们一直在怀念龚澎，可见她在国外新闻界的影响。"

重访团成员梯尔曼·德丁与母亲很熟悉，白修德称他是"报导亚洲事务最伟大的外国记者之一"，遗憾的是现在他已经过世了。重访团还有一个当年在中国政府的美国顾问团中间最难对付的记者——《合众社》的罗伯特·马丁，也是母亲的故交。据说他心血来潮的时候能写一手好诗。

1985年重访中国的老记者共有19人，他们是：

蒂尔曼·德丁夫妇，原《纽约时报》记者；

汉克·李伯曼夫妇，原美新处人员，曾任《纽约时报》记者；

菲利普·波特夫妇，原《巴尔的摩》太阳报记者；

艾伯特，拉文霍特夫妇，原《芝加哥每日新闻》《合众社》记者；

赫拉夫·恰克夫妇，原美军观察组成员；

安娜丽·贾克比·法迪曼，原《时代》和《生活》杂志记者；

罗伯特·马丁，原《合众社》记者；

休·迪恩，原《基督教科学箴言报》记者；

夏璧尔，《每日新闻》副主编；

特雷西·斯特朗，美大学教授，著名女记者、美国著名作家斯特朗的侄外孙；

洛伊生夫人，洛伊生曾任"哈瓦斯"（法新社前身）记者，激进派，20世纪30年代在上海创办《中国论坛》；

彼得·兰德，作家，已故美国《纽约先驱论坛报》记者的儿子；

爱泼斯坦，全国政协委员、《国际友人》副会长、中国工合国际委员会主席；

舒子章，20世纪三四十年代在《上海密勒氏评论报》工作，80年代任《中国日报》专家。

美国《巴尔的摩太阳报》（Baltimore Sun）著名记者波特先生和老记者访华团的朋友们来到了梅园新村，他望着熟悉的一切，不禁感慨万千。在留言簿上，波特写到："这儿使我回忆起我见到周恩来、龚澎等人的许多愉快时刻。"这一年（1985年）正是母亲去世15周年之际，他特意撰写了一篇文章：《我的朋友龚澎》。

波特记述了二战期间在中国的经历和对母亲的印象。在重庆，他经常见到母亲和父亲，也时常看到哥哥，不过那时哥哥还是一个"Baby boy"。波特先生说，龚澎很漂亮很聪明，对她的工作得心应手，她是重庆非常著名的一位新闻人。抗战胜利后，波特先生回到了美国，母亲曾通过熟人带口信向老朋友致以问候。新中国成立后，波特寄到中国许多信，却一直没有回音。直到1972年，波特先生伴随尼克松总统访华再次来到了中国，他又见到了周恩来。周总理对他说，我很高兴你陪着你的总统又回来了。

望着老记者重访团的名单，我还想到一件往事。

在重庆的工作即将结束的时候，一位与母亲熟识的美国新闻处记者带着哥哥搭乘史迪威将军的飞机抵达上海，并且将他安全送到了姥姥的身边。为此，母亲一直怀着感激之情。

可是这位记者是谁呢？他的朋友在重访团的老记者们中间吗？我开始四处打听寻找这件轶事的主人。

功夫不负有心人。不久前，我终于在一篇动人的回忆里得知了这位记者的名字：史蒂芬，把龚澎的孩子带到上海的姑娘。

1943年，驻重庆的美国新闻处新来了一位迷人的秘书，美丽而善良的美国姑娘史蒂芬，她受到了同事们的欢迎。摄影师杰克·威尔克斯曾以她为模特拍摄了一组以“重庆的约会”为主题故事的照片，刊登在《生活》杂志上。

史蒂芬在重庆的工作使得她有不少机会与共产党人打交道，在参加聚会时她很快认识了周恩来、叶剑英、也结识了母亲。在外国记者眼里，母亲是一位善于与人沟通的女性，也是一个对事业执著、热爱生活，有品味的人。很快，史蒂芬和母亲成为好朋友。

1945年年末，母亲即将奔赴新的岗位，她准备先把年幼的孩子送到上海托付给老人照看。时局在变化，内战已经开始，到处都在打仗，四处十分动荡，怎么能把孩子安全送走呢？由于工作无法分身，只有请可靠的朋友来帮忙。不久，美国记者史蒂芬要乘飞机去上海执行公务，母亲就拜托她把哥哥带到姥姥家。临行的时候，母亲把哥哥的一张照片送给了史蒂芬。

从那以后，周公馆的人就把史蒂芬称作“把龚澎的孩子带到上海的姑娘”来热情欢迎她。那段时间，父母亲曾经住在位于上清寺的中共代表团驻地。他们小小的住房就在外事组办公室隔壁。

1948年，史蒂芬作为自由撰稿人前往新疆调查国民党军队镇压少数民族的真相，在返回南京途中死于一次原因不明的空难。

在南京郊区，一块大理石墓碑上刻着叶笃庄先生撰写的碑文：

“一个好酒量的、年轻而勇敢的、声音干哑而谈笑风生的史蒂芬女士长眠于此。”

她就是那位“把龚澎的儿子带到上海的”美国记者。

第六章

走向新中国

1949年8月上旬的一天，父亲在香港神秘地对5岁的哥哥说，我们要到外面住几天，只许带“一小竹篮的东西”。

北平军调部

重庆谈判一结束蒋介石就开始调兵遣将。1945年11月国民党部队相继攻占了浙东、苏南、皖中、皖南和湖南五个解放区，不管中共怎样表现和平民主的愿望，蒋介石就是要打内战。1946年1月10日，国共两党签订了《停战协定》，1月13日午夜协定开始生效。北平成立了由共产党、国民党和美国军方组成的军事调处执行部。

为了加强中共方面的力量，母亲被调往北平，担任军调部执行部中共新闻组长，她将在叶剑英将军的领导下工作。在重庆六年多的战斗生活即将结束。

临行前，母亲与同事们依依话别，老朋友自告奋勇护送她上路。

离开重庆的那一天，母亲搭乘了一架美国军用飞机，和她一起结伴飞往北方的另一位乘客，是美国《巴尔的摩太阳报》驻重庆特派记者波特先生，他们已经是老熟人了。

将近三个小时的颠簸飞行之后，飞机徐徐降落在北平机场，国民党方面派来了一辆军用吉普车接母亲到司令部。为了安全起见，波特先生陪母亲一起上了这辆汽车，一直护送她安全到达目的地。

后来波特先生曾为《巴尔的摩太阳报》写了一篇专题报道。他说自己在抗战结束后陪着一位年轻的女共产党从重庆来到北平，在文中，他称母亲是“A communist girl”。

军调部刚成立时人员很少，工作住宿都在北京饭店中楼。不久，协和医院老楼成为军调处的正式办公地。后来中共代表团本部和部分工作人员的宿舍搬迁到东华门一号翠华庄，那里原是国民党励志杂志社所在地。

波特先生回忆了他在北平采访时再次见到母亲的情景：在叶剑英将军召开的一次重要会议中，母亲坐在靠近叶剑英旁边的位置上，“龚澎穿着一件蓝色的旗袍，头发盘起来，发型是美国式的。那时，她经常出现在许多公众场合。”

面对八年抗战后出现的通货膨胀、动乱、罢工，母亲没有感到沮丧，她说，人民已经行动起来，他们正在以新的方式表达他们的意愿，这是进步，不是倒退。

半个月后，父亲也来到北平军调处。

他与母亲一起回到当年在燕京和清华读书的地方，街头小摊上一串串红彤彤的冰糖葫芦曾是他们学生时代的最爱。在我童年的时候，每当数九寒天到来的时候，父亲总要兴致勃勃地为我买一根冻得像冰一样的名副其实的“冰”糖葫芦，父亲说，“不吃冰糖葫芦就不算来过北京。”

南京局外交事务委员会

在1946年2月和3月，军事三人小组先后签订了“整军方案”与“东北停战协议”，可是国民党并无执行的诚意，而是在美国的支持下准备发动全面内战。不久，蒋介石发起了对东北解放区的进攻。毛泽东再一次告诫全党，要丢掉幻想，准备斗争。

军调处的工作已经接近尾声，根据中央的指示，父母亲再次南下。

国民党于年初宣布还都南京，国共谈判的中心也将从重庆转移过去。为便于在南京上海一带开展工作，周恩来致函国民政府行政院院长宋子文和秘书长蒋梦麟，“抗战胜利，政府还都在即，兹为与各方联系及时协商起见，敝团亟应在京沪两地筹设办事处”。他要求在南京拨房屋两幢，在上海拨房屋一幢。

5月3日，中共代表团由重庆迁往南京，在梅园新村设立了中共南京办事处，并在内部成立了中共中央南京局。

周恩来同志在担任中共中央南京局书记的同时，还亲自负责外交事务工作。在党史资料中我们看到了这条清晰的脉络：

外交事务委员会：书记周恩来，副书记廖承志、王炳南；秘书处（驻沪）章文晋；研究处（驻沪）乔冠华；联络处（驻沪）陈家康；新闻处（驻沪）龚澎。

父亲母亲即将奔赴新的岗位。

上海马斯南路107号

每当提起这个地址，我总会想起母亲与三姨交往的一段往事。

大致在1946年3月间，母亲结束了在北平军调处的工作，和父亲一起回到南方。当时中共代表团即将启程搬到南京。此时周恩来交给母亲一个重要任务，尽快在上海租下一处合适的房子，作为中共代表团上海办事处办公和住宿的地点。

周副主席曾几次派人到上海寻找合适的用房，可国民党对中共代表团的活动设立了重重障碍，他们不同意中共代表团驻沪办事处公开挂牌，也不拨给办事处房屋，我们只有依靠自己的力量。

上海是母亲的第二故乡，这里有她血肉相连的亲人和熟悉的家，还有昔日的朋友与同学。走过高大的梧桐树，母亲带着父亲一道回到了徐汇区永嘉路的家。走的时候她还是一个年轻的女孩子，现在已经成家携子了。

离家八年，母亲已不熟悉上海房市的行情，怎么能更快更好地完成周恩来同志交给自己的重要任务呢？

母亲想到了我的三姨徐畹球，她比妈妈小两岁，幼时过继给姥姥的徐姓堂姐，启秀女校校长徐婉珊（她一生致力于教育事业，终身未嫁），姥姥和这位堂姐的关系很近，当时两家都住在上海，时常来往走动。三姨曾在启秀女校就读，并且弹得一手好钢琴，足可以参加专业音乐会演出。此时她已结婚，有时也做些帮人租房买房助人为乐的事情。1949年曾担任启

秀女校的代理校长。

通过姥姥，母亲很快就找到了三姨。尽管三姨没有参加革命，母亲也从不对她谈工作上的事情，可这并不妨碍她们之间的手足亲情。三姨的丈夫时任淞沪警备司令部英文秘书，可她愿意帮助姐姐和姐夫这样有风度有文化的共产党人。

母亲到上海后发现身后一直有特务盯梢，活动十分不方便，三姨得知后便腾出自己的房子让她和父亲住，自己一家则住到了附近的旅馆里。

母亲告诉三姨，希望她能帮忙找一处适合办公的房子，大一些、安静一点。三姨答应尽快想办法。

最开始物色了几处房子都不大满意。此时恰巧马斯南路107号的房主去南京，想把这里的房子租出去。这所房子原来是义品洋行的房产，抗战后由国民党中央党部官员黄天霞居住。三姨通过社会关系了解到这一情况，立即和母亲去看了房子。

位于卢湾区的思南路（当时名为马斯南路）最初源自乐曲“沉思”的作者，法国作曲家马斯奈的名字。为了纪念这位音乐家就用他的名字命名了这条街。这里是法租界的高尚住宅区，步行十几分钟就来到了繁华的淮海中路。精心设计的花园式建筑，茂盛的法国梧桐树，这里住着不少名人，85号就是京剧大师梅兰芳的公馆。

107号是一座西班牙式的小楼，共有三层。楼外有一个绿草荫荫的小花园。重要的是小楼边上有一棵大树，那枝繁叶茂的绿叶能遮挡住许多视线。竹篱笆院墙外，街道十分幽静，正好为办事处所用。

母亲看后很满意，当时就同意了。可是顶金很贵，要六根大条子（金条），母亲说，能不能缓几天，她设法去筹资金。

经过周恩来同志的批准，母亲委托三姨用六根金条作抵押，从5月16日起租下了这套房子。金条是母亲亲手交给三姨的，房子的租赁手续也是由三姨出面办理的。当时房子是以《新华日报》宿舍的名义租下的，所以最初报户口的时候曾将乔木作为房子的主持人。

在等待住房的空当，父母亲返回重庆作短暂停留，5月初，他们跟随周恩来等领导同志一起搬到了南京梅园新村，然后再次来到上海。

1946年6月22日，马斯南路107号正式定名“周恩来将军私人寓所”，又称周公馆。这就是现在的思南路73号，中共驻沪代表团办事处遗址。爸妈和祝华等同志是第一批房客。

自从周公馆搬进以后，幽静的街区一时多了好几家小摊贩，他们整天晃来晃去，一看就知道是盯梢的。国民党在对面98号的妇孺医院还设立了秘密监视点，进出周公馆的人都在他们监控之下，这些记录每天都要汇总到警察局备案。

为了防止敌人搞突然搜查，大家都保持着高度的警惕性，一遇紧急情况首先把重要的文件放进壁炉烧掉。周副主席和董老每次都要叮嘱过沪的地下党员注意安全，并且告诉他们如何躲过特务的盯梢。

房子找好了，赴沪工作的同志们陆续搬进了办事处。刚租下107号的时候，里面空荡荡的，办事处的同志都站着吃饭。三姨看到后，就从家里运来一些常用的家具和桌椅放在办事处，那时候她曾见过周恩来。三姨是个非常忠厚的人，待房子布置好以后，她就不肯再来了。

自从母亲在重庆把哥哥托人带到上海，姥姥就省吃俭用精心地带着他，那时家里还有一只棕黄色的卷毛狗叫阿福，它是姥姥和舅舅的好朋友。周末，一家人又团聚了。

那时爸妈就住在二层靠东南侧的房子里，旁边是董老与何连芝的住处，周恩来和邓颖超住一楼。靠近大门的客厅是举行记者招待会的地方，周副主席在短短半年里曾四次来到上海。在这不大的空间里，他曾发表过很多精辟的讲话。

当时的许多第三方面人士与文化界名人如沈钧儒、柳亚子、章澜、周建人、梁漱溟、许广平等人都与周公馆有联系。宋庆龄的住所离这里只有几分钟的路途。在上海，她与周恩来有过多次会晤。母亲受周恩来之托，曾几次前去拜访看望她。

第一份外文期刊《新华周刊》

母亲在上海接受了一项新的任务：创建我党第一份外文期刊《新闻周刊》，由外事组宣传小组直接负责。不过涉及的范围远不止这几个人，另外两个小组的成员都在为这项工作而奔忙着。

为了使周刊尽快问世，首先要争取当局的认可，爸妈想方设法发动各种社会力量，并委托冯亦代积极寻找承印报刊的印刷厂，最后，他们找到一家法国人办的印刷厂。

1946年5月17日，中国共产党的第一份外文期刊，英文版《新华周刊》（*New China Weekly*）以中共代表团的名义在上海公开发行。这也是我们党在上海公开发行的唯一刊物。

周刊按国民党政府出版法登记发行，以不定期的形式出版。发行人龚澎，主编乔木，编辑孙一新，业务经理于土。在保留下的《新华周刊》封面上，我们看到了这几人的名字。其他工作人员还有李肇基、许真等人。

发行工作是出版物的关键所在，为了更好地开拓市场，母亲邀请熟悉对外联络工作的于土同志担任经理人。母亲说，经理，英文就是 Business Manager，业务经理，主要任务就是不断扩大发行量。

于土在回忆录中写道："我这一生中很少见到像龚澎同志这样能干的女同志 · 我们外事组的年轻同志们都很敬佩她，她整天紧张地工作，或伏案书写包括打字，或与外宾谈问题，很少有能按时吃饭的时候，惹得管炊事的陈姐发牢骚说：龚澎老乔人满好格，就是吃饭架子大来兮。她手里经常夹着一支烟，刚吸一下便吐出来，根本不像会抽烟的样子。"

爸妈和几位同行先后在周刊上发表文章。他们日以继夜地把蒋介石破坏和平的真相和我党和平建国的各项主张迅速地通过驻中国的各国新闻机构传向全世界，使海内外读者很快就看到了国民党假和谈真内战的真实面目。周刊出版了三期，直至第四期的稿件已经准备好，并拿到印刷厂排版时，黄浦警察分局突然下令查禁《新华周刊》。经理人到警察局据理力争，警官回答说，这是市长的命令，我们不能违抗呀！

6月6日，母亲向新闻界表示："国民党取消言论出版自由的行动是非法的。"

几天后爸爸受周恩来委托，协助加拿大和平友好人士文幼章于1946年6月9日秘密出版了一份油印英文刊物《上海时事通讯》（*Shanghai News Letter*）。文先生通过在联合国善后救济总署的朋友避开了国民党的检查，将这份刊物寄给在华的外国友好人士。

那时，每到星期五晚上，许多英国人都来到位于艾伯特路的上海俱乐部，他们一边喝桃红色的杜松子酒，一边怀念逝去的日子。文幼章则经常与父亲在这里会面，他们在一起讨论时局分析形势，并决定实施通讯的重点。父亲日后谈到这段工作说："《时事通讯》对我们有极大的价值，它的发行量不大，但它让我们和许多有影响的机构取得了联系，并争取了许多新的朋友。"

不过，自《新华周刊》被迫停刊之后，我们党便没有一家公开发行的英文报刊了，其他宣传和平民主的刊物也纷纷被当局勒令停刊。

紧急撤退

1946年10月11日，张家口被国民党军占领，国共和谈已无希望。

周恩来致电中共中央，南京上海为争取时间疏散人员，拟在四五天内保持沉默，请中央严厉批评国民党。同时，对准备坚持和需要疏散隐蔽的人员分别作出安排。

爸妈和一批同志将转赴香港工作，还有人要回到延安，董必武同志带领一部分同志留守办事处。

16日晚饭后，大家被通知紧急待命，等待最新的部署。中央要求大家立即疏散。反复研究后，撤退到解放区的第一批人员连夜启程。

夏衍伯伯在《懒寻旧梦录》中记述了爸妈临行前的一件插曲。

1946年10月17日，周恩来提出要为夏衍伯伯、陈家康叔叔和爸妈辞行，吃大闸蟹（这是爸妈的最爱）。当他们的轿车从107号院子里开出以后，国民党特务又习惯性地跟踪上了。

前一天他们刚被周恩来痛斥一通，并且被记下了车号，周恩来打电话责问卢湾区警察分局，回答说是奉命办事，这一天他们换了车号又如出一辙。尽管如此，"恩来同志兴致仍很高，一口气吃了五个螃蟹。"

周恩来临别时说，这次你们南下转赴香港，一方面是为了保存实力，另一方面要充分利用香港这个中间地带的特殊条件，广泛开展统一战线的工作，通过各种渠道和途径，使国统区人民和港澳同胞，海外华侨都能了解国内情况，了解共产党的主张。

此间周副主席还在福州路都城饭店的咖啡厅接见了冯亦代伯伯和安娜

阿姨，父亲母亲都在座。冯亦代时任《世界时报》经理。冯伯伯说，老乔要我与外国记者保持密切联系，特别是《密勒氏评论报》的小鲍威尔、美新处的贝玛丽和工合的彼得·汤姆逊等人。母亲则托安娜阿姨帮助周扬、欧阳山尊等三人的访美工作，并且希望如有人离开美国新闻处时，尽量介绍进步文化人去补充。后来，宋庆龄的儿童福利会要安娜阿姨去工作时，她便介绍了董乐山去接替她的职务。

周副主席还委托冯伯伯照顾一些文化人的家属和我的爷爷。

那几天形势急转直下，国民党方面要求，上海方面除了留守处少数人员外，必须撤走大部分工作人员。

18日傍晚，上级决定爸妈和几位同事立即动身去香港。为了安全起见，每个人都分别找门路走，因为这个行动是不公开的。此时，周恩来交给母亲一项重要任务，随身带走一批重要文件，这个箱子一定要保证不被国民党当局搜查。

晚间10点多钟的时候，三姨突然接到母亲打来一个紧急电话，母亲告诉三姨，当天深夜她和父亲要坐船到香港去，请三姨夫的车子帮忙送一下他们。

夜深人静之际，三姨夫如约派出自己的汽车来到马斯南路，警备区的车牌子一路畅通无阻，趁着漆黑的夜色，汽车载着爸妈来到泊船的码头。在通过封锁线时，母亲镇静地向哨兵出示了三姨父为他们准备好的通行证，两人终于顺利通过了国民卫队的盘查。

轮船起航了，爸妈即将奔赴新的战场，他们站在船舷上挥手，向渐渐远去的亲友致以深切和诚挚的感谢！在甲板上他们还遇到了过去的熟人林默涵，还有赴美国求学的陈秀霞。

新中国成立不久，我的三姨定居香港，后来她一个人拖着几个幼小的儿女又来到美国，以教钢琴为生。

文革时母亲谈起这段往事时说，周总理对三姨的情况和我们家的事情是清楚的。

1987年三姨第一次回到祖国，她激动地流出了热泪。

2004年秋天她旧地重游上海，最后就长眠在生她养她的这块土地上……在她临走的那一天，还兴致勃勃地谈起年轻时在上海的往事。

三姨早年学习就任的启秀女校几经周折，最终搬到了思南路，与周公馆遥遥相望。中共代表团撤走以后，马斯南路107号曾由民盟接受代管。

20世纪60年代我的舅舅在上海入了党，母亲十分高兴，在陪同毛泽东会见完一位外宾之后，母亲告诉主席，我的弟弟也参加共产党了。

毛主席说，过去一个家庭里有人加入共产党，有人加入国民党，这是很平常的事情。你们家是革命派占绝大多数。

香港英皇道173号

在纪念香港回归的日子里，人们传唱着一首生动的歌曲："船儿弯弯入海港，回头望望，沧海茫茫，东方之珠拥抱着我，让我温暖你那苍凉的胸怀……"每当听到这里，我总是不由自主地想到了父亲母亲在香港的日子。

1946年10月下旬，父亲和母亲经过七昼夜的航行，终于到达了香港。码头上的海风徐徐吹来，虽然已是深秋，可这座南国的大都市仍然是繁花似锦。

此时，"香港已成为南京和上海的第二线"了（10月29日周恩来致电）。

根据中央的安排，父亲此行的主要任务是筹备成立新华社香港分社，实际是中共在香港的公开机构。母亲除了与父亲一道开展统战工作外，还将在香港创建我党第一份大量向海外发行的英文周刊《中国文摘》。

东江纵队驻港办事处已提前在英皇道173号为爸妈安顿好了下榻之地，这是位于三层的一套普通公寓，两室一厅的房子既作住所，又是办公室。

与父亲母亲先后到达香港的还有章汉夫、林默涵等人，章汉夫是乘地下党的一艘小艇从黄浦江登上外轮的。

1947年5月6日，中央决定在香港设立分局，直接接受中央领导，同时与上海局保持必要联系，分局由书记方方、副书记尹林平等七人组成。分局下设三个平行组织，香港工作委员会（原港澳工委）负责香港以及华南、南洋公开的统战、报刊、文化、外交、经济、华侨、群众各项工作，工委书记章汉夫。另两个组织是城市工作委员会与各地区党委。

随着工作的展开，各界人士在英皇道173号进进出出，单元虽小，却

很热闹。这座不起眼的公寓实际上成了不挂牌的“中共办事处”，李济深、沈钧儒和香港大主教等人都来造访过。同事们戏称这里是“乔办”。

那时楼上楼下还住着其他同志，周而复与夏衍及冯乃超等人是他们的邻居。胡绳到达香港后也住在英皇道。如今这些历史遗迹和跑马场一样已经被拆除了。

香港人普遍使用粤语，母亲自幼生长在广东，熟悉的乡音和乡情为她开展工作提供了许多方便。而爸爸此次是故地重游，二战期间活跃在国际论坛上的乔木是当地很多人都熟悉的。在这里，他们又会到了很多老朋友。

柳亚子先生1947年写下了“喜乔木龚澎月夜过访”一诗，记录了父母亲去拜访他的生动情景：

海上升明月，相思命驾过。
使君能缱绻，老子许婆娑。
慷慨无衣什，艰危得宝歌。
宵深兼道远，归去意如何？

创办《中国文摘》

到达香港后，母亲立即着手筹建英文期刊《中国文摘》（*Chain Digest*）的编写与出版工作。这是我党创立的第一份向海外发行的英文期刊，也是解放战争时期我党对全世界宣传中国革命斗争的唯一刊物。它的前身就是曾经在上海发行的《新华周刊》。1950年这份英文期刊正式将出版权转交新成立的《人民中国》杂志。

一切从零起步，一切白手起家。母亲带领同事们以极快的速度为即将开创的工作打开了局面。

首先要申请注册，只有通过合法的手段才能向海外发行我们的宣传期刊。注册办下来了，印刷厂就是最重要的环节，同事们东奔西跑，最后母亲通过姥爷的老朋友李济深先生的介绍，终于在宝马路找到了一家可靠的印刷厂。

为了办好英文半月刊《中国文摘》，母亲带领同事们策划参与了出版的每一个过程。从写稿组稿、编辑、翻译、直到每两周到印刷厂的校对与出版发行，全部工作人员只有六个人，每人都身兼数职。

母亲担任杂志社长兼主编，可她从不高高在上指手画脚，而是身体力行，以自己的实际行动为大家做出了榜样。每到晚上，她屋子里的打字机声总是响到深夜。

《中国文摘》每期必有一篇《观察家》社论，内容简洁有力，给人以清新感，这些文字大都出自母亲之手，当时她的笔名叫“钟威洛”。为清晰地阐述文章的论点，母亲常常将延安窑洞的精神很自然地与当时的国际形势或外事工作中所接触的舆论结合起来加以评述，特别具有针对性和说服力。

母亲像关爱自己的孩子一样精心培育着《中国文摘》，这份期刊也一步步扩大着自己的影响，并得到了各方厚爱与支持。国际论评专栏的很多文章出自权威高手，幽默专栏和讽刺漫画也大多出自名家，此外还有很多一流的译稿与英文改稿高手。一位不愿意透露姓名的英国警官和他的夫人经常义务帮助编辑部译校稿件。

世界各地的读者通过《中国文摘》了解到中国内地的政局变化和经济文化生活，看到老百姓真实的人心背向。这本杂志问世后，很多国外的客户纷纷订阅。历史证明，这份期刊是当时中国与世界沟通的一个重要纽带。

父亲回忆当年说：“《中国文摘》是我党第一个对外宣传的外文刊物，是双周刊，办了两年时间。在抗战胜利后，内战爆发前，我们在上海办事处就办过英文刊物《新华文摘》，规模较小，而在香港的发行较广，影响是大的，特别是对东南亚。还发行到美国。这个刊物是在香港注了册的，不注册不给出版，当时港英当局抓得很紧。”

当时与父亲母亲合住一个公寓的，还有另一位同事张彦叔叔，他是母亲又是父亲的助手，那时还是一个年轻的小伙子。1945年张彦大学毕业后来到重庆中共代表团驻地，接待他的正是母亲。母亲热情地对这位年轻的兄弟说，欢迎你参加我们的战斗！一年后他们在香港再次相遇，大家相处得十分融洽。

张彦回忆说："纵观我的一生，这一段时间正是我从毛头小伙子开始走向成熟的关键时期，而我有幸与这样两位名师朝夕相处，受到了实际的锻炼，学到了书本上学不到的东西。"

父亲每写一篇文章，必做大量的调查研究工作，经过长时间反复推敲，构思成熟后再下笔。然后往往是一气呵成，读来朗朗上口、铿锵有力。当时家里经常有许多朋友在一起进行时事讨论，夏衍、胡绳、章汉夫、林默涵等人是经常的座上客。此间父亲曾经写了一篇颇有影响的文章《论世界矛盾》，就是他口授，由张彦替他记录整理，再经他过目修改而成的。父亲没有专门教授过怎样写文章，却无形中影响了周围的年轻人。

母亲与社会各界保持着广泛的联系，她不仅负责《中国文摘》的编辑与出版，还肩负着我党对外联络工作。当时香港云集着一大批文化名流和民主人士，为了进一步开展统战工作，她与连贯伯伯说服何香凝老人，让她提前做70大寿，以便有个场合联系各民主党派的头面人物。这是一次盛大而成功的庆祝活动。

五十年前父辈们在香港工作的时候，一心想的就是为了创建一个独立自主，繁荣昌盛的新中国。他们不知多少次相约，香港一旦回到祖国的怀抱，一定要回来重温旧梦。

几年前，中央文献的同志询问母亲在香港期间担任的党内工作。广东省委党史办的刘子键同志在香港分局与中央的来往文件中查找到了相关的记载。

1947年5月28日分局给中央的电报：

关于组织的调动，分局下辖工委、城委、区委三个部门。工委以章汉夫、连贯、许涤新、乔冠华、龚澎、刘宁一、夏衍、冯乃超、廖承志、苏惠、胡绳、张铁生、肖贤法为委员，章汉夫、连贯、许涤新、乔冠华为常委，章汉夫任书记，连贯为副书记。

1949年2月27日中央在"长江以南领导机构调整"电文中指示：

港工委重新改组，指定夏衍、潘汉年、许涤新、乔木（即乔冠华）、邵荃麟、龚澎、张铁生、肖贤法、谭天度、杨子清为委员。

同年3月9日分局复电，工委同意以夏衍、潘汉年、许涤新、乔冠华、邵荃麟、龚澎、张铁生、廖沫沙八人为委员。（注：乔木即乔冠华）

首任社长老乔

1947年3月8日，内战爆发了，中共代表团最后一批驻上海与南京办事处的工作人员乘飞机返回延安，中共与国民党的联络正式中止。

1947年5月1日，新华社香港分社正式成立，父亲出任第一任社长（时任外事委书记），肖贤法为副社长。

新华分社的成立有着一段不平常的历史：抗日战争期间活跃在港澳地区的东江纵队，在当地有很大的影响和作战力，而国民党的力量很弱。香港沦陷后，东江纵队曾协助当局多次营救被日军俘虏的英国官员和军事人员，英国方面希望我们对维护香港的治安继续给予帮助。中央认为，基于抗战期间的合作和统战的需要，我们可以跟英方合作，但是我们要在香港设立一个合法的机构，通过谈判，英方同意了。这个机构就是中央后来决定设立的新华社香港分社。

香港既是英国的殖民地，又在中国革命的各个阶段发挥了自己的特殊作用。

1983年父亲向广东党史办的同志回忆了这段经历："中央要我去香港，明确我的任务是，你去香港与港英当局交涉，要公开成立新华社香港分社，要港英当局承认。""港英当局我是很熟悉的，过去经常打交道。1946年10月底，我到港后就把文件交港英当局，是关于成立新华社香港分社内容的。出乎意料，对方很快就答复了，同意新华分社在港设立，可以在港收录新华社的新闻材料，同时印出来，供人订阅。"

父亲说："取得这个权利在现在看来很简单，但在当时可不简单。这是港英当局在历史上与我党第一次建立关系。不管对这种关系作怎样的估计，我认为应该这样看。"

几十年前的香港是一个很特殊的地区，它既是远东唯一的自由港，又是东西方各种政治势力和情报部门角斗杂居的地方，现代人已经难以想象当年创业的艰辛。当时的条件很简陋，原来东江纵队驻港办事处在九龙弥敦道172号三层有两个单元作办公室，后来这里就成为新华分社的社址。那是一栋很小的公寓楼，一楼是一家面包铺。

新成立的香港分社主要任务是，负责处理解放区与港英当局的各种交往和有关事务，建立中共与海外沟通的桥梁。当时是解放区唯一的对外窗口。分社由十五人组成，其中有中共南方局在香港《正报》的三名编辑（李冲后来担任总编，谭干为副总编）、南方局地下电台五名报务员，东江纵队驻港办事处的五位工作人员，他们主要负责发行、交通、后勤等事务。爸妈到香港后，肖贤法等人在年底来港，后来上级又增派了杨奇同志。黄作梅1947年调伦敦分社。

刚开张的时候，社里有一部电台，那是为了接收延安方面的消息而设置的。社里发的稿件如果是英文的，就用打字机打出来，要是中文稿件，那就得刻蜡板。来往信件都由通讯员骑单车发送，几个通讯员都是20岁左右的小伙子，大家亲切地按姓氏叫他们 × 仔，他们都来自东江纵队。

这时的香港分社实际上是中共驻香港地区的一个半公开机关和新闻机构，它主要负责处理解放区与港英当局的各种交往和有关事务，二战结束后，以美国为首的西方国家开始封锁中国大陆，我们很多对外工作都是经过香港这个唯一的对外窗口去做的。

作为中国共产党在香港的代表，父亲母亲经常要与港英当局交涉许多问题。他们也多次应邀出席当局很多重要场合的活动。那时爸妈与香港的总督十分熟悉。此外父亲母亲还要与许多西方驻港记者互相来往，拟定采访提纲，收资料请吃饭，他们肩负着许多重要的外事与统战工作。父亲称这部分工作是国际统一战线。他是这样评价香港时期的工作的："从这两件事，一是成立新华社，二是出版《中国文摘》，可以看出英国政府的两面政策，一方面，它要与美国和中国国民党搞关系，另一方面对我们也不拒绝，也拉一点关系。"

父亲到达香港后，很多时候是与肖贤法（解放后任宗教事务局局长）在一起筹备与创立香港分社的各种事务，那时，周围的同事们都亲切地称父亲为"老乔"。

爸妈都是受大家欢迎的活跃人物，他们对待工作中的问题总是一丝不苟，从不似是而非想当然，但与同事们在一起时却十分宽和没有架子。下班后办公室的年轻人常常敲竹杠，翻翻母亲的口袋里有几块钱，然后大家就结伴到街上去吃一种面包上有虾的小吃。

春节到了，全体工作人员聚在一起联欢，父亲忙完手里的工作，便赶来和大家一起凑热闹，在一片欢声笑语中，老乔拿出口袋里的手绢，一边唱着《长城谣》，一边挥动着手绢舞了起来。

随着淮海战役的胜利与北平和平解放，英皇道173号越来越繁忙，不速之客与日俱增，很多在国民党统治区遭到迫害而不得不转移到香港的青年学生，工人希望尽快得到安置的，还有许多迫不及待要求到解放区工作的海内外爱国同胞。穿着黑色香云纱的便衣特务经常鬼头鬼脑地出没在住宅附近，每当此时，父亲便向港英当局有关方面提出抗议，对方不敢承认派人监视我们的住处，连声说是误会，要是真的有人去，可能是别的任务，让我们查一下。第二天那个人就不见了，他们的任务也没影了。

就在我埋头查找香港时期资料的时候，当年《华商报》的著名记者裴默农（白麦朗）叔叔告诉我一件记忆犹新的小故事：1948年，裴默农奉命从香港派到印度工作，实际上是为新中国与印度建交做准备，由父亲与他保持单线联系。临别之际，爸妈请裴叔叔吃了一顿饭。善解人意的母亲送给裴叔叔一个小礼物：一双精致的筷子。母亲说，每当你用这双筷子吃饭的时候，就会想起组织。

到印度之后，裴默农在加尔各答和平村住了下来，在印度诗人泰戈尔创办的国际大学待了两年，他望眼欲穿地等待着与组织上尽快接上头，每到吃饭时拿起那双不寻常的筷子，他就想起了组织，想起了曾经和他一起战斗过的同事们给他的激励。

中华人民共和国成立后，印度政府是第一个承认她的非社会主义国家，不久，裴默农接到了父亲通过机要员带给他的信，告诉他已被任命为驻印度大使馆二等秘书，并且把他的组织关系正式转到中国驻印使馆了。父亲在信中说，希望他为祖国的外交事业尽力。

1949年6月，审判日本战犯的著名法官梅汝璈先生从东京抵达香港，他设法与曾经是清华校友的父亲取得了联系，父亲很快帮助他秘密从香港来到北京，三天后，梅先生应邀参加了中国人民外交协会的成立大会。

爸妈做的点点滴滴，老朋友一直都记在心头。

52年之后，新华社香港分社正名为：中央人民政府驻香港行政联络办公室，简称“中联办”。

香港流年碎影

父亲母亲在香港安顿好工作之后，我的舅舅龚维禹便从上海把哥哥带到了他们的身边，舅舅去的时候还带着老朋友阿福（上海家里的那只长毛狗）。后来姥姥也在香港住过一段时间。

母亲曾经用小摄影机拍摄了一系列生活花絮，很多年以后，我看到了母亲为我们留下的珍贵纪念：跳动的画面上出现了父亲母亲消瘦而年轻的身影，他们两人相拥而立，脸上流露出脉脉含情的微笑，身后的街头旧景是当时居住的地方。去香港探亲的姥姥和舅舅也出现在画面上。那时的香港还没有上海发达，周围的环境显得很简朴。

在海边，爸妈带着哥哥在水中尽情地嬉戏，还有母亲在《中国文摘》工作的同事们，一群朝气勃勃的年轻人，面对镜头，他们欢快地哈哈大笑着，往事顿时变得清晰起来。

爸妈在香港十分忙碌，遇到母亲出差的时候，就由父亲带孩子。有一次，母亲因为处理一项工作在外面跑了十多天，走后就把家扔给了父亲，她心里牵挂着不会做家务的丈夫和年幼的儿子，也不知这些天家里变成什么样子了？

工作一结束母亲就匆匆忙忙往回赶，走进家门，只见大人孩子正喜滋滋地等着迎接她的归来，房子里收拾得整整齐齐，哥哥兴奋地告诉母亲，爹地几乎每天都带着他下小馆子，还带他去商店里买花衬衣穿，我们过得很开心啊！

为了集中精力工作，母亲请了一位当地的保姆照顾家里的日常生活。白天家里事情不多，小保姆经常带着孩子在附近的街头上转悠，找熟人拉家常。有一日，她带着孩子在小铺子里买完了食品，便坐下与人谈天说地，正聊得火热，坐在一边的哥哥突然大喊起来，红军马上就要打过来了！我们的人来了！中国要解放了！

那时的香港是一个鱼龙混杂的地方，各门路的特工都在这块地方驻足，周围有很多便衣，小保姆听见后，一把捂住孩子的嘴，抱起他飞速地跑走了。从此她待在家里再也不敢随便出来闲逛了。

北上　大抢运行动

在港三年的时局变化非常快。国共两军激战的报道成为香港各大报刊的头版新闻。从防御到进攻，人民解放军从东北一直打到长江以南。

用父亲的来话说，到1949年开年的时候，我们已经解放了东北，天下大势已定，中国真的要解放了！

1948年8月1日，毛泽东在西柏坡代表党中央向沪局和港分局发出电报，邀请李济深等民主党派代表来解放区参加新政治协商会议。电文还就召开新政协会议的时间、地点、召集人以及与会人员的范围和议政题目等，广泛征集民主人士的意见。毛泽东的邀请得到了热烈的响应。

根据党中央的指示，云集在香港的民主人士和知名文化人，必须有组织有步骤地秘密转移到解放区。1948年8月9日，周恩来起草中共中央致方方并香港分局电："为邀请与欢迎港、沪及南洋民主人士及文化界朋友来解放区，并为他们筹划安全的道路，望指定汉年、夏衍、连贯负责计划，并协商一个名单电告。"[①]

按照中央的安排，钱之光以解放区救济总署特派员的名义到港，随同到达的还有杨琳、袁超俊、刘恕、祝华、王华生、徐德明等。方方、潘汉年等随即与钱之光展开具体研究。

不久，一个以潘汉年、许涤新、饶彰风、夏衍、连贯、乔冠华为主要成员的专门小组成立。潘汉年、许涤新负责筹措经费（用于租船），夏衍、连贯、乔冠华等分管联络各民主党派和文化名人，饶彰风、杨奇、杜宣、赵枫、陈紫秋等负责具体事宜。地下党还设立了秘密电台。

1949年1月31日北平和平解放。解放军宜将剩勇追穷寇，百万雄师过大江，4月23日占领南京。5月27日上海解放……

1948年至1949年间，香港成了进入解放区最大的转运站。当时滞留在香港的有著名民主人士和文化界名流三百多人，其中有李济深、冯玉祥、何香凝、李章达、柳亚子、彭泽民、史良、邓初民、沙千里、郭沫

① 参见《周恩来年谱》（1898—1949），中央文献出版社1989年版，第782、783页。

若、茅盾、马叙伦、章乃器、陈嘉庚等。

为使这些重量级人物安全到达解放区，周恩来作了细致周密的安排，地下组织提前几个月就疏通好了香港到解放区的航线。他们租用了外国轮船，每批都派专人护送，这是一次绝密的行动。大家将分批乘船经过台湾海峡，跨过硝烟弥漫的战场，经大连、哈尔滨等地辗转到达解放区。很多在香港当地工作的同志默默无闻地做了许多工作。

第一批北上的队伍是由我的大姨夫章汉夫亲自带队的。他于1948年9月陪同沈钧儒、谭平山、蔡廷锴、章伯钧等人秘密离开香港。

我们一家即将北上。

为参加1949年6月在北平举行的第一次新政协筹备会议，母亲比父亲先行离港。和母亲同船前往解放区的还有赵枫等人。这是抢运民主人士中的一次行动。轮船上载有张骏祥、安娜、白杨、顾仲彝夫妇、欧阳予倩夫妇、马思聪夫人王慕理、柯灵夫妇等文化界名流。

春天的阳光格外灿烂，船上的人们充满了欢乐，因为他们即将驶向解放区。可究竟要去什么地方呢？当时很多人一无所知。为了确保这些“国宝”人物的安全，党的干部只有严守机密。经过几天的航行，大家顺利到达烟台，然后再换乘其他交通工具，分批前往已经解放了的北平。在一些回忆片段中，我们可以感受到当时的氛围。

1949年8月下旬的一天，父亲神秘地对5岁的哥哥说，我们要到外面住几天，只许带“一小竹篮的东西”。几天后一个漆黑的夜晚，父亲带着哥哥来到海边，他们坐小木船来到公海上，然后悄悄登上了一艘外国游轮，在开船之前，大家只能趴在船舱底下，谁也不准出声。在这条船上，还有一大批民主人士和文化界名人，父亲和几位同事将护送他们驶向解放区。

一路上有惊无险。马上就要驶向台湾海峡了，当时国民党部队已经撤退到台湾，他们的海军严密守卫在海域上。为了安全起见，乘客要全部进入船舱。可就在此时人们才发现，父亲身边的孩子不见了。几位朋友分头在船上仔细地搜索着，他们找遍了游船的每一个角落，可就是不见孩子的踪影。

就在大家焦急万分的时候，突然从甲板上空传来一阵孩子的笑声。仰头一看，原来哥哥爬上了高高的桅杆顶，正在上面玩耍，他看着下面的大人们在四处找人，不禁乐了起来。眼看着荷枪实弹的国民党士兵就在对面，人们紧张地不敢大声喊叫，恐怕惊动孩子发生意外。为避免引起敌舰的注意而出现危险，几个人装作若无其事的样子，在桅杆下面不停地说笑话做游戏，提着的心几乎悬到了嗓子眼上。终于，哥哥被甲板上有趣的情景所吸引，他慢慢地从桅杆上面滑了下来，父亲一把抱住了他。全船的人都深深地松了一大口气。几经周折，大家终于顺利到达了和平解放后的北平。

几十年后父亲回忆这段日子时说："到了1949年开年的时候，我们已经解放了东北，天下大势已定，部分民主人士同情分子纷纷北上，所以这个已经是不成问题的了。我们在香港的同志，主要工作是把这些民主人士，采取一些办法分批送到解放区。我离开香港比较晚，由于工作需要一直到1949年的八九月，哪一天记不得了，我才陪同部分民主人士北上解放区。"

这是最后一批从香港北上的民主爱国人士。

分别几个月之后，爸妈又团聚了。最初他们住在外交部街47号，那是一座中西合璧的灰色小楼。当时这幢楼里还住着温朋久夫妇、阎宝航夫妇等好几家人。孩子少的住一间房子，孩子多的可以有两间。解放前这里曾经是司徒雷登的寓所，据说刚接收这栋房子的时候，阁楼的房顶上还藏着很多美国人撤退时没有来得及带走的文件。

经过多方准备和多次筹备会议，中国人民政治协商会议第一次会议于1949年9月21日晚在北平中南海怀仁堂隆重召开，场外鸣响54响礼炮，全体代表热烈鼓掌达5分钟之久。这次会议代行全国人民代表大会职权，母亲是青年组代表，父亲作为第一次政协会议华南代表团成员参加了会议。

他们亲耳聆听了大会执行主席毛泽东的开幕词：诸位代表先生们，我们有一个共同的感觉，这就是我们的工作将写在人类的历史上，它将表明，占人类总数四分之一的中国人从此站立起来了！

《共同纲领》为新中国外交制定了基本原则："保障本国独立，自由和领土主权完整，拥护国际的持久和平和各国人民之间的友好合作，反对帝

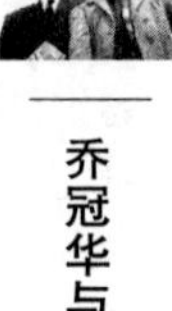

国主义的侵略政策和战争政策。”

爸妈和来自四面八方的600多名代表共聚一堂，为即将成立的新中国商议国策。回首曾经走过的艰难历程，当时大家的兴奋之情是可想而知的。1955年之后，母亲代表安徽省参加了三届人代会。

第七章

首任情报司长

站在迎风招展的红星红旗下，他们将接受新的战斗洗礼。

开　国

1949年10月1日这一天，爸妈很早就登上了天安门城楼，站在迎风飘扬的五星红旗下向远眺望，他们深深地舒了一口气。

下午3点，开国大典正式开始，军乐队奏起了国歌《义勇军进行曲》，当毛泽东在天安门城楼庄重地向全世界宣布“中华人民共和国成立了！”的时候，爸妈和沸腾的人群一起欢呼起来。

此时，他们就站在毛泽东、朱德、周恩来、董必武等新中国领导人的身旁。周总理的眼睛里闪动着兴奋的泪花，爸妈两人思绪万千：近百年来，中国人民在世界上是受屈辱的，而今我们站起来了！

那一刻，母亲穿着一身宽大的旧军服，脸上洋溢着兴奋激动的表情。这一刻被照相机永久保留了下来。阅兵式开始了，母亲举起相机拍下了一个个宝贵的镜头。

印象中爸妈对开国大典的记忆是非常深刻的。在以后的很多年里，他们时常提起当年的感受。20世纪80年代初，父亲曾计划写他的外交回忆录，他说就要从开国大典写起，并且为第一章命名为“开国”。

弱国无外交。父亲说，没有中国人民的胜利，哪里会有新中国外交？

中国人民在世界上真正挺起了腰杆子，因此才有新中国真正独立自主的和平外交，同世界各国人民友好相处的外交，这也是父亲和母亲共同的肺腑之言。

父亲没有完成这个心愿就去世了，母亲走的时候正是文革最艰难的时候，还没有顾得上整理过去，他们不可能也没有机会像现代人那样审视和思考开国后所发生的一切。可是，他们的头脑里装着多少值得纪念的历史事件啊！

为了纪念双亲，我特别把这一篇取名为“开国”。

从记事起我就知道，有一首曲子是父亲母亲特别喜欢的，这就是《歌唱祖国》：

“五星红旗迎风飘扬” 1949年10月1日母亲在天安门城楼上参加开国大典活动。

五星红旗迎风飘扬，
胜利歌声多么响亮！
歌唱我们亲爱的祖国，
从今走向繁荣富强
……

这首歌曲写出了当年人们对新中国的感情。

母亲最喜欢“五星红旗迎风飘扬”这一句，她说，像她和父亲这样从旧社会走过来的人，看到曾经百孔千疮的祖国终于有一天站起来的时候，内心是非常感慨的。

那么，旧中国究竟是什么样子呢？母亲摇摇头说，那是非常黑暗的。解放以前中国人是被人瞧不起的，到处民不聊生，所以我们才要打碎旧世界，建立一个新中国。母亲说，我比爸妈都幸福，他们生长在旧社会，受的是旧式教育，目睹了很多旧中国的腐朽与落后。而我从小就出生在新中国，长在红旗下，接受的是新思想新教育。

每当听到这支曲子，我的脑海里就浮现出他们振奋的神情，父亲母亲对新中国的未来充满憧憬，那是一代人的理想。站在迎风招展的五星红旗下，他们将接受新的战斗洗礼。

这一天也是新中国外交部成立的日子。

政务院的花名册

1949年11月3日下午1时，政务院总理兼外交部长周恩来在中南海西花厅召集外交部组建后的第一次会议，会议决定成立联合办公室。参加联合办公的人有：周恩来、李克农、章汉夫、王炳南、伍修权、宦乡、柯柏年、龚澎、乔冠华、杨刚、赖亚力等。联合办公会确定了各司的排列顺序：苏联东欧司、亚洲司、西欧非洲司、美洲澳洲司、国际司、情报司，另有条约委员会、外交政策委员会。

按照毛泽东“另起炉灶”的外交方针，周恩来确定了外交干部的基本组成。他们来自三方面：一是来自部队和解放区，有丰富的斗争经验，是干部来源的主体；二是在白区工作过的干部，经受过白色恐怖的考验，文化水平较高；三是有着全面领导经验的地方干部和青年大学生。

外交部选派干部有着严密的组织手续。一般干部要经人事处审批，上报办公厅或部长批准。而司局级职务要提请政务院批准任命。

在当年提请政务院任命的花名册中有（参见《建国初期的外交部》）：

王炳南　办公厅主任、中共中央外事组主任

阎宝航　副主任、前辽北省主席

董越千　副主任、兼国际司司长

赖亚力　副主任、中苏友好协会副总干事兼秘书处主任

伍修权　苏联东欧司司长、东北军区参谋长

沈端先（夏衍）　亚洲司司长，上海军管会宣传部部长

宦　乡　西欧非洲司司长、人民政协副秘书长

温朋久　副司长、前北方大学教授

柯柏年　美洲澳洲司司长、中共中央外事组研究处处长

龚普生　国际司副司长、曾任联合国组织专员

龚　澎　情报司司长、香港《中国文摘》主编

章汉夫　条约委员会主任委员（兼）

徐永瑛　副主任委员、上海市军管会外侨事务处副处长

周恩来　外交政策委员会主任委员（兼）

乔冠华　副主任委员、新华社华南分社社长

杨　刚　秘书主任、上海《大公报》编辑

对于这一批干部，周恩来几乎都十分熟悉。

1949年11月8日晚8时，外交部街31号东楼礼堂热闹非凡，这里马上就要召开外交部成立大会，几位主要部领导正在门口迎接周部长的到来。这是一个历史性的日子。

父亲母亲很早就喜气洋洋地来到了礼堂，当周部长步入会场时，他们和与会的160多名同事不约而同地站起来热烈鼓掌（还有一些工作人员正在路途中）。

大会由办公厅主任王炳南主持：同志们，今天是本部全体工作人员大会，请周部长，李副部长向我们训话……

为了打破发言人与听众的界限，大家围到主席台四周，拉近了周恩来与同志们的距离。周恩来微笑着拿起花名册，依次点着各位的名字："头一个是王稼祥，外交部副部长，我国首任驻苏联大使。稼祥同志已经到达莫斯科举行开馆升旗仪式了。"他又点李克农，"克农副部长现在主持外交部常务工作，老党员、老红军，长期做情报和统战工作。""章汉夫正从上海赶来。他是20年代的老党员了，早年留过美，后来又留苏，当过省委书记。抗战胜利后曾在香港做外事工作。天津解放，他主持了天津的外事工作，上海刚解放，中央又派他去主持上海的外侨工作。"周总理继续介绍了办公厅主任王炳南，即将主持东欧司工作的伍修权将军。他翻到下一页名册："亚洲司司长沈端先，也就是有名的夏衍，我国著名的文学家、戏剧家、翻译家，中国电影事业的开拓者之一。早年留学日本，精于日文，现在还在上海任宣传部长，目前暂由乔冠华代理司长。"

在念到父亲名字的时候，总理问他：“你的祖上是不是秀才？”爸爸答道，上面几代都是，到了我父亲这代不是了。总理对大家说：“所以他读书就特别努力。”

说完父亲，自然就提到母亲：“你们认识龚澎同志吗？她是我们部里情报司司长，乔冠华同志的爱人。有的年轻同志听不惯，过去在国统区，前不久在香港，都是称她为‘女士’、‘夫人’的，以后出国人家还是这么叫。”接着，周总理向大家介绍了国际司副司长、我的大姨龚普生，还有阎宝航、董越千、宦乡、柯柏年、赖亚力……

从司长到科长、副科长，周恩来一个个念出他们的名字，遇到熟人还开一两句玩笑。

点名之后大会正式开始。

周恩来作了重要讲话，他说，外交工作有两方面，一面是联合，一面是斗争……在战略上要藐视，在战术上要重视。他强调“外交不能乱搞，不能冲动。遇事要仔细想，分析研究……分析好的一方面，同时也要分析坏的一方面”。在这次新中国第一批外交官走马上任的大会上，周恩来郑重叮咛“外交无小事，切不可掉以轻心”。他勉励大家，真正成为一个外交战士，必须磨炼自己……外交同军队是一样的，不过是文打而已，文打武打是一样的。

周恩来还反复强调外交人员要努力学习，深入调查研究。这一次的讲话成为每一个外交干部工作的座右铭——站稳立场，掌握政策，熟悉业务，严守纪律，母亲牢牢记住了这16个字。

父亲母亲满怀信心地开始了他们的外交生涯。①

组建情报司

外交部情报司（后更名新闻司）成立于1949年11月8日，这一天正是周恩来总理召开外交部成立大会的日子。同年12月26日，政务院第11

① 乔冠华解放初期任职（1949年10月—1954年9月），中央人民政府委员会办公厅副主任，中央人民政府外交部政策委员会副主任委员，中央人民政府新闻总署国际新闻局局长，外交部亚洲司副司长。

次政务会议通过任命了外交部各部门的负责人，母亲龚澎被任命为情报司司长。

从此，母亲在这个岗位上工作了14年，她是建部初期十几名正司级以上干部中唯一的女性，也是外交部至今为止担任司级职位最长的干部。1964年母亲升任部长助理后仍然主管新闻司的工作。

当年情报司的工作职责是这样确定的：（1）负责与外交工作有关的公开情报的收集、分析和写出报告；（2）有关外交业务的图书报刊的收集、管理；（3）负责联络和管理外国新闻记者及外国通讯社。

建部初期，李克农副部长曾主管情报司的工作。有一次母亲正忙得不可开交就怕被人打扰的时候，办公室的电话铃声突然响起，她拿起听筒不客气地问道，你是谁？对方不紧不慢地回答，“敝姓李”。母亲猛醒，原来是李部长！同事们知道后都乐了。

曾文彬在《新闻司的创建与龚澎同志的功绩》一文中回忆道：“我们谈到新闻司的创建及其早期工作时，不能不特别想起一个人，那就是前面总提到的龚澎同志。她既是新闻司的创建人，也是对外新闻工作的奠基者。从组建班子，建立机构，确立工作职责和业务范围，制定方针政策并有效地开展工作，都是在她的直接领导下进行的。正是由于她具有非凡的组织与实干才能，惊人的魄力，才在周总理兼外长的直接领导下，创建了一个崭新的新闻司。她的功绩是不可磨灭的，人们永远忘记不了她……

“建部初期，大家的生活条件十分艰苦，但没有人叫过苦。在龚澎同志领导下，大家生活都很愉快，工作干劲很足，无不为能到新中国外交部，而且直接在周总理的关怀和龚澎同志领导下工作感到骄傲。”

外交部是一个藏龙卧虎、人才济济的地方，我们从当年建部时的人员名单中就可以看出这一点。很多都是经过战争考验的高级将领和老资格，他们有着多年的党龄和丰富的革命斗争经验。

作为知识分子型的干部，母亲对自己所处的地位有着清醒的认识，她常说，她和父亲没有在战场上立过战功，他们只是周总理身边的普通工作人员。所以，只有更加努力地工作，虚心地向其他老同志学习。她还向我讲述过一些前辈的戎马生涯和不凡经历。

母亲是一个活跃而头脑清晰冷静的人。从一开始她就要求情报司的工

首任情报司司长龚澎（二排左二）与司里部分同志合影

作质量要具有国际专业化水平。她常提起毛泽东的那句话，在战略上要藐视敌人，在战术上要重视敌人。

为了事业母亲倾注了自己毕生的热忱，不管是在工作中还是对身边的亲人和朋友，她是一个奉献自己的人。

从迈进外交部这一天起，母亲就与新中国的外交事业结下了不解之缘。

老外交部街30号

几十年以前，位于东单附近的外交部街是一条安宁而整洁的街道。

胡同口没有任何违章建筑，也没有大大小小的广告，和她的名字一样，周围的一切都井然有序，彬彬有礼。据说清朝初年，这里因为住了一个石大人而叫石大人胡同。外交部位于胡同中间的30号。

红色庄严的大门，左右两旁各有一个威武的石狮子。门口西侧的中式

平房是接待室。灰色的基石，一座飞檐向上的西洋建筑组成了主楼即东楼。主楼楼下的东侧是新闻司。东楼后方还有作为集体宿舍和后勤等部门的红楼；西楼是另一座主要的办公楼。

这是一座有着悠久历史的建筑群。清末慈禧太后为了迎接德国人，在这里建起了一座贵宾楼，后来成了清政府总理各国事务衙门，北洋政府的外交部。

新中国成立以后，老部留下许多值得纪念的场地。很可惜，如今我们只能从仅存的少部分遗迹中遥想当年了。

周恩来上任时说过，在我当外交部长期间不得建造新的外交部大楼，也不许增添更多的房子和办公用具，这些就很好嘛！一定要勤俭办外交。

一直到1963年邢台地震以后，老部的房子多处出现了裂缝急需修缮，工作人员才逐步转移搬迁到东交民巷六国饭店旧址和附近的几个院落里。

初到北京的时候，父亲母亲带着哥哥就住在外交部对面的宿舍楼里，那时我还没有出生。北方的景色和南方截然不同，哥哥第一次看到天上飘落着洁白的雪花时，他兴奋地跳了起来，说天上下白糖了！

情报司成立时，外交部的西楼还没有最后装修好，大家先在东楼楼下的两间房子里办公，那时母亲还没有单独的办公室。没过多久，大伙儿就搬到西楼去了。起初的一两年分到的房间还是不多，母亲倒是有了自己的办公室，可房间不大，还夹在负责外国记者事务的一科和从事调研工作的三科之间。同事们回忆说，愿意让别人称他为“家老”的陈家康有事来找母亲时，他一走进三科的门就会叫嚷：龚老太在不在啊？其实，他们两个人的年纪都不到40岁。

时间匆匆而过，那是我上小学后的一个星期天，母亲在单位里要批文件，然后再带我去买书，为了节省时间，也为了考验我的自立能力，母亲让我从东四的家里走到外交部新闻司去找她。那时我还没有一个人去过学校以外的地方，所以对她的安排很有些胆怯。

母亲说，我们不是走过那条路吗？你可以自己单独行动了。我比你还小就一个人跑过很多地方了。你就记好一句话，“我的妈妈龚澎在外交部新闻司工作。”父亲笑着说，摸一下鼻子底下是什么？找不到可以用嘴问嘛！

我硬着头皮上路了。外交部街与大华电影院是近邻，从胡同西口进去向东，过了医学专家的西式小楼，紧走几步就看到外交部的大牌子了。

传达室外面涂着古色古香的红漆，我排在大人后面登记，值班的工作人员问这个小孩儿来找谁，我大声说："我的妈妈叫龚澎，在新闻司工作。"他伸头看了一眼，挥挥手让我直接往院子里走。

新闻司在东楼，听说解放初刚接手这里的时候，这儿曾是警备司令部，工兵还用扫雷器进行了安全排查。我边走边问，终于来到了一间布局朴素的高大房子前，里面光线不足显得黑洞洞的，到处都是文件堆，母亲正趴在一个简陋的小书桌上改稿子。她看见我来了，就让我坐在一边等她，然后继续专注地做自己的工作，一声也不吭。母亲工作的时候我从不敢走过去，因为此时她严肃的表情就像学校里的校长。

当母亲的脸上露出轻松愉快的笑容时，我知道，她改完稿件了。

母亲带我参观了这里的工作天地，办公室的样子都差不多，办公桌和台子上到处都堆放着一摞又一摞的材料，公文柜里塞满了文件，楼上的机房在不停地运转着。当然，这些都是保密的，这是我知道的第一条纪律。

另起炉灶

1949年毛泽东在西柏坡时就提出，新中国外交要同旧中国的外交一刀两断，实行"另起炉灶"，"打扫干净屋子再请客"以及"一边倒"的三大决策。人民共和国将在互相尊重的基础上同世界各国建立起崭新的外交关系。

新闻司和其他部门一样，一切都要从零开始。

怎样才能创建一套适应新中国外交的新闻体系，以最快的速度建立起一个崭新的符合我国国情的情报司呢？母亲认真地思索着。

她发动大家开动脑筋，并且在我驻外使馆征集信息，看其他国家的新闻司是如何建立的，工作人员有多少。这些情况有哪些可以为我们所用。与此同时，她还参考了大量的相关资料。在许多国家中，外交部新闻司都是一个非常重要的职能机构，他们拥有大量受过高等教育的专业人员收集分析各种信息。除了大学生之外，他们也录用社会各领域的人才。这些都

是可以借鉴的经验。

母亲认为，为了更好地起到党中央的耳目喉舌作用，我们必须吸收和培养德才兼备的工作人员，建立起一套全新的人马。

最初组建的情报司只有十几个人，截止到1954年前后，已发展到四十多人。根据工作特点，司里需要大量懂外语的干部。当时我们国家的外语人才很稀少，主要来源有几个方面：一是原来已从事新闻工作的人员，他们在重庆或上海就参加了我党新闻工作；二是从国外回来的留学生和来自香港的年轻人。这些人的英文功底都非常扎实；三是刚毕业的学习外语专业的大学生。

新闻司里知识分子多，他们来自四面八方，彼此阅历不同，每个人都有着自己的实力：有从美国名牌大学归来的留学生，外语学院毕业的高材生，也有精通业务的留用人员，在外国通讯社工作过的资深记者，还有根红苗正的老资格。这种人才的集聚，在今天看来，是很平常的事情，可那是一个非常注意人们的家庭出身和社会关系的年代，敌、我、友界限分明。

母亲敢于大胆使用各类干部，只要是热爱新中国，愿意为自己国家尽力的人才，她认为都可以培养使用。一位老新闻司人说，从新闻司的干部组成上就可以看出，龚澎同志有胆识、有魄力，大胆使用有不同经历的干部，对知识分子给予信任，让大家在不同岗位发挥各自的才智和能力，而数十年的实际情况证明，绝大多数干部自始至终都是勤勤恳恳地工作着。

母亲对干部一视同仁，重在本人表现，对外文好懂业务的年轻人给以充分信任。但这也招致个别人的看法，有人认为她专门收集资产阶级知识分子，重用解放前受过高等教育的知识分子和留学生，20世纪50年代她曾被加上所谓轻视“老干部”的帽子。而正是围绕这个问题，在司里还曾发生过一次大争论。

1957年反右派运动之前的“大鸣大放”阶段，周总理曾到新闻司办公室看过大字报，其中有一些就是讲母亲“重才轻德”的。总理注意到这些内容，并且微笑着读完了这些大字报。反右时母亲几乎被打成右派，不过她仍然坚持自己的原则。

最初的情报司是这样组成的（龚澎在任期间）：

司长：龚澎

副司长：程之平，后来有：康矛召、徐晃、邵宗汉、毕季龙、秦加林（后任司长）

专员：先后有张林生、孙少礼、张一鸣、朱烈、陈秀霞、毕季龙、张长城

情报司下设四个科，20世纪60年代改称处。

一科：主管记者工作。

二科：主管国内对外宣传。

三科：主管调研。

四科：20世纪50年代初成立，指导我国驻外使馆公报，负责对外宣传的审查以及与外国驻华使馆新闻文化官员的联系。

1955年7月2日，经周恩来总理批准，情报司改称新闻司。

制定新法规

清晨，母亲推开办公室的窗户，阳光洒在苍翠的柏树上，不知名的小鸟在歌唱，她露出了欣喜的微笑，未来就像晨曦中的阳光，充满着朝气和希望，她要为新中国外交部建立起一流的情报司。

母亲的脑海里久久萦绕着周总理在建部大会上的那番讲话：过去我们只是接触过一些外国记者和马歇尔的代表团，还不是全面的战斗。而现在，“我们是代表国家，一切都要正规化，堂堂正正地打正规战。”“要建立中国自己的外交学！”

新成立的人民政府要求，与我国有外交关系的国家方可在中国境内派驻新闻机构和常驻记者。

按照毛泽东“另起炉灶”的精神，新闻司要“打扫干净屋子再请客”，对已在中国的外国记者和新闻机构重新进行登记，这是一项细致的工作。

北平解放后，原驻国民党政府的西方新闻机构与外国记者纷纷撤离中国，设在上海的《密勒氏报》曾在原地留守工作了一段时间，由于中美之间没有外交来往，他们最后也离开了中国。最后留在中国的外国记者共有十几人，已在北京的外国通讯社只有《塔斯社》一家。

当时到新闻司进行重新登记的也主要是苏联记者，其中有《塔斯社》、《真理报》、《共青团报》等报社的记者。

1949年10月16日，苏联首任驻华大使罗申向毛泽东主席递交国书。不久，保加利亚、波兰等社会主义国家也纷纷与中国建立外交关系，兄弟党报的记者率先来到了北京。第一个派到中国的外国常驻记者是朝鲜《中央通讯社》的记者，后来是意大利共产党《团结报》的记者。直至1950年4月，缅甸、印度、英国、锡兰、丹麦、阿富汗、芬兰、越南、瑞典、巴基斯坦、瑞士、荷兰、印尼等国先后宣布承认新中国，各国新闻工作者相继派驻中国。

随着对外邦交的正常化，记者工作已经成为一部重头戏。审批接待管理来华采访报道的外国记者，包括长期和短期采访，是新闻司的重要工作职责之一。为此，有关部门急需制定一套与新中国外交政策相对应的法规。

早在白区工作时，母亲就是一位富有经验的对外宣传工作者，和创办新闻司的调研工作一样，她为新闻司处理外国记者事务和为参加国际宣传把关确立了一整套规则和工作方法。此刻，母亲正根据上级的要求，主持起草一份关于管理外国记者有关规定的文件。

几个月后，一系列有效的工作规范在新闻司相继搭建起来。

1950年7月，《外交部关于颁发外国记者登记证暂行条例》正式公布，这个有关新闻工作的第一部法规是周恩来总理批准的。以后三十几年逐年完善修改，形成了现在的《外国记者在华工作指南》。

1952年7月4日发表的第一版《外国记者登记证暂行条例》的主要条款中规定：

"外国记者在中国境内执行职务时，应呈请本部情报司发给外国记者登记证……

如有违反我国法令行为，或对我国有歪曲事实之报道时，本部情报司得随时取消其登记证。

登记证只能证明外国记者之身份，不得作旅行护照及其他证明之用……"。

1958年国务院又发布了《中华人民共和国国务院关于管理外国新闻机

构常驻记者的暂行规定》。

从条例中制定的细则中不难看出，这部新建的法规凝结着老新闻司人的努力和智慧。他们为未来铺垫了一条崭新的路。

1950年，朝鲜民主主义人民共和国中央通讯社在《暂行条例》发布后，第一个派出了来华常驻记者，此后是意大利共产党《团结报》记者、苏联塔斯社和东欧社会主义国家的记者。在20世纪50年代末和60年代初，新闻司陆续接待了多位临时来华短期采访的外国记者。

直到1988年1月，新闻司建议修订上述暂行规定，此后新出台了《外国记者和外国常驻新闻机构管理条例》，即1990年1月19日发布的国务院令第47号。这管理条例一直执行到2008年10月17日国务院发布《中华人民共和国外国常驻新闻机构和外国记者采访条例》为止。2009年6月，又根据《采访条例》重新修订了《外国记者在华指南》。

建部初期，情报司还制定了一系列与工作紧密相关的条例，例如《外交部情报司关于英国工党访华代表团记者的初步管理方案》、《对西方资本主义国家记者的管理办法》，等等。最初，接待外国记者的具体事宜由国际新闻局负责，1952年以后，这部分工作都归并到了新闻司。

言传与身教

在周恩来身边工作的人都知道，周总理对下属干部的要求是非常严格的，尤其是对一些老部下和身边的人员。他最喜欢的一条格言就是“为人民服务”。

母亲在工作中是机智而敏捷的。作为周恩来在新闻工作方面的助手，她每天都要认真阅读各种文件和海外媒体报道的重要新闻，随时收集各方面的信息，多少年来，这已经成为一种习惯。母亲常说，在总理手下工作，只有加倍努力。

周恩来深知掌握国际动态信息的重要性，他经常对新闻司的工作给以及时而具体的指点和帮助，并且随时可能亲自过问某个事件中的具体细节。

那时，总理办公室经常打电话来找母亲。有一次周总理急需一份材

料，大概是秘书暂时不在身边，他便直接拨通了新闻司办公室的电话，大家都在忙碌，跑过来接电话的同志随口问了一句："你是哪里？"对方回答说："我是周恩来，请你们帮我查询一份资料……"

遇到这样的情况，母亲马上组织人搜集整理写稿件，常常忙到深更半夜才最后完稿，在天亮之前送到中南海西花厅。每逢这时，新闻司就像一个战斗的集体，办公室里灯火辉煌。

母亲非常注意了解中央领导的意图，了解到之后就雷厉风行地在司里贯彻执行。她经常到西花厅去开会，报告和参加讨论国际形势的最新动态发展，当得知毛主席、周总理和其他中央领导同志有什么问题需要弄清楚、要大家提供什么资料、上级对大家的调研成品有什么反映后，她便迅即在司里进行通报，并且布置具体任务。

在母亲的领导下，大家经常能听到中央领导对各项工作的指示和要求。三科的老同志还记得，毛主席曾在美、英、苏签订部分核禁试条约后要新闻司研究苏联这样做是怎么回事，司里立刻安排专人负责，系统收集英美有关评论，编为系列资料上送。

有一年母亲告诉负责调研工作的同事们，在毛主席身边工作的某领导人要研究国际问题，司里布置下来要找一批拉丁美洲问题的书籍和专论送去；至于总理那里出题目、要材料的情况就比较频繁了。大家每从母亲那里得知周总理需要查什么材料，就会加班加点地全力搜寻，直到查出为止。母亲总是认真地等候结果。中央领导对大家写的东西有什么反映，同事们也能及时知道，例如毛主席对毕季龙执笔写成的美国助理国务卿希尔斯曼讲话分析（《希尔斯曼谈话新诠》）的批示和要求，总理对这期那期《新情况》的意见，陈老总的意见等。

周恩来总理给予母亲极大的信任，经常向她谈对工作的整体部署和具体安排，交代各种重要的指示。有一次在迎送客人的飞机场上，因为时间很紧，总理就让母亲坐到他的车上，一路走一路谈工作。

1954年中美会谈开始以后，母亲是谈判小组成员之一。有一次，周总理到外交部听取有关汇报，开会之前，他从东楼来到了西头的新闻司，司办的同志探头一看，原来是总理来了。周总理和蔼地问值班的秘书叫什么名字，龚澎在不在办公室？总理和母亲交谈了一会儿，他们便一起去东楼开会了。母亲对管辖区的业务了如指掌，她经常在外事活动前向总理简明扼要地介绍相关的背景资料，这样领导人就能够在很短的时间内掌握最新的情况。

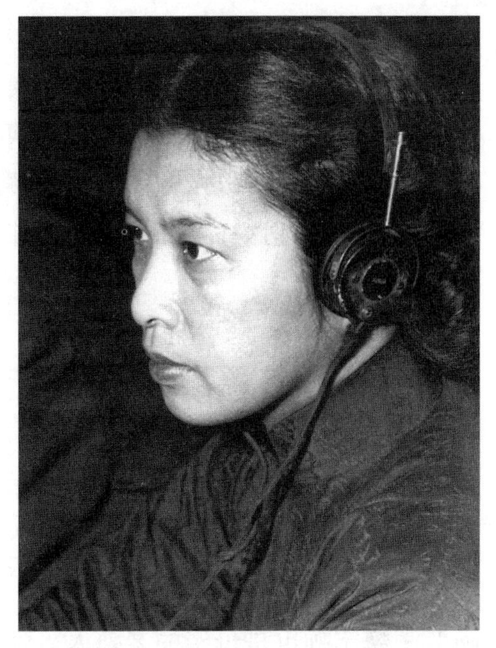
20世纪60年代初龚澎在国际会议上

同志们都感到上级领导是非常器重母亲的。

周恩来是一个鞠躬尽瘁的人，他光明磊落，从不搞小圈子，并多次对身边的干部讲自己经历的教训。文革的时候，他尽最大努力保护了一大批干部……

长期在第一代领导人身边工作，使母亲受益终生。可她从不把这些经历当成个人的资本，更不想用某个大人物去压人，因为这和她的为人之道是格格不入的。即使对家人，母亲也很少提起这些。我曾很好奇地问她是不是和周总理很早就熟悉，母亲听了只是淡然一笑说，那都是为了工作！

母亲有自己独特的领导方法，她很注意上情下达。在司里，她经常深入科室及时把中央的意图告诉大家。同事们时时感到自己责任重大，因此一直保持着很高的工作积极性。

尽管母亲从事的新闻工作使她在公众场合频频出现，但她始终保持着热情而沉稳的性格。周恩来曾说母亲是“静如处子”。

在家里，我常听到母亲和父亲提起周总理对下面干部的要求，比如“好汉不提当年勇”等。也听母亲谈起某一位立过战功，有传奇色彩的将军和老同志的经历，但她很少谈到自己当年如何。行内人都知道，抢镜头是外交官的大忌，我想母亲是深明其中的道理的。

母亲在世的时候，我对她的工作详情知之甚少，可是我看到她每天都在忙碌，在和她点点滴滴的接触当中，我能感受到母亲为事业而搏动的心跳。父亲曾说，过去很多重大问题的决策，只是很少的人参加了议论，毛

主席、党中央做出决定后，就立即分头去执行，没有留下更多的记录和档案。

为了追寻历史，我走访了一批前辈，也埋在书堆里查询资料，这一切都不断加深了我对母亲的印象和了解。在撰写本书的过程中，我逐渐明白了为什么周总理这样信任母亲，为什么周伯伯说，你们的妈妈是一个非常出色的人。

死马当活马医

在新闻司，母亲一直主抓业务工作，一些重要记者来访，都是由她亲自接待的，在国外新闻界的同行里，很多人都熟知她。法国《人道报》的贝却敌是一位记者，又是一个作家，母亲与他很熟。英国《工人报》记者阿兰·魏宁顿也是母亲的老熟人。朝鲜战争期间，他们曾为中国提供很多战场上的第一手报道，父亲母亲从朝鲜回到北京以后，曾几次登门拜访他们。

建国初期，东西方之间的冷战刚刚开始，资本主义和社会主义营垒界限分明，与新中国来往的主要是与我们建交的几个社会主义国家和苏联老大哥。

在相当一段时间里，由于美国对我国采取敌视封锁政策，很多西方人对中国的印象只停留在史书上描述的形象：身体瘦弱的男人拖着长辫子，老百姓生活在饥寒贫困中，很多国家还不了解中国的新政权，他们不清楚这个古老的东方大国究竟发生了什么样的变化。

西方世界对新中国的声音和报道没有足够的重视，我们对外宣传的渠道也很有限。一些西方记者也对我们存有很多成见，甚至是误解。

对此，母亲有着清醒的认识。她说，我们要死马当活马医。要利用一切机会做工作，观点不同不能强加于人。要实事求是，这样才能以理服人。母亲认为，外国记者的报道比我们的稿件要更有说服力。我们对兄弟国家和党报的记者给予大力支持，对西方记者也尽量提供方便，争取他们能够做出公正而客观的报道。面对那些质疑的目光，我们决不能失去信心。

在这样的方针引导下，一些西方记者逐渐了解了新中国，并且和我们交了朋友。第一任常驻北京的《路透社》记者漆德卫先生离任后很多年都和中国保持着友好往来。在纪念《路透社》100周年的时候，漆德卫在北京展示了他在中国拍摄的照片，其中有一张是1956年他第一次来北京的时候，周恩来总理接见他的照片，陪同会见的是时任新闻司司长的母亲。

母亲了解外国记者的心思，他们渴望了解新中国的真实情况，对报纸上的宣传抱着怀疑的目光。走出城市到农村去，亲眼看看中国农民的实际生活水平究竟怎么样，得到不带任何评论的新闻信息，这是他们的真实想法。

20世纪50年代初期，新闻司根据外国记者的要求组织了一次考察。母亲对负责陪同工作的助手说，要让他们看到真实的情况！好、中、差都要看，好的是主流，要尽可能用事实去说服他们！

外国记者团乘火车到达湖南长沙，然后又来到韶山农村。母亲打来长途电话说，一路上可以随便看，让他们进行实地考察。在一个普通的老百姓家里，一个印度记者一定要揭开吃饭的锅盖看一看，尽管没有鸡鸭鱼肉，可老乡的锅里还是有粮食吃的。参观后大家很高兴，因为他们看到了真实可信的情况。

1954年的日内瓦会议之后，中国加强了与西方记者的联系与交往。

一些资本主义国家的新闻记者陆续开始申请来华采访，其中包括一些美国记者。1954年1月，意大利的《新驿使报》的记者来到新中国；同年8月，英国工党领袖艾德礼访华，则带来一批英国记者进行采访。从此打破了西方记者不来中国的记录。

不过，当时西方记者到中国的活动都是临时性的。曾有一个印度记者来华后住在旅馆里，待了一段时间因为生活不方便还是回国了。

1956年8月，我国政府经过郑重考虑，单方面取消了禁止美国记者来中国的禁令，并且邀请美国的15家重要新闻机构来华。为完成这项重要的工作，母亲到处搜集材料并且认真研究，看究竟批什么人来中国，来了之后又要做哪些事情。

美国历来宣传中国是所谓铁幕竹幕国家，可当中国发出邀请时，这一建议却在中美大使级会谈中遭到拒绝。美国国务卿杜勒斯担心，此举会遭

到他们的盟友台湾方面和其他反共政权的误解，而且一旦开放就会收不住脚步，很难保证没有人会为中国新政权说好话，当时美国国内记者曾向美国国务院抗议杜勒斯这一禁令。

一年之后，美国政府突然改变了态度，同意派出24名记者来中国访问，此时中国国内正在经历一场激烈的反右运动。我国政府要求对等互惠派出各自的新闻记者，美国人又提出各种限制，不批准中国记者进入美国。这样的交流和协议我们当然不能同意，两国之间的平等交往指待时日。

然而，任何力量都无法阻止历史的前进。新中国在日益发展壮大，希望深入了解新中国的西方记者人数在逐年曾多。路透社、法新社等少数几个通讯社的记者陆续获准来到中国。

为了来中国采访，还有一些记者则设法以旅游者的身份辗转来到中国，然后再从事有关记者的采访工作。

为此，母亲与有关领导进行了专门的研究。根据中央的批示，新闻司与旅游局、公安局共同制定了相关的政策和具体的条例，为外国记者了解中国开了绿灯，不过，条例中对各种可能出现的情况都做了细致的说明。例如，“外国记者作为旅行者来华就不可以采访会见政府部门的官员”等。

在多年的新闻工作中，母亲对形形色色报有各种看法和观点的人一直是很豁达的。母亲认为，我们需要朋友，要友谊，但我们并不把友谊强加在别人身上，不管别人如何说，如何写，中国还是存在并且发展，历史总是向前发展的（有关瑞士记者讲话）。

而对于极少数顽固坚持敌对立场，歪曲事实真相的人，母亲是毫不留情面的，多次严厉警告后如果无效，那只有勒令其离境。令人遗憾的是，这样的案例尽管很少，却不是没有发生过。

重要的是客观报道

母亲深知国际媒体的重要性，新闻工作的核心是客观、准确、及时，坚持实事求是，尊重史实，这是她的一贯思想。

1964年母亲在接见法国驻华代办时，有一段纪实对话：

代办：我来中国之前就早已知道你的大名，今天想与你谈谈新闻方面的事务……

龚：初次见面，我很高兴。关于法国记者申请来华事，我很清楚。这次我随周恩来总理访问非洲时，很多记者都申请来华，其中有很多法国记者。周总理曾接见了一些记者并与他们进行了谈话，但由于时间短促，不能一一满足他们要求。刚才你提及法记者申请访华事，我们一向是本着促进中法友好交流来考虑此事的。

代办又谈到法国和中国之间准备交换技术性刊物，并且将来会送一些有关刊物给中国。

龚：谢谢，外交部对世界上发生的事情都感兴趣，搜集这方面的材料是有用的。

代办：现在再谈谈法国记者来华问题。有些记者也许在判断问题上不是很恰如其分的，有些记者可能是二流的，但其中有些是很有才干的，有一定名望及拥有一定数量的读者。讲到这里，我要插一句，有个叫彼埃洛·隆奇先生要我向你问候，他在重庆就认识你。

龚：他现在哪里？

代办：现在巴黎。

龚：你有机会给他写信时，请转达我向他的问候。

关于记者有没有名望，不是很重要的，因为我们的目的是为了促进中法友好文化交流，只要记者客观的报道就能起到这一作用。我们并不要求得出同样的结论，因为不可能得出一样的结论。但重要的是客观的报道。如记者名望大，但对我们有敌意，那我们就要另行考虑了。我这样讲，并不是指哪个具体记者，仅是一般地谈谈。

代办：我很了解你的意思。这些话对我很有用。我可以把中国政府的看法告诉记者，并可以以个人身份提醒他们注意。但关于敌意这个字，往往有不同的看法。

龚：事物总是有客观标准的，黑即黑，白即白，不能把黑的说成白的，或把白的说成黑的。至于喜欢白的，或是黑的，则是另一回事了。

代办：不管如何，你的看法对我很有用。

外国记者到西藏

西藏对于很多人都是一片神秘的土地，采访西藏更是一名记者向往的事情。如今的西藏已经通了火车，可50年以前，这里的交通状况还停留在中世纪的水平。但这更激起了外国记者了解西藏的好奇心。

西藏和平解放后，许多外国报社的记者都希望深入采访，搜集生动具体的材料，进一步了解康藏公路的情况和西藏和平解放后的变化。苏联《真理报》、《共青团真理报》、《文学报》和波兰《人民论坛报》的记者和一些资本主义国家的记者屡次申请到西藏采访。

当时考虑到西藏地区还很落后，政治民族宗教情况复杂，我国政府一直没有批准他们的要求。1955年5月，新闻司向中央汇报反映了外国记者进藏采访的要求，并且提出建议组织外国记者去西藏考察。

为了驳斥某些西方媒体的歪曲和谣言，让世界看到一个真实的西藏，周恩来批准了新闻司的建议。母亲组织大家进行了认真而详尽的准备工作。西南军区、西藏军分区驻藏部队、重庆、四川、西康、西藏工委、西藏办事处、卫生部、交通部公路总局给予采访团大力的支持和协助。解放军总后勤部和重庆办事处负责沿途的食宿、交通工具、御寒准备，他们准备了一批库存大衣皮鞋被褥，西南和西藏军区负责安排武装警卫问题，而卫生部则委派了一名携带着氧气和药品的随团医生。为了防止迷失方向，公路总局派出熟悉路段的干部专程陪同记者们一起上路，这是一场联合部署。为确保外国记者安全顺利进入西藏地区，沿途做了充分的准备。

1955年8月初，由15名驻华外国记者和6名工作人员组成的西藏考察团成立了。他们中间有苏联和南斯拉夫等兄弟国家的党报记者，也有资本主义国家的共产党报记者和印度记者，这是解放后我国政府第一次组织外国人进藏。

有一位知名的意大利记者夫妇也参加了考察团，可是他们有一个刚上小学的女儿却因此没有了着落。为了让这对夫妇放心地去采访，母亲派专人负责照顾小女孩，并决定由细心的郭阿姨来完成这项任务。那时郭阿姨还是单身，司里安排她带着小女孩住在单位附近的北方饭店，每天下班后回到旅馆照顾这个意大利小女孩，直到他的爸爸妈妈平安从西藏回来。

爱泼斯坦在《见证中国》一书中记录了他们于1955年第一次去西藏的情景。当时，外国记者考察团从四川乘坐吉普车和卡车在长达2271公里的公路上颠簸了12天。他们爬上海拔5000米的山口，又进入几条大江的发源地，一路上景色如画。五星红旗在拉萨上空飘扬，中央政府新建了公路和现代化的医院和学校，可是地方政府仍旧保持着中世纪的农奴制。爱泼斯坦在书中写道，有人说，中国的汉人在西藏压倒了藏族，这是不真实的。很多汉族人在这里干了一段时间又回自己老家了。在西藏自治区，汉人从来没有占到当地居民的百分之十，将来也不可能达到这一数字。

采访大陈岛真相

被称为东海明珠的大陈岛位于浙江省台州湾，它是我国东南的海上要塞，也是那一带最富的岛屿之一，岛上风光秀丽，起伏的山峦，现代化的渔港和楼宇，居民安居乐业，如今已成为省级森林公园。而将近半个世纪以前，这里曾经是一片废墟。

1954年至1955年期间，中国和美国之间又一次紧张冲突。朝鲜战争的爆发，迫使新中国推迟了解放台湾。不仅如此，杜鲁门政府决定派遣美国第七舰队到台湾海峡，以阻止“对台湾的任何进攻”，并且还抛出“台湾地位未定”的政治阴谋。中国台湾当局为了获取美国永久的支持，提出与美国签订一个共同防御条约，以封锁东南沿海一带。

1954年7月，中共中央做出我们一定要解放台湾的决定。周恩来宣布台湾是中国神圣不可分割的领土，绝不容许侵犯，也不容许交给联合国托管。解放台湾是中国的内政，绝不允许他国干涉。

中国政府号召全国人民做好准备，为解放台湾而战斗。

美国政府表示要用海军和空军保护台湾和澎湖列岛。美军飞机多次在大陈岛海面上空飞行，6艘美国军舰到达台湾以北200英里的大陈岛一带海面。9月3日，解放军开始炮击金门，台湾海峡的局势立刻紧张起来。

12月2日，美台签署了《共同防御条约》。

为此，解放军实施了一系列解放沿海岛屿的战役。1955年1月10日，解放军炮轰了大陈岛以外的国民党部队，并且在1月18日开始海陆空联合作战，一举解放了大陈岛的外围岛屿一江山岛。

盘踞在大陈岛上的国民党守敌仓皇撤退，2月7日，美国太平洋第七舰队出动了4.8万名海空人员，在他们的武装干涉下，国民党46师劫持了大陈岛的所有老百姓，把岛上14000多居民全部押往台湾，临走时他们烧毁了村庄房屋水井和商店学校，岛上一片残砖烂瓦，唯一留下的生灵是被捆在树上的一只猴子。三十几个逃出虎口的老百姓被解放军救出。

这就是震惊中外的"大陈浩劫"。

受反动势力的造谣和惶惑，许多国际舆论一时不明真相，他们认为是大陆的解放军毁坏了村庄和房屋。

母亲冷静地说："让他们自己去看！"

为了揭露美国人侵入中国领土，帮助台湾当局洗劫大陈岛的事实，她向上级提议，立即组织各国记者到大陈岛进行实地采访。二月下旬，一个以中国红十字会名义组成的调查团组成了。团长由总政敌工队宣传处副处长担任，副团长由新华社军事组副组长担任，调查团32人分成三个小队，每队都有能写作的人和摄影记者及录音员。除国内记者外，新闻司批准9位外国记者参加了调查团。

周总理用毛笔在新闻司的大纲和工作计划上作了详尽的批示。

1955年3月3日，新闻司委派陈辉、陈秀霞和李兆基等人陪同外国记者来到了前沿阵地，其中有《塔斯社》、《真理报》、《共青团真理报》记者、还有匈牙利、波兰记者以及奥地利党报记者严森等人。

大家首先来到一江山岛，记者们听取了驻地守卫部队的报告：浩劫发生以后，解放军的扫雷艇扫清了附近海域的水雷，工兵排除了路面上的地雷，防疫大队对岛屿进行了重点消毒……然后，他们登上了大陈岛。

呈现在眼前的是一个寂静的荒岛，到处是瓦砾，没有人烟：路边散落着衣物，还有一件写着名字的蓑衣，老百姓家里的东西都没有收拾好，饭还摆在桌子上，墙上的日历都保留在同一天，时钟都停在一个位置上，一切都人去屋空。

人们终于看清了有关“大陈洗劫”的真相。一些外国记者原以为看不到多少东西，没想到，此行收获颇丰。

毛主席来到新闻报道组：龚小姐你好啊！

新中国成立以后，我国政府的重大消息都是由新华社首先发布新闻消息，因为他们掌握着主要新闻渠道，外国通讯社的报道总要慢半拍。很多年这几乎成了一个固定的模式。

母亲深知，新闻工作的特点就是要快，要抢先发消息。为了增进驻华外国记者的积极性，她大胆提出，新闻司要提早发消息，限制时间，让外国记者和新华社同时发新闻。这样就会激发起他们更大的兴趣。这个举措实施后得到了外国记者的广泛欢迎。

1956年9月15日下午二时，中国共产党第八次全国代表大会在北京胜利开幕，毛泽东主席在热烈的掌声中宣布：“我们这次大会的任务是：总结从七次大会以来的经验，团结全党，团结国内外一切可能团结的力量，为了建设一个伟大的社会主义的中国而奋斗。”这是新中国成立以后我党召开的第一次全国代表大会，也是一次令世界瞩目的大会。苏联、南斯拉夫、意大利等几十个国家的兄弟党都纷纷派出各自的代表团来到北京。

半年以前，赫鲁晓夫在苏共二十大作了反斯大林个人崇拜问题的秘密报告之后，顿时引起轩然大波。中共中央在《论无产阶级专政的历史经验》这篇文章中表明了我们党在斯大林问题上的严正态度，对平息事态起了积极作用。而中共八大以后将制定出什么样的方针政策，更成为国际社会普遍关注的问题之一。

为了配合中央更好地将大会的主题思想快速而准确地传向世界各地，经过中央的批准，外交部新闻司在八大会场专门设立了新闻报道组，龚澎担任组长，新闻司副司长徐晃为副组长。

母亲对负责外国记者工作的陈辉同志说，我们政府召开的会议，外国记者有的可以参加，有的不能参加。我们可以在怀仁堂外面喝茶的地方设

一个采访点。把中央发表的部分谈话摘录下来，让外国记者传出去。这样外国记者抢先发了消息，也可以帮助我们做宣传。

事实证明，这样的做法收到了良好效果，得到各国记者的广泛欢迎。

在会议休息期间，毛泽东在工作人员的陪同下走下了主席台，他兴致勃勃地在落成不久的政协礼堂庭院里与来自各方的代表和工作人员亲切交谈。当走到新闻报道组的时候，母亲正在与新闻司的同仁们商谈工作，毛主席走上前去高兴地握住她的手说："龚小姐，你好啊！"大家都开怀大笑起来。

组织记者盛会

1964年9月下旬，刚从美国返回大陆的李宗仁先生举行记者招待会之际，北京云集了上百名应邀来华的外国记者和港澳新闻工作者，很多人提出，希望我国领导人能够接见他们，并解答大家所关心的种种问题。

新闻司立即把这一情况报告了中央，并建议请陈毅副总理举行一次记者招待会。在他们写出的特急请示报告上，母亲给外事办公室张彦副主任又写了几句话：总理曾口头指示，请陈副总理在9月29日或10月2日上午举行记者招待会。我们草拟了一个初步计划，请你阅后，送陈副总理审批。

在一份详尽的计划中，主持会场的总负责人是龚澎同志。

几天前（9月26日），李宗仁先生邀请三百余名中外记者在北京举行了一次规模空前的记者招待会，周恩来总理专门指定吴冷西（《人民日报》总编兼新华社社长）、龚澎、姚溱（中宣部副部长）、张彦（国务院外事办公室副主任）四人担任顾问。而这次由陈毅同志举行记者招待会的组织任务，就由外交部主管新闻工作的母亲全权负责了。为了培养新生力量，母亲带了几个年轻人一起参加这项活动的组织工作。

记者招待会将在人民大会堂河南厅举行，预计参加的中外记者有350人之多，其中包括电影电视人员和各驻华使馆的新闻专员，另外还安排了英、法、俄、日、印度尼西亚文和粤语翻译。英文是连续翻译，其他语种与英文同声传译。

准备时间满打满算只有三天，为筹办好这次重大的新闻活动，整个新闻司都行动起来了，毕季龙副司长组织大家模拟了数百条外国记者可能会提出的问题，并且引经据典找出答案，作为答复的提纲。

国庆前夕，北京洋溢着浓浓的节日气氛，记者招待会在9月29日下午如期召开，这是建国以来我们党和国家领导同志首次举行的记者招待会。人民大会堂前宾客络绎不绝。

作为会议的总负责和主持人，母亲早已来到了会场。为保证招待会圆满顺利进行，她和同事们夜以继日地工作，连续几天都没有好好睡一觉。母亲是一个重视细节的人，她为任何可能发生的情况都作了详尽的布置和周密的安排，包括入场散场等问题都在她的管辖之内。

招待会现场是一个长方形的大厅，除主席台的一排位置外，新陈设的一列列记者席位呈蛇形阵摆开，来自世界各地的三百多名记者会聚一堂，他们中间有首都新闻单位的中国记者，有前来我国访问并参加国庆观礼的各国记者和来自港澳地区的记者，还有各国驻华使馆的新闻官员。

下午3时许，耀眼的闪光灯齐放光明，中外摄影记者涌到主席台四周，各自抢占着最佳的摄影角度，陈毅外长在外交部、中宣部和新闻单位负责人的陪同下步入大厅，会场上响起了经久不息的掌声。记者招待会由外交部新闻司司长龚澎主持，她容光焕发地望着全场，热情洋溢地向大家表示了诚挚的欢迎，然后微笑着宣布，记者们可以即席提问了，我们请陈毅副总理兼外长答复。

在这次记者招待会上，陈毅就各国记者所关心的问题，全面阐述了中国政府对重大问题的立场和方针。他谈的问题包括：中印边界问题、印巴冲突、越南问题、亚非会议问题、联合国问题、中美关系和台湾问题、中苏分歧和国际共运问题、新加坡问题、香港澳门问题、外蒙古问题、国内问题等。

当陈毅以坚定有力的语调说：“我们等候美帝国主义打进来，已经等了16年。我的头发都等白了。或许我没有这种幸运能看到美帝国主义打进中国，我的儿子会看到，他们也会坚决打下去”时，全场抱以雷鸣般的掌声。一些外国记者走出会场抢先播发了陈毅的发言，这段话被广为流传。

这是一次盛大的记者招待会，会场上座无虚席。在主席台上，陈老总侃侃而谈，他的左侧是主管新闻工作的副外长乔冠华，右侧为国务院外事办公室副主任张彦、部长助理龚澎、部长助理宦乡以及翻译同志。

在保存下来的新闻纪录片上，我看到了父亲母亲熟悉的身影。作为大会主持人，母亲侧耳倾听着现场的每一个问题；父亲紧挨着陈老总左侧，他时而认真思索，时而仰头爽朗发笑。我不由想起一个词来形容此时的画面：陈老总的左膀和右臂。

陈毅外长的讲话轰动了世界舆论，在国际上产生了重大影响。这次由新闻司主办的活动获得了圆满成功，中央领导非常满意。

新闻发言的奠基人

早在重庆时期，母亲就担当了中国共产党人的新闻发布官。

共和国的新闻发言人展现在世界舞台上始于20世纪50年代。1954年日内瓦会议期间，母亲与黄华同志作为中国政府的新闻发言人举行了多场记者招待会。为了阐述一国的外交政策和主张，新闻发言人必须站在自己国家的立场上，充分表述所要表达的观点。他们的一言一行代表着新中国的形象。

20世纪60年代龚澎在新闻发布会上

有这样一个真实的故事：1965年河北大学毕业分配开始，小戴被分配到外交部工作。就在这时，一位分到唐山的老同学急匆匆找到他，恳切地请求说：“咱们换一下吧！你去唐山，我去外交部！我敬佩外交部的乔冠华和龚澎，我期待能够在他们的手下工作，将来我要像龚澎那样也当一名新闻发布官。”小戴表示没有意见，不过他得通过校领导来解决。由于档案早已送交各单位，最终没有换成。不过这位同学对龚澎的崇敬之情却令他十分感动。

建部初始，我国政府只有在重要代表团出国访问时才设立专门的新闻发言人，平时新闻司与外国记者的联系都是通过打电话进行的，遇到我国政府有重大声明，则通过报纸和广播对外发消息。具体操作是这样进行的：先由地区司起草相关文稿，然后上报给部领导和周总理，待批示下发后，文件转到新闻司，主管部门在核实盖章之后即分别通知《人民日报》社和新华社，限定时间对外公开发表，文件则交由通讯大队派专人送出。一般情况下，都是晚上广播，第二天见报。因此，当时的新闻发布都是“闻其声或阅其文而不见其人”的。不过，从长远来说，这样开展工作还是有诸多不便。

母亲一直希望借鉴国外有价值的新闻框架为我们自己所用，她多次对新闻司的同行们谈起自己的设想：能不能找个地方，在北京建立一个国际记者俱乐部。我们可以为各国新闻同行提供相应的条件与材料。记者们可以在一起喝咖啡、聊天、打网球、查资料、交换信息、举行相关的新闻活动，还可以发布新闻，也为培养年轻的发言人提供更多的实践机会。为此，母亲做出了许多具体筹划。她建议记者俱乐部的地点就因地制宜设在当时位于台基厂8号的国际俱乐部内。

然而，因为历史原因和各种政治运动的干扰，母亲提出的设想和计划直到四十九年之后才得以实现，北京终于有了“新闻工作者之家”。

母亲一直设想，能够培养年轻同志成为外交部发言人。在平时的工作中，她尽量为参加工作不久的年轻人提供这方面的锻炼机会，并想方设法为新闻工作的进一步发展创造各种有利的空间。

经过几代人的不懈努力，外交部发言人制度最终在1983年正式建立起来，从此，一代又一代发言人被人们所熟知。

1987年新闻司专项设立了这个职能部门。新闻司里人才辈出，出了两任部长。当时被母亲称为有作为的年轻人后来成为挑大梁的司长和资深的新闻工作专家。外交部发言人制度向着更加完善的步伐迈进。此时新闻司已经经历了几代人的变迁。

近年我有幸参加了新闻司新老同志联欢会，这已是母亲去世以后三十多年的日子了。

望着大屏幕上一张张生动的展示，新闻司里如今战果辉煌，人才济济。现代化传媒手段已从印刷时代发展跨入瞬息变化的信息时代。我们的朋友遍天下，在京的常驻外国记者已经达到数百名之多。工作不久的大学生对世界格局的变化和风云人物如数家珍。

望着他们年轻的身影我的眼睛不觉湿润了。看到自己辛勤耕耘的土地硕果累累是一种幸福，可是母亲没有能看到今天的胜利。

不久，宽大的银幕上出现了母亲在记者招待会上的照片，一位年轻人站起来说，这是新闻司的第一任司长龚澎老师。我轻轻地对九泉之下的亲人说，妈妈！我替你来到新闻司了！

大家希望我说点什么，此刻我只想到一句话，如果母亲活到今天，看到新闻司的事业这么兴旺发达，一定会非常欣慰非常高兴的！

愿母亲在天之灵得到安息，这里已是桃李满天下！

当好中央的耳目喉舌

母亲经常对司里的同事说，新闻司的工作就是要当好中央的耳目喉舌。如果说，记者工作与对外宣传是喉舌的话，那么，调研工作就是耳目。在变幻万千的国际动态面前，要做一个千里眼和顺风耳。

当年周恩来交给新闻司两项任务，一是给中央领导同志提供信息，一是开展对外宣传工作。其实，为领导提供有价值的信息就是调研工作的主要内容。调研是做好外交工作的根本，周恩来一向重视研究国际问题，他亲自抓许多重大事件，并且进行深入的调查和分析，身旁的工作人员有什么事都可以请示他。在一份开放档案中，我们对当年的情景可见一斑。

这是总理办公室写给母亲的一份记录。

龚澎同志：总理嘱告：

一、找到1月18日“李普曼叫嚣停火”一文的全文（见19日《参考消息》）

二、星期日以前请情报司编出下列三个材料：

1. 一江山解放后的形势发展，各方面舆论趋势

2. 艾登动态

3. 亚洲马歇尔计划；美国能拿出多少钱？可能作如何分配？

邓　光

1954年1月20日

50年前，世界的格局与开展工作的局面远不是眼前这个样。建国初期，可供中央领导人参考的内部资料只有《参考资料》一家，这是新华社负责编辑的一本综合性内部刊物，毛泽东和周恩来等国家领导人每日必看。它的内容涉及各条战线，也面向各个口，而其中关于外交方面的只占一部分。

周恩来对母亲说，完全靠新华社发消息太慢了！

为了及时把收集到的重要国际动态全面而准确地报告上级领导，在母亲的倡议下，新闻司一成立就创办了《临时通报》、《快报》等内部刊物，受到各方面的重视。

1957年后《临时通报》等刊物统一更名为《新情况》。这份高质量高效率的刊物很快就成了新闻司主编的一份著名刊物，并且多次受到毛主席周总理的表扬。毛泽东还曾经为刊物命题。20世纪50和60年代，新闻司的人时常常能见到周总理在这期那期《新情况》上用毛笔写的批语和在每个句子后面点的逗号和句号。这份刊物一直保留至今。

积极主动地开创工作是母亲的一贯思想。新闻司的老同事说，龚澎工作起来讲究政策水平，有开拓精神，跟得上多变的形势。龚澎的点子多，上级布置下来的工作，她不是一味地服从，而是开动脑筋认真琢磨，拿出自己的见解和行之有效的办法。

母亲很重视在瞬息万变的信息中捕捉有价值的新闻，她经常组织三科的同志及时写出摘要。母亲对大家说，首先我们要了解和知道中央最关心、最担心的，需要做决策的是哪些问题。调研的题目也很重要，要准确、及时，分析整理后再上报，不要轻易干扰中央领导。

大家日以继夜地工作着。编写的稿件要送司长审批，母亲总是让司里

同志先不要走，等等她改完就可以拿走了。她不止一次边看稿件边给年轻同志讲，这一段话说明什么问题，那句话提法是否合适。她说，写东西无非就是两大块，一是材料，一是观点。调查就是以各种方式收集情况，就是分析材料，形成观点。她还说，整理的材料不能罗列豆腐账，要有综合概括。所谓概括，就是用最少的话说明最多的问题。

1963年访问阿尔及利亚时在记者招待会上（左一为龚澎）

为了及时整理汇编世界各地的新闻，同事们积极收集第一手材料，母亲很重视从中发现重要情况，常常组织三科的同志及时写出摘要上报。

无论是《临时通报》还是《新情况》，特点都是及时反映同国家利益密切相关的重要信息并准确地作出分析判断。刊物不定期出版，朝鲜战争时期，往往一天就出好几期。每期都要送到毛泽东、周恩来和其他中央领导人等人的办公室。

应该补充一句，《新情况》的刊名是根据父亲的提议命名的。

在20世纪50年代初，司里的办公文稿包括上报到中央的重要报告，都是工工整整一笔一画书写出来的，有些同事的手指头还因此长过茧子。

前辈们的工作效率很高，上级交代下来的稿件从来没有延误过。每件重要文稿都是一式复写五份送交中央——毛泽东、刘少奇、周恩来、朱德、董必武（次序按当年的排序）。为了使中央领导同志能够看清文稿，他们把字都写得很大。

在文字信息来源又少又慢的情况下，为了做到以最快的速度了解国外的动态信息，24小时追踪形势，除了接受电传和各司的材料汇总之外，司里安排了几位英文好的同志连续收听“美国之音”、“BBC”和澳大利亚广播电台等外台的重要新闻。

谁都知道，要清晰地接收到世界各地的新闻广播，就必须有好的设备。可是，20世纪50年代初我国的通讯器材还很落后，刚解放时外国通讯社对外发消息都要到大电报局去发报，后来才有了电传机。司里很多人连录音机都没有见过。市场上出售的收音机能收听的频率也很有限。

为此，母亲设法托关系从美国买回一台外国品牌的旧收录机，它的体积很大，而且又笨又重，可它的性能很好，短波可以收到很多国外电台。当年，司里为了买这台高频率的收音机还遭到公安部门的怀疑，龚司长为它出具了证明，事情总算得到妥善解决。

在最初的几年里，这台老机器充分发挥了它的作用。同事们分编成组，轮流守候在老收音机旁，连续数个小时收听来自世界各地的外电新闻，同时进行现场录音。他们以最快的速度，真实而准确地把电波中的重要新闻译成中文，经过分析整理，这些信息被及时送到上级领导手中。

母亲不仅抓当前形势的动态研究，还十分重视有长远意义的调查研究工作和材料积累。新闻司成立后不久，决定定期出版《国际文献》，其中包括西方，特别是美国政府领导人的重要讲话、声明、公报等，这为开展研究重要国家的方针政策打下了良好的基础。

建部初期，三科还根据大家每天在时事碰头会上七嘴八舌的议论，编了一份《新闻司每日时事讨论会纪要》的油印刊物，也送给总理看。总理在第一期上就批道：新闻司新年新猷（后来这个刊物没出几期就停了）。

情报司在初创阶段没有现成模式可依，为了使中央领导能够快速准确地掌握密切关注的国际发展动态，母亲第一个在驻外使馆设站，以保证每天把当天英美报刊上的重要信息报回国内。

朝鲜战争爆发后，国内急需更快地掌握外界的重要信息。由于西方的封锁，我们不能直接订阅英美报刊航空版。母亲决定利用东、西柏林之间可以自由通行的有利条件，在我国驻民主德国外交使团内设立了一个站点。使团的东德籍司机每天从我们设在西柏林的信箱取回英美报刊，这个站点从中选取有用的信息，每天用明码电报发回国内。

从1951年秋到1957年春，新闻司陆续派出了三批干部，每批两人。头两批在东柏林，第三批在日内瓦。再以后，这项工作就由新华社承担

了。曾经在三科工作的宋以敏是第一批派到德国的人员，她说，龚澎同志这一创新在当时发挥的重要作用是非常明显的。

情报司的工作从一开始就是高度紧张的。很多时候都是从上午八点一直工作到晚上九、十点钟。这自然要求大家天天高度集中精力，非常努力地提高各方面的业务水平，包括中英文水平。三科同事每天大量阅读国外报刊，数量大得惊人，看过不要的材料每天要以麻袋计算。

除了白班之外，还有夜班。由于时差的关系，北京的白天正是欧美等地的夜间，信息量也相对很少，而当我们进入梦乡的时候，却正是各种消息和突发事件频发的时候。对于从事新闻工作的人来说，夜间和白天一样重要。

1961年相继出现柏林墙的树立和古巴的导弹危机，国际形势比较紧张。新闻信息的时效性很强，母亲敏锐地觉察到，为了让外交部和中央领导同志最快地获知最新国际事态发展，一上班就准确知道过去24小时发生的世界大事，以便及时地做出决策，提出处理办法，她决定推出《新情况》综字号版，部领导批准了这个计划。

综字号《新情况》大致从1961年底一直出到1970年左右，后来转给了新华社的《每日要闻》专栏。从当时的条件看，这个创新在外交部算是一个不小的工程，这一创新在当时发挥的重要作用是非常明显的。

当时新闻司肩负着两项任务，一是自己写稿件出刊物；另一个是编辑，这项工作涉及整个外交部，每个地区司都有提供稿件的任务。除了跟踪外国的电台之外，还要看各种消息，各使馆来的电报，注意领导提示的各种重大情况与突发事件的报道，比如在苏联召开二十大期间，大家都很紧张；还有印度尼西亚发生政变的时候，多少双眼睛都密切注视着事态的发展。有时有突发重要事件，实在来不及写印报告，就直接打电话到周总理那里。

三科派人通宵工作。当时的夜班由三、四人分为一组，每一组值一周，每天从晚上8点开始到第二天上午8点结束，星期日除外。宋以敏阿姨参加值了7年的夜班，头半年是每天值，后来是两班倒，最后固定为三班倒。晚上11时后，同事们可以半夜“午睡”一小会儿，有的年轻人睡得晕晕乎乎的，但到点必须马上起来投入工作。

夜班编写每日重大要闻，靠的是直接阅读电传机上外国通讯社直接发送的消息，还请外交部通讯员每夜跑三次新华社，去取新华社驻外记者向总社发回的重要外国评论稿。

母亲深深知道，这是一份辛苦的事，有时她也留在司里和大家一起奋战。在出访印度尼西亚和缅甸等国家的时候，她为同事们带回了最需要的咖啡，困倦的时候可以提神。

冷眼向洋看世界

母亲认为，调研工作要坚持“彻底的唯物主义”，要“无所畏惧”，她说，这是周总理在要求大家提供可靠消息和进行材料分析时的基本思想。对这部分工作她有自己的一套思路。

其中，她要求四科提供的资料要做到“准确、及时、有用”。这成为调研工作一直遵循的“六字方针”。在大量的资料和报告面前，要做出精确的判断和估计，决不允许出现大概、可能、也许等字样，要善于从各种信息中寻找线索，力求达到分析准确无误。

宋以敏担任过三科科员、副科长和副处长，一直没有离开过外交调研工作岗位（后为中国国际问题研究所研究员，已离休），在工作上与母亲有很多接触。为了更好地叙述这段历史，经宋阿姨本人同意，我引用了她的部分回忆：

> 龚澎同志根据她在过去的工作中长期积累的经验，从一开始就对情报司三科应该抓什么重点、主要采取什么样的工作方法提出了明确的要求。概括起来就是新、准、快、短。
>
> 凡在新闻司三科（处）工作过的同志，对龚澎同志的这些要求不仅耳熟能详，而且把它们牢牢地铭刻在自己的心中。如果他们日后继续做外交调研工作，自然而然还会继续按这套要求去做。我大概就是其中的一个。
>
> 对我来说，龚澎同志讲这些话时的神态，直到现在还好像就在眼前。

这些要求包括：三科的基本任务是当好领导的耳目；“以我为主”，要根据同国家利害关系的大小确定注意和反映什么问题；原料是第一手公开情报，必须紧密跟踪英美和其他国家报刊的报道和评论，善于从中捕捉有价值的情况，不得遗漏；用足以说明事情本身和问题实质的材料说话，“没有材料就没有发言权”，要“寓分析于材料之中”；写东西要开门见山，像新闻报道一样，在第一段的导语中就要点明关键点；文字表达务求准确和简明，力戒空话，形容词能不用就不用。她的耳提面命，使新闻司的调研工作很快就形成了自己的风格，大略地讲，就是新、准、快、短。

我们还不时地听到龚澎同志讲到中央领导同志对调研工作本身提出的要求。印象最深的是两条：一条是总理的指示。他非常注意全面了解外界的情况，让我们反映各种情况时不要有任何顾忌。龚澎同志告诉我们，总理在谈到这个问题时讲，彻底的唯物主义者是无所畏惧的。龚澎同志一直以这个精神要求我们。

另一条是刘少奇同志对龚澎同志谈起的调研工作。少奇同志说，这项工作好比炒菜，你们的任务是把各种菜蔬和调料配齐放好，但炒成什么味道就是中央的事情了（意思是根据材料做出最后的判断是中央的事）。当时对我们确实也就是这样要求的。

龚澎同志要求大家观察问题一定要敏感，要善于发现问题，敢于提出自己的看法。

三科天天要开碰头会，每人都要把自己发现的重要新情况和想到的新问题提出来。哪些情况需要反映，突出什么重点，往往就在碰头会上定下来。凡是有点价值的发现，龚澎同志都会加以鼓励并且督促同事们赶快写出来。她还亲自组织处里讨论一些事关重大政策考虑的问题，并且要求，无论是正面的还是反面的意见都可以提出来，但是都得拿出根据。这些要求使三科的调研工作总是保持着一种求新和活跃的气氛，大家在思想上的条条框框相对说来比较少。

20世纪50年代中期，美国著名评论家李普曼想来中国访问，让不让他来？苏共要开二十三大，我们去不去参加？这两个问题，大家讨论得都很热闹。1958年前后，龚司长布置三科集中研究一下苏联报刊对若干国际问题的提法。给人以深刻印象并让人开拓思路的是，这次她要求大家不要像过去那样，只从学习苏联的角度出发来看问题，而是还要做一点独立思考。当时我还能用俄文从事调研，因此就由我来做这件事了。

外界怎样看中国，始终是三科人员密切关注的一个问题。外界对我们讲好话的讲坏话的都有，凡有新的重要对华反应，我们都要报告。新的好话当然要反映，老生常谈的好话就不必反映了。新中国成立之初，坏话更多些。

按龚澎同志提出的原则，反华反共的老话就不必一一反映了，但新的坏话得反映。她不只一次说过，对我们的重要评论，哪怕内容很反动，不反映就是失职。何况我们还有总理的“无所畏惧”的指示。对待于我国形象不利的坏消息，我们的做法也是一样。当然，以什么方式反映，龚澎同志是很注意的。有的材料，只手写一份，直接送周总理，决不允许扩散。

在这种思想的指导下，在三年困难时期，三处仍然力求忠实地当好领导的耳目，如实地反映了不少外界对大跃进、对大批人员外逃等等的负面报道和评论；在五十年代中期，我反映了不少布热津斯基（当时他远没像后来那么出名）有关社会主义国家之间、包括中苏之间存在矛盾的议论。

当时我在思想上无论是对三面红旗还是对社会主义阵营“坚如磐石般的团结”都并无怀疑，认为这是西方的造谣和挑拨离间，但是反映这些情况是责任所在，是我们必须做的。我们也从没有产生过有朝一日我们会因此在政治上受到怀疑的思想顾虑。

摆脱自以为是：龚澎同志按不同的要求领导对外宣传和内部调研工作，使新闻司在两个方面都做出了成绩。

国际宣传和调研工作有着紧密的联系。例如对外宣传就需要以对外界情况的了解为基础，而做到有的放矢。但两部分工作的

性质和着眼点又有很大区别，对工作人员的要求也有很大不同。

龚澎正是既看到两者的联系，又明确了各自的特点。

严格地按内外有别的原则办事，做起来并不太难，这是不言而喻的。我觉得最难能可贵的就是，龚澎同志能那样恰当地把握好两者的不同，从来不用对外宣传的一套来要求对内调研。而这并不是所有的司领导都能认识到和做到的。

有的领导在审查三处的内部调研稿件时，就要求我们得在里面表明自己的立场（斥责美帝苏修等）。“文革”时这种倾向曾经达到登峰造极的程度。那时还在出的综字号《新情况》（也就是值夜班编写的那种《新情况》），短短的篇幅，每天的头条就必须反映世界人民如何拥护毛泽东思想，我们在外电上找不到，只好从当天出版的《人民日报》上抄材料。这样做，还起得了什么耳目作用呢？闹得不好，甚至会起误导领导的作用。

龚澎同志在内部调研工作上作出的贡献，当然绝不止我上面提到的这些。我常常在想，龚澎同志确实去世得太早了。她没有等到党和国家转而奉行实事求是、解放思想这一路线的那一天。

如果她还活着，新时期的路线一定能使她更加得心应手，而发挥更大的作用，作出更大的贡献。因为这条路线和她的思想是完全相通的。

创业时代：一个难忘的晚上

随着新中国的逐步强大，与中国建交的国家越来越多，中国的驻外使馆也在逐年增长，对外宣传工作日趋重要。

毛泽东部署国际宣传历来强调要掌握主动，站得高，看得远，全局在胸，形成一种高屋建瓴、势如破竹的气概。根据上级领导的安排，新闻司在20世纪50年代后期设立了四处，专门负责对外宣传工作。这项工作是由母亲与康矛昭副司长负责的。

新闻司的对外宣传包括两项任务：一是按地区分工，办理驻外使馆报回的相关案件，同时负责审查驻华使馆的出版物等。另一摊则是对驻外使馆的对外宣传工作发出指导性通报等综合性业务。为了将官方新闻及时在驻外使馆发布，母亲特别安排把新华社发出的传真消息以电报的方式传到我驻外使馆。

当时国内的通讯设备还很不发达，我们发往国外的信息渠道是很有限的，母亲积极与有关部门协调为四处争取安装了一台新机器，使国内的新闻公报和稿件以最快的速度发出，工作效率大大提高。

最初大家对机器的使用很生疏，为了尽快开展工作，他们很快学习和掌握了一系列程序：首先，要把稿件翻译成英文，然后用一种特殊的装置和程序把这些文字信息打在孔条纸上。孔条纸是一种特殊的记录纸，每排各有五孔，它以不同的图案代表了26个字母，这样下来，记录一篇文章就需要很长一段条纸，遇到文件多的时候，大家就趴在地上核对文件。

楼上的机房里到处堆满了长长的孔条纸，这些都是经过通讯设备接收到的新闻电传稿，同事们很快就译出国外发回的电传稿原文。

那是一个艰苦创业的年代，可是前辈们提起当年的往事，脸上却充满了欢快的笑容。

* * * * *

20世纪60年代初，中苏两党论战激烈。

1962年至1963年期间，因为“九评”的发表，我驻苏使馆的新闻橱窗被砸，新闻司很快得知了这个消息。中国政府准备通过照会对此事进行交涉，母亲立即向周总理报告了这件事情。总理说，你让具体管事的人到我这里来，说说看到底是怎么回事。

天色已晚，司里委派负责对外宣传工作的四处处长陈鲁直带着材料立即赶往西花厅，母亲则在家里等候结果，准备下一步的措施。

陈鲁直1952年到外交部，从印度回来调新闻司四处，负责主抓使馆对外宣传，当他到达总理办公室时，周总理正在灯下批改文件。见到新闻司派来了主管负责人，总理开口问道：“公报这个单词怎么翻，Bulletin行不行？”陈鲁直回答道：“通常是这样翻译的。”总理说：“要十分准确才行。”他让浦寿昌马上去查字典。

关于驻苏使馆发生的橱窗风波，周总理说，究竟损坏了哪些东西要有照片，宣传橱窗里原来都有什么图片和资料？是不是有宋庆龄出访的？原

来有多少照片，损坏的是哪几张？我们都要调查清楚。秘书递给陈鲁直一个笔记本，让他专门记录总理的指示。

从西花厅出来已是黑夜深沉，街面上一片寂静，陈叔叔直奔办公室，他拿起电话与母亲联系，母亲一直守候在家里等着接听这边的消息。当她得知周总理的意见之后立即说，马上发报到驻苏使馆！传达总理的批示！然后她又打电话给部里的值班室，通知他们新闻司现在要发报。

在东方开始蒙蒙发亮的时候，一切工作全部安排落实到位。

新的一天即将开始了。

一部获百花奖的外事纪录片

记得很小的时候，母亲曾经带我去位于东单附近的印度使馆参加他们的国庆活动，那些满面笑容，身穿纱丽的阿姨给我留下了美丽而神秘的印象。

印度是最早承认中华人民共和国的国家之一，尼赫鲁总统也是最早访问新中国的非社会主义国家领导人。两国关系经历了友好、抗争、恢复和发展几个阶段。

在边界问题上，中印两国有约两千公里长的边界线，在很长时间里都没有正式划定过。这也是英国统治时期对中国实行侵略政策而遗留下来的历史问题。这特别表现在所谓的麦克马洪线上。这一条线从来没有得到过历届中国政府的承认。但由于中国政府的友好态度，若干年来这一带基本相安无事。

1954年10月尼赫鲁总统访华。毛主席在会见他时说，朋友之间有时也有分歧，有时也吵架，甚至吵到面红耳赤。但是这种吵架同我们和杜勒斯的吵架是有本质上的不同的。自1959年发生了西藏叛乱以后，大批叛乱分子越过这条线逃入印度，印度军队继续向北进逼，不但超越了所谓的麦克马洪线，而且超越了印度现行地图上标明的边界线。在外交舆论上，印度政府不断向我国施加压力，企图迫使我们接受麦克马洪线这条非法的界线，而某些西方大国也借机挑拨中印关系。周恩来总理说，中国政府一贯主张，中印双方应该考虑历史的背景和当时的实际情况，根据五项原则，有准备有步骤地通过友好协商，全面解决两国边界问题。

母亲在新闻司的任务是如实向外电作出实事求是的论述，对中印边境久远的历史和中国政府的立场作出客观公正的报道。

一次，周总理在西花厅召集的外事口负责人会议上说，要让国际上及时了解我们的观点，了解中印边界真相。听西方是怎么说的，而印度又是如何说的，是谁挑起的观点，都要搞清楚。周总理对印度边境的情况了如指掌，对边界的历史、地名更是非常熟悉。母亲在会上受到很大震动。

回去以后，她马上和几位司领导商量，决定配合当前的形势在全司开展一次培训，由熟悉情况的同志来讲课，最后进行考核，所有的人员都要参加。

为了研究麦克马洪线的来龙去脉，她和有关人员翻阅了大量书籍和地图，那些看似简单的图形记录了久远的历史和重要的边界线。对一个个关键的点和线，他们依据古今中外的资料反复比较，反复核实。在世界知识出版社出版的《中印边界真相》这本书里，记述了新闻司的同志们当年查找的翔实资料。

母亲想问题很细，她没有闭门坐办公室，而是与处里的同志一起谈。她认为，光出文件不行，还要对亚洲国家做大量说服工作。在司里召开的会议上，她让大家讨论还有什么好办法。母亲建议搞个电影，主要讲中印边界真相，并且抽调几个人脱产去中央新闻电影制片厂搜集资料。要选择准确的地图，这个片子要政策性强又有说服力。

上级批准了这个方案。新闻司的陈鲁直、王曾壮、蔡再度等人和亚洲司的几位同志参加了这项艰巨的任务。周总理曾几次亲临制片厂，并提出很多具体而中肯的意见。

新闻司与新影厂的同行们协同作战。几个月后，毛片终于出来了。一段段深入现场拍摄的珍贵镜头呈现在银幕上。

母亲说，这是一部政治性非常强的新闻纪录片，要及时向周总理汇报。当时周总理正在上海，新闻司的同志很快把片子调到上海请周总理亲自审查。

周总理看完片子后基本是满意的，但是他对片头提出了异议，因为画面上出现了我方人员在新疆押解着俘虏的镜头，总理的秘书马列向大家传

达了周总理的指示。

周总理说，我们与印度打仗不是对印度人民，也不是对印度士兵，片头有押解俘虏的片头不行，不能用俘虏冠以胜利者自居，绝对不行，这会损伤印度人民的感情，不要用这样的画面，片子的内容要多表现生活场面。

母亲对四处处长陈鲁直说，你看总理考虑得多么细，你去问马列，总理具体是怎么讲的。第二天总理秘书马列打来电话，母亲请陈叔叔一边接电话一边做笔记。

经过反复修改多方努力，纪录片终于公演了。陈鲁直负责翻译文稿，国际广播电台播音部专家、加拿大籍爱国华侨林达光担任英文配音，片子放映后在国内外取得了非常好的反响。

在此期间，母亲还计划搞一个问答式的小册子，设想有关中印边界各个方面的问题，就国际社会共同关注的焦点作出详尽的答案。要用英文来写，这样外国人容易接受。母亲在自己的笔记本上写下了一个个草稿，有关人员开始动手落实。

尽管这个工作由于种种原因搁浅，但当时大家齐心合力工作的情景却留在老同事们的记忆里。

1963年春天，由中央新闻电影制片厂摄制的题为《中印边界问题真相》的纪录片获得第二届百花奖最佳长纪录片奖、最佳摄影奖，那时中印边界问题已经告一段落，消息传来，母亲和同事们甚感欣慰。

第八章

外交生涯

亲爱的同志们！我们现在比任何时候都需要勇气、毅力、生活和斗争的顽强意志。

——龚澎

1954年日内瓦会议亮相

1954年4月，父亲母亲将跟随周恩来总理参加解决朝鲜和印度支那问题的日内瓦会议。这是新中国成立以来，我国政府参加的第一个大型重要国际会议。参加会议的人数最多时达到182人，另有记者29名。

为了开好这次会议，中国代表团进行了大量的准备工作。

赴会前两个月，代表团各个语种的翻译都集中在外交部，尽管他们都是国内顶尖的人才，周总理也要求对他们进行考试。并且还让他们模拟外国记者，让新闻发言人当场回答各式各样的疑难问题，周恩来、张闻天、王稼祥等高手在现场进行指点，母亲在演习中赢得了好成绩。

还有许多筹备工作是在幕后进行的。为了让领导人掌握更加详尽的国际信息，母亲发动大家翻阅参考了大量的背景资料。在此期间，情报司会同各地区业务司和外贸部等有关单位编辑了1700多万字的资料，内容涉及朝鲜问题、印支问题以及与之相关的重要国际焦点问题，不但供中国代表团参考，还提供给兄弟代表团参考。当时外交部的资料室就在情报司，屋子里堆满了一摞摞为会议准备的文献和材料。

2月底，周总理召集有关人员开会，他说，日内瓦会议的召开对缓和国际紧张局势有重要作用，我国应积极参加。虽然朝鲜问题由于美国的阻挠不会很容易解决，但我们还是要力争能解决一切问题。至于越南问题，法国同美国之间有矛盾，法国想和，美国不想和，法国不愿美国插足越南，美国还想夺取法国在越南的军事指挥权，被法国拒绝。所以我们应当争取法国。

4月上旬，周恩来率领乔冠华、雷英夫、陈家康等人去苏联参加苏、中、越三国会议。三国在会上统一了认识，确定了和谈的方针和策略，为日内瓦会议的相互配合奠定了基础。那时父亲刚从板门店回国不久。

代表团主要成员4月20日出发途经苏联，大家在莫斯科作了短暂停留。周恩来和其他代表在莫斯科与赫鲁晓夫、莫洛托夫、马林科夫等苏联领导人研究了日内瓦会议和印度支那问题。

此时越南的胡志明主席就在莫斯科，但不是公开的。当时中苏关系很好，过往代表团都住在一个叫8号院的地方，中国代表团下榻后，他即去拜访周恩来。周总理带领胡主席参观了中国代表团的驻地，并且挨个看了团员们住的房间，当走进母亲住的那间房子时，周恩来幽默地对胡志明说，这里可是我们情报司司长龚澎住的房子呦！胡志明微笑着说，你可不要把我来这儿的情况告诉她啊！要不然该走漏消息了！

1954年日内瓦会议，龚澎在新闻发布会上

4月24日下午，代表团飞抵日内瓦，受到瑞士专员迎接，周恩来在机场发表了简短的书面声明。

日内瓦是我知道的第一个西方城市，它永远和父亲母亲的记忆联系在一起。高耸的阿尔卑斯山，清澈的莱蒙湖，世界最高的湖心喷泉，半山上童话般的尖顶木屋，公园里五彩缤纷的玫瑰花，各种大型国际会议经常在这里召开。1954年日内瓦会议期间，到这里采访的各国记者达一千多人。

日内瓦会议从4月26日到7月21日结束，第一阶段朝鲜和印支问题交叉进行，第二阶段讨论印支和平，23个国家近一千人出席了会议。

4月28日，周总理在日内瓦会议上首次发言，他指出，苏、美、英、法和中华人民共和国和其他有关国家的外长们坐在一起，为解决最迫切的亚洲问题而举行这个会议，本身就意味着经过和平协商解决国际争端的可能性的增长。周恩来说，中国人民对朝鲜问题极为重视，中国代表团完全支持南日27日提出的“关于恢复朝鲜的国家统一和举行全朝鲜的自由选举”的三项建议。他希望会议的参加者郑重考虑这个公平合理的建议，使之成为和平解决朝鲜问题的基础。

4月28日下午，中国代表团在记者中心举行了第一次记者招待会，时间在英国和苏联的记者招待会之前，这也是新中国新闻发布官在国际舞台上的第一次亮相。

母亲向各国记者介绍了周总理当天在会议上的发言内容。到会的有300多名外国记者，他们聚精会神地倾听着母亲的发言和介绍。

当晚8点，黄华同志在第二次记者招待会上对杜勒斯的发言进行了评

1954年4月出席日内瓦会议的中国代表团成员全体合影　右四为龚澎，左四后排高个为乔冠华

论，记者们纷纷涌上来提问。

中国代表团首席代表周恩来的发言和代表团发言人的记者招待会吸引了成千名记者的视线。招待会那天，“瑞奇蒙”旅馆的豪华大厅里挤满了人，苏联新闻司司长伊利切夫、法国老记者塔布伊夫人，还有英、美等国报纸的特派员。中国的香槟、中国的红酒，新中国的微笑赢得了国际社会的广泛注意。新闻组还在招待会上向记者们散发了周总理发言稿全文，带到会场去的发言稿被一抢而光，大家向日内瓦媒体中心“记者之家”咨询处补送了几十份，还是不够，又送去一批。

当时代表团主要成员住在日内瓦郊区凡尔索阿小镇一幢临时租来的别墅内，房子不大，却有一个四处开满鲜花的大花园，别墅前的小路名为花山，这里因此得名“花山别墅”。初来时，担任秘书长的王炳南同志曾为与会的中国同志互相作了介绍，在介绍母亲的时候，王炳南说，龚澎是一个绝顶聪明的人。

周总理经常召集大家在驻地院子里活动。为了防备房子里装有窃听器，他们一边散步一边开会布置工作。在绿茵茵的草地上，周总理和代表

1954年日内瓦会议上，龚澎（右二）会见法国上萨瓦省妇女代表

团全体成员留下了永久的纪念。

会议期间（5月11日），母亲代表周恩来总理会见了来自法国巴黎的妇女代表团一行37人。她们表达了法国各个阶层的妇女要求从速结束印度支那战争和反对战争国际化的愿望。

日内瓦会议之前，法国政府的态度很强硬，为了殖民统治者的利益，他们不想承认越南。但法国人民是爱好和平的，他们不愿意在亚洲再打下去了。

5月7日，在中国政府的建议和支持下，越南军队在奠边府打了一个大胜仗。5月8日，法国政府主动求和。

两天之后，日内瓦会议通过了越南民主共和国所提恢复印度支那和平的方案。当法国妇女代表得知这个消息之后，她们非常振奋。但仍担心某些新闻媒体歪曲真相，制造争端。她们希望中国代表团在会议上尽力促成停火和谈，进一步缓解国际紧张局势。

母亲和她们进行了亲切的谈话，表达了中国人民爱好和平，支持正义的立场。照片上留下了这值得纪念的一刻。

奠边府战役之后，法国拉尼埃政府非常被动，后来这个政府就垮掉了。在南越，吴庭艳政权上台了，他是明显亲美的。

随着对印度支那问题的深入了解，周恩来意识到，印支三国是三个完全不同的国家，早在法国殖民统治之前，他们之间的界限就存在，并且得到国际社会的承认。因此，印度支那问题的解决方案必须考虑老挝和柬埔寨的意见。周总理曾几次登门拜访两国外长。

6月15日朝鲜问题结束后，印度支那讨论立即成为迫在眉睫的问题。美国人第二天就要在会上提出一个西方16国报告，日内瓦会议即将破裂。

中、苏、越三方再次碰头。核心的问题仍旧是，是否承认越南军队进入过老挝和柬埔寨。周恩来在会前见到了轮值主席英国外交大臣艾登，对他说确实有越南军队进去过，但是现在都出来了，如果还有的话，将按照一切外国军队都撤出的原则来解决。艾登说，我们要求的就是这些，现在有希望了。

这次会议十分紧张，谈判充满了争执。每天都会出现新的情况。周总理说，我们应该通过谈判而不是通过战场来解决我们的争论。我们之间已

1954年日内瓦会议期间　左起：雷任民、温朋久、龚澎、乔冠华、黄华　温馨提供照片

经打了很久了，我们应该停下来谈判，艾登也是这个想法……

亚洲阵营的新方案再次打乱了美国人的计划，受到中国政府感召的老挝代表在关键时刻说，中国代表团的意见包含着有利因素，是可以成为工作基础的。柬埔寨和老挝始终保持的中立立场成为美国无法破坏印度支那谈判的重要原因之一。

在这次会议上，父亲是代表团朝鲜问题组长，他的主要任务是起草文件。会下，周总理经常召集乔冠华、陈家康、宦乡、何方等人连夜修改发言稿。工作之余，同事们仍不忘打趣开玩笑，父亲给每个外国代表团长起了绰号，陈家康说起草稿件就像裁缝做衣服。何方在回忆中生动地再现了当年的情景。

代表团的新闻宣传工作同样是在周总理的关怀与指导下进行的。

作为代表团的新闻组副组长（组长黄华；副组长龚澎、吴冷西），母亲的任务包括和黄华同志轮流担任新闻发言人；为举行记者招待会确定主题拟订名单，与外国记者联系以详尽了解外电外报对代表团的反映；审批新闻稿件，等等。由于会议讨论时不允许记者在现场，所以，重要活动一结束，各代表团都要尽快组织记者招待会，将会议进程与各自的主张公布于众。

每当我国政府新闻发言人向外界发布新闻时，大厅里总是座无虚席。面对台下的上百名外国记者，母亲神情自若，她详细阐述了我国政府在重大问题上的立场和种种主张，并特别强调我们努力争取通过协商会议达成协议的态度。在跳动的新闻纪录片上，我看到了会场的盛况。

会议期间，母亲和父亲朝夕相处，主管新闻的父亲几乎每天都要在会议之后召集同事们讨论中央的指示和部署，他们一起研讨工作，一起交流彼此的观点和感受。

王稼祥同志的夫人朱仲丽阿姨担任随队医生，她在回忆录中写道："龚澎和另一位发言人黄华每次会议后都要去新闻中心发布消息，总是能够对各种问题对答如流。一些不怀好意的记者刁难，她也能出色地进行驳斥。后来一些西方记者攻击另一些称赞龚澎为'年轻优秀的发言人'的记者时，说他们是被'女发言人的美貌所迷惑'。"

风度翩翩的母亲为紧张的会议带来一道温馨的色彩。当时各国代表团

1954年日内瓦花山别墅

经常在会场外召开记者招待会、酒会和舞会等多种形式的活动。云集在日内瓦的记者形形色色，有些人追着母亲问她一些私人问题，媒体还登有一些花边新闻。新闻组的同志给翻译出来，有些不便翻译成文字的，就口头讲给母亲听，母亲听后哈哈大笑，对此她一直抱着宽容而豁达的态度。

中国代表团充分利用开会的机会，大大提高了自己的威望和在国际上的地位，会议的对外宣传工作是非常成功的。

母亲在日内瓦会议上受到外国新闻媒体的集中注意和赞扬。曾在驻苏使馆工作的宋以敏回忆说，当时在莫斯科能读到很多代表团写的反映材料，数量很大，但介绍和评论龚澎的占篇幅最多，“用今天的语言来说，龚澎同志成了代表团的主要亮点。凡涉及龚澎同志的报道和评论，我都读得特别仔细。给我印象最深的就是，在记者的大量报道中充满了对她的美誉。记者们不仅介绍她的谈吐，还大谈她的气质和风度，坚定、庄严、优雅、友善这类形容词反复出现。读了这些报道，进一步让人为外交部有了龚澎同志感到自豪！”

尽管年代已久，我还是找到了母亲在会见意大利妇女杂志代表团时亲笔作的记录，望着那些亲切熟悉的字迹，我的眼睛湿润了。

每一个外交官在世界上走过的路都是不同的。母亲数次参加国际会议和出访。有时是和父亲一起去的，有时是她单独参加世界妇女大会。

不管走到哪里，母亲都希望孩子们能分享他的一份感受。她还抽空给司里的同事们写信，讲述在国外的见闻。

20世纪50年代母亲到达苏联的时候，曾托信使带给正在读小学的哥哥一封信，上面用钢笔清晰地描绘出时差的原理和地球自转的方向。这封珍贵的信件夹在一本书里历经周折，所幸被一位善良的收藏者在被丢弃的物品中寻得，并将信函转到了收信人手中。

万隆会议与“克什米尔公主”号空难

1955年4月，第一次亚非会议即将在印度尼西亚的万隆举行。这是亚非29个国家的人民第一次举行的反殖民主义大会，第三世界将作为一支独立的力量出现在国际舞台上。

周恩来总理代表中国政府正式接受五个发起国（锡兰、缅甸、印度、印尼和巴基斯坦）的邀请，决定派出代表团参加这次大会。由于中国当时还没有大型飞机，代表团租用了印度航空公司的飞机“克什米尔公主”号。

周总理原定也乘坐这架飞机，后因缅甸总理吴努和印度总理尼赫鲁、埃及总统纳赛尔邀请他到缅甸商议会议期间的相关事宜，周总理临时改变行程，代表团将分作两拨出发。4月7日，周恩来率中国代表团大部分成员经重庆、昆明到达缅甸仰光，然后再去万隆开会，我的父亲就在这批工作人员里。另一批人（主要是新闻工作者和记者）4月11日在北京登上了“克什米尔公主”号飞机，他们将取道香港前往印度尼西亚。

由于高度保密，当时人们并不知道周总理不在机上。12时15分，“克什米尔公主”号抵达香港启德机场，稍事休息，待加满油后即按时起飞，直奔印度尼西亚万隆市。下午6时30分，在飞越北婆罗洲沙捞越以北100海里的上空时，机舱内突然发出爆炸声，随即多处地方起火。机长决定强行降落，并用无线电发出三次求救信号。雅加达机场当即询问周总理是否在机上，机长答复不在，随后信号中断，飞机与地面失去联系。由于机身损毁严重，完全失去控制，在烈火的包围中，三名中国政府代表团工作人员，五名中国记者和一名越南代表团工作人员、一名波兰记者、一名奥地利记者镇静地销毁了所有文件，把胶卷全部曝光，然后，他们手挽着手，肩靠着肩，高唱《国际歌》，勇敢地面对迎面而来的危险和死亡……

伴随着一声巨大的爆炸声，飞机坠入大海，炸成几段。除三名机组人员奇迹般生还外，机上所有乘客全部遇难。此时距雅加达约有1小时30分钟的航程。很显然，敌人企图谋杀周恩来，以此破坏亚非会议的召开。

“克什米尔公主”号事件是一次发生在冷战期间的政治谋杀事件。次日清晨，空难的消息还没有发布，早来上班的同事们发现，龚司长不知什么时候已经来到了新闻司，她面色苍白，独自在走廊上踱来踱去，那脚步是那么沉重。

11名遇难者中有新华社香港分社社长黄作梅，外交部情报司科员李肇基……还有奥地利记者严森等七名中外新闻工作者，他们都是和母亲朝夕相处的战友。

李肇基是1938年入党的老党员，1946年就和母亲同在上海办事处工

作，后来到美国新闻学院学习，1951年回国后即到情报司工作，是司里的得力干部。

原来，龚司长是在为牺牲的同志而悲痛！

几小时后，大家得知了“克什米尔公主”号遇难的消息。

“克什米尔公主”号失事事件引起国际社会的极大震惊。事件发生后，中国政府要求英国和港英当局进行彻底调查，并提供了一些重要线索。后经港英政府查实，证明这是一起由国民党保密局香港情报站策划、针对周总理的暗杀活动。国民党保密局收买了香港机场的地勤人员周驹，提前把从台湾基隆秘密运港的TNT炸药做成牙膏模样，借清扫卫生之机放在“克什米尔公主”号右翼轮舱附近。

在对事件进行调查期间，周驹于5月18日逃往台湾。虽然事实十分清楚，但港英当局却以“证据不足”为由，将已经拘捕的要犯全部无罪释放，驱逐台湾，使这起震惊世界的案件不了了之。

面对当时复杂的局面，母亲沉着冷静地思考着下一步举措。她对司里的同事说，我们不能用感情代替政策，我们应该看到这次亚非会议的重要意义和深远影响，周总理肯定是要亲自参加会议的！

万隆会议的成功召开证明了母亲的预见。作为中国代表团顾问，父亲跟随周恩来参加了这次会议。到达雅加达以后，到处都是迎接亚非会议的AA标志，万隆的气氛就更加热烈了。

4月18日上午，第一次亚非会议正式开幕。许多国家的代表都在发言中都表示了和平的愿望，但是也有的代表不指名地攻击共产主义。会场气氛顿时紧张起来。周恩来临时决定，把提前准备好的发言稿作为书面材料散发，他要另做一个补充发言。周总理当即在现场起草了一个大约两千字的补充发言稿。中午回到别墅后，总理口授，由浦寿昌笔录，很快，一篇出口成章的文字就出来了。当时，父亲和廖承志都在场。

中国代表团的发言安排在19日的下午。那时许多国家对新中国还不了解，有的舆论甚至怀疑，共产主义中国是要颠覆其他国家。人们以为，周恩来在发言中一定会予以反击。但谁也没有想到，周总理在大会上的“补充发言”上心平气和地说出的第一句话是：“中国代表团是来求团结而不是来吵架的。”

"中国代表团是来求团结的，而不是来吵架的。我们是来求同，而不是来求异的……"讲话结束后，全场响起雷鸣般的掌声。大会主席说，这个发言是大会走向成功的一个转折点。

万隆会议表达了亚非国家维护独立发展，加强友好合作的强烈愿望，并确立了处理和发展国际关系的十项原则。父亲回忆亚非会议时说，总理促使这次会议达成协议是靠什么呢？是靠中国支持所有亚非国家的正义要求，但并不以要求他们支持中国的要求为条件。总理讲，我们的态度是我们支持人家，不要求人家支持我们；但我们的立场必须鲜明，是非必须说清楚。后来我们参加多次会议都是这样，使许多人放心了。

那一阵子，母亲经常陪伴失去亲人的王阿姨聊天（严森夫人），并且留她在我们无量大人胡同的家里住了一段时间。王阿姨说，我和你妈妈聊得晚了，就在你们家客厅里支一个行军床，就像住在自己家一样随意。你爸爸回来了我就和他点点头，他们就像我自己的兄长大姐一样。

当黄作梅夫人小雷阿姨带着年幼的孩子来到家里的时候，妈爸总是像迎接自己的亲人一样，在家热情地等待他们的到来。从我有记忆开始，她们就是我家最熟悉的客人。

很多年以后，我又见到了黄作梅的长子黄伟建，还看到了一封保存至今的长信。信由母亲执笔，落款部分是乔冠华和龚澎的签名，这封信是写给黄作梅一家的：

> 我们不知如何才能表达我们的悲痛和哀念。认识作梅将近十年，我们之间存在着深厚的友谊，作梅是那样真纯、诚恳、热情，对工作是那么认真、热情和勇敢。离京前夕，我们还在一起深谈过，他的声音、他的动作犹在耳边，犹在目前。
>
> 我们不能想象在今后的斗争中缺少这样一个战友。飞机失事的消息传来的时候，我们一直抱着希望，希望或者会有生还的人。我们也马上想到你们，想到你们的震惊与悲痛，我们感到遗憾，不能亲自慰问你们，分担你们的哀伤，只能籍电报和信聊表我们的心情于万一。
>
> 作梅终于是牺牲了，牺牲在外交战场上他的岗位上。作为

一个革命者，我相信作梅在入党的时候，早有准备。他死无遗憾……

亲爱的同志们！我们现在比任何时候都需要勇气、毅力、生活和斗争的顽强意志。我们要学习作梅的镇静，勇敢来处理目前的悲痛！我们要顽强的贮备力量，教育下辈，努力工作。为作梅报仇……

1961年解决老挝问题的日内瓦会议

1960年底，美国公然粗暴干预老挝内政，大规模运送武器，派遣武装人员，支持萨诺万集团挑起老挝内战。

为了东南亚地区和我国南疆的和平与安全，我国政府坚决支持老挝人民反对美国干涉侵略的正义斗争，并且支持越南民主人民共和国的主张，再次召开日内瓦会议，以讨论和解决老挝问题。

1961年日内瓦会议期间拜访埃德加·斯诺（右二）时合影　右一乔冠华、右三龚澎、右四陈秀霞、右前蹲者爱泼斯坦　陈秀霞提供照片

1961年5月9日，参加日内瓦会议的中国代表团出发了，以陈毅外长为团长，章汉夫为副团长的代表团共有300多人。父亲是代表团成员，母亲是代表团顾问和新闻发言人。我的大姨龚普生也参加了会议。

1961年5月16日至1962年7月23日，讨论老挝问题的扩大会议在日内瓦召开。参加者有中、苏、美、英、法、印、波、越南、南越、柬、老、泰、缅。这次会议对和平解决老挝问题及缓和印支与亚洲的紧张局势起到了一定的积极作用。

这是一次艰难的马拉松式国际会议，也是爸妈出国时间最长的一次公务活动，前后共达七个多月的时间。

白雪皑皑的阿尔卑斯山下，安静的莱蒙湖畔再一次热闹起来，日内瓦的街道上行走着各种肤色的人们，数百名记者涌向美丽的万国宫。花山别墅再次迎来了中国代表团的客人。

爸妈抵达这里后立即繁忙起来。5月11日，中国代表团一到日内瓦便得知会议延期了，此时，老挝已存在全面事实上的停火，可是美国却以未收到国际委员会核实老挝停火的报告为由，拒绝出席会议。其目的就是阻挠日内瓦会议如期召开。各国代表团足足等候了两天，报告总算送到，证明早在10天前老挝就已实现了有效停火，但美国又横生枝节，说老挝左派力量代表无权出席会议。为了揭露他们的阴谋，陈毅外长召集副团长章汉夫和主管新闻工作的部长助理乔冠华、新闻司司长龚澎和《人民日报》总编吴冷西等人开会，决定抢在大会正式开始前的5月13日，中国代表团将举行一次记者招待会，谴责美方破坏会议的行径。由吴冷西、龚澎、彭华等人负责具体筹备和实施。当时大会的新闻中心还没有起用，招待会地址就选在我国驻日内瓦总领事馆。

召开记者会那天，领馆大厅被200多人挤得满满的。母亲代表中国政府义正词严地揭穿了美国政府玩弄的诡计，并和同事们回答了各国记者们提出的关切的问题，其中尤以美国记者提问最多，中国外交官摆事实讲道理以理服人的表现，赢得了国际舆论的赞赏。

此举震动了日内瓦。美国国务卿腊斯克忙召集记者作辩解，但无济于事。各国记者普遍认为中国代表团一开始便取得了主动，将美国送上被告席。中国代表团和美国代表团较量第一个回合的结果是：5月16日，老挝

左派力量代表出席，日内瓦会议正式开幕。

在开幕式上，陈毅外长作了18分钟的首次发言。会议大致分为四个阶段进行。

在这次会议中，母亲主要负责新闻方面的工作，新华社记者写的稿件在发出之前要先交到她这里审查。除此之外，母亲还是我国政府的新闻发言人。大会期间，每一次会议之后都有新闻发布会，新闻司副司长毕季龙和负责记者工作的陈秀霞则配合相关活动进行召集组织选场地等事宜。当时，各国记者都争先报道会场上的消息。为了取得更好的效果，人们都希望取得最好的场地。

为了满足各国新闻媒体的要求，大会采取抽签的方式，让各国记者公平取得召开新闻发布的会议厅。陈阿姨对母亲说，你的手气好，还是你去抽吧！母亲轻轻松松走上去取了一个签：玫瑰厅，这是位置条件最好的一处地方。

会议开始以后，我国代表多次驳斥了美国为了遏制老挝的独立发展而玩弄的种种招数。正如临行前周总理所说，同美国斗争，需要费脑子。

会议进入限制性阶段，代表团副团长章汉夫与美国代表进行了一场反对美国托管的辩论和斗争。他在大会上倡议，所有在这里开会的国家，包括美国在内，必须经过协商，取得一致，共同承担国际义务，保护尊重老挝的独立和中立……

为了更好地配合代表团的工作，母亲立即在当日举行了记者招待会，她在会上详细介绍了我国代表团团长的发言。而父亲每天都在会后召集负责新闻工作的同志一起汇总和研究当天的工作情况，自然，母亲是其中之一。

韩素音在回忆中讲到了1962年日内瓦会议时的一些情况。

会议期间，各国代表团云集日内瓦，这正是开展外事交往的好机会。

蓝天碧草，晴空万里，蓝色的莱蒙湖使人心旷神怡。在为会议举行的一次盛大游园活动中，每个代表团都来了重量级人物。

陈老总和中国代表团的成员围坐在一个桌子旁。韩素音来到会场以后，便走过来与母亲悠闲愉快地谈天。西方代表团的成员则在另一边自由自在地聚在一起，看上去真是界垒分明。

当招待会接近尾声的时候，英国代表团代理团长、英国工党领袖、东南亚问题专家马尔科姆·麦克唐纳向韩素音慢慢靠近，他们是多年的老朋友了，两天以前还在一起共进午餐。韩素音认识许多大使、外交官和政治家，她认为只有周恩来总理的个人魅力才能胜过马尔科姆。

韩素音笑着说，马尔科姆，我给你介绍我亲爱的朋友龚澎。

马尔科姆微笑着和母亲握手说，当然！我在素音那里听到很多关于你的情况。接着，他与陈老总和夫人张茜谈了起来。

几天后，在中国代表团举行的晚宴上，马尔科姆表演了翻跟斗和倒立，陈老总很开心。日内瓦会议结束之后，马尔科姆去了中国。他说，中国人是对的，他们正在做前人没有做过的事情。但在英国国内，他却遇到了许多政治压力。

1962年的日内瓦会议充满了曲折和大大小小的波折，会议也因而一再休会延误以致大大超期。临走时母亲说，他们最多两三个月就回来，可一走半年也不见回来的消息。我和哥哥都知道他们工作繁忙，可父亲母亲非常惦念家里，每次信使回来，母亲总会写一封短信带给我和哥哥。那一阵我家只有一个临时帮忙的保姆，母亲特别委托司里的郭阿姨定期来看看我和哥哥的生活和学习情况。

有一次郭阿姨告诉我，日内瓦会议又延期了。母亲写信问我是不是坚持每天练琴，最想要什么（尽管他们的零花钱很少）。此时正值国内三年自然灾害期间，我不假思索地说，我最想吃肉！还有，我想吃一大堆葡萄！告诉我妈妈，我希望他和爸爸快点回家！那时北京的粮食和豆制品都是配额供给，胡同口的食品店柜台里总是空荡荡的，遇到有卖点心渣子的时候，门口立即排起了长队。有一段时间，我和哥哥天天在家吃红薯面饽饽，那东西吃几口就饱了。临时帮忙的保姆一次把一星期的馒头都蒸好，放在睡觉的房子里，用一个大网罩扣住。花盆里种的小油菜还没长高就拔出来吃了。家里养了两只来杭鸡经常下蛋，可那个湖南阿姨不让动，非让我攒起来等爸妈回来一起吃。虽然肚子里总是清汤挂水，可是看到大盆里的鸡蛋数在稳步上升着，我心里还是美滋滋的。

半年以后，父亲母亲终于回来了！进门之后，我立即拉着母亲来到厨房，得意地向她展示迎接他们的一份厚礼——200只白花花诱人的鸡蛋！

当我们全家围坐在爸爸妈妈软和的大床上闲聊的时候，妈妈笑眯眯地

问我，你现在还想吃葡萄吗？我心里一愣，这时她从提包里拿出一封珍藏的信，那是几个月前我写给父亲母亲的。

在信中，我诉说了爸妈出国以后家里的生活，还告诉他们，外交部给每家发了十斤葡萄，我和哥哥半个小时就把它们全部消灭掉了。不过，我早就把这件事忘记了，可父亲母亲却一直牵挂着孩子们，我用半张纸歪歪扭扭写的家信和在上面画的“一小嘟噜葡萄”，成了他们珍贵的礼物。

母亲向我讲述了国外的见闻，他们参观的西方托拉斯企业是怎样运作和进行管理的，为什么他们的工业化得到了稳定的发展。至今我还能感受到我们全家重聚在一起那种其乐融融的气氛，而关于这一次会议的描述，我写的只是片断和花絮，因为，它所涵盖的内容太丰富了。

当时，中国代表团与苏联代表团关系融洽。会议后期，普希金和谢尔基耶夫曾登门拜访章汉夫和乔冠华，他们之间有一段对话，我想摘录下来作为结束语：

普希金：亲爱的同志们，我可以非常坦白地讲，我们在一起做了巨大的工作。对这一工作我们现在还难以做出全面的评价。我想，这很有意思，也很有意义。对我个人来说，这等于上了一次大学。

章汉夫：对我们也是如此。我做外交工作才12年，但是像在这次会议上面对面同美国人斗争还是第一次。

乔冠华：我们也曾在团内讲，可以在我们的外交学院专开一个班，关于这次会议，可以讲它半年。

普希金：开这样的会议，需要丰富的经验，需要有渊博的学识。在会上，常由于对情况不熟而感到被动。到十年后，当我们都成了老头子的时候，我们互相见面时，可以回忆起老挝问题的国际会议，那才有意思呢！

亚非欧14国之行

1964年3月15日是难忘的一天。

爸妈今天上午就要坐飞机回来了！他们出国访问离开家已经快三个月了，我要去机场接他们！我的一位老同学的父亲也要回来，可他不想因为接家人而请假。我坚持着，今天没有新课，赶快走吧！

司机宫叔叔带着我们一路飞驰，马上就要见到爸妈了，此刻的心情是多么兴奋啊！

飞机场上欢迎的人群锣鼓喧天，到了这里才知道，今天毛主席要来机场，他要亲自迎接周总理为团长的出访14国代表团胜利归来。

空中的轰鸣声越来越大，一架飞机徐徐从跑道尽头降落滑翔到机场上。人们簇拥着毛主席、朱德、刘少奇等党和国家领导人走出了候机室。

机舱打开了，周总理轻松愉快地出现在人们面前，他的后面是带着墨镜的陈老总。掌声雷动，毛主席走上前去。

我紧紧盯着小小的机舱门，很快，一个大高个子弯着身子走了出来，这是父亲！他笑容满面地向我这里张望了一下就走下了舷梯，紧接着是母亲的身影，她身背相机，笑意盈盈地跟着父亲很快走向了接见的行列。

毛主席与周总理陈老总一行亲切握手，身穿白衬衣手捧鲜花的少先队员走上前，其中有我们学校的学生。前面人头攒动，我只有站在后面。正在发呆的时候，和爸妈一起出访的礼宾司司长俞沛文叔叔走了过来，他要我们先跟他过去，因为毛主席要和代表团成员以及迎接的人们合照一张特别加长的大照片。

我不是工作人员，也不是献花的队员，我不想参加。俞叔叔可不管这些，他拉着我们就站到了一排人的旁边，看来我只有当家属了。

照相完毕，人们分散开了，俞叔叔是个大忙人，他对我说，你就在这里别动，千万别走远了，要不然你妈妈找不到你了。此时，毛主席等国家领导人正在与代表团成员和到场迎接的各个部门负责人一一握手寒暄。

不一会儿，毛主席朝我这边大步走过来了，他身穿灰色制服，比爸爸更魁梧高大。此时俞叔叔也不知到哪里去了，我身边只有两位穿军装的叔叔，两个工作人员远远地站在毛主席身后，就像跟随一位长者在散步。

毛主席显得十分高兴，他用一双和蔼的眼睛望着站在队列里的我，好像在说，哟，这个是哪家的娃娃呀？我想走过去大叫一声毛主席好，可是，我不是工作人员，这样会不会违反纪律呢？我有些不好意思地躲到了

高个子叔叔的后面，却伸着脖子使劲儿望着毛主席笑眯眯的脸。这是我第一次近距离看着毛主席，原来伟人是这样平易近人呀！

接见结束之后，母亲出现在眼前。她比过去胖了一些，气色显得很好，脸上洋溢着振奋和亲切的表情。都儿！我正在找你呢！我们回家吧！我告诉母亲，刚才我看见毛主席了！母亲问道，主席和你讲话了吗？我摇摇头，那是接见，我站在一个叔叔的后面，没有走上前去。

母亲爽朗地说，那我请毛主席和你讲几句话！说罢，她朝着毛主席走远的背影快步走过去，主席！

毛主席的高大身影渐渐远去，母亲顶着风朝着远处喊道，主席……！毛主席！

距离已经很远，毛主席没有听见。

大概是出于安全考虑，毛主席接见完代表团就在一群人的簇拥下坐上车很快离开了机场。

这的确有些遗憾，不过我也因此对这次经历记忆犹新。这是毛泽东最后一次到机场迎接周恩来。第二天《人民日报》登载了这条消息和照片，而同学们也发现我请假究竟去了哪里。我很怕班主任批评我，可他说这是难得的好机会。

此前，母亲每到一地都尽可能寄来一张明信片，明信片后面写满了密密麻麻的小字，大部分是介绍当地风土人情的。著名的金字塔和狮身人面像、清尼罗河与白尼罗河的汇合口、美丽多姿的地中海风光……

在摩洛哥，中突双方发表了联合公报，宣布建立外交关系。母亲的明信片里洋溢着兴奋的口气，这里的景色显得格外迷人。母亲酷爱新闻摄影，她身背莱卡照相机照了很多精彩的镜头。

穿越撒哈拉大沙漠，代表团飞向加纳、埃塞俄比亚……

我很后悔没有把这些明信片细心地收集起来，但那些色彩鲜艳的图像一直留在我的记忆中。回到家，母亲向我讲述了他们在国外的见闻。这次她没有给我带巧克力糖，因为非洲的蚂蚁很多，前一天留下的食品如果没有收放好，第二天就会被蚂蚁消灭了，我不大相信。母亲说，非洲的蚂蚁很大，道路两侧有许多大小不一的白色小山，这些都是蚂蚁的家。这真是太有趣了！

1966年之前是解放后我国国民经济向前发展，各项工作走向成熟的最佳岁月，此时的国际形势发生了许多变化。

毛主席提出，外交工作的重点应放在争取两个中间地带。所谓中间地带，一个是欧洲发达国家，他们想摆脱美国的控制；另一个是亚非拉落后国家，他们想反对美国的控制。非洲先后有34个国家获得独立，但他们与我们的往来还不多，从我们的战略需要出发，对第二个“中间地带”，我们应该给予最大的支持并联合他们。

代表团出发前成立了三人领导小组，国务院外办副主任孔原为秘书长，外交部副部长黄镇和周总理办公室主任童小鹏为副秘书长；父亲主管写作组；母亲负责新闻组的工作，并担任中国政府的新闻发布官；俞沛文负责礼宾组。

1963年12月13日至1964年3月1日，以周恩来总理为首的中国代表团成功地访问了亚非欧14国。其中有十个非洲国家：阿拉伯联合共和国、阿尔及利亚、摩洛哥、突尼斯、加纳、马里、几内亚、苏丹、埃塞俄比亚、索马里。

周总理在索马里首都群众欢迎大会上说：“在我们访问非洲新兴国家的过程中，最令我们感动的是，这些国家的人民勇敢热情、生气勃勃，表现了独立的、站立起来的人民的豪迈气概。他们粉碎了殖民枷锁，摆脱了被奴役的地位，敢于当家做主，敢于管理自己的国家，敢于藐视敌人，敢于同一切新老压迫者作斗争。这种无畏的斗争精神，是一切新兴国家的最宝贵的财富。”

中国代表团所到之处受到了热情洋溢的欢迎，在几内亚，塞古·杜尔总统下令礼兵按照国家元首的规格鸣放21响礼炮，随后，周总理一行乘坐敞篷汽车进入市区，科纳克里城的民众倾城出动夹道欢迎，从机场到宾馆的15公里两旁站满了载歌载舞的男女老少，周恩来向欢迎的人群频频致意。在“塔姆塔姆”有节奏的鼓声中，中国贵宾走下了汽车，母亲兴奋地举起了照相机。

我家至今珍藏着一幅珍贵的照片，母亲神色飞扬地与欢庆的非洲妇女在一起，再现了当年的实况。

代表团下榻在海边的美景别墅，杜尔总统亲自陪同周恩来总理来到了

1964年1月访问亚非欧14国，龚澎与非洲妇女在一起　童小鹏摄影

卧室。中国代表团参观了金迪亚市容和水果研究所，杜尔总统还邀请周总理同乘直升机飞过高原山地返回首都。临别那天，主人特意邀请中国贵宾观看了反映几内亚人民反对殖民统治的歌舞，周总理看后颇受启发，特意给正在拟写告别稿的父亲提出了要求：

冠华：请将告别词中加上下述一段意思（文句请你们改写），即：几内亚人民在民主党和总统领导下，大力推动和支持非洲各国人民的反帝反殖斗争。在几内亚的歌舞中，不仅强烈反映出几内亚人民的历次反帝斗争，而且广泛歌颂非洲各国人民的民族独立活动。卢蒙巴的名字在几内亚人民中同几内亚民族英雄萨摩里·杜尔一样受人尊敬，受人怀念。这些充满着政治内容的革命歌曲的传播，大大鼓舞着非洲人民的觉悟，促进着非洲国家的统一和团结。

周恩来

1月26日

中国代表团到达阿尔及利亚后举行了一次记者招待会，周恩来总理回答了各国记者的提问，会后，母亲会见了几位新闻记者，有一个电视台的记者提出要采访周总理，母亲表示可以考虑，不料这个记者接着就提出要我们付出多少钱，母亲很生气，便对这个记者说，你以为让我们周恩来总理在你们的电视上露面，是你们电视台给了我们一个 favor（恩赐），因此我们要酬谢你们吗？你想错了，记者先生！我们不需要 favor，在众多国家的电视屏幕上纷纷出现周恩来的形象之后，贵国的电视才姗姗来迟地出现，那时，记者先生，你就会知道你现在是犯了一个什么样的错误了！

周总理和陈老总得知这段插曲后连声称赞母亲回答得好！

1964年1月，代表团顺访了欧洲的阿尔巴尼亚，这次非正式访问成了场面最热烈，参观演讲任务最重的一次访问。中阿两国领导人欢聚一堂，母亲和阿尔巴尼亚同志一道载歌载舞。

不久，父亲母亲跟随代表团经昆明在成都渡过了春节，此后他们又继续访问了缅甸、巴基斯坦、锡兰（斯里兰卡）三个亚洲国家。

回到北京后，周总理布置了一个任务，在人民大会堂举行一个访问亚非14国的摄影展，这是前所未有的规格。周总理强调，摄影展要突出毛主席的形象，父亲为此动了不少脑筋。最后商定，把毛主席到机场迎接的大镜头放在首位。

父亲还建议在摄影作品上注明摄影者的姓名。

母亲在阿联和阿尔及尔拍的几幅作品入选，童小鹏为她照的那张《和非洲妇女在一起》也在这次摄影展上展出，他们两位都是业余参赛选手。

提起摄影我还要补充几笔，母亲有很多爱好，成绩斐然的就是摄影。有内行人说，从她对摄影的爱好和技术掌握来看，她是早就具备了当一名优秀记者的条件的。

母亲很注意照片的时代性，每当遇到重要的节日活动，她总是最先拿出相机和胶卷，随时准备抓拍有生活气息的镜头。母亲有一架用了几十年的莱卡照相机，那是她的最爱，孩子们是摸不着的，尤其是镜头，更是重点保护对象。几十年过去了，那些发黄的胶片记录的时代已经成为过去，可它们却是母亲为我们留下的最珍贵纪念。

几十年后我又重新看了一遍周恩来访问14国的纪录片，在阿联酋和阿尔及利亚的记者招待会上，母亲熟悉的身影出现在屏幕上。

龚澎出访时总是身背相机，手提摄像机，一副专业新闻工作者的打扮

当时的中国如果没有亚非拉人民的广泛支持，是不可能赢得今天的成就和在国际上的地位的。周总理说，我们一向认为，亚非国家之间需要进行互相援助和合作，来促进经济上的共同高涨和繁荣。这种援助和合作，是穷朋友的同舟共济，而绝不是以大凌小，以强欺弱，以富吞穷。

作为代表团的新闻发言人，母亲还应邀在北京的高校做了跟随周恩来访问亚非14国的时事报告，当时的年轻学生还记得当年的精彩情景。母亲说，她对阿尔及利亚的印象很深，两国之间有很多共同相似的经历，都是从被压迫中解放出来的民族，所以就有着更多的感受。

中国代表团的14国之行航程十万八千里，是建国后领导人出访国家最多、时间最长、路途最远的一次重大外交活动。

安娜·路易斯·斯特朗访华纪实

随着新中国的成立，在抗日战争和解放战争期间采访过中共领导人，在国际上有重大影响的国际友人安娜·路易斯·斯特朗、美国记者斯诺以及著名英国作家韩素音、英国作家格林等人陆续来华，母亲在新闻司组成强有力的接待班底，指定专人陪同到外地参观采访，有时还建议毛主席或周总理接见或接受采访，为新中国赢得国际友人。

美国记者安娜·路易斯·斯特朗是母亲的老朋友，20世纪40年代重庆时期她们就已相识。斯特朗1885年出生在美国。她当过记者、特约编辑，一生中写了30多部著作。

斯特朗一生追求真理，向往革命，曾在前苏联居住近30年，其间先后访问过西班牙、中国、墨西哥、波兰等国，她满怀热情地报道了那里人民的革命斗争。从1925年第一次访华到1970年在北京逝世，斯特朗共访问中国六次，并在中国度过了自己一生中的最后历程。斯特朗热情支持中国人民的独立和解放事业，在近半个世纪的漫长岁月里，她总是在中国革命的关键时刻来到中国，同中国人民同呼吸、共命运，赢得了中国人民的友谊和尊敬，成为中国革命的见证人。

斯特朗第一次访问中国时正值大革命时期。她说，吸引她的不是“异国圣地文明和古代宫殿”，也不是这里的“珠宝和丝织品”，而是这里的激情，即革命的风暴。两年后，中国的大革命受到残酷镇压，革命志士惨遭杀害。斯特朗又一次风尘仆仆地赶到中国。她满怀悲愤地写下《千千万万的中国人》一书，向全世界报道国民党蒋介石对中国革命的背叛和镇压。中国抗日战争一开始，斯特朗就来到中国。她跋山涉水，到山西五台山八路军总部访问，采访了朱德、彭德怀、贺龙、刘伯承等八路军高级将领，并根据这些采访纪录写成了《人类的五分之一》一书。

斯特朗还是第一个向全世界揭露“皖南事变”真相的外国记者。她在美国各大报纸上如实地报道了中国共产党领导人民军队英勇抗战的业绩。

抗战胜利后，斯特朗第五次来到中国。在宋庆龄的帮助下，她来到革命圣地延安。毛泽东主席通过她向世界发表了“帝国主义和一切反动派都是纸老虎”的著名论断。后来她回到美国，在洛杉矶定居了6年，那里有她的住房和别墅，但她最终还是选择留在中国。

经过10年的努力，斯特朗终于得到旅居中国的护照，当时她已经72岁了，但她仍以极大的热情向世界介绍中国。1958年斯特朗再次来北京的时候，就住在台基厂“中国人民保卫世界和平委员会”的公寓里。大院里的孩子们都亲切地叫她奶奶。

1959年3月，西藏地方政府上层叛乱分子在外国势力的支持下，撕毁

了1951年5月西藏地方政府和中央人民政府签署的和平解放西藏的十七条协议，公然背叛祖国，破坏统一，并且组织了武装叛乱，一些西藏进步的上层人士和解放军干部战士遭到杀害，达赖本人也出走了。当时我们的民主改革不涉及达赖的宗教地位，达赖也给中央写信表示赞同，但叛乱还是发生了。1959年3月20日起，解放军驻藏部队奉命开枪反击，用两个月的时间平定了这次武装叛乱。

中国政府的平叛举措和在西藏实行的民主改革的动向立即成为世界舆论关注的焦点。当时国外有许多谣传，说中国政府“破坏”人权。一时间国际上掀起了反华浪潮。当时的情况非常复杂，印度军队不断骚扰我国边境。周总理要求新闻司全力做好对外宣传解释工作。母亲立即组织全司学习有关中印边界历史遗留问题的材料，要大家随时准备回答外国记者的问题。

母亲还建议，根据外国记者的要求派出一个记者团去西藏采访，让记者们自己进行实地考察。经过部领导和中央批准，新闻司决定由副司长康茅召带记者团去西藏，这是距1955年外国记者第二次采访西藏，但此时西藏的情况比较特殊。

组团的人员由外国记者自己报名，最后共有19名记者参加了这次活动，其中大多是东欧国家和苏联党报的记者。

美国记者斯特朗当时已经73岁，她告诉母亲，她坚持要和记者采访团一起去西藏。斯特朗说，我的血压不高，可以去西藏。经过上级同意，新闻司批准了她的请求。临行前，母亲对几位去西藏的同志再三强调，一定要保证所有记者的安全，尤其是斯特朗。除了她自己的秘书随行之外，母亲还特别指定记者处的负责人照顾好斯特朗的全程活动，并为她专门配备了一名专职医生。

和上次到西藏一样，经过多方周密的安排，采访团来到了白雪皑皑的雪山脚下。在拉萨，外国记者们开始了十多天的采访。当时的高原反应很厉害，采访团带了很多氧气袋。

斯特朗一个人就采访了十名翻身的农奴和十名贫苦的喇嘛。在展览馆里，外国记者看到了农奴主处罚农奴的刑具和照片，其中有手铐脚镣，有专门挖眼睛用的石头帽子，还有蝎子洞，用人皮做的鼓……法国《人道报》记者说，这种政教合一的封建农奴制社会比欧洲的中世纪还要黑暗。

从西藏回来之后，新闻司向陈毅外长报告说，全体人员平安，斯特朗格外活跃。

这次采访的效果非常好，我们拍了电影拿到国外去放映，记者们写了很多报导。这是新中国第一次对外通过影视媒体介绍西藏的情况。斯特朗根据这次采访发表了长篇报道《千万农奴站起来》，她在书中写道：实际上正是这些农奴主对他的人民进行了种族灭绝。

尽管西方反华媒体制造了许多谣言，但我们有充分的证据证明，北京中央政府是严格执行和平解放西藏协议的，一直坚守暂不进行民主改革的承诺，尊重西藏人民的宗教信仰。

20世纪60年代初，妈妈经常去斯特朗的住所看望她，有一次她们聊了很久。妈妈对我说，外国人非常希望了解中国的真实面貌，那次长谈，她耐心地为斯特朗解开了种种疑问，斯特朗十分开心。

1963年7月斯特朗写了一篇文章《我为什么在72岁的时候来到中国》，文章的开头是这样写的："现在人们从四面八方用各种话来骂中国，我不准备花费时间和篇幅来列举扣的这些帽子。与其咒骂黑暗，不如燃起一只明烛。我只简单地讲一讲我为什么要到中国来以及我看到了什么。"

斯特朗不无自豪地向世人说："在北京，我找到了过去吸引我去延安的素质，但是范围更广泛更广阔。我觉得自己变得更年轻，更健康，甚至脾气也更好些了……在中国，'老太太'是一个尊称！"

主管对外宣传工作的母亲与驻京的左派进步记者保持着定期来往，为了使大家能够经常通气，她举办了定期座谈。在座谈会上，斯特朗、柯弗兰、爱泼斯坦、丘茉莉等人可以像参加记者招待会一样，就自己所关心的内容提出相关问题，母亲一一做出回答，并借此把中国最近的重大决策及时通报给他们。对此大家一致表示很感兴趣。

1965年斯特朗建议："像这样的座谈至少两个月举行一次。"

1970年3月29日，安娜·路易斯·斯特朗逝世后被安葬在北京八宝山革命烈士公墓，墓碑上铭刻着郭沫若的手迹："美国进步作家和中国人民的朋友"。

埃德加·斯诺重访中国（一）

美国记者埃德加·斯诺是中国人民的老朋友，或许很多人没有读过《西行漫记》，可是几乎每个中国人都知道他的名字。

2003年12月，我与《阳光卫视》摄制组来到北大校园，当我们走出临湖轩幽静的竹林时，年轻的导演拉着我来到距湖边不远的一个小山坡上，斯诺的墓碑伴随着他一半的骨灰长眠在此。

母亲与斯诺夫妇的交往就始于这美丽的未名湖畔。在六十七年前那场著名的“一二·九”学生运动中，他们结下了深厚的友谊。1941年斯诺由于在美国《先驱论坛报》发表了有关“皖南事变”的真实报道，被国民党剥夺了在中国采访的权利，斯诺和海伦被迫离开居住了13年的中国。由于不断受到美国右翼势力的迫害，斯诺移居到瑞士，和第二任夫人洛伊斯住在洛桑。

新中国成立后，埃德加·斯诺曾多次写信给母亲和中国的老朋友，希望能够重返中国访问。母亲把这些情况向周恩来总理如实地作了汇报。

经过毛泽东主席和周恩来总理的亲自批准，中国人民的老朋友埃德加·斯诺于1960年6月28日来到北京，此时他阔别中国已经19年了。

斯诺在新中国成立后曾三次重访中国。周恩来总理每次都为斯诺来访作了周到细致的安排，并特别指定外交部新闻司龚澎负责接待工作。前两次都是由母亲接待的，而斯诺1970年第三次来访时，母亲已经生命垂危，无法交谈了。

20世纪50年代，中国政府曾经同意美国政府向新中国派驻新闻记者，但当中国提出对等派新闻记者到美国时，却遭到了对方拒绝。中国政府不可能接受这样不平等的要求。因此，在很长一段时间内，中美之间是没有记者来往的。这回，身为记者的斯诺先生则以路易·艾黎的客人的身份来到了中国。

来华之前，斯诺与美国《展望》杂志签订了一个合同，同意作为《展望》杂志的临时记者，把他将在中国采访的见闻发表在这本杂志上。

龚司长要求司里有关人员提前做大量的调研工作，翻阅斯诺离开中国

1960年6月，毛泽东主席与美国作家埃德加·斯诺在一起。左一站立者为龚澎，左二为陈辉

之后写的书籍以及发表的对华言论，等等。事实证明，斯诺始终对中国人民保持着友好的情谊。

在斯诺到达中国之际，母亲与新闻司的同事对他日程中的每一个活动，包括他的生活都作了周密的安排。在五个月的时间里，斯诺的足迹遍及中国十多个省市的工厂、农村、学校、医院、部队、监狱，并对工、农、兵、学、商、少数民族、资本家等各界人士以及在押犯人70余人进行了直接访谈，还采访了末代皇帝溥仪。斯诺表示，20年不见，中国完全变了个样，其变化范围之广、速度之快令他惊讶。在北京，母亲专门把老朋友请到人民大会堂，在宴请会上，斯诺见到了多年不见的马海德、路易·艾黎等人。

还记得，母亲曾为我带回一盒美丽的水彩笔，她说这是一位叫斯诺的美国记者送给我的。我惊奇地瞪大了眼睛问道："现在还有美国人与中国人来往的？"母亲兴奋地闪动着大眼睛告诉我："有的！其实，很多美国人与我们始终是友好的。"我一直珍藏着这份有纪念意义的礼物。

到达中国后，斯诺向新闻司提交了将要向周恩来提出的40多个问题，其中涉及中美关系、中印关系和中苏关系，母亲及时向周总理作了汇报，并为采访进行了周密的安排。

1960年8月30日，在北京前往密云郊区的列车上，斯诺见到了邀请他的周恩来、邓颖超等人。母亲和司里派出的翻译陈辉、速记吕霞等人在场。火车到达密云水库后，大家上了游船，周总理陪同斯诺参观密云水库，并继续与斯诺的谈话。

另一次谈话是在周恩来的住所进行的。

斯诺按着他事先准备的提纲向周恩来提出了问题。周总理的谈话论及许多方面，但核心是中国在台湾问题上的原则立场。

当时中美华沙大使级会谈将进行第一百次会议，周恩来总理告诉斯诺，中美两国会谈中，“在具体问题能够解决之前，首先就要达成原则上的一致”。

周总理特别指出，中美在台湾地区的争端不解决，就不可能有中美关系的正常化。中国政府希望通过和平协商解决中美争端，而不应诉诸武力或以武力相威胁。美国必须从台湾和台湾海峡撤出其武装力量。台湾问题纯属中国内政，中国绝不允许搞“两个中国”或“一中一台”。

周恩来说，美国对华政策制造“两个中国”的计划不但被中国大陆反对，并且会被台湾国民党当局和台湾人民反对。

周恩来分两次回答了斯诺的大部分问题，采访时间长达12个小时，斯诺记下的笔记有1.1万字。母亲认为，这是周总理对外宾就中美关系谈得最深最全面的一次讲话。

10月1日，毛泽东在天安门城楼上会见了斯诺。

10月22日，毛泽东邀请斯诺到中南海家中做客，并告诉斯诺：“我的确希望我能在还不太老之前，到美国去一趟，在密西西比河和波多麦河去畅游一番。但是，华盛顿不可能同意我到波多麦河去的……”在场的有母亲和父亲。

回到瑞士的住所，斯诺撰写了《大河彼岸》一书，详细记述了他在中国的所见所闻。在他的笔下，人民生活显著改善，到处欣欣向荣，群众支持政府，建设热情高涨，藏族人民摆脱了黑暗的农奴制，实行了民族区域自治。斯诺在书中澄清了西方的一些谣传，同时也指出了中国面临的问题和困难，但他对中国的前途充满信心。

为了请斯诺先生更准确无误地写出表达中国领导人的讲话内容和精神的文章，1960年10月19日，母亲和两名助手代表中国方面在国际俱乐部就斯诺写的8月30日采访周总理的文章等内容交换意见。在开放的档案中，我看到了母亲与斯诺的书信来往，其中详细记述了母亲与他核对周恩来谈话记录文稿时的详细情景。

母亲看着斯诺的英文稿子开门见山地说："我要对斯诺先生的文章提意见了，待谈完后，然后斯诺先生有什么不同看法，也可以提出来协商。"

母亲说："关于中苏关系问题，你不能从总理的谈话中得出中苏之间存在着'真正不同'的结论。总理一再指出，中苏之间共同点是主要的，根本的，不同点是次要的、形式上的，是由于两国处境不同而产生的着重点的不同。你在第一段开头就引用'任何兄弟党之间的争论都不能动摇苏中坚如磐石的团结'。总理什么时候也没有和你谈过'兄弟党之间的争论'，那是你自己的话。

"又例如，总理谈到联合国问题的时候，曾经指出，由于两国处境不同，因此做法不同。但是，共同点是主要的。这里不存在两国之间的误会，或者是'政策'不同，总理也从来没有用过'误会'，'政策不同'这样的字眼，更没有用过某些的确存在的真正不同'之类的话。

"你的文章第八页第二段里引错了总理的话，你现在就可以查对记录，看为什么是错的。（斯诺当即查对记录）这就是总理在前一天指出的那段。这样的错误给人的印象是总理在'两个中国'的问题上对苏联有所不满。这是不正确的。中苏两国在这方面是完全一致的。一致反对'两个中国'。这正是总理说的话。"

斯诺承认自己的写法有毛病。他说："现在看来还是严格按着正式记录来报道，而且事实上也不会长多少。"

母亲又接着说："如果你想用记录，我们想改正一个译法，即对'不同'的译法。我在天安门观焰火的时候已经跟你谈到这个问题。'不同'译成 difference 不够确切，后来和陈辉商量后，我觉得在某些场合应该译成 dissimilarity，另一些场合又可译为 not the same，还有一些场合仍可以

译为 difference。”

斯诺表示同意 difference 这个字本身不是一个很确切的字眼，它包含各种分寸，完全看前后文来确定它的含义。

斯诺说：“我同意在政治用语中，最好避免使用含义很广的字眼。”

母亲又说：“我们在谈中美关系问题时，我们首先提美国侵占我国领土台湾和台湾海峡，并对我使用战争威胁，是造成中美关系目前紧张状态的根源。其次，我们坚决反对‘两个中国’的阴谋。第三，我们主张和平解决中美之间的一切争端，中国人民愿意跟美国人友好。你的文章在这几个方面都写得不够。现在我用你的文章里的具体例子来说明我的看法，我们逐页看吧。

“你写道，我们要和平共处，但是却反对美国侵略和两个中国，我们不是空洞谈和平共处的，而是有具体内容的，也就是五项原则，首先就是互相尊重主权和领土完整，互不侵犯。和平共处和反对美国侵略不是对立的，而是统一的概念，因此这个但是是不当的。”

斯诺看了他的稿子说：“我了解你的意思了，问题出在一个‘但是上’，如果将这个字取消是否就可以了呢？”

母亲继续说：“我还没有把这方面的意见谈完呢。我在谈我们的主张，可能性涉及双方，如果像你说的，我们无条件相信同帝国主义和平共处的可能性必要性，这给人的印象似乎我们祈求和平共处，而失去我们所主张的五项原则的立场。因此必须按总理原话写……”

斯诺说：“我很想找到说你们祈求和平的地方，但是我找不到。文章并没有这样的意思。”母亲说：“我是有根据的。”

斯诺表示不想听下去了。

母亲说：“我还没有讲完呢，要是你不想听的话，我可以不谈，你自己去查正式记录，校正你的文章。”

斯诺马上说他还是想听的，他希望我们了解他的处境，他不得不考虑他的读者和编辑。虽已有些修改纯粹是出于技术原因。

母亲毫不让步，她说：“不是文字问题，主要是准确性，看第二段吧……我们说美国侵占台湾，是对我们侵略，不仅是妨碍我们统一的问题。你考虑你的编辑和你的读者太多了，现在你谈的是中国人的立场，是中国总理的话，你就要准确把我们的精神和立场表达出来。用字一定要准确。当你在写有关我国意见的时候，我们必须认真。”

母亲最后特别强调说：“就我陪同总理接见外宾所知，总理同你谈中美问题，谈得最全面最深透，斯诺说，总理的接见使他明确了许多问题。主观愿望上，他希望中美之间的问题能够早日得到解决。”

分手时，斯诺希望有时间和母亲再谈，并且约定了具体时间，后来因为时间紧而没有实现。

斯诺先生对中国共产党人对原则问题和新闻工作的认真态度十分钦佩和赞赏。后来，斯诺在给母亲的一封信中说：“亲爱的龚澎，我愿再次感谢你为了解释总理的决定而耐心地花去的时间以及他和你所给予我的其他一些不平常的礼遇。对此，我实在非常欣赏。”

一年之后，1961年日内瓦会议期间，母亲和父亲以及代表团的同志专程去位于日内瓦湖畔的斯诺家中拜访了这位老朋友。

埃德加·斯诺重访中国（二）

1964年10月18日至1965年1月19日，埃德加·斯诺以法国《新直言》周刊记者身份第二次访问新中国，新闻司上报了他的访问计划。

10月31日傍晚，周恩来邓颖超接见了斯诺，周总理说，我看了你的访问计划，你的要求太广泛了。你要求会见那么多人，但是谈问题还是找那些掌握第一手资料的人去谈好。在原子弹这个问题上，我是掌握第一手资料的人。

周恩来拿出12幅中国原子弹爆炸的照片送给斯诺，并说，这些照片连龚澎都还没有看到，今天晚上你不要马上发，回到瑞士再发出去。

1965年1月9日，毛泽东参加了全国人大的例会之后，在天安门城楼接见了斯诺，并且邀请他共进晚餐。当时共有五个人在场，其他几位是龚澎和乔冠华及翻译冀朝铸。

他们的谈话很轻松，没有事先的书面问题，用毛泽东的话来说就是“山南海北，海阔天空”。就中美关系，毛泽东说：“历史的各种力量最后也必然会把两国人民再带到一起来的，这个日子一定会到来。也许我是对的，在那

1965年1月陪同毛泽东会见埃德加·斯诺　左一为龚澎

以前战争是可以避免的。只有美国军队入侵中国，才会发生战争。他们可能来，他们也可能不来……”

在《漫长的革命》一书中，斯诺记述了毛泽东的“山南海北”，使他们的这次会谈成为众所周知的一次著名谈话。

他在书中写道：“我回到中国两个多月后，毛泽东邀我在1965年1月9日晚上去吃饭，我们交谈了四个小时左右。外国客人只我一个。在座的两位中国官员——龚澎女士和她的丈夫乔冠华，是革命胜利以前就认识的朋友……我没有提出书面问题，也没有做记录。我事先理解，这次交谈同1960年那次一样，是不公开发表的。当夜一回到住处，我就尽我所能记忆的，立即把毛说过的话都记录下来。第二天，我喜出望外地接到通知说，这次会见时的谈话，只要不用直接引语，大部分都可以发表。幸好我得到当时做了记录的龚澎的帮助，能够对照我自己关于谈话的笔迹加以修订。”

有一次妈妈回家之后显得很兴奋，她告诉我，这两天她和爸爸在天安门城楼上因为陪美国记者斯诺与毛主席谈了很久。接见结束后，毛主席心情很好，他对母亲说，龚澎同志，我们一起合个影吧！不久，妈妈的秘书刘阿姨取回了照片。这张珍贵的相片一直被保存在妈妈的相册里。

毛泽东在天安门城楼上会见斯诺后说："龚澎同志我们一起合个影吧。"

母亲说这两天见到了毛主席，是因为毛泽东在会见斯诺的前一天还有一次谈话，那是在毛主席和父亲母亲之间进行的。

母亲把斯诺准备提出的问题向毛泽东一一作了汇报。比如，斯诺希望毛主席亲自谈谈西方传说主席曾表示核战争死几亿人，还剩几亿人的说法。

毛主席笑了，他说，这个话我是什么时候说的？我是在莫斯科会议闯下的这个祸吧？你们找找这个文件，说的话就是说过了。其实赫鲁晓夫说得比我说得厉害得多，他说有一个什么武器，可以把全世界一切有生物统统杀光。美国不是有一部电影也说在一场核战争中人都死光了吗？！我说的只及他们说的一半（笑）……

斯诺的第二个问题是：当前世界的主要矛盾是否是发达国家与不发达国家之间的矛盾？

毛主席问，你们看呢？

父亲说，我认为主要矛盾是帝国主义同被压迫民族之间的矛盾，这不是理论问题而是事实。

毛主席说，不是理论而是事实……他们又继续谈了很久。

这次是毛主席提出问题了，他说：我们进不进联合国，将来蒋介石代

表赶走了，赞成我们的票数又符合三分之二，我们怎么办？（笑）

谈话进行了很久，直到长安街上华灯初放。实际上这次谈话是为第二天毛泽东接受斯诺采访的一次“预演”，也是为他们之间“山南海北，海阔天空”谈话的精心准备。

斯诺结束在中国的访问之后做了一件重要的工作，他把两次采访周总理的谈话记录发表在美国《展望》杂志上。这是最早见诸于西方报刊的中国领导人关于中美关系和中国政策的最完整阐述。周总理明确指出，中美在台湾地区的争端不解决，就不可能有中美关系的正常化……

上述立场后来被写入1972年签署的《中美上海公报》，成为中美关系正常化的基石。

斯诺在《漫长的革命》一书中说：“我们在1960年的那次会见，中国报纸没有报道。1965年我们谈话的那一天，《人民日报》登载了毛泽东和我的大幅照片，我只被介绍为《西行漫记》的作者……在我看来，毛泽东很想通过这种方式，把中国对战争与和平的看法，特别是越南问题的看法通知美国。”

一年半之后，史无前例的文化大革命开始了。

凡是与“封资修”和帝国主义反动派沾边的都在劫难逃。而母亲因为直接负责接待斯诺等外国记者的工作而遭到严厉批判。美国记者在此时被描述成中央情报局派到中国的特务，造反派质问母亲：“龚澎，你为什么批准美国特务到中国？”这条大标语顺着三层办公楼高高悬挂在人们眼前。

院子里的伙伴悄悄告诉我，有大字报说你妈妈和西方记者时常来往，说那是里通外国，还有人说，你妈妈关心干部是拉拢收买人心。难道她在家没有和你们提起这些吗？听说她被整得十分厉害，这究竟是怎么一回事？

面对这突如其来的政治风暴和无端指控，妈妈表现得坦然而沉静，她从来不抱怨自己的冤屈。再说，她的工作就是与外国记者打交道，接待外国客人是党中央交给她的任务啊！

1969年8月，韩素音在来华访问时多次提到，斯诺希望再次访华。母亲和熊向晖把这一情况向周恩来总理做了汇报。周总理根据当时的情况说，这事先放一放，将来请示了主席再说。

1970年8月14日，斯诺偕夫人洛伊斯·惠勒第三次访问新中国，此时母亲已重病在身。

斯诺在《漫长的革命》一书中，记录了1965年初回国之前与父亲母亲交谈的片段：

> 我在离开中国前不久，单独和两位老朋友进餐时曾说：在整个情况中只有一件事使我迷惑不解，那就是在我看来过分地颂扬了毛泽东……我看到了一幅放大到三十英尺高的画像，那是依照我在1936年拍摄的一张相片复制的。这使我产生了一种复杂的心情，一方面对摄影技巧感到得意，另一方面很感不安地记起了战时在俄国看到的对斯大林的类似的狂热崇拜。但是，刘少奇、周恩来、彭真、邓小平和其他政治局领导人的画像在各机关、学校仍然可以看到，刘少奇的著作也到处有得出售。对一个人的崇拜还没有普遍，但这种趋势是明白无误的了。
>
> 招待我的主人是燕京大学毕业的龚澎和她的丈夫乔冠华，当时他们两人都是外交部部长助理。我继续说：这些陈列的范围之广……毫无疑问，每个人都知道他是革命的主要缔造者，当然他本人也不需要这种夸大的奉承形式，不是吗？这果真有必要吗？
>
> 龚澎表示领会地微笑了一下。她说：我知道许多外国人有这样的想法。让我给你讲一个故事。在革命初期，有件奇怪事情。当农民来参加10月纪念日，走过检阅台时，许多人都向毛主席叩头。我们不得不派人在那里看守，以防止他们跪倒下来。要使人民明白毛主席不是皇帝或神仙，而是一个希望农民像人一样地站起来的普通人，这是需要时间的。这可以帮助你了解有些人会做得多么过火，而现在容许的这种表达方式，又是多么温和了。
>
> 这的确使人想起了中国三千年来对皇帝的崇拜，于是我对她表示了感谢。但当我见到主席时，我还是向他问道：苏联批评中国在助长个人崇拜。这有根据吗？毛回答说，也许有吧。据说斯大林曾是个人崇拜的中心，而赫鲁晓夫则完全没有个人崇拜……

毛对我说，我由于写了一些东西而受到批评，但是他看过摘录，认为里面并没有什么有害的东西。他们并不期望每一个人在每一个问题上都同意他们，我保持一种独立的观点是对的。

往事如烟……

与爱国作家韩素音的交往

著名华裔英籍女作家韩素音原名周光瑚，她是母亲多年的老朋友，又是燕京大学的同学。

1933年韩阿姨是燕京的医学预科班学生，而妈妈在历史系。那时有些人另眼看待有混血血统的人，可是妈妈却毫无偏见，她对同学一视同仁。不过两人真正的来往始于重庆，韩素音在《无鸟的夏天》（寂夏）这本书中对这段生活作了生动描写，“那天晚上……我碰到龚澎从对面走来，我们两人都停了下来。龚澎总是一个稳重、沉着冷静的人，显出非常有思想……”

从青年时期开始，风风雨雨许多年，在那些难忘的日子里，她们共同经历了一个值得记忆的时代，母亲去世之后，韩素音称母亲是她“最伟大的朋友”。

韩素音1917年9月生于河南信阳。父亲是中国工程师，四川人。母亲是比利时人。她1933年进入燕京大学学习。两年后到比利时的首都布鲁塞尔学医，1938年回国。1944年至1948年她在英国留学，毕业后返回香港从医。1952年嫁给出版商康柏，随后到马来西亚行医，曾为新加坡南洋大学的创立而奔走。1952年，她的自传小说被好莱坞拍摄成电影（Love Is A Many Splendoured Thing）。

1949年新中国诞生，韩素音渴望了解祖国的消息。1953年她接到了表弟的来信，周总理号召海外知识分子回去看看。最初她在印度递交了一份入境申请一直没有回音，“我感到自己也许不会被接纳，不会被理解。我不知道新中国将如何看待像我这样的作家”。1955年尼泊尔国王登基，中国大使在加德满都递交国书，韩素音见到了中国大使馆官员，并通过他们转给母亲一封信，信中诉说了自己的许多困惑和想法，她希望能够有机会重返中国。

母亲收到信后很快请示了周恩来，她作了认真的回复。母亲的来信使韩素音打消了一切疑虑。1956年5月，韩素音从香港经深圳踏上了新中国的土地。她迈出了决定性的一步。在北京她见到了年迈的父亲和亲友，还作为海外作家列席了第三届全国人民代表大会。几天后，英国代办将在北京举行女王生日招待会，韩素音应邀出席，母亲告诉她，周恩来总理将出席这次活动。在招待会上，母亲把韩素音介绍给周恩来。周总理笑眯眯地说，欢迎你回来看看！韩素音借此递上长达六页的采访提纲，那是她关于法律、群众运动、文学与作家、对外宣传、计划生育等一系列问题。原以为周恩来不会有时间接待她，一个多星期后，韩素音突然接到母亲的通知，周恩来与邓颖超邀请她到家里做客。那一天周总理和韩素音谈了三多小时。周恩来很重视韩素音，说韩多年离开中国多年却不忘故土，有爱国主义情感。

从那时起直至文化大革命，韩素音几乎每年都到中国来，在中国与西方之间架起一座相互了解的桥梁，成为她半生为之奋斗的目标。

此间韩素音写过很多介绍新中国的文章，并经常在国外召开中国问题报告会，为新中国的政策做宣传与解释工作。借助母亲的引见，从1956年至1971年，她与周恩来总理八次长谈。韩素音说，我屡次蒙国务院总理周恩来接见，获益匪浅，使我更加了解中国情况、世界形势。我可以毫不迟疑地说，我所有的知识，全部归功于周总理的殷切教诲。

韩素音是一位勤奋刻苦的作家和活跃的社会活动家，西方知识阶层的读者非常喜欢她的作品。她写的关于中国的回忆录，已经被当作研究中国的必读书籍。1977年邓小平同志接见了她。

母亲很赞赏韩素音的自强和努力，说她能够在社会上打开局面，主要是由于她的医生和作家身份。母亲说，一个女人在那样的社会里能争取到现在的状况是很不容易的。韩素音的第一任丈夫经常打她，她因此遭受很多的痛苦，而第二任丈夫也很冷漠，直到她遇到了后来的丈夫路文星，这一切才得到彻底的改变。

韩素音每次来中国爸妈都要请她吃饭。我对她比较清晰的记忆是从1962年开始的。

这是一个冬季，母亲周末回家说，有一个很熟的朋友将要来家里看她．于是阿姨开始打扫房间，重点是卫生间。父亲笑着说，西方人的文化就是厕所文化。最后母亲严格地检查了一遍，并且让阿姨再做一次消毒。

不一会儿，客厅里摆起了家庭宴席涮羊肉。原来爸爸妈妈特意为老同学准备了一顿地道的北方风味饭。接近中午的时候，邢绛阿姨陪同刚到北京的韩素音来到我们报房胡同的家，母亲一直叫她学生时代的名字“光瑚”，这是一位坦诚而心直口快的阿姨，两人见面分外高兴。

后来母亲请韩素音观看川剧《抓壮丁》的时候把我也带去了。韩素音对四川很有感情，她一直认为自己是四川人。有一次我随口评论说，在北京的这些四川人都很精，韩阿姨听了高兴地说，是啊，我们四川人就是很精明嘛！

文革前的一个夏天，母亲请韩阿姨游颐和园，她们租了一条游船，同去的还有刑绛阿姨和我。在碧波万顷的寂静湖面上，她们继续着谈话。谈完之后又约下次的活动。每次见她之前，母亲都要做认真细致的准备工作。

母亲还在星期天带着我去新侨饭店看望韩素音阿姨，每次她们都谈很久。那时我还是一个小姑娘，有一次我不解地问母亲，你们怎么有那么多话题可说？

母亲说，在西方生活久了会对中国的许多国情不了解，比如刚解放的时候，很多翻身农民到了天安门会跪下来向毛泽东的头像磕头，西方人不可理解，认为这种“跪拜”仅仅是迷信和个人崇拜。可是，当他们知道老百姓在旧社会的穷苦生活，新社会使他们分到了田地并且站起来做人，而土地对于农民就像命根子一样重要，外国人就对中国的民情有了一份理解，母亲说，要让他们深入了解中国的实际情况，需要有不少时间，还要让他们亲眼看到很多东西。

那时我还没有完全理解母亲的话，只是觉得她太有耐心了。在那些日子里，邢绛陪同韩素音跑遍了中国的东西南北中许多地方，其中包括西藏。

由于韩素音经常发表关于中国现状的文章，她也因此是一个有争议的人物，西方人说她替共产党中国做宣传，而中国国内却有人认为她在胡说。

母亲时常要为她解围，并因此与别人发生冲突，在那些被采访的人面前为她解释和做工作。韩素音说："如果我感觉自己像一个小偷，从生活里偷了那么多东西，那么我应该感谢龚澎的慷慨，她使我收藏了大量的知识，足以供我使用终身。"

1970年母亲病重的时候，韩素音再次来到北京，那时母亲已经昏迷了，为了防止肺部感染，谢绝了一切探访者。韩阿姨得到特别的批准，医院要求她穿着白色的大褂戴着帽子口罩进入病房。

昔日亲切的老朋友如今已经不能相认，韩素音泪流满面。出来后她见到父亲和孩子们，没有说几句话她就难过地擦着眼泪离去了。

20世纪80年代初，韩阿姨再次来到北京，大姨很快看望了她，并请她为母亲写点什么，韩阿姨不顾旅途的疲劳和感冒，当天就在下榻的北京饭店连夜一口气写出了《我最好的朋友龚澎》一文。

韩素音在文中讲述了和母亲的交往：

> 我第一次见到龚澎是在1933年，在燕京大学上学的时候，当时我在医预科学习，她在另一个系。我们不在同一个宿舍楼，她又是一个大忙人，投身各项爱国活动。尽管最初的忆痕是模糊的，却久久难以忘怀，我想这是由于她的性格是如此的富有活力，朝气蓬勃。

韩素音几次在重庆和香港的街头与母亲不期而遇，她说："在我需要帮助的时候，我总是遇到龚澎。"

新中国解放以后，时代发生变化了，韩素音不敢回到中国。她说：

> 我惧怕共产主义，我感到自己不会被接纳，不会被人理解。龚澎似乎懂得我犹豫不决的心情。我留在香港，从事写作，成为一名医生兼作家。我的内心，无论如何是渴望重访中国的。我写信给龚澎，告诉她我要去北京。在1956年四月间，我果真去了。在我的几本书问世之后，我已稍有名气。我不知道新中国将如何

看待我这样一个“资产阶级”作家。

在北京，我又见到龚澎，两人长谈，搞清楚许多问题，但不是全部。这一年，1956年，成为我生活中的转折点。从那时起，我认识到中国是在前进，整个国家将发生巨大变化。我更体会到世界上其他许多国家多么不了解中国，不了解中国革命。我认为，要让全世界的人更好地了解中国，这一点是很重要的。这样我就开始从事我自己选择的这项任务。1957年和1958年我又返回中国，每次都见到龚澎，和她谈话。

……

如果没有龚澎，我就不可能做到过去我所做的工作，不论是讲学，参加会议或专题讨论，广播和电视采访以及著述。我曾屡次蒙国务院总理周恩来接见，获益匪浅，使我更加了解中国情况，世界形势。我可以毫不置疑地说，我所有的知识，不论什么，全都归功于周恩来总理的殷切教导，而且是通过龚澎，这一切才成为可能。

韩素音认为母亲是一个奋发能干而聪明的人，她不会忘记任何人对她讲过的事情。在处理问题时总是很镇静（Her life was one of devotion to her work）。

韩素音对中国很有感情，她始终努力在中国与世界之间架起一座理解与沟通的桥梁。20世纪80年代初我见到她的时候，她正在构思写一部给年轻人看的小说，书中讲述两匹年轻的马，尽管他们来自两个不同的国度，可是当他们在边境上相遇的时候，却一见钟情，并且相爱组成了一个家庭。她问我是否喜欢看这样的故事，这部作品我不知道最后是否发表，但我知道这是她始终感兴趣的题材之一。她热爱父亲的祖国，也爱母亲的故乡。她希望这份情结能够得到更多人的理解。

不久，我的丈夫考上公派留学生，学校与韩素音居住的地方同在一座城市，他去位于洛桑Momdoi街的公寓看望了韩阿姨，并且送给她一张母亲的照片，韩阿姨说，这是一份最珍贵的礼物。

几年后，在法国我们又见到了韩素音和她的丈夫陆文星，那时我和我的先生正在巴黎实习，当我们试着与韩素音联系时，她很快回了信，他们夫妇要到巴黎办事。两周后，在巴黎市中心一座充满欧式风情的酒店里，我们再次见面了。在异乡异地见到爸妈的老朋友感到格外亲切。韩阿姨还是那样神采奕奕富有活力，似乎岁月没有在她身上发生多少作用。陆文星长得高大伟岸，如父亲般慈祥，看见他有一种熟悉与亲切的感觉，那时他的身体状况已经不大好了。陆伯伯问我是否有孩子，我告诉他，夫妇两人工作再带孩子，需要足够的准备，可他笑眯眯地对我说，你有了孩子就交给我吧！我把他带到印度去和我们一起生活，在那里我们有一个大家庭，他一定会很健康很快乐的！陆伯伯因为身体欠佳没有和大家一起去餐厅，临别前他挥手对我说，有了孩子一定要告诉我们呀！最好是个男孩子！

韩素音请我们在附近一家传统法餐店吃西餐，当我拿起刀叉的时候，她却只要了一杯矿泉水，说要控制体重，我钦佩韩阿姨的毅力。就在我们谈话的空当，周围的读者不时认出了韩素音，人们走过来礼貌地低声询问她是否可以签个名。从穿着举止上看，这些读者大都是知识女性，签字后她们很快离开餐厅，显得彬彬有礼，而韩阿姨也非常乐意和她的读者互动交流。

韩素音不仅是一位知名作家，还是一位活跃的社会活动家，多年来，她一直在为中国与其他国家的睦邻友好而尽力。韩素音与很多国家的要人特别是东南亚国家的首脑都是好朋友，为了增进中国与其他国家的沟通理解，她经常做穿针引线的工作。在中印边界冲突的时候，她见到了印度总理英迪拉·甘地夫人，她对甘地夫人说，中国和印度都是历史悠久的国家，这两个大国不应该打仗。当中国与越南关系紧张的时候，她主动去做调解工作，她充满信心地说，两国之间一定会和解的！

在韩素音的《吾宅双门》一书中，详细地描述了1949年以后她与新中国的联系，其中有许多篇幅谈到了母亲与她的谈话和她们之间的交往。她的回忆录已成为研究中国的必读书目之一，而这一切都源自于她心中的那份中国情结：“我向往再生凤凰栖息歌唱的那片莽莽森林，在那儿我可以听到她的翅膀在空中煽动的声音。”

难忘的合作

韩素音来华后，在周总理的亲自过问下，母亲与邢绛、熊向晖、姚伟等人先后组成了接待小组，几位同事正值经验丰富、年富力强之年。大家配合默契，相处融洽。

邢绛和母亲第一次见面的时间是在1962年1月。这一天，母亲约邢绛到家里商谈工作，我为这位没见过面的阿姨开了门，她气质不凡而和善，妈妈和她谈了很久。

早在圣玛丽亚女中读书的时候，邢绛就听老师同学说，龚澎是个非常能干非常厉害的人，尤其是她的嘴巴很厉害，是个“女强人”，加之她的资格挺老，名气大，级别又高。邢绛开始不免有些紧张，可是见面之后不到两分钟，她就发现，“龚澎非常平易近人，没一点架子，说起话来让你没有任何距离感。”

一看到邢绛，母亲就开始用英语对话。“你就是刑绛啊，听说我们还是圣玛利亚的同学呢！”

邢绛也用英语回答说：“只能说我们是校友。我上圣玛丽亚时，你已经是老师了。我妹妹听过你的课。”

母亲问道：“是么？听说你和我一样，也当过国光会会长。”

“有这回事。”

“很好，我知道什么人才能干这个差事。看来我把你要来接待韩素音是要对了。”

坐下来以后，母亲继续用英语和她聊天，并把韩素音的情况介绍给她。邢绛明白了，这是在考核她的英文。母亲告诉邢绛，韩素音是一个十分勤奋的人，从她的身上可以学到很多东西。从那以后，她们进行了愉快的合作。

韩素音是一个直爽的人，对接待人员回答的话，她经常不客气地指出其中的错误，事后又常常很后悔。邢绛陪同韩素音参观了很多地方，也经常为她挡驾。

邢绛阿姨对母亲的印象和我的感觉在很多地方是吻合的。在工作中，母亲的嘴巴是很厉害的，尤其是在那些难以对付的场合中。可是对同志，母亲是非常厚道的。有一年冬天，邢绛阿姨到家里谈工作。妈妈怕家里温度低太冷，就拿出一床毯子给她盖在腿上。邢绛说，我用不着。可妈妈说，你怎么像韩素音一样固执？到了我家就要听我的！

工作之余，母亲像朋友一样和邢绛阿姨聊天，谈家常。邢绛阿姨说，虽然龚澎没有讲那些长篇大论的话，可是她就有这个本事，韩素音对她佩服得五体投地。所以可见，一个真正的外交家，并不是要能言善辩，你只要在节骨眼上讲一两句就够了。后来邢绛成为我们家的好朋友，母亲去世时，父亲打电话约她到家里，帮着料理母亲的后事。邢阿姨见到我总要和我聊上一会儿，就像家里的一位亲人。1980年至1985年间，她在纽约担任联合国新闻处处长。

本打算写到有关章节去拜访她，可是想不到我的愿望竟只能成为如烟的往事。

1969年8月中旬至11月，韩素音来华访问，周总理指定母亲与熊向晖主持接待工作。不久，周恩来在人民大会堂会见了韩素音，会见结束后，周总理向母亲与熊向晖详细交代了下一步的工作重点。

熊向晖消瘦精干，话不多，显得非常机智和沉着。我觉得他很像一部老电影里从事地下工作者的副官。1970年母亲去世的时候，熊向晖参加了追悼会，他悲痛的神情给我留下深刻的印象。后来很久我都没有见到他。2003年底我去拜访了熊叔叔，在他爽朗的声音里，我仿佛又回到了过去。

在和我谈起母亲之前，熊叔叔说要先问我几个问题。比如，我是如何看待我的父亲和母亲的，我如实谈了自己的想法。熊叔叔是一个真诚的人，他很直率地谈了自己的看法。

“优秀的共产党员，杰出的无产阶级战士，周恩来的得力助手”，这是他对母亲的评价。熊向晖的女儿熊蕾告诉我，她的父亲从来不轻易赞赏什么人，但他对龚澎阿姨是非常敬佩的。

其实熊向晖本人的经历就非常具有传奇色彩。他曾在周恩来的领导下从事地下工作，担任国民党高级将领胡宗南将军的随从副官和机要秘书。国共谈判破裂以后，蒋介石命令胡宗南派遣百万大军扑向延安根据地，在千钧一发的时刻，熊向晖将这一情报密报中共中央，毛泽东、周恩来和整

个党中央从容撤出了延安。毛泽东说，熊向晖的工作是中共情报史上最成功最典范的事例。解放后熊向晖在外交战线任要职。

熊向晖对我说："评价一个人不在于文字的多少，而在于分量。"他让我看了一篇特意收藏的文章：1945年至1949年间，美国人约翰·麦尔比任美国驻中国使馆新闻专员，是有名的被毛泽东批判的《白皮书》起草人之一。后来受到美国麦卡锡主义迫害，一直在大学里教书。他在重返中国时回忆说，上个世纪40年代他来到重庆时，印象最深的就是王炳南与龚澎，他说龚澎才华出众，举止大方而洒脱，和她交谈没有拘谨之感。龚澎和王炳南甚至在某种程度上改变了他对共产党人原有的印象，当然也因而影响了他对内战双方的看法。他不止一次谈到这些：龚澎王炳南在他的眼里就是中国共产党人的缩影，甚至于每当想到中国，首先出现在记忆中的，就是这两个人。熊叔叔用笔在文章上画出了重点，他说，我认为这几句话就描绘出了你妈妈的轮廓。

一年以后，熊叔叔因病离开了我们。

第一个电视采访中国领导人的西方记者格林

建国初期，常驻北京的记者主要来自苏联、东欧等建交国家和西方党报，母亲经常根据对外宣传的需要，适时地安排中央领导人会见一些外国记者与国际友人。

英国自由撰稿人费力克斯·格林常年住在美国，他曾以旅游者身份来华，拍了很多胶片，并在西方报刊发表了一些关于中国问题的文章，实际上已经进行了记者活动。尽管这样的人比较难管理，可是他的报道还是比较客观友好的，他的哥哥是英国BBC广播电台的著名作家格拉汉姆·格林。

1959年初夏，母亲根据新闻司副司长康矛召的建议，将有关英国自由撰稿人格林的情况报告了周恩来，不久，格林的入境申请得到了批准。

1959年8月23日，在罗马尼亚使馆举行的庆祝罗马尼亚解放15周年的招待会上，周恩来总理等中国领导人都来庆贺。

招待会开始后不久，格林缓慢地走了进来，他一只脚穿着皮鞋，另一只脚却穿着软底布鞋，在众人的注目下，他显得很内疚。细心的周总理注意到了他难堪的表情，新闻司的同志赶紧向总理通报了他的姓名。

敏锐的格林看到这个机会立刻跛着腿走过来作了自我介绍。并且说自己因脚气病做了手术，行动不便，有损礼貌。

周总理问格林有什么要求？他立即提出是否可以向总理提出一些问题，见总理可能会接受他的请求之后，他又趁机说，等总理考虑成熟，是不是允许我向您作一次电视采访？周总理哈哈大笑，对身边的康茅召说："你们也考虑一下吧！"

几天之后，格林提交了一大摞提问草稿。

在周总理的亲自提议下，乔冠华、吴冷西、龚澎、梅益等人组成了一个班子，最后选送了12个重大问题送周恩来参阅修改。为了使这次电视采访得以顺利进行并取得圆满成功，中国政府经过了多方准备，其中之一，是母亲和格林进行一次摸底谈话。

1960年7月，母亲在位于北京帅府园的"全聚德"餐厅设便宴招待了英国自由撰稿人格林，副司长康矛召在座。他们边吃边谈了一些国际问题。

格林说，现在美国人民和美国政府之间有极大的分歧，中国应加以利用。

他认为中国新闻发言人使用的帝国主义一词对中国人民说来大概是不成问题的，但是对美国人来说，帝国主义一词仍然意味着过去那种公开吞并别的国家的帝国主义。因此，光说帝国主义，就不一定为美国人民所理解，而不如说"金元帝国主义"等更明白易懂。

母亲说，我们从来都是把美国政府和美国人民分开的，但是有些美国人习惯以主子的口吻对中国人讲话，这种情况必须改变。像杜勒斯、怀特之流在中美互换记者问题上所说的话是我们不能容忍的。另外中国的声明对象还有亚非拉美各国人民。

母亲问格林，美国人民究竟可以看到多少关于中国的消息？

格林说，除了路透社消息和香港去的消息之外，美国人民很少看到中国的消息。因此他建议，中国政府应该对美国人民讲话，最好通过电视，在美国，电视宣传效果极大，另外是不能篡改。母亲说，电视片是可以删

改的。

格林说，他可以把电视片在中国编好，请中国当局看过以后保证不删改地在美国电视台播放。

当谈到台湾问题时，格林说美国政府是愚蠢的，甚至一些右翼作家也不支持它，格林主张中国在解决台湾问题上要给美国留面子。他说，毛泽东也说要留个后门使敌人可以逃走。他建议把台湾问题分两步走。第一步是让美国人宣布他们已同意台湾举行公民投票，这样美国人有个交代就可以光荣地撤退，至于美国退出后，台湾是不是举行投票，那是另一回事，台湾早晚是中国的。

母亲不同意他的说法。她说，台湾问题是中国内战的继续，美国无权过问。美国不是光荣地进来的，也无所谓光荣地撤走。在谈到对美国大选的估计时母亲说，有些人在野时是很有理智的，一上台就不同了。他们还谈到了中印关系等问题。

1960年9月5日，周恩来总理在母亲的陪同下，在人民大会堂接受英国自由撰稿人费力克斯·格林的电视采访。这是中国领导人第一次接受国外媒体电视采访。

在摄像机前面，周总理轻松自如、胸有成竹地回答了格林提出的有关中国和美国的前景，中国和苏联、印度、英国、日本等国家的关系，还谈到了联合国问题以及和平共处等十二个问题。

周总理说，中国一向主张，不同社会制度的国家实行和平共处，最近，中国政府再一次建议，亚洲和太平洋沿岸各国，包括美国在内，签订一个互不侵犯的和平公约，把整个地区建成为没有核武器的地区……

周总理全面阐述了我国政府对重大问题的立场和观点。英国BBC广播电台、美国教育广播电视和我国新闻媒体都相继作了播放和报道。

这个电视片受到国际舆论和外交界的极大重视，成为研究中国外交政策具有权威的新闻文献，由此也大大提高了格林的声誉。

当时我国的新闻摄影设备还十分简陋，新影厂的两架老摄影机不停地发出嗡嗡嗡的声音，其中一台还临时出了毛病，最后画面都进行了同步调整。圆满完成任务后，大家深深舒了一口气。

几十年后，这一盘深藏在仓库里的陈旧胶片呈现在眼前，当年的画面又徐徐拉开——周总理神采奕奕地面对着镜头谈笑风生，他的左侧是风华正茂的母亲，她正在专注地倾听着总理的每一句讲话，而那位注视着周总理的高个子绅士就是格林先生。[①]

这是文革前新闻司主办的几大活动之一。格林先生也因此与中国建立了深厚的友谊，在他去世之前，一直与新闻司的同行们保持着友好的往来。

① 参见《周恩来传》(下卷)，中央文献出版社1998年版，第1176页；另请参见乔冠华1981年6月22日谈话记录。

第九章

新闻司岁月

看人要看大方向，关键时刻最能反映一个人的真实面目。

——龚澎

龚澎印象

新闻司里有来自全国各地的大学生，毕业于外国名校的业务尖子，也有历经枪林弹雨的老资格，在同事们眼中，这位外表秀丽、待人和颜悦色的女性，是否具备实力来胜任新闻司长这个职务呢？最初也曾有人带着一丝疑惑的态度，究竟龚司长是怎样一位司领导呢？

1959年春天，康矛召从印度使馆回国之后担任新闻司副司长，当时司里还有徐晃和邵宗汉两位副司长。

龚司长对康叔叔说，我们老早就想有一位在驻外使馆工作过，熟悉国外情况，有一些国际宣传经验的同志来新闻司。

康叔叔在回忆中是这样描述母亲的："龚澎比我大五岁，已经是四十有五的人了，凭她的学历和经历都是兄辈。她对人谦和，谈吐优雅，说话注意分寸，不随意渲染。这是很可贵的品德。"

"龚澎同志不爱修饰，不饰脂粉，手包里除了一些文件和记事材料，就是一把长梳，一包香烟，一盒火柴。她洁身自好，从眉宇间和声音中都显现着乐观的精神，仍保有青春的余晖。"

看到这些回忆，我不由得想起母亲总是带在身边的那个深绿色皮包，她伴随着母亲走了很长的路。在他们共事的年代里，母亲为了司里的事情，曾带着我去住在附近的康叔叔家。当他们商讨工作的时候，我就在孩子们的房子里静静地等候着她。

1954年徐晃调到新闻司担任副司长，他也是燕京大学毕业的，由于多年在部队和公安系统工作，自然就更多了几分军人特有的豪爽之气。最初，他还不熟悉这位温文尔雅的女司长。慢慢地，徐叔叔发现，“龚老太”不但精通业务，而且很有一套工作方法，在司里有一种凝聚力。“上有好者，下必有甚焉”，作为一司之长，她一贯严格要求自己，宽松待人，处理问题很镇静也很果断。

徐晃叔叔在工作中逐渐了解了母亲的为人，后来，他们夫妇被派往驻外使馆工作，母亲成了徐家五个孩子在国内的监护人，还认了老三小红做干女儿（我们家只有一个女孩子）。母亲定期过问孩子们在学校里的表现，了解他们的学习成绩和生活状况。

另一位新闻司副司长秦加林也是老资格，抗战期间他参加了新四军，在盐城一带开展工作，解放后他们夫妻双双从部队来到外交部，1964年秦叔叔到新闻司赴任，与母亲成为工作上的搭档。母亲去世后他成为新闻司司长。秦叔叔和母亲共事的时间并不长，在文革最艰难的时刻，他始终坚持原则，实事求是，从来不无中生有随便整人。母亲认为这是十分可贵的品质。

20世纪50年代初的新闻司既是个工作单位，也是一个集体生活的大家庭。大家除了睡觉，其他时间基本全在司里，连假日也是大家一起在大食堂看电影、几人结伴或全司组织出游。领导和被领导之间，同事之间，年长者和年轻人之间，你感到的是温暖，是关怀，是帮助。大家都忙于工作，没有闲功夫搞人际关系。

母亲对下级没有架子，从不做什么说教，她以女性领导特有的温暖和细致关心着司里的每一位同事，而这一切都处于她的本性，因此非常自然。许多年轻人都把她当作良师益友，连在生活中遇到的问题，也都会毫不犹豫地向她倾诉和讨教。

一位老同志因为当年养病与党组织失去联系，母亲几次向支部提出建议，要不要恢复他的党籍。

建部初期，柳亚子先生的女儿曾在司里工作，后来因为个人问题心情很不好，母亲听说后就安排和她年龄相近的同事去开导劝慰她。

有位同事工作好几年了还是独身一人，母亲看在眼里，记在心上，并细心留意哪里有合适的人选，直到给他们介绍成功。母亲还为司里的年轻人主婚，记得小时候母亲曾兴致勃勃地带我去一个四合院参加婚礼的情景。不过，在我吃完喜糖之后，她就把我拉走了。

那是一个人与人之间充满信任和真诚的年代，至今令许多人珍惜和怀念。

*　　*　　*　　*　　*

周末上午走进33号宿舍的院子，靠着洒满阳光的墙根盘腿坐着一位老同志，当她站起来迎接我的时候，我才认出她就是我要拜访的刘建珍阿姨，她早早就出来等我了。

20世纪60年代初，刘建珍曾担任司办秘书，她在母亲身边工作了6年。刘建珍是在山西老根据地参加革命的，解放后作为第一代机要员被选拔到了外交部。母亲对她非常信任，很多重要的事情都交给她去办。两人就像老朋友一样，经常在一起聊天谈心。

1962年中印边界冲突的时候，新闻司组织了一次相关的地理和历史知识测试，每个工作人员都要参加。临近考试的前一天，刘建珍正和同事们紧张地背诵那些难记的课程，忽然接到总理办公室打来的电话，通知龚司长当天下午两点去开会，放下电话，她继续专心致志地准备着复习题，时间一下子就过去了，直到下午接近两点的时候，刘建珍猛然想起来，糟糕，把最重要的事情给忘记了！通知两点开会！再看看表，现在只剩下几分钟了！

她赶快找到龚司长，今天下午两点要到总理那里开会！龚司长听了之后立即说，你现在就要车，我们马上赶过去！

到了总理办公室，会议已经开始了。母亲歉疚地对周总理说，总理，我们来迟了！秘书同志因为参加考试，通知晚了。总理笑笑，不要紧，我们刚刚开始。你们也是为了工作嘛！

会议结束以后，刘建珍不安地想，不管怎么样，这也是我工作的失职，回到司里可要挨批评了！可是，龚司长什么也没有说。准备多日的时事考核开始了，刘建珍一笔一画回答得格外认真，最终取得了五分的好成绩，顿时轻松了许多，她想，这会儿龚司长该批评我了！

可母亲和平时一样有条不紊地忙着工作，直到快下班的时候，她还是什么也没有说，刘建珍趁她办完一件事的时候，主动提起这件事：龚司长，那天都是我的疏忽，差点误了事！母亲笑眯眯地对她说，好啦！以后多注意就行了！

有一年我们一家去北戴河的时候，我和刘阿姨住一间宿舍，一到晚上，床边的纱窗上经常趴着几只活泼的小壁虎，我觉得很有趣，可刘阿姨很害怕这种小动物，一看到它们出现在屋子里，就不敢走过去。母亲知道后，每天都特意在临睡之前来到我们住的屋子里，仔细检查一遍墙壁和窗户，直到赶走所有的壁虎后她才放心离开。

这些小事已经过去40年了，可刘建珍还记得非常清楚。她常对家人说，我的老领导可是很关心我哦！

为培养新中国外交人才尽心竭力

新闻司由最初的十几人发展到文革前的四十多人，其间有不少陆续毕业的大学生充实司里的力量。

母亲在世的时候经常以喜悦的口气谈起司里的年轻人。在饭桌上，我时常听母亲提到，司里最近又分来哪一个刚毕业的大学生。像对待自己的学生一样，母亲为他们能够独当一面而感到欣慰。不少人我没有见过面，可是名字却是熟悉的。

几十年过去了，经过多年的实践锻炼，当年的青年人早已成长为外交和新闻事业的栋梁之材。他们中间有人成为新闻司司长和驻联合国代表，有的担任了新闻发言人和驻外大使。

母亲可谓为新中国培养外交人才竭心尽力，她生前为我们留下了许多这类故事。

1954年新闻司选调了一批外语学院毕业的年轻人，马毓真是其中的一位。不久，龚司长会见一位德国记者，马毓真也去了。

这是一次重要的外事活动，初次上阵的马毓真心里不免有些紧张。刚

刚迈出学校大门，也拿不准自己能不能准确翻译与外宾的对话。正在忐忑不安的时候，他听到母亲用英语对德国客人说，这次和我一起来的是 A young man of promise（一个很有前途的年轻人），并热情地把他介绍给德国客人。马叔叔后来回忆说，这一句话我听得十分清楚，当时心里感到非常大的鼓励。

信任和鼓励是最好的动力。以后他常想起这句话，每当遇到困难的时候，他就想，自己是一个有前途的人，要继续努力。果真，他在日后工作中成了一个有前途有发展的干部，并且成为新闻司的顶梁柱，后任驻英国大使等职。马叔叔说，龚澎同志的亲和力很强，她关心年轻人，对人宽厚。她对年轻干部既严格要求又十分爱护，并且经常走到各个科室去和大家交流，随时把来自中央的意见传达给大家，同志们有哪些问题也可及时与她反映，大家把这叫做吹吹风。

在年轻同志面前，母亲更像一个大姐。陈鲁直说，我年轻时初写文章没有经验，有一篇稿子怎么改也不满意，自己都有点灰心了，他来到了我们报房胡同的家里。母亲鼓励他说，别泄气，没有关系，文章还不都是反复改的！父亲也在一旁说，你的文章很有气势！

听了他们这些话，陈叔叔心中有了信心，文字也越写越好。

母亲非常重视培养青年的工作。对新来的同志，她不是高高在上挑毛病，而是认真传帮带。李金华1953年毕业后被分到新闻司，龚司长关心地询问她被分工做些什么，工作有没有困难？李金华坦然相告，搞简报，没有困难。每天把两本参考资料拆开，把老刘圈出的条条剪下来，用浆糊贴在白纸上就行了。龚司长笑笑说，这么容易啊？

空闲下来的时候，她耐心地告诉这位年轻人说："搞简报不能只用手，还要用脑，要熟悉简报的内容，要系统了解其中的问题，这样才能提高。"

金桂华初到新闻司工作的时候才19岁。在一处工作了一段时间之后，他来到了三处，从事国际调研对他来说还是一个陌生的领域，一切要从头开始。可是，谁会注意到一个新来的年轻人呢？

母亲很快了解到这些情况，并特别约他下班后到报房胡同的家里谈谈。周末，母亲认真地向金桂华谈了关于写调研文章的要点，并对他写的文章做了具体的指导。

就在谈话的同时，隔壁响起了钢琴声，母亲听了一会儿便大声说道：“不对！这一段的节拍不对，重新再弹一遍！”原来，那是初学钢琴的我在练琴。

还有一次，母亲会见尼泊尔新闻代表团，见到客人后，她用中文说了这样两句话：“你们中间一半是老朋友，一半是新面孔。”担任英文翻译的金桂华一下子卡住了，怎么准确地用英文表达出这个意思呢？

客人们的目光都集中在他的身上，空气似乎要凝固了。就在这时，母亲又用英语重复了这句话：“The old friends with new face”，巧妙地掩饰了金桂华的尴尬。

听了母亲这句幽默的英语，宾主都开心地笑了，会见的气氛顿时变得轻松起来。

*　*　*　*　*

新闻司近乎每年都有新近分配来的年轻人。为了考察这些刚毕业的大学生究竟有着怎样的英文水平和实际理解力，担任三科副科长的浦山曾经出过这样的试题：让每个人翻译一段有关国际时事的短文。

应该说，当时毕业生的英文基础是相当扎实的，可毕竟是初出茅庐，他们还不熟悉课堂之外的情况。字面的意思明白了，可对文中涉及的人物和背景却颇感陌生。比如在一篇译文里提到的胡志明，初涉外交的年轻同志还搞不清楚他是何许人也。

最初，新来的大学生能独立做的事情只是抄抄稿子、糊糊信封、发发文件。可是母亲还是对他们寄以厚望，循循善诱，把一分的人才当作三四分的人才来使用，尽量给大家创造快速进步的条件，并且经常给他们以鼓励。

母亲常常说：和参加革命早的同志相比，你们的条件好得多了。当年他们是在危险的战场上和紧张的地下工作中挤时间来学习的，你们可是从科班出身，过个三五年，你们就会让人刮目相看了。

对又着急又缺乏信心的新同志来说，这种鼓励和期望是一种巨大的推动力量。母亲十分关注干部的成长，在她的安排下，不少刚毕业的大学生在司里工作几年之后，又先后来到外交学院等高学府进修提高，一些专业与工作不对口的同事也因此取得极大收获。

母亲像老师对待自己的学生一样，尽量为司里的年轻人提供一个有利于成长的空间。

身为一司之长，母亲从不训人，也不爱绷脸摆架子，她喜欢启发人的思路。毕业不久的蔡再度学的是法文，看到学英文的同事们大展身手，他觉得自己学的语种用处不大，没有用武之地。母亲得知他的想法后，就对他说，现在外交形势发展很快，将来需要懂法文的地方会很多，要看得远一些，法语不仅是法国的国语，而且是许多殖民时代法语非洲国家的通用语言，要看得远一些，不要丢掉法文，将来你还有机会继续学习。一番话说得他开朗了许多，而母亲一直把这件事放在议事日程之中。两年以后，蔡叔叔作为带职干部来到外交学院进一步提高深造。

母亲一向主张，要给干部提供更大的空间，使他们有机会得到锻炼。

当时部里没有专门的翻译室，母亲经常推荐司里英文功底好的陈辉担任周总理的翻译工作。20世纪60年代初埃德加·斯诺重访中国时，翻译工作就是由陈辉担任的。陈辉自幼生长在美国，讲得一口地道的英文，母亲经常细心倾听他在现场是如何发挥的。母亲认为，陈辉的翻译好就好在其中的nuance（感情与音调的细微差别）掌握得好。

陈辉回忆说，龚澎同志没有在国外留过学，可是她的英文功底非常好，我们可以听得出来，她发音纯正、用词准确，并且可以听出不同的人发音具有的微细差别。对于他和母亲在工作中的默契合作，陈叔叔幽默地说，我和你妈妈都是学历史的，所以我们对问题的看法很接近。

几年前，《阳光卫视》做过一部有关母亲生平的短片，毛片做好以后，导演想请他们夫妇谈谈意见，没想到，当荧光屏上出现他们熟悉的画面时，老两口泪流满面。

为锻炼司里的年轻人，母亲下了不少功夫。在一个新年前的记者招待会上，她即兴发表了一段新年祝词，然后要求几位年轻同志当场分别翻译成英文、法文、俄文等几种语言，即考核了这些同志的实际工作能力，又给他们提供了实践的机会。

1955年印度总理尼赫鲁访华，母亲把毕业不久的李阿姨带到了中南海，为周恩来和尼赫鲁会谈做见习记录。周总理问母亲，为什么带来两个记录员？母亲指着李阿姨说，她参加工作不久，让她来学习学习。周总理听了赞同地说："好！要让娃娃们多学本领！"

1963年马毓真第一次单独出差到缅甸，中途要中转好几次。母亲得知后，就让他先不要乘班机走，可以跟着代表团一起随同刘少奇主席访问印度尼西亚的专机去缅甸。这样不但减轻了旅途中的不便，也为年轻人提供了见世面的机会。

威信比权力更重要，母亲在自己从政的道路上留下了一束温馨的花。老同事们说，"在新闻司的日子很温暖。"

* * * * *

母亲是个豁达大度的人，可是她对待工作却极为认真仔细，决不放过任何纰漏。她告诫大家，要建立一种踏实严谨的工作作风。判断问题要着眼于大局，处理问题要从小事做起。

建部初期，办公室起草的文件都是由具体负责人逐字逐句手写出来的，如果碰到会议期间赶任务，工作量是相当大的，稍有不慎，就会出错。而如果偏差正在关键词上，就会影响整篇文章的基本观点和立场。

为了引起大家的足够重视，母亲在司里讲了这样一个故事：我国决定向某邻国供应粮油若干吨，可是在一份文件中，把吨数多写了一个零，成为原定数额的十倍。粮食部门等承办单位对此提出质疑，这才没有酿成大祸。

在很多情况下，细节决定命运，正所谓外交无小事。

母亲还在司里讲述过另一件事情，我国与很多国家有文化交流，并有交换动物的往来。可是，这些交流是需要经费的。我们的同志为了节省铜板，就把一对稀有动物拆散，只进了其中的一只。没有想到，这种动物非常重感情，夫妻分开后就郁郁寡欢，不吃也不喝，很快就死去了。原来的钱也白花了。

母亲深知，凡事从长计议，才能成就高质量的工作。

戴严是1968年到新闻司工作的。他曾经手一件案子：中国陶瓷艺术展正在西北欧地区国家进行巡回展出，由于已经展出多个国家，一些展品已经陈旧破损，我驻法使馆建议再从国内充实一些新的展品。经过与景德镇联系，又运来一批展品，可是质量很不理想，尤其是一组《沙家浜》制作得很粗糙。他把有关情况向母亲作了汇报。

母亲听后，并没有简单地坐在办公室里做决定，而是请几位司领导一起，亲历现场一件件检查展品，最后从中只选了几件。考虑到驻法大使黄镇将军本人就是画家，对艺术有很高的鉴赏力，因此她建议，从驻法使馆陈列品内补充一些陶瓷展品，并请黄大使审定。问题就这样解决了。

母亲一贯倡导踏实的作风，无论对待工作还是学习。她在一次新闻会议时说，"要了解国家的政策，才能知道如何对记者谈，才能掌握回答的分寸。回答问题当然由负责同志掌握，最忌装聪明。凡不知道的就不谈，但有些问题也不能不谈，不过要掌握分寸。"

敢于为下级承担责任

母亲是一个勇于承担责任的人。当下面的同志在工作中失误时，她总是首先检讨自己的责任，有时她的责己之严会大大超过具体出差错者的自责。

有一次，宋以敏带班编写的一期"综"字号《新情况》（每天早上八时印出送给周总理等中央领导和外交部领导参考）内容受到了周总理的批评。宋阿姨被通知当晚提前上班。下午到司里后，母亲对宋阿姨讲了挨总理批评的事，还说到总理曾问她，是不是没有让年轻同志读到应该读到的文电，没让他们了解到应该了解的情况？

这件事给宋阿姨留下了深刻的印象，她回忆说，我听到批评，心里当然很紧张。但我当时就感到，龚澎同志的沉重感不知要超过我多少倍。事后，她立即按总理的要求加强上下通气，还调兵遣将，为加强三科的工作采取了一系列组织措施。作为具体出错的我，反而"因祸得福"而得到了更好的工作条件。

还有一次，周总理准备会见英籍女作家韩素音，母亲要提前去汇报情况，她派司办王立去新侨饭店接韩素音。不巧部里车子都派出去了，等了半天才回来一辆，时间已经很紧，接到客人后，他们便驶向中南海。可是究竟应该从中南海哪一个门口进呢？新来的司机不熟悉情况摸不着大门，车上的人谁也说不清楚，于是，车子兜了几个来回。到西花厅的时候，母亲正着急地等候在大门口。总理的日程安排得很满，如果错过预定的时间就误大事了。

事后王立对母亲说，是自己粗心大意，没有事先搞清楚入门地点，差一点影响接见。可母亲说，责任在我，是我没有向你交代清楚。后来她提出建议，每次活动的具体安排要完善通知记录制度。

老同事们说，龚澎对工作负责，对同志们非常尊重，就是打一壶开水，她也客气地道声谢谢。当时不觉得什么，离开单位就有了比较，能够赶上这样的领导是福气。

母亲是一个爱才的人，但她更爱德，她很重视一个人的内在品质。

母亲给我讲过一个小故事，有一位脾气耿直的同事，平时大家都觉得她有些不合群，群众关系似乎也不大好。有一次宿舍里突然燃起了大火，就在人们焦急万分的时候，这位同事冲进火海，勇敢地救出了邻居家的老人和孩子，从此大家对她刮目相看。母亲说，看人要看大方向，关键时刻最能反映一个人的真实面目。

母亲常提醒身边忙于具体工作的同事，不要完全陷到小事中，还要注意全局！在风云变幻、斗争激烈的国际环境中，母亲头脑清晰，绝不拿原则做交易。

在新闻司漫长的日子里，母亲每天都在处理各式各样的案子，碰到过各种各样的情况，她有许多深刻体会。在她领导的新闻司也曾出现过值得吸取的教训，个别人在瞬息万变的政治较量中没有能够抵挡住种种诱惑，而走上歧途。例如有一对夫妇50年代后期就利用出国公务之机跑到西方世界去了。这件用人考量失当的事件对母亲的教训是终生难忘的。后来她总结道："凡是对外足以发生影响的，不论大事小事都要事前请示报告，对外决不许犯自由主义与个人主义的缺点。"

"作为外交干部，最重要的是立场坚定，不迷失方向，"从此成为母亲始终强调坚持的用人原则之一，但是她也并不因此而草木皆兵。

不久又发生一件事：20世纪50年代末，年轻的新闻官小甲周末到单位附近的餐厅去吃饭，恰巧碰上了几位曾经打过交道的苏联记者。

小甲是学俄语的，从外交资历、业务能力都比这四位苏联记者要高得多。苏联记者邀请他共进午餐，大家坐在一起喝上一杯，随便聊聊天。

新闻官认为不妥。他和这几位苏联记者都是因为工作而相识的，除此

之外没有深交，外事纪律很严，毫无准备地和他们一起吃饭，有许多不便。于是，他便婉言感谢他们的美意，推托说还有其他事，自己要快吃早走。可苏联记者还是热情相邀，我们单纯地是为了友谊，没有任何其他含意。就不要客气了！

盛情难却，硬是把他们拒之门外，又显得我们中国人不懂礼节，不尊重别国的友情。新闻官勉强被请到了四位苏联记者中间。谁也没有谈正事，苏联记者借此想锻炼一下自己的中文口语，他们边吃边谈了一些无关紧要的日常话。时间不早，小甲主动提出告辞。这是一场简单而友好的聚餐，几人在餐厅门口分了手。

可谁也没想到，隔墙有眼。有关部门认定，那是新闻官在向外国记者传递情报。

第二天上班母亲便得知了这件事。她感到十分惊讶，并当即向有关部门表示：该新闻官是我们司里的业务骨干，他平时的工作任务就是和这些外国记者打交道。外交部的干部和外国记者吃顿饭，是件很平常的事情，不存在什么里通外国的特嫌问题。

经过核对情况和调查了解之后，母亲找到了这位新闻官，她非常明确地说：我已经完全弄明白了，你受了委屈。这件事就算已经过去，以后谁也不要再提了！

文革时，母亲十分感叹地谈到了这件往事，她说，经过一段平静之后，来找我外调这件事的人络绎不绝。凡是找我外调的人，我都明确地告诉他们，该新闻官是我司的好干部，没有任何重大错误问题。他和外国记者吃饭的事，只是一场误会。我的这番话也不知他们听进去了没有？！现在可好，文革一开始，就更热闹了。也不知是出自何方的项目组，也找我调查这件事。而且他们硬是把一个很简单的事弄得很复杂，仍把此事说成是个十分玄乎的里通外国案。真是气死人。这样下去，可怎么办呀！

妇女半边天

在2004年新闻司的联欢会上，我见到了宋以敏阿姨，她对我说，松都，知道吗，这是我第二次见到你。

上一次是在半个世纪之前。

那时，你们家还住在台基厂，我和我的爱人何方同志去拜访你爸爸妈妈。我们聊了很多之后，你爸爸说，现在还有一个我们家最好的节目请你们看！于是，乔冠华同志把我们带到了里面一间房子，我看到了一个又白又胖的婴儿坐在爸妈的床上，那就是你，这个印象实在太深了！直到我们这次见面，这中间发生的变化太大了，我想起了很多很多。

回去以后，宋以敏写了一篇生动的回忆，文章开头是这样说的：

> 陈治文去年12月打电话告诉我说，松都准备为母亲写一本书，问我是不是可以写一点什么。无论是从我个人对龚澎同志的尊敬还是从龚澎同志作为新中国一位杰出的女外交家来讲，我都应该用文字表达一下我对她的怀念。何况我还对龚澎同志怀有歉疚之心。"文革"中在新闻司批判龚澎同志时，为了紧跟当时认识下的毛主席"革命路线"和自保，我曾在司里给龚澎同志贴过大字报。用文字对她表示我的怀念，也多少可以减轻一点我内心的不安。

看了这段文字，一股尊敬之情油然升起。

宋以敏在2003年10月的一次国际研讨会[①]上曾以龚澎为范例谈到了中国妇女外事工作者的作用，她是这样说的：

> 妇女在中国的外事部门和国际交流中的作用是比较突出的。中国外交部迄今已有四位女发言人。在外交部确立发言人制度之前，第一位事实上的发言人是龚澎。她也是新闻司的第一任司长，后来又被提升为部长助理，成为刘英之后外交部迄今（文革前）第二位职务最高的女性。刘英是一位在红军时期就参加了革命的女革命家，在外交部任职期间主要掌管人事方面的工作；龚澎则

① 上海复旦大学和美国研究中心与香港大学联合举办的《妇女与国际关系问题》研讨会。宋以敏和美、英、港的三位教授分别作主题发言。会上英文发言稿由剑桥学术出版社（Cambrigde Scholars Publishing）出版。

一直参与外交业务的领导工作。我把龚澎当作我参加外交工作后的第一位导师，在这里就简略地介绍一下她在新闻司工作时注意发挥妇女作用的情况。

龚澎同志不仅本人是一位杰出的女性领导干部，她还为妇女在外交部发挥更大的作用做出了榜样和贡献。在外交部工作人员的眼中，她达到了很高的真善美境界，内在和外在的美融为一体。当她在抗战时期中国的陪都重庆充当中国共产党的一位发言人时，她在外国记者和国际友人间享有崇高的声誉，甚至赢得他们当中许多人的爱戴，从而有效地帮助他们正确地了解中国共产党的状况和政策。

新中国建立后，作为一位有经验和有成就的女外交官，她还特别注意培养比她年轻的女同事，为她们创造各种有利的条件，鼓励她们出色地完成工作任务。在她的领导下，20世纪50年代末60年代初，妇女干部在新闻司一时曾起到了超过“半边天”的重要作用。因为在当时的司、处级领导干部中，妇女竟占到半数以上。由于龚澎同志在外交部所受到的普遍尊敬，她为培养妇女干部所作的努力也为整个外交部门重视发挥妇女作用做出了重要贡献。

……

龚澎同志对女同志有一种恨铁不成钢的期望，对她们进步的关怀更为殷切，对她们身上存在的弱点也更为担心。她和女同志聊天时，一个经常出现的主题就是，非常希望女同志要争气，一定要处理好恋爱结婚生孩子和工作的关系，决不能因为恋爱结婚生子就减弱自己的事业心，甚至满足于日后成为丈夫的附庸。她一再喟叹，不知见到过多少个很有才华的年轻女同志，一恋爱结婚就没多大长进了，真是可惜。

母亲一向主张男女平等交往。她曾和我谈起女孩子长大以后遇到的第一关。她说在延安的时候，一些女青年过去极少和异性接触，碰到一个男人就失去了自我，很快就把自己嫁了出去，结婚以后成为丈夫的附庸，特

20世纪60年代出席国际妇女大会时，龚澎与不同肤色的妇女代表合影

别是生了孩子以后出现许多新问题，非常痛苦也十分可惜。

母亲认为，女孩子首先要和男孩子一样追求上进，积极参加社会活动，不要把异性神秘化。在广泛的接触和了解中才能找到有共同思想基础的人。

像天下所有的母亲一样，我上小学后，母亲又开始为我筹划下一步的学业。她要我上中学时一定要报考男女同校的学校（文革前一直有女校），最好报考大学的附属中学。当时我还不太理解母亲的用意，母亲告诉我，过去很多女孩子生活在一个狭窄的圈子里，上了女校后与外界和男生接触很少，长期在这样的环境里很容易把异性看得非常神秘，这对她将来工作和谈恋爱成家都会有很多的影响，对成长不利。为此她还曾向在教育部门工作的朋友提过建议。这些道理我很久以后才逐渐明白。

20世纪50年代末，母亲曾经作为中国妇女代表出席在东欧举行的一次国际妇女大会，会议期间，记者为她和一位黑人妇女和白人妇女拍了一张照片，当时很多宣传报道都把这张照片当作全世界妇女大团结的象征。

关于这张照片还发生了一个有意思的小故事。当初摄影记者找到她们

20世纪60年代初龚澎出访东德时与少先队员在一起

三人的时候，就是因为她们分别代表了不同肤色的妇女。可没想到，就在按动快门的时候，一位热情的欧洲男青年加入了她们的行列。照片上三位妇女代表后面出现了一位笑眯眯的男士。后来做宣传画的时候只好把相片作了裁剪。

母亲的一生始终都在寻求一种独立。她认为女人和男人相处首先是建立在平等互利的基础上，特别是在共同的事业中。与男同志在工作中平分秋色，这种追求贯穿了她的一生。

或许，她看尽了旧时妇女没有独立地位，在父权、夫权、子权三座大山压迫下痛苦生活的情景，所以就格外地奋发和努力，也始终对女性同胞充满了同情和爱护。

解放前就和爸妈共事的前辈于土在回忆中写道：我觉得这里应该特别提一下龚澎同志。我认为，从人格上讲，她是顶天立地的女性！她十分自强，十分尊重自己，毫无有些女同志所带有的那种取悦，讨好之态。这样的女同志，就连周副主席也非常尊重她！

最近有杂志社误把网上错传的一张单人美女像当作母亲青年时期的照片（那是一位梳着长辫子的年轻女子）。一位老同事看了此照后说，这张照片上的人很漂亮，但仅此而已。我没有见过龚澎同志年轻时的样子，但我的直觉这不是她，因为龚澎同志有一种独特的气质，这远不是漂亮所能表达的，有一些东西是从一个人的灵魂里散发出来的。

母亲是一个原则性非常强的人，不管遇到什么问题，她都清晰地知道自己的最终目标，但在自己的同志和亲人面前，她却是一个极富人情味的豁达女性。母亲的老同事们说，每一个优秀的外交官都可以把自己的工作做得很好，你妈妈有自己的特色，她是一个很有人格魅力的人，这是给我们印象最深的。

毕季龙是父亲母亲的老同事，20世纪60年代曾任新闻司副司长，他和母亲同是1914年生人，因为年事已高，当年具体工作的内容已记不清了，可是提起母亲，他很快就说出了自己的印象：龚澎是一个非常正直的人，在工作中勇于承担责任，非常能干，这对于一个女同志来说，是非常不容易的，尤其是在那样一个时代。

县委农工部部长龚澎

1970年9月母亲病重住在医院，许多关心她的朋友不断写信问候并询问母亲的健康状况。就在母亲去世的前两天，家里收到一封来自北京房山县的来信，那是母亲收到的最后一封信函，我代弥留之中的母亲打开了信封：

老龚：

你好！听说你生病住院了一直很挂念，不知你什么时候出院，最近是否好一些？

咱们农村工作部的老人都很惦着你，我想最近进城办事的时候去看看你，给你和孩子们带些我们农村的土产，不知你是不是还在住院，我想去报房胡同你的家里比较好。

很希望看到你的回信，几个字也好。

（签字是老肖？我记不准了）

母亲和京郊房山县基层干部和群众的友谊始于上世纪50年代中期。

1957年中国拉开了反右斗争的序幕，在“大鸣大放”、“百家争鸣”的口号下，很多知识分子和年轻学生向政府积极提出了自己的看法和建议。父母亲也一样，他们听到党的号召，就开始积极地发表自己的各种想法和建议。

不久，许多人都被扣上了“右派分子”的帽子，并且被发配到农村边疆去劳动改造，父亲母亲也在这场运动中接受了严峻的考验。

熟悉父亲的人都知道，他是一个认真工作的人，也是一个喜欢发议论的性情中人，说话口无遮拦。有一次他曾半开玩笑地说，他和胡乔木的经历相似，胡乔木已经是中央书记处书记，而自己连候补委员都不是。可是说归说，做归做，发议论并不影响他兢兢业业工作，也不影响他的情绪，谁的心里没有想法呢？可是在严厉的反右斗争中就不一样了。

父亲曾在朋友中发议论说，中国应该借鉴西方的民主，采取轮流坐庄，这种言论在当时是很严重的问题，为此他几乎被打成右派，家里也被说成是裴多菲俱乐部，父亲受到了党内警告处分（1980年初组织上正式撤销了这个处分），但仍旧留下来继续工作。

母亲所在的新闻司里出了八名右派，占全部的三分之一。作为一司之长，她挨了批评：思想一贯右倾，和右派言论划不清界限。为了处理他们的问题，部领导颇为棘手，一直拖了好几个月才作出决定。

1957年末，母亲带职下放到北京远郊，担任房山县农村工作部部长，新闻司的工作暂由徐晃副司长代理。当时外交部下放了一大批干部到房山县，和她同去的还有司里的同事郭元慧等人。

大多数的时候，母亲都住在周口店良乡的老乡家里。她和房东老大娘同睡一条炕，同吃一锅饭。为了工作方便，母亲还把一辆凤头牌自行车也带到了乡下。

农村的生活对母亲来说并不陌生。她和工作部的干部们一起深入基层和农田，很快就熟悉了解了当地的情况。时间是宝贵的，母亲给自己定下规矩，每天抽出一部分时间读书，定期去各生产队作调研。不久，她组织新闻司的同事来这里体验和感受农村的实际生活。这些年轻人大都是从校门直接走进机关大门的，他们和农民一起割麦子，收大白菜，很多人对这次活动记忆犹新。

当时农村的生活条件十分艰苦，母亲的身体开始走下坡路。用手指在小腿的皮肤上按下去就成了一个小坑，那是由于营养不良而引起的浮肿。周末放假的时候，父亲经常带着哥哥一起去房山看望母亲。

农村工作部是一个繁忙的部门，母亲经常奔走在乡间的小路上。刘阿姨曾被借调到这里帮忙，当时就和母亲住在一间房子里，她们朝夕相处近两个月。刘阿姨有时陪母亲去作报告，有时到下面搞试点、参加农业生产劳动。路上走累了，她们就躺在田埂上休息一会儿。母亲说：小刘，这会儿背着地，脸朝天，看着天上的白云，什么也不说，什么也不想。真是太舒服了！

有一次，她们俩从外面回来，母亲发现房门钥匙丢在屋子里了。刘阿姨请母亲坐在门口，她去找钥匙，等转身回来时，只听母亲在屋里说，小刘，我已经进来啦！我打碎了一块玻璃从窗户台上爬进来了。刘阿姨进去一看，母亲躺在床上轻声说，下午到街上买块玻璃请人安上就是了。这事对谁也别说，我的脑子实在太累了……

农村工作部的几位同事与母亲相处得都非常融洽，在房山，母亲希望能够了解到中央的精神，看到相关的文件。可是，她的希望落空了。县委周书记说，外交部打了招呼，不给她看中央文件，只许她看地方文件。这一切又是为了什么呢？

母亲对刘阿姨说："刚建部是急需要一批懂外文的年轻干部，我通过一些同志和党外朋友的关系，介绍了几个，后来说是出了'问题'，把账都算在我的头上。话又说回来，这些人就算有问题，也只是思想教育问题。解放初期，懂外文的大学生不少来自教会学校，大多出身于'剥削阶级'，或是先辈与前朝政府有瓜葛，但这是历史现实，又怪哪个呢？"

刘阿姨回忆说："你妈妈说的这些话，在当时我觉得很有道理，现在看来很正确。在我和她相处的日子里，她对一般干部以诚相待，有责任感，为人真实，让人可亲可敬，值得信赖。大家为外交部有这么一位女干部特别是领导干部而自豪，女同胞更是如此。我和她相处虽不太长，时间也快过去半个世纪了，但是，历历往事永远是我回味不完的。"

就这样，在母亲的外交生涯履历中，增添了一项特殊的鲜为人知的任职——北京市房山县农村工作部部长。

1959年初，周总理点名要母亲参加一个出访团，母亲从房山回到了外交部，继续主持新闻司的工作。

第十章

阳光明媚的家

我们的生活充满了阳光，有母亲的日子是那么温暖，她是我们家的太阳，而父亲是一轮温馨的明月。

全家福

妈妈总是把工作放在第一位。其实，她是一个情感非常丰富的人，她挚爱生活，丈夫、儿女、亲人在她心中的分量是很重的。有的人一心一意为事业，把家庭看得很淡，可母亲不是。她不仅活跃在外交和新闻战线上，还和爸爸撑起了一个幸福快乐的家。

作为一个职业女性，要做到事业与感情兼顾是非常不容易的，可妈妈要努力把两者都做到、做好，这是她人生的两块重要“拼图”，我的大姨龚普生曾多次这样谈起母亲。

虽然往事已经如梦，人事已经沧桑，那些看似平常的天伦之乐和其乐融融的家庭氛围却成了我记忆深处最清晰的画面。

文革前，我们家每年都要到照相馆照一张“全家福”。

出动的日子大都选在春天的某一个星期天，这是忙碌而快乐的时刻。妈妈会从柜子里拿出平时不让穿的漂亮衣服让我换上，那件手织的黄毛衣和一件深红色有花纹的中式大襟衣服是我的礼服。而爸爸一定会整整齐齐穿上他的中山装。

过去老王府井大街南口，靠近工艺美术店附近有一家“紫房子”照相

馆，这是爸妈喜欢去的一家上海迁京老字号店，当时的一些细节已经记不大清了，可是全家人依偎在一起，喜滋滋面对镜头的感觉却一直留在了我的心头，那是一辈子也无法忘却的。

在这些全家福的日子里，我们的生活充满了阳光，有妈妈的日子是那么温暖，她是我们家的太阳，而爸爸是一轮温馨的明月。

台基厂保卫世界和平委员会大院

王府井大街南面的台基厂路是一条整齐安静的街道，盛夏时节路边的榕树开出毛茸茸伞状的粉色小花，远远望去，好似一片芙蓉仙境。建国初期，我们全家就住在这里。当时院子外面挂着“中国人民保卫世界和平委员会大会”的牌子，人们简称“和大”。如今这里是“中国人民对外友好交流协会”的驻地。

整齐的花园里坐落着几栋别致的西式小楼。北面那座灰色带绿窗的小楼是干部宿舍，二层西头的两间房子是乔家；对面的邻居是董越千一家，楼下分别住着徐以新与王炳南伯伯两家人。南面的小院子里是王雨田和赖亚力两家住的。那时各家一般都有三五个孩子，我们家是最少的。院子里的伙伴很多，一群群年龄相仿的孩子成了至交。院子里除了办事机构外，还有部分外国专家居住。后来这些房子都改作办公楼了。

外交部刚刚建立的时候，来自四面八方的干部都汇集到北京，许多人一时没有地方住，有些单身干脆就住在办公室。我们住的房子原来就是办公用的。听兄长们说，当年的生活条件很简陋，解放后的头两年，大家的生活是供给制：每个干部一年一套棉服，一套单衣，一个月六块零花钱，吃饭在食堂。在脸盆里接点热水在家里冲一冲就算洗澡了。

我出生后就住在这里。

多年来，爸妈一直盼望能有一儿一女，可由于动荡的生活与第一次生产时出现的剧烈妊娠反应，妈妈很久没敢要孩子。朝鲜停战谈判的时候，他们如愿实现了这个愿望。

几个月后，妈妈住进了医院。

这是一次生死攸关的难产，妈妈忍着剧痛，全力配合着医生。院方聘请了医科院的杨大旺医生来接生。时间一分一秒过去了，情形还是没有好转。20世纪50年代的科学技术还处于原始状态，妈妈血压偏高，医院里不能贸然为她施行手术，而当时最流行的做法是上产钳，（如今早已废止了这种原始野蛮的做法）。主管医生询问守候在病房外面的家属，保大人还是保孩子？我的大姨龚普生坚定地回答，大人孩子都要保！

就在这危急的时刻，胎儿在母亲腹中翻了一下身，这下子就成了顺产。随着一声清脆的哭声，妈妈深深地出了一口长气，大人孩子都平安了！

"生了！是一个女孩子！大人孩子都平安！"几分钟后，远在板门店的爸爸立即得知了这个喜讯，他开怀大笑起来，心里悬着的一块石头终于落了地。

妈妈慈爱地望着刚刚来到这个世界上的女儿，对这个小生命最大的希望是什么呢？妈妈说，女孩子需要勇敢，愿她像丹娘一样！勇敢，这是妈妈送给我的第一个祝愿。

丹娘（卓娅）是苏联卫国战争期间著名的女英雄。她受过良好的家庭教育，在学校里是一名优等生。斯大林格勒战役前后，德国法西斯占领军逼她供出反法西斯组织的去向，他们让她光着脚走在冰天雪地里，丹娘没有屈服，她用自己的生命捍卫了祖国和人类的尊严。1948年爸妈还在香港工作的时候，就与夏衍伯伯一起观看了《丹娘》这部不朽的名片，夏伯伯还为影片写了推荐影评，"把真理带给那些忘记了真理的人们！"从那时起，一个纯洁勇敢的女孩子形象就孕育在妈妈心里了。

来到北京后，爸妈带着哥哥住进了和大宿舍，生活逐渐稳定下来，爸妈如愿有了女儿，我们成了四口之家。或许我是家里的老幺，出生时体质又不大好，双亲对我的关注比较多。除了生活上的照顾之外，他们还希望我受到多方位的教育，同时胆子更大一些。没做亏心事，不怕鬼叫门！这是爸爸经常对我说的一句口头禅。

妈妈曾经为我买过一本中国版的《丁丁历险记》，是讲一个胆小的女孩子，总是缩在家里什么地方也不去，有一次她被小神仙施了魔法变成蚂蚁般大小，当她历尽惊险回到家中的时候，已经成为一个勇敢的人了。我常想，爸妈为什么总是让我胆子大一些呢？

踏过一年又一年的春夏与秋冬，走过一程又一程的风雨与冰霜，那双

弹钢琴的纤手已不再细嫩，那个躲在父亲身后的女孩子也不再胆怯，妈妈的祝愿常常回响在耳边。当我独立面对和战胜许多外人想象不到的困难时，我逐渐明白了母亲当初对我的希望，为什么她说，女孩子需要勇敢。

妈妈很注意在实际生活中锻炼孩子，我出生后，她经常有意嘱咐哥哥多帮家里做些事情，照顾下面的妹妹。幼时我经常生病发烧，妈妈就让哥哥和保姆一起带我去北京医院看病。保姆抱着孩子，哥哥就去排队、挂号、拿药、向医生询问病情，俨然一副兄长的样子。其实那时他才9岁。

时光早已飞逝，可偶尔路过这里时，我还是抬头望一眼当年的“故居”，老楼上的几扇窗，冥冥之中那温馨的感觉总是萦绕在心头。

国际俱乐部琐记

在我们曾经住过的“和大”斜对面有一座精巧的西式院落，里面餐厅、宴会厅、理发室、游泳池一应俱全，寒冬时节网球场就变成了溜冰场。这里就是台基厂8号的老国际俱乐部。

那时爸妈都是俱乐部的会员，这是根据部里的要求参加的，不管你去不去活动，每个月都要按规定在每人的工资里扣除20元钱，这让妈妈很心疼。妈妈平时是很节俭的。她说，与其每个月这样扣钱，还不如适当去消费一下（记账），或许这样更合算一些。

一个周末的下午，妈妈总算抽出空来和我一起去王府井大街，几个月之前她就答应了我的一个请求：可以为我买一本早就向往的《西游记》，当我们从书店里走出来的时候，天上已经压满了厚厚的乌云，在走到台基厂三条时，瓢泼大雨倾盆而降，妈妈拉着我的手在林荫树下快步跑着，不知不觉就走到了俱乐部的南墙外边，妈妈说，回家是来不及了，我们到里面避避雨吧！

当我们走进俱乐部的时候，全身几乎都湿透了。

看着妈妈湿漉漉的头发和贴在身上的衬衫，我觉得妈妈一定会责怪我的，要不是我闹着上街，怎么会淋成这个样子呢！要知道，妈妈已经不是年轻人了呀！可是妈妈却乐呵呵地找服务员要来一条大毛巾说，没有关系！不就是下雨把衣服和头发淋湿了吗，赶快擦干就没事了！今天我可以请你吃一点东西。

妈妈为我要了一盘苹果派，她自己则吃了土豆片，我们坐在藤椅上静静地望着窗外的大雨。

其实在大多数情况下，妈妈去国际俱乐部都是因为工作。有时，她会见外国记者的地点就选在俱乐部。或许，这里的环境相对更轻松一些。工作之余，妈妈会请即将出国的年轻同事吃一份奶油冰激凌，而她自己，总是照例买最便宜的土豆片。在参加外事活动之前，她和爸爸常到理发室找夏阿姨和孙师傅理发。

还有一件印象深刻的事。有一年俱乐部举行有各国使节参加的新年联欢会，当音响里放出《洪湖水浪打浪》的乐曲时，妈妈说舞会快开始了，晚一点周总理可能会来。我好奇地问，那用什么节奏跳《洪湖水浪打浪》啊？妈妈笑着说，我也不知道怎么跳，总理就是喜欢听这支曲子。

我想看看大人是怎么跳舞的，可是妈妈就是不让，她说小孩子不宜看大人跳交谊舞，硬是把我拉到了阅览室。

这时，有一位美丽的罗马尼亚女孩子穿着民族盛装出现在大家面前，妈妈问了一下，她比我大两岁。我羡慕地看着她，一层层美丽的纱裙子就像童话里小公主的服装，再看看自己，刚刚从学校回来脱去罩衣的中式小棉袄显得那么朴素。我悄悄拉拉妈妈的衣角，妈！我的衣服多难看呀！妈妈听了我的话，回头注视了我一会儿说，都儿，今天你穿的衣服很好看，每个民族都有不同的服装，中国小姑娘穿中式衣服很有我们自己的特色。对妈妈的话我半信半疑。

不一会儿，在联欢会上我碰到了几个熟悉的孩子，大家在大厅外面快乐地跑来跑去，很快就淡忘了刚才的一幕。没想到，妈妈在回家的路上又提起了这件事，她慈祥地望着我说，今天你穿中式衣服很好看！记住，什么时候都不要自卑，要对自己有信心！

童年的往事是如此琐碎，对父母的记忆却点点滴滴洒在心田。

无量大人胡同6号

在我3岁的时候，我们家搬到了东单附近的无量大人胡同。爸爸对这

条胡同名字的解释是，过去有一个爱喝酒的文人住在这里，酒量大的没人比，谁也喝不过他，所以这条胡同叫无量大人胡同（文革后更名为红星胡同，拆迁改造时，随着金宝街的兴建，这条胡同只剩了东部的一小段）。

我们住的6号院早先原是梅兰芳大师的宅子，解放初缅甸驻华大使馆曾经设在这里，后来又改作外交部宿舍。房子的整体布局已记不清，直到看了徐晃叔叔的女儿小五的回忆才记起某些细节。最清晰的印象是过节的时候，站在大红门外的街头上看踩高跷的游行队伍走过，那是幼时最兴奋的时刻。

这是一处三进的四合院，院子里设有假山花园，何伟、陈家康、董越千、徐晃、王雨田、周觉等好几家人住在这里，热热闹闹一大院子邻居。爸妈住在西面的小楼上，那是一间里外间的房子。楼下是章文晋叔叔一家。院子里的孩子们都知道，乔伯伯龚阿姨每天晚上熬夜办公，上午睡觉，所以都自觉地不到他们的屋前吵闹。

我和保姆住在何家旁边那排平房里。小屋里摆放着一架属于公家的黑色老钢琴，也不知存放了多少年，重要的是，它仍然可以发出叮咚的琴声，那是我最早的钢琴启蒙老师。

院子里设有集体大厨房，里面总是热火朝天地在炒菜。门口有一只老黑猫看门，拦着所有的儿童进入。

6号院的孩子很多。大孩子经常上房爬树采桑葚，几个与我年龄相仿的孩子在假山附近骑车、捉迷藏、逮小鸟。家长们既是同事又是朋友，一个院子的人像一个互助的大家庭。那气氛犹如一曲德沃夏克的《自新大陆》，徐徐升起的炊烟下，洋溢着人们对新中国成立后的憧憬。

爸妈都是平民化的人，这里推门出去就是自由的天地，他们可以随时和老朋友聊天，也可以轻松地和小邻居开个玩笑。要是院子里有什么事，孩子们会找到乔伯伯和龚阿姨，听着他们讲道理出主意。在这无拘无束的环境里，我快乐地成长。

还记得，有一阵子各家养的鸡鸭经常突然失踪得无影无踪。开始大家都认为是被黄鼠狼叼走了，可是严加防范之后，家禽的数量还是在继续减少着。人们开始怀疑是院子里的那只棕色老猫干的，因为它的胃口很大，小动物们都怕它。每当它正步走出长廊的时候，就好像一个狮子王，一副旁若无人的样子。

可能是老猫在院子里树敌太多了，孩子们决定召开公审会，他们请到了一向伸张正义的乔伯伯——我的爸爸来主持公道。爸爸认真听取了小邻居们的反映后说，以强凌弱，以大欺小可不好啊！大家都要和谐相处嘛！听了乔伯伯的裁决，孩子们蹦蹦跳跳地跑了出去……

有一年，周叔叔的儿子和孩子们一起玩耍时不慎从二楼窗台上掉了下去，那时他们夫妇都在驻外使馆工作，这可急坏了大伙儿和在家照看孩子的周奶奶，此时正赶上爸妈下班回家，他们闻讯后立即抱起小军军用车把他紧急送到医院。由于救治及时，加上楼下是一片泥土地，又是几次弹跳才落地，我们的小伙伴很快恢复了健康。

报房胡同69号温馨的家

1957年年底，外交部在东城报房胡同新落成一栋宿舍，当时修建这所楼用的材料质量是很好的，至今它还完整地保留着当年的模样。

我们一家四口是院子里的第一批住户。先后搬到这栋楼里的，还有原来在台基厂与无量大人胡同时的几家老邻居。直至1973年搬走，我家在这里住了15年。这是爸爸妈妈在北京住得最长的一个地方，也是我最难忘的家。

报房胡同其实与报界无关，传说明朝的时候这里是明皇宫养豹的地方，到了清代这里就不再养豹了，地名则顺其谐音改称“报房胡同”。这是一条闹中取静的街道，经过西口的首都剧场往南走，步行一刻钟就来到了热闹的王府井大街，北边则与华侨大厦为邻；东口是东四南大街，穿小路去隆福寺只用几分钟。刚上小学时，每天放学后我都爬上人艺的铁栅栏，在狭窄的墙边上跳来跳去，直到围墙消失了才跑回家。

胡同里的一砖一瓦、街边的一草一木、擦肩而过的邻人、炸油饼的小作坊、推小车卖冰棍的老太太……一切都是那样熟悉和亲切。

最初胡同里还没有柏油路，路上的行人尤其是车辆很少，磨菜刀磨剪子人的吆喝声可以传得很远。胡同中间有一个废弃多年的看守所式的旧楼，后来这里建立了报房小学，如今这些踪迹早已消失了。只有东口的路

中路桂花胡同还保留着几分旧时的原貌。

我们住的院子在柏树丛中，灰色的楼房，白色的阳台。和这院子遥遥相望的是一条名叫“多福巷”的小路，孩子们一直喊它“豆腐巷”。

走进大门，左手就是传达室，过去那是一座有着月亮门的小院子，传达室的“大爷”熟悉院子里的每一家人。正对着我家的那棵榆钱树现在已经干枯了，三年自然灾害的时候，它长得格外茂盛，树上结满了一个个淡绿色铜钱状的树叶，据说灾区很多人都用它来充饥。春暖花开时，藤萝架上开满了紫色的花，孩子们经常悄悄摘一串带回家。它们和爸爸妈妈的身影融合在一起，构成了关于家的一段段记忆。

这院子里住着几十名建部初期共和国第一批老大使和老前辈，他们有的来自白区，有的是经过长征的老红军，还有在枪林弹雨下经受过考验的八路军、新四军老战士，个个都是千锤百炼的精英强将。

爸妈几次搬家都选在宿舍大院，就是希望可以和朋友们经常走动。

每次看到爸爸坐车回来，小孩子们就跑到我们住的三幢门口等候他：乔爷爷！乔爷爷回来了！那是一种其乐融融的感觉。

我们家住在三楼。简朴的客厅中间悬挂着一幅朝鲜画家的开城油画，爸爸的木书架、妈妈的梳妆台、暖和的大软床、小屋里装满杂物的黑柜子、我的小桌外的窗，我趴在阳台上做作业、看焰火、等爸妈下班、看造反派开进我家。

和爸爸一样，妈妈有一个属于她自己的办公桌，它位于爸妈卧室明亮的窗子前，一盏绿色玻璃罩的老台灯、一摞经常更换的参考资料。抽屉里存放着写有密密麻麻钢笔字的卡片，那是妈妈整理的学习笔记，为了制作卡片，妈妈特意买了一把精致的铜质裁纸刀。每当妈妈戴着花镜坐在桌前批改文件时，谁都不进去打扰她。

别看妈妈工作起来很严肃，其实她有一颗不灭的童心。儿时妈妈教会我许多不用花钱就可以得到快乐的小游戏：各种样式的翻绳儿、手指游戏（在手指关节处画上人头像，当关节伸展的时候，就可以看到一张变幻的笑脸）；镜子两侧意想不到的有趣成像……

还有“捉迷藏”，这是我们家多年保留的节目。周六的晚上，如果爸妈此刻不忙的话，我就建议全家一起玩捉迷藏。先是哥哥躲起来，然后爸妈也分别找好了藏身之地，听着妈妈最后学了一声猫咪叫，我开始去寻找他们。

有一次，妈妈藏到了一处绝妙的地方，床下门后都找遍了，就是不见她的踪影。我再三央求着，妈妈！请你快出来吧！只见眼前的大窗帘轻轻晃动了一下，妈妈的笑脸奇迹般地出现在眼前。爸爸每次都躲在门后边，我总是一次就把他找了出来。每逢此时，全家人都开心地乐成一团。

新年到了，我请爸妈在家串演儿童小品“拔萝卜”，我是萝卜，爸爸演老爷爷，妈妈扮作老奶奶，他们的演出总是很认真。妈妈常说，以后你们长大成家有了孩子，我们还住在一起，我就喜欢热热闹闹一大家子人！

节日的晚上，全家聚在一起“熬年夜”，爸妈似乎有说不完的话题，哥哥也常参加进去，而我是一个忠实的听众。爸妈兴致浓时便对着吞云吐雾，妈妈拿烟的姿势很优雅，她还会把吐出的烟圈吹出一个个美丽的图案。有一次妈妈笑着问我长大抽不抽烟，我回答说，你不是抽烟吗，那我也抽！妈妈摇摇头说：“我当初学抽烟只是抽着玩儿的，因为经常熬夜办公，也就没有彻底戒掉。你们不要抽烟，对身体没有好处，花费还大。我和你爸爸都不赞成孩子们抽烟。”我把他们剩下的烟盒折成三角，准备与男孩子一比高低。

院子里的老邻居说，我们家是院子里模范的幸福之家，我是爸妈的掌上明珠，其实，我家生活很普通，也很透明：住房按月交租金，家具也是从部里租来的，除了钢琴和唱片柜之外，每个家具上都有“外交部家具”的标签。妈妈说，我们都是公家的干部，哪有那么多自己的东西，有的用就行了。再说家具很贵，我们全买也买不起。

家里除了每月的日常开销之外，妈妈和大姨按月寄钱给上海的姥姥，开始每月50元，文革后改为30元。几十年如此，直到妈妈去世以后。

爸妈平时很忙，饭桌上是我们一家四口放松和碰面的好机会。爸爸经常在他的玻璃小酒杯里斟上半杯茅台酒，先有滋有味地抿上一小口（我可以用筷子蘸一下尝尝味道），然后一边夹菜，一边议论这一天的世界新闻。我喜欢听他和妈妈谈天。

妈妈是我们家的顶梁柱。周日上午，照例是妈妈和老阿姨计算一周的菜金，由我帮着记账，最后由妈妈统一打算盘计算一遍。文革以后妈妈很

忙，就管不了那么细了。

爸爸的胃口不好，妈妈总是变着法儿地为他改善食谱。周末，妈妈经常指导老阿姨做一些适合爸爸口味儿的菜，偶尔也做一些广东风味的食品，像萝卜糕之类，我们全家都爱吃。不过饭桌上有几样规矩是一定要遵守的，吃饭时不可以同时听广播，大人动了筷子孩子才可以吃，好菜要留给年长者，不能够在盘子里挑菜，吃饭不能掉米粒。小时爸爸经常检查我的桌前是否干净，要是发现有掉下的米粒，他一定会要我“通通都吃掉”。

爸妈对物质生活都不太讲究。有一次妈妈生病在家，司里的同事去看她，问她要带什么，妈说要一斤挂面，正好有人来可以帮她煮一煮当午饭吃。在我的印象里，妈妈的花旗袍、小胸针和高跟鞋都是工作的道具，只有他们参加活动的时候，才会被拿出来派上用场。每次回到家以后，妈妈就用面巾纸擦去口红，换上休闲舒适的布衣，爸爸最喜欢穿一双圆口的黑布鞋。

妈妈上街如果碰到一块又实惠又好看的布料就会买下来攒着，等到需要的时候，她就拿出来请裁缝给我们做衣服，衣服样子大都是妈妈自己设计的。家里的消费很节俭，但妈妈总可以在现有的条件下把自己装束得大方得体。妈妈有一件珍藏的浅藕合色尼龙内衣，那是朋友送给她的，妈妈穿上以后显得特别漂亮，只有在参加活动时她才拿出来穿一次。

妈妈很爱干净。星期天的上午，她和爸爸的大床上经常摆满了清理分类的衣物，但她的东西没有爸爸摆放的整齐。对此妈妈有自己的说法，东西最重要的是清洁卫生，乱一点没关系。

爸爸特别会收拾东西。他的每一样东西都排列得非常有序，就是换下来的脏衣服也叠折得像新衣服一样平整。开始，老阿姨经常把这些衣服错当成干净的又重新放进爸爸的箱子里。直到爸爸穿“第二轮”时才发现，衣领早已穿黑了。

孩子们的生活很简单。我出生的时候，妈妈的老同学送了一大包孩子穿过的旧衣服。孩子的个子长得快，哥哥穿不上的衣服我还可以接着穿两茬。平时我们的毛衣都是用毛线织成的，袖口破了缝几针，个子长高了接一截，实在太短了就加点新线重新织。一件毛衣毛裤要这样反复利用很多次。

妈妈喜欢自己动手织毛衣。她的柜子里有各式各样的毛衣针和旧毛线球。出国开会的时候，代表团成员没有几个零用钱，大家纷纷买毛线回去自己编织。不过妈妈太忙了，常常是起头织了几行，就请阿唐阿姨或是我家的老阿姨帮着完成。到分袖子领子的时候她再把关。

有一次，我看到表妹穿了一件织着小鹿图案的新毛衣十分羡慕，非要妈妈也给我买一件，妈妈说那是国外买的，中国没有。可我终于在王府井一个橱窗里发现了一件相近的毛衣，我站着不走了。妈妈硬着头皮去问价钱，要20多元一件，太贵了，我们买不起，妈妈拉我离开商店，她说找人织毛衣也一样穿，可我死活不干。妈妈几乎要生气了，可她还是耐心地对我说，等等她攒够钱再说。回家后我觉得自己有点对不住妈妈，家里还有许多开销呢！从此我再不敢提这件事了。可是半年以后，妈还是下决心为我买下了这件衣服，不过只有在过年和会客时才能拿出来穿一次。

上小学四年级时，我的蓝裤子后面贴了一块花布补丁，马上被班里同学注意到了，老师悄悄地说，回家换一条裤子吧！回家后我气呼呼地告诉了爸爸，爸笑着对阿姨说，孩子大了，你给她缝上一块同颜色的补丁布吧，她还要上学呢。

至于电视、冰箱，一直到妈妈去世，我们家都没有买。

平时我喜欢听广播，小喇叭节目是每天必听的。放假了，我常与老阿姨一起到楼里的邻居家看电视，《四郎探母》、《梁山伯与祝英台》、《欧也妮·葛朗台》等都是那时看的，9点电视结束回到家时，爸妈常常忙于工作还未归来。每逢爸妈出国，我都不忘叮嘱他们，给咱们家买个电视吧！妈妈听了总是微笑着说，我们出国是去开会，只有很少的零花钱（当时代表团出访只发几美元零用），以后再说吧！

20世纪60年代经济困难时期，我们都处于随时可以吃进很多东西的状态，无奈除了每月26斤粮食之外，实在没有什么可以下肚的。妈妈就托出差的朋友带点吃的回来，有时碰到参加外事活动，她就把剩下的土豆片或是一两块小点心用餐巾纸包起来，放在提包里带回家分给孩子们吃。文革的时候，我和妈妈去胡同西口一个老太太开的小铺子里喝一瓶一毛五分钱的酸梅汤，这是我们星期天最开心的时刻。

爸妈在家的生活很随意也很温馨。曾有一位出版人对我说，读者喜欢看一波三折的故事，你母亲和你父亲之间有什么特别起伏跌宕的经历吗？

我不知道如何回答。幸福是一种体验和感受，它是不能以是否曲折惊奇来衡量的。我更不想以此来哗众取宠。记得母亲曾为我买过一本《居里夫人的故事》，她说这是一位非常令人敬佩的女性。书中很多情节我至今记忆犹新，居里夫妇的价值观和幸福观给我留下深刻印象。居里夫人认为："家人互相结合在一起，才真正是这人间的唯一幸福。"

和爸妈在一起的日子有温暖的亲情，有真诚、有信义、有善良，在他们身边我很安全很轻松。日子过得很简单很平常，可是我们很快乐也很充实。那是每一个孩子需要的阳光、雨露和新鲜的空气。有心理学家说，儿童需要一个可预知的世界，如果孩子生活在一个不可预知的环境里，他会感到忧虑、恐慌，对社会失去基本的信任。这种预知的世界实际上是一种安全感。

那些难忘的日子将会伴随我走完一生的旅途，直到我们在天国重逢。

爸妈共同的小名

爸妈一起上下班、一起开会一起出国，他们各有各的天地，又相互支持体贴，更多的时候，妈妈是爸爸的减震器。在我的记忆中，他们从来没有翻脸争吵过。

从小到大，爸爸在家里都是称呼妈妈“搭令”，我一直认为这是妈妈的小名，这名字和“小石头”“小三子”一样平常。直到有一次我听到妈妈也叫爸爸“搭令”的时候，我感到十分好奇。儿童成长到某一阶段，对自己的家庭和父母亲的经历会很感兴趣。

我问妈妈，真奇怪！你怎么也叫爸爸“搭令”啊？妈妈听后愣了一下，然后微笑着说，那也是你爸爸的小名嘛！

我不解地问，那你们两人的小名怎么会一样呢？

妈妈不动声色地解释道："在家里两个人用一个名字方便。省得叫来叫去浪费时间，你爸爸叫这个名字的时候就是在喊我，如果我叫这个名字那就是在喊你爸爸。"妈妈想了想又补充了一句，"不过，这个小名只在我和你爸爸两人之间使用。"

对妈妈的说法我深信不疑。

直到我后来在学校里学习了英语。在《新英汉词典》上，我终于看到了“真相”，Darling：亲爱的！原来如此啊！

妈妈没有走

当母亲无时无刻出现在你身边的时候，你认为世界就是这样，那一丝丝一缕缕的关爱，就像每天的阳光一样自然地洒满你的全身，明天还是一样。

只有走过崎岖的山路，穿过冰冷的风雪，饱尝人间的世态炎凉，你才会停下已经不年轻的脚步，去再一次审视人生的历程。你发现，你寻找的激情和最宝贵的东西其实和你的生命一起早就降临在你的身旁，母爱如佛。

有人认为，女人是没有原则性的，只要感情所致，什么事情都做得出来，这不是全部。妈妈是非常重感情的，同时又是一个原则性很强的人，在她身上，温文尔雅与坚定不移并存，而且游刃有余。

我记事后，妈妈告诉我了第一条规矩：大人每天要上班，小孩儿到了三岁要上幼儿园，这与大人上班一样，是一件不容商量的事情。

可是我心里就是不愿意，院子里有很多同龄伙伴，这不和上幼儿园一样吗！妈妈说，在幼儿园里可以学东西、受教育、过集体生活，而且还可以喝一杯牛奶，这在当时是很不容易的。

我试着磨妈妈：“那可不可以晚一点儿再去？”

妈妈微笑着望着我，却果断地摇摇头：“可以，但是四岁以后不行！”

望着妈妈不容置疑的面孔，我知道再求下去也没用了。这是我第一次领教妈妈的原则性：当她决定做一件事的时候，是没有任何讨价还价余地的。

入园那天，妈妈让我换上一件咖啡与深红相间的格子连衣裙，我撅着嘴，无可奈何地跟着她出了门。爸爸幽默地说，这回你的嘴巴上可以拴两个酱油瓶子了！

幼儿园在中山公园的绿树丛中，妈妈拿出早就准备好的相机为我照相留念，然后就让我跟着校长走进了热闹的校园，当我大哭着回身找妈妈时，大门已经关上了。

校长允许我一个人在操场上散散心。我爬上攀登架瞭望着栅栏外的公园，小路上的游人悠闲地遛来遛去，我伸长脖子张望着，妈妈说好陪我一会儿才走的呀，我一遍遍寻找着，就是不见她的身影。我好失望啊，妈妈真狠心，把我放到这里就走了。

就这样，直到太阳升到头顶上，老师来到操场上把我拉进去吃饭。

很多年以后我才知道，其实那天妈妈并没有走，她专门请了假送我上幼儿园。当我在操场上啼哭着的时候，她就坐在远处一棵大树下面的长凳上，透过层层茂密的绿树叶远远注视着她的女儿。那时候她很想走过去，可是却克制住自己没有动，也没有吭声。就这样，妈妈在公园里悄悄地陪了女儿一上午。

这是妈妈给我的第一次锻炼，其实，做母亲的谁不心疼孩子呢！后来，妈妈对大姨讲起了那天的经过，妈妈说，看见孩子哭得那么厉害，我就使劲忍着，直到老师来了我才走。

很多年过去了，我总觉得妈妈仍在远处的某个绿树丛中望着我，默默地祝福着她的儿女们。

以身教者从

小时听妈妈讲得最多的是一个古老的故事：一个疼爱孩子的母亲从来不约束自己的孩子。后来儿子长大犯了罪，在被押到刑场的时候，法官问他有什么话要讲，他说想最后见自己的母亲一眼。当老妈妈过来看他的时候，孩子说，我有话对你说，老妈妈走过去听儿子说话，儿子却把她的耳朵咬掉了一块。这位母亲哭着说，我养了你18年，为什么你要这样对待我？儿子说，我恨你在我小的时候不教育我，当我做了错事的时候，你从来不制止批评我，所以我才有今天的下场。

妈妈常说，儿女是她的心肝宝贝。她悉心呵护孩子们的成长，却从来不溺爱我们，否则将来“孩子长大会抱怨做父母的”。

妈妈的目光很敏锐，她那双会说话的大眼睛仿佛可以看透一切。当她严肃的时候我觉得她很像学校里的校长，有一种含而不露的尊严。

当妈妈对我的表现不满意的时候，她总要把我叫过来问清情况，一次讲明道理之后就不再多讲了。不过，从她坚定的眼神和沉默中我读懂了许多。她对我说的许多话我至今还记得很清楚。

我知道，妈妈在某一刻是毫不动摇的。比如她要坚持的原则，比如为了工作为了开会，比如我必须遵守的准则……每逢此时，我知道是“没有任何讨价还价余地的”。只要她提醒我一句，我马上就会遵守规矩。

有一次，妈妈一位从事音乐的老朋友黎叔叔带着孩子来我家做客，叔叔显得很沉闷的样子，爸爸妈妈和老朋友谈天，让我陪陪叔叔的孩子。可是我正在屋子里读一本非常有趣的图书，没顾得上和她多说话，妈妈又把小姑娘叫到自己的身边，对她问长问短，并且夸叔叔有一个这么漂亮的女儿。

在叔叔带着他的孩子要回家的时候，妈妈又特意吩咐我陪他们走一段。当我把客人们送走以后，妈妈来到我的房子里，她十分认真地问我，刚才你怎么不多陪小朋友一起玩儿呢？

我有些委屈，我觉得妈妈对我这么严厉，对别人家的孩子却那么关心那么热情，比对自己的孩子还好，她一定是嫌我长得没有别人家的孩子好看吧！

我低着头不说话。妈妈的眼光柔和了一些，她鼓励我说，其实你后来就做得很好，你一直把客人送到楼下，还和他们一起聊天儿，这说明你对人很有礼貌也很热情。

妈妈告诉我说，黎叔叔的爱人刚刚去世，他非常难过，一个女孩子这么早就没有了母亲，她以后的生活会遇到很多实际的困难，我们全家都应该多给他们一些温暖，多关心他们才好呀！

没有妈妈是什么滋味呢？那时我并没有深切的感受，可是从妈妈真切的目光中，我似乎明白了什么，我默默地沉思着……

回想爸爸妈妈给予我的教育，他们很少讲什么大道理，即使当孩子做错事的时候，他们也是步步引导，让我们自己能够想清楚道理。在星星点点的生活中，妈妈以自己的行动告诉了我，应该努力做一个什么样的人。

慈 母

妈妈是个慈祥的母亲，她爱护她的每一个孩子，并且尽量做得公平合

理。每当我们过生日的时候，妈妈会送给我们每人一样小礼物。

有一年妈妈带我去王府井为哥哥选生日礼物，那时哥哥已经考入清华大学了。百货大楼的东西很贵，妈妈想来想去，决定为哥哥挑选一把指甲刀，以督促他搞好个人卫生。

柜台里陈列着一把把漂亮的指甲刀，其中一款上镶嵌着小人种树的彩色图案，妈妈和我一眼就看中了，最后我们决定把它买下来。当母亲付钱的时候，我用手紧紧地攥着这把指甲刀仔细端详着，如果今天是我过生日该有多好啊！我实在太喜欢它了！想着我就把指甲刀放到了自己的裤兜里。我对妈妈说，这把指甲刀太好看了，你就送给我吧！

妈妈说，可今天不是你的生日啊！今天是你哥哥的生日！

可我就是不想拿出来，妈妈叹了口气说，好吧，本来我们是为了哥哥的生日出来的，现在你要帮着再挑一个，等我们见到哥哥之后，先让他选，然后才是你的，今天是哥哥第一。

这次我们挑选了一把有小提琴图案的。回到家以后，妈妈走到哥哥的小屋里，哥哥正在复习功课。妈妈用广东话对他说，狗仔（哥哥在香港时的小名），生日快乐！

然后，妈妈要哥哥挑选礼物。我从口袋里拿出那把我喜欢的指甲刀，放在手心里展示给哥哥看，哥哥笑了，哪一把都好，谢谢妈妈的生日礼物！我问，那你究竟喜欢哪一把呢？哥哥看看笑眯眯的妈妈说，我更喜欢妈妈手里的小提琴！妈妈选的比你那把漂亮！

我愣了一下，看着开心的妈妈，我们都笑了。

在我生病的时候，妈妈总是第一个出现在我身边的人。有一次我在学校里发了高烧，我坚持从学校走回来便躺在客厅迷迷糊糊地睡着了。爸妈下班回家后，仍旧像往常一样喊：“邮递员叔叔来了，有人在家吗？”

没有人回答，原来我一声不吭地躺在沙发上，爸爸走过来伸手摸摸我的头，滚烫！妈妈急忙找来温度计为我测了体温：40℃。

妈妈急坏了，怎么办呢？她拿起电话向她的老同学咨询，给我服用了磺胺药和退烧片。第二天上午我还是高烧不退，妈妈有外事活动走不开，新闻司的李之阿姨带我去看了病，可是医生没有最后确诊，要继续观察。

第二天妈妈抽空请了假，又一次把我带到医院，这时我的身上出了密密麻麻的红疹子：原来是猩红热！从门诊到交费处，再从药方到注射室，妈妈拖着疲惫的脚步，脸上却露着慈祥温暖的笑容，她耐心地安慰我，不要紧，休息几天就好了！

回到家，妈妈吩咐哥哥出去买了只有生病时才喝的橘子汁，她坐在我身边，把药片掰碎放进我嘴里……听着客厅里隐约传来的贝多芬《月光奏鸣曲》，我不知不觉睡着了，烧也逐渐退了。

我是经过难产出生的，妈妈总是在心里暗自为我着急，直到我很大了，她还是不放心，担心我的身体会受到影响，并且悄悄地托老同学找专家给我检查身体。可妈妈又不愿意让我知道她的担忧，从不在我面前提起这些，恐怕在我心里留下一丝阴影。

其实我很健康，在学校里我的数学语文成绩名列前茅，特别是数学，可妈妈就是不放心。有一次她特意安排我到一家医院去做体检，妈妈对我说，医院的专家要为我出几道测试题，大概不会超出我在学校学习的内容，我高兴地答应了，平时我就喜欢做《趣味数学》里的习题，我想他们是难不住我的。

按照苏联专家的方法，除了一些常规的检查之外，有一些是测试智力的问题，可这些还算是问题吗？全都是给小学一年级孩子回答的题目，这里的医生简直是拿我这个数学爱好者开玩笑！我干脆不理睬他们愚蠢的提问。可那位医生认为我不回答问题很有可能是不会做。他们把自己的判断悄悄告诉了焦急地等候在诊室外面的家长，这下可急坏了我的老妈。回到家里，妈妈小心翼翼地问我，在医院里你为什么不回答医生的问题啊？那都是一些什么样的题目呢？

我说，我都是高年级的学生了，他们把一年级小学生的问题拿来考我，简直太可笑了！老妈又小心地问，那你会做吗？我几乎大叫起来，当然会了！我就是不想理他们！

妈妈终于放下心来，当她看到自己的女儿在学校里和别的孩子一样活泼健康地成长，而且一点也不傻的时候，她不再带我去做测试了。

我的每一步成长都有母亲的身影，她和我一起听《小猫钓鱼》交响曲，一起观看老师们演出的话剧《熊外婆》，还有美丽的蒙古族舞蹈。在攀登架下面，她用手把我拖得更高。

妈妈肚子里有许多好听的故事。如果晚上有空，她就分次讲给我听。讲的最长的一个系列是《隐身人》，那是妈妈根据她看过的一部科幻小说讲的，每次我都听得迷迷糊糊睡着了为止。有时她还为我买回当时少年儿童最流行的书籍，文革前妈妈送我的最后一本书是《小布头奇遇记》。

母亲温暖的身躯、松软的臂膀、发黄的细指（和爸爸一样，也是抽烟熏的）、还有那充满慈爱和信任的目光，她一直伴随着我们的生命，走了一程又一程。

启　蒙

妈妈的工作十分忙碌，尽管如此，她总是抽出一定时间来给孩子。

哥哥在北京育才学校住校，过着半军事化的生活，只有周末才回家。妈妈几乎每次都去学校接他。有一年流行传染病，为了孩子们的健康，学校要求孩子们周末不离校。爸爸妈妈便戴着口罩去探望孩子，当他们俩出现在校园里的时候，孩子们大笑起来，原来，爸爸从来没有戴过口罩，别人都是横着戴口罩，他却把口罩竖着挂在鼻子上……那时，哥哥的几位老同学经常在假期来我家玩儿，爸妈总要和孩子们闲聊几句，哥哥过生日的时候，妈妈郑重其事地请他们到家里来，一杯咖啡，一小块面包就是温馨的聚会。于是，哥哥的朋友成了我们全家的熟人。后来哥哥即将考中学了，妈妈暗自担心着。当得知哥哥考上北京最好的四中时，妈妈高兴地邀请哥哥的朋友们一起吃饭庆贺。

儿女的每一步成长都记在母亲的心里。我上小学的第一天，妈妈和院子里的同事俞叔叔很早就带着各自的孩子来到了学校的操场上，在隆重的开学典礼上，我一边听校长讲话，一边得意地望着站在学生家长行列里的妈妈，那自豪的心情就像参加了世界上最神圣的开幕式。

学校里的功课爸妈是很少过问的。考试结束以后，我向爸爸汇报自己的分数，爸爸总是笑嘻嘻地说："好嘛！考得不错！"如果不是双百，爸爸还是笑嘻嘻地说："不要紧，下次仔细一些就是了！"

平时我都是和学习小组的同学在一起切磋技艺，如果遇到难题，妈妈就让哥哥给我讲解一下。相比之下，妈妈更愿意听我讲述学校里的经历和感受，她希望我在学校里变得更加开朗。

新年快到了，老师说我的个子太高，不让我参加联欢会上的大合唱，后来又取消了我们几人的伴奏，我十分失望，细心的妈妈看出了我的郁闷，她认真地听着我的诉说。从那以后，妈妈只要有空就来学校过问我的情况，至今我还记得她参加完外事活动赶到校园来看我的情景。为了我能够在一个更加民主开放的环境中学习，妈妈没少下功夫，后来我转到了另一所小学。望着女儿每天放学后露出的开朗神情，妈妈深深地松了一口气。

高尔基说：爱孩子这是母鸡也会做的事，可是，要善于教育他们，这就是一件大事了，这需要才能和渊博的生活和知识。

为了更好地培养孩子，母亲动了很多脑筋，并且做了周密的安排。从6岁开始，我学习弹钢琴，而哥哥学了手风琴。除此之外，妈妈还希望我能够尽量扩大知识面。小学四年级以后，母亲开始为我买有关绘画基础的书籍。她教给我画人体的比例，告诉我人的五官在面部的分布是怎样的，还有素描的基本笔法，这使我对美术有了兴趣。

有一年妈妈陪外宾去海南岛，她在写给我的信中描述了南国的美景，在一页信纸里她画了两幅有椰子树的画儿，还寄来几粒红色的相思豆给全家。爸爸认为妈妈的素描画得很不错，他手捧红豆，细心地把这些相思物一粒粒存放到小盒子里。

放假在家的时候我开始练习画静物。爸妈回家以后，我就以他们为蓝本画人物素描，不过他们的工作很忙，总是走来走去地坐不住。

文革中，我在妈妈休息的时候为她画了一幅素描像：妈妈的沉思。在窗前，妈妈坐在躺椅上凝望着窗外，她雕塑般的庄重神情至今还刻画在我的脑海里。

当时妈妈还有一个重要的教学计划，教我学英文。

可是我的积极性并不高，在当时，外文是不大受重视的。有的学校里要到高中才有英文课，而且学了又有多少用处呢？

可妈妈认为，学习外语应该从小开始，最好从小学就接触英文。妈妈说，不要只看眼前，从长远讲，英语的用处还是很多的。

我问妈妈：“你又不是老师，会给学生上英文课吗？”妈妈说：“你妈妈做过老师，也教过英文，我的水平教你还是没问题的！”

两天后，妈妈把一本有着深绿色封面、上面画着拔萝卜图案的漂亮笔记本放到了我的面前，那是她上街专门为我买的。打开第一页，里面已经写好了每天的课文和单词，有的单词后面还有妈妈画的小插图，第一课里就有我想学的两个词：piano 和 televition。接着往后翻，妈妈已经用钢笔认真地在笔记本上写好了五六课的内容，妈妈说，随着课程进展，她将陆续把以后的课程写在本子上。

这是母亲自己编译的一本英文教科书。这使我不得不相信，妈妈的确有过教学经验。

英文课开始了。从 A、B、C、D 发音开始，母亲一字一句耐心地为我授课，每周大致可以上两次课，具体时间不固定。每当讲课的时候，老妈就会戴上她的老花镜，那认真的样子比学校的老师还专业。可惜，学了一段时间我没有再坚持下去，而妈妈也越来越忙，顾不上督促我了。现在想起来真是非常遗憾的一件事。

* * * * *

我刚进入小学读书时，父母亲经常抽空带着我朗诵一遍没有学过的课文，我也因此提前学到不少知识，为此我感到喜滋滋的。但是终于有一天，我站起来念课文时把研究的“研”读成了第一声“yān”（烟），全班同学哄堂大笑，他们像看一个乡下人似的望着我，我坚持说，就是这么读音！我爸爸妈妈都是这么念的！老师最后公正地说：应该念第二声。你回去可以去查一下字典，再看看汉语拼音的四声是如何注音的。

可是爸爸妈妈就是这么发音的呀，难道他们的语文不好吗？他们都是有学问的人啊！

回到家我疑惑地问妈妈，妈妈回答说，我那时学的拼音是老式的，和你现在学的不同。我和你爸爸都是南方人，“研”字都发第一声。我再问问你爸爸，看看他的老师是怎么教的。

正在书房批文件的爸爸听见妈妈喊他，便走出来和我们一起讨论。他认真思索了一下说：我在私塾里念书时，“研”这个字，私塾先生教我们读第一声，不过那不是在北京，而是在江苏。还是让孩子查字典，按标准普通话读音吧！

我一听爸爸是在私塾里上的初小，就急切地说，原来你的老师是私塾先生，他教过你们汉语拼音吗？爸爸说，那时拼音好像还没有传到我们乡下。我赌气地说，以后再不问你们了！爸妈笑着说自己是“南腔北调”，以后恐怕连教学生上课的资格也没有了。

我暗暗地想，别人都说爸爸有学问，我怎么没有看出来呢？

后来有一件事彻底改变了我的看法。

在暑假去北戴河的火车上，我拿出准备好了的试卷和红笔，给家里每个人都发了一张卷子。我渴望像老师那样神气地指导学生，并且给学生判分。能满足我这个愿望的只有爸爸妈妈。

哥哥是难不住的，重点是考父母亲。妈妈要做的是几道计算题，必须用笔答；爸爸的考卷是三道应用题，可以口头回答。

妈妈的答案很快就出来了，全都正确。

对爸爸我很得意，他小时候上的是私塾，肯定数学不好。可没想到，他接过几道应用题，细细看了几遍之后，便说出了第一道题的正确答案。那下面的第二道题呢？你会吗？（关于种树的应用题）爸爸拿着试卷思索片刻，仍然不慌不忙地念出了正确的步骤和得数。我很吃惊，你怎么都会做啊？爸爸说，当年在学校里学的这些课还记个大概。原来，他的数学也不错。这次爸妈都取得了“双百”的好成绩。

我出生后爸妈的工作一直很忙，在上幼儿园之前的大多数时间里，都是保姆带着我，可妈妈并没有大撒手，她非常注意培养和孩子的感情。

随着年龄的增长，我和妈妈的接触越来越多，那时我还不完全理解她的全部想法，可我能够从点点滴滴的启蒙中感受到她的关爱和培养。对母亲的话我一向是很听从的，因为她不但是我的好妈妈，还是我人生中最好的启蒙老师。

妈妈和老疙瘩的朋友

我家永远给人一种温暖的感觉。

每次爸妈一进家门就喊：“老都儿啊！”要不就是妈妈躲在客厅门后敲敲门，学着“小喇叭”（当时的儿童节目）里邮递员叔叔的声音说：“请问乔松都小朋友在家吗？”

这是最令我高兴的时刻了，我总是乐哈哈地跑出来，像“小辣椒”（也是广播中的一个角色）一样，热情地迎接来送信的“邮递员叔叔”。

有一次我问妈妈，你干吗叫我老都儿啊，我是小学生又不老。妈笑了，她说，在北京的老百姓家，“老”字的称呼有着小的意思，比如老儿子、老疙瘩就是家里最小的儿子最小的孩子，那是最亲切的叫法。你是咱们家的“老疙瘩”。在新闻司里，我就愿意让人叫我“龚老太”，那样很亲切。

爸爸妈妈生性喜欢孩子。院子里很多家长都常年在驻外使馆工作，每到周末，孩子们快乐的身影经常出现在我家，他们可以得到龚阿姨发的巧克力糖，还可以跑到阳台上走一下平衡木，在客厅的地毯上翻几个跟斗；走廊的白柜子总是吸引着孩子们的目光，打开那个有外国影星头像的旧饼干盒子，大家总是喜笑颜开。不过他们很懂事，当爸妈有工作或是家里来客人以后，小伙伴们马上就离开了。

星期天上午，妈妈如果没有特别的案子要处理，就抓紧时间安排家里的事情。她常在附近的王府井音乐书店为我挑一本琴谱，或是到“稻香村”买一点广东人爱吃的食品。我们去得最多的是“帅府园”路口那家“儿童书店”，每逢此时，妈妈经常叫上老同事的孩子和我们一起去。有一次，我看到小人书店里新出了许多有趣的图书，就迫不及待地在妈妈身边叽叽喳喳地说，这本童话好看，那本我也想要。我想，这是我的妈妈，她一定先给我买书！

可是此时的妈妈却变成了学校里的班主任，她低声对我说：“你先等一等！让建第一个去挑书，他的爸爸妈妈不在国内，我们要让他先买！”然后，她转过身问我的同学建：“你比较喜欢看哪一类书呢？”老同学说，他更喜欢读历史。

妈妈和蔼地说：“那我们看看这类书有哪些不错的。”他们一起走近书架浏览着书目，妈妈说：“你自己选吧！你可以挑几本自己最喜欢的。”建选了两本传记，妈妈帮他挑了一本《陈胜、吴广的故事》，并且在柜台结了账，待建高兴地拿到新书时，我才被批准过去挑书。

妈妈很注意为孩子挑选课外读物，这一次她在书架上为我选中了一本《深山画虎》的小册子，里面讲的都是古人刻苦学习的故事，可是书中没有印刷精美的图画，我不喜欢看。妈妈说："那我自己买下了，等你以后想看的时候就问我要吧！" 这本书一直被精心保存在妈妈的抽屉里。

院子里的孩子很信服妈妈，因为她会像朋友一样平等地和年轻人对话，从不因为自己是长辈而摆架子随意教训人。在国外使馆工作的顾阿姨在写给妈妈的一封信上说："请龚澎同志再与我的小儿子谈谈，他很听得进去你的建议。"

钢琴梦

音乐是开启人类心灵的窗户，父亲母亲都酷爱音乐，他们相识之后就有一个共同的梦，有一天可以让自己的孩子学习弹奏钢琴。

建国以后生活稳定了，爸妈希望实现他们的梦想，让孩子们学习音乐。钢琴是乐器之王，小提琴的乐声如歌如泣，在两种乐器之间，父亲母亲最后还是替我选择了钢琴。

在我学琴之前，母亲为我讲了一个动人的故事：一个贫穷的男孩很早就失去了自己的母亲，当木匠的父亲带着他过着清苦的生活。有一天他听到附近教堂里发出美妙的声音，跑去一看，原来有人在一架钢琴上弹奏乐曲，从此他每天都跑去听那优美的旋律。

有一天男孩请求自己的父亲说，我想学琴！他的父亲没有说话，一个月之后，他送给儿子一样礼物：老木匠自己制作的一架没有声音的木钢琴！孩子每天跟着教堂里的琴声开始练琴，他细心倾听着节奏，拼命地练习着指法。终于有一天，他被允许在真正的钢琴上弹奏了！那架古老的钢琴发出了动人心弦的声音，美妙的乐曲像银铃一般倾泻而出……周围的人们轰动了，孩子在钢琴大赛中获得了第一名。

听完故事后的一个星期天，父亲和母亲带我来到马思聪伯伯家——政协后面一个小四合院，里面有一棵茂盛的大枣树。走进马伯伯的家，母亲就开始和他们讲家乡话。父亲和马伯伯在香港时就是好朋友，他们在一起开心地谈天说地。母亲带我参观了马伯伯的琴房，那是一间简单明亮的小屋，里面只摆放了一把木制椅子。妈妈说，不管学什么乐器都要付出艰苦的劳动，练习小提琴时，经常要连续很长时间保持一个姿势，除了音乐什

么也不想，这才有可能学出来。钢琴也是一样的。

母亲请马伯母和马瑞雪姐姐看看我的手指够不够长，并且托他们留意有没有音质好的旧钢琴。总之，爸妈早已设计好了让我学习弹钢琴。不久，我家客厅有了一架黑色的德国旧钢琴，琴体两侧还有放置蜡烛的金属台座，大约有近百年的历史了。母亲专门请调音师傅重新调了音。

6岁那年我开始学钢琴了，母亲在燕京的同学刘梅生是我的老师，她优雅和善，优美动人的乐曲犹如叮咚的流水从她手下滑出。第一次上课是母亲带我坐三轮车去的。母亲和我一起认真上了第一堂钢琴课，并且为我准备了笔记本，记下我下次要完成的作业和乐理知识。

每过一段时间母亲总要抽空去拜访刘老师，她们在一起谈论旧日燕京老同学，谈论我弹琴的进展和成绩。天冷的时候，老师让我把手放在热水里焐热再弹琴。

每天放学回家我必须练琴，开始每天半小时，以后每天一小时，一分钟也不能少。那时我是一个调皮的小姑娘，当我不想练琴的时候，我就用两只脚“弹琴”。可是慈爱的母亲并不生气，照样耐心地辅导我。最初，爸妈和哥轮流在我身后看着我弹，日子长了，练琴已成为一种习惯。逐渐地我对钢琴产生了兴趣，再不用大人这样劳神了。

母亲中学时代曾在学校里学过几天钢琴，后来就没有条件继续下去了，很多年后她还可以弹出《献给爱丽丝》这首曲子。肖邦的《军队进行曲》、贝多芬的《华丽大圆舞曲》、《降E大调交响曲》都是她喜欢听的。父亲和母亲一样喜欢钢琴，在香港的时候，他经常去听钢琴演奏会。父亲喜欢的许多奏鸣曲都是钢琴曲，他对我说，一部好作品可以鼓舞人的士气，也可以为人们带来欢畅的情感，当你忧伤的时候，它又是陪伴你的好朋友。

每当全家聚在一起休息时，父亲总会对我说，弹一首《那不勒斯舞曲》吧！他跟着乐曲轻快地哼唱着，并且挥手帮我打着节拍。

然后是母亲的演奏，她拿出一本发黄快散架的英文琴谱，翻到《马赛曲》那一页，然后边弹边用法文轻声唱着：公民，团结起来！这是妈妈多年的保留剧目，那节奏总是让人有一种振作的感觉。

哥哥表演的是《快乐的农夫》。

最后是父亲的节目。爸爸比较笨，练了半天也不会双手弹琴。他用右手弹出《伏尔加船夫曲》，边弹边用苏北口音唱着：哼呦嘿呦！哼呦嘿呦……

那浑厚低沉的声音至今在我耳边回响着。

为了开阔我的视野，母亲曾带我到东单基督教女青年会参加过多次钢琴观摩会。有一次老师安排我表演四手联弹，在与我合奏的学姐熟练的配合下，我们的节目得了第一名。我听到了观众席上传来的热烈掌声。

由于最初买的旧琴年代太久已难以调音，母亲下决心攒钱为我买一架新琴。那时，我常常听到她在念叨，这个月又可以攒下买琴的钱了！几年之后，母亲攒的钱开始接近买琴的数字了，于是她就四处打听什么地方可以买到便宜而质量好的琴。经由几位亲戚的赞助和朋友的介绍，母亲最终在营口钢琴厂买下一架东方红牌钢琴。

这是我们家有史以来唯一的“大件”。

当钢琴运到家里时，我们全家像过年一样兴奋。父亲是第一个演奏者，他坐在一张木凳上，一边用五指弹奏琴键（这是我教他的），一边唱起了《都来米发搜拉梯》。

在以后的12年里，这琴一直陪伴着我成长。我在上边学会弹《土耳其进行曲》、《解放区的天》、《国际歌》、《月光》……它的每一根琴弦都记录了我们家走过的春夏和秋冬，不知多少欢乐和忧愁。

放暑假去北戴河的时候，母亲仍设法让我到国际俱乐部去练琴。每天上午10点以前，我都要准时坐到那架老钢琴前。有一次，我正在专心背谱子练习一首奏鸣曲，不知什么时候，一位外国妇女在旁边听了很久。

当母亲走过来找我的时候，她用英文问道，这个女孩子是你的女儿呢，还是你的学生？妈妈回答说，她是我的女儿。

外国妇女又说，她的老师是中国人吗？你们中国人也使用五线谱教学吗？据说中国的老师只会用简谱教学生。

母亲认真严肃地说，你讲的不是事实。现在中国有许多音乐专科学校，即使在普通的学校里，我们的老师也使用五线谱教学。我的女儿从开始弹琴就学习了五线谱，她的老师就是一位中国人。简谱是一种快速的记录方法，像这样比较复杂的曲子，一定要用五线谱才能完整弹奏出来。中国的学生可以用五线谱弹奏许多高难度的名曲！

我望着走远的外国妇女问母亲，发生什么事情了？

母亲说，有的外国人看不起我们中国人，认为我们不会使用五线谱，其实有什么难的！

母亲痛快地说，反正现在又不是新闻发布会，又不要请示领导，我先劈了啪啦说得她没话说！到现在我都记得母亲那快人快语的样子。

文革时大批“封资修”，爸妈很久没有听唱片了。有一次母亲高兴地对我说，周总理在一次讲话中说，“无标题”音乐还是可以听的。我问母亲，什么是“无标题”音乐？母亲说，“无标题音乐”没有一定的题目，可以根据个人的想象空间去欣赏。所以也不能笼统地说，哪些章节就一定是资产阶级的音乐。

在母亲走了以后的第三年，家里那架东方红牌钢琴和我们走失了……

几十年过去了，我沿着童年的路来到禄米仓胡同，走到了那棵熟悉的老槐树下，胡同里的老人说，刘老师早就搬到清华大学她的儿子家去住了。我希望通过这本小书把自己的感谢和祝愿带给她和她的家人。

钢琴、童年、小胡同里的亲人和老师，这是一首永远难忘的北京思乡曲，一个漂流到远方的绿色的梦。

北戴河的天伦之乐

1958年的夏季格外炎热。台海危机期间，中国政府公开发表的对美斗争声明、讲话、社论、报道、文章几乎每天都有，秀才班子忙碌非凡。因为爸爸要赶写几篇重要的声明和文件，我们全家和他一起来到了位于渤海湾的北戴河。

这是一个没有任何污染的海滨小镇，大海和天一样蓝。海滩上散落着渔民出海打鱼的小船，寂静的树林里传来阵阵黄莺的歌唱和啄木鸟伴奏的咚咚声，知了不知疲倦地叫着。

爸妈都是大忙人，可是一来到大自然中间，他们的脸上都露出了孩子般的笑容。写作之余，爸爸拉着我的手在树林里散步，偶尔也能捡到几个掉在地上的青苹果，他指着路边的庄稼告诉我，这是小麦，那些是杂草，细细看它们是不一样的，这里的学问多着呢！

最让我觉得有趣的是院子里有一个小池子，里面都是圆头圆脑的小蝌

1965年作者与母亲在北戴河

蚪，我用玻璃瓶把它们捞上来又全倒进池子里了，妈妈说，在瓶子里大概它们变不了青蛙了。

上午接近11点的时候，我们来到了大海边，这是一天中风平浪静最好的时候。下午的海水开始涨潮，阳光很强，爸爸说，水性好的人喜欢晚上游泳。

爸爸拉着我踩着滚烫的细沙一步步走进了拍着浪花的碧波里。妈妈要练习自由泳，爸爸最擅长的是“狗刨式”，那是他从小在家乡的小河里学会的，尽管姿势不规范，但前进的速度却很快，从岸边到鲨鱼网，他可以游上几个来回，而且可以边游泳边聊天。爸爸的秘书李叔叔总是在浅水里练换气，我开始尝试着离开救生圈，却迟迟不敢松手。

在岸边休息的时候，爸爸告诉我，海滩中间那一个个深深的小圆洞是小螃蟹的家，抓一把干细的沙粒撒进洞里，顺着它们留下的痕迹一路挖下去，一定可以捉到小螃蟹。爸爸说，这是他幼年经常玩的游戏。

果真，爸爸的大手挖起沙子来特别灵活，每次他总是又快又准地找到

了螃蟹洞。小螃蟹伸出八只腿在空中舞动着，我仔细端详着它的小眼睛，过了一会儿，爸爸对我说，我们还是放它走吧！一松手，小螃蟹就消失在波浪里了。

晚上就用不着这样费力气了，只要在漆黑的海难上打开明亮的手电筒，螃蟹们会主动从洞里爬出来，真是太有趣了！

这一切都是我在城市里没有见过的。蓝色的大海为我们带来了欢乐的旋律。晶莹的鹅卵石、五彩缤纷的小贝壳，大自然实在太美好了！

爸妈平时的工作很忙，很少能休息一个完整的节假日，他们与子女在一起的时间是很有限的。在北戴河的日子里，我和父母亲的接触比平日多了，他们和我一起谈天说地，一起游泳嬉戏，我学会了许多在学校里学不到的知识，也与父母亲结下了深厚的情谊。

有一次，爸爸带着我在种满农作物和花草的园地里散步，他指着趴在地上的深绿色蔓藤和一株株有着长圆形小叶子的植物问我，你叫得出来它们的名字吗？我摇摇头。爸爸告诉我，这是花生和红薯，我们吃的果实都埋在土里面，那是它们的根茎部分；这些不起眼的乳白色小花儿是芝麻花，它浑身上下都是宝。

爸爸说，他家乡里的女孩子（爸爸有好几个姐姐）常常把芝麻花泡在一个瓶子里，过些日子慢慢地就可以渗出一种油来，用来抹头发又光又亮。那五颜六色的花朵是凤仙花，用凤仙花的花瓣可以把指甲染红，所以又叫指甲花。当把桔红粉红的花瓣采摘好以后，把它们放在一只小碗里，最好再加上一点儿明矾和花瓣一起捣碎，这样颜色可以保留的时间比较长。

爱美是女孩子的天性，我听了以后很希望能试一试。知道了我的心思之后，爸爸让我先去选一些掉落的凤仙花瓣，颜色要尽量挑选鲜艳的，然后再去找几片细长的叶子和一些小细绳来。

一切准备好，明矾没有也可以不计，爸爸把彩色的花瓣均匀堆地放在我的十个指甲上，然后用细长的叶子分别把这十个手指头像包粽子似的裹好，最后用细绳系紧。好了！爸爸认真地嘱咐我，记住，明天早上你才可以打开看！

我兴奋极了。刹那间，天空中散发出一道绚丽的光彩，那感觉到现在我都记得。第二天一大早就醒来了，我迫不及待地拆开手上绑的叶子一看，真的！我的十个指甲变成粉红和橘红色的了！简直太奇妙了！

若干年后，当我作为一个孤独的少年独自走向世界的时候，蓝色的大海和凤仙花美丽的花瓣静静地在黑暗中闪动着神奇的光芒，她们默默地陪伴着我渡过了寒冷萧瑟的冬天。

生命最初的阳光透过黑暗照到我的心灵深处，这阳光是父亲母亲带给我的爱和童年时代的快乐，他们支持着我去完成美好的心愿，也为我奠定了生命最基本的色调：世界是美好的。

妈妈教练

每当我在碧波里自由自在游来游去的时候，便想起了母亲。是妈妈教会了我游泳，那是在北戴河的日子里。

我虽然很小就泡在水里，但好几年都没学会游泳。暑期将至，我参加了体校的游泳训练班。训练的内容主要是学习自由式和蛙泳的基本课程。所有的肢体动作都学会了，只有最关键的一项我没有学会：我不会在水上漂，直到最后剩下我一个人。教练说，浮在水面很简单！先把全身抱成一团，憋好气，很快就会漂起来的！可不管怎么单个教练，我还是无法在水面上漂浮起来。

训练班不去了，我认为自己可能真的是一只“旱鸭子”了。一说到有关游泳的话题，我马上低下了头，我怕被同伴嘲笑，怕妈妈说我太笨了。可妈妈并没有笑话我，她说一定要教会我，这是真的吗？

妈妈似乎是下了决心，她说我肯定能学会游泳的。这一年的夏天，妈妈抽空带我们来到了大海边，海滩上有一位正在当地休假的游泳专家，妈妈得知后立即跑去请教她如何教授孩子游泳，然后她又请那位和善的教授过来指导我。大概是脑子里已经有学不会的定式了，我总是在最后关头沉了下去。

看到我的问题有可能是过于紧张引起的，妈妈谢过了教授。她对我说，还是妈妈来教你吧！首先你要放松，就像睡觉一样趴在水里，水和空气不同，是有浮力的，特别是海水的浮力更大。所以人是可以漂在水上的，但是全身一定要放松。

"我先做个样子，你注意，我会很轻松地漂起来的！"果真，妈妈像一个柔软的大海绵一样漂浮在水面上，然后，她又改为仰泳的姿势，并且和我愉快地聊着天。

"好！你来试着趴在水上！"妈妈的话使我放松多了。开始真的有漂起来的意思，可只要一出现"要是沉下去怎么办"的紧张念头，我的身体就跟着沉到了水底，我连忙双脚着地站起来，又失败了！

我歉疚地对妈妈说，妈妈！可能真的是我学不会了，别为我费力气了！你自己游一会儿吧！

可妈妈不急也不恼，反而更有耐心了，她站在水里认真琢磨着，问题到底出在哪个环节上呢？妈妈问道："你为什么不从头到脚全放松呢？"我小声回答说，我怕沉到水底出不来了！

听了我的回答妈妈并没有嘲笑我，她笑眯眯温和地说，孩子，妈妈来保护你，你还不相信自己的妈妈吗？我用手在水里托着你，你放松像在床上睡觉一样。你要知道，水的性质是有浮力的。你来体验一下"浮力"是什么，只要你一沉下去，我马上就用两只手把你托起来。你就把这里当做一张比床还软和的海水床，来，试试看！

我抬起头看了妈妈一眼，她慈祥而温和的笑脸至今还在我眼前晃动着。我不再怕了，不怕别人笑我笨，不怕沉到水里没有人捞，我慢慢放松地"趴"到了水上，妈妈在水下轻轻托着我，她柔软的双手就像海绵一样，我感觉到了她温暖的体温，一种安全感顿时而生。妈妈大声鼓励我说，孩子，放松！就像在床上一样全身放松！我不会走开的！你看，这不是漂起来了吗？现在海水的浮力会托起你，你慢慢体验一下这种浮力究竟有多大！

就这样，我逐渐感到水中出现了一种浮力托起了我的全身，越是放松这种力量就越大。妈妈在一旁继续鼓励我："一定要放松，如果你想起来，就像起床一样，只要轻松地站起来就行了，再坚持一下！"此时的大海就像妈妈温暖的怀抱。当我继续轻松地趴在水中时，我听见妈妈在一旁的欢呼声，"漂起来了！已经漂了一会儿了！"

我高兴地跳了起来，谢谢你，妈妈教练！

接着，我学习的那些动作都可以用上了，不久，我已经可以游得很远了。

第十一章

疾风识劲草

一个根本不考虑个人得失的人却是无所畏惧的。

——龚澎

山雨欲来风满楼

1966年的春天来到了，望着窗外的天空，我又想起了去年的北戴河。妈妈，今年暑假我们能去大海边游泳吗？母亲想了想说，到时候尽量争取吧！

一个月过去了，北京的初夏逐渐充满了火药味。报纸上陆续刊登了批判《三家村》和评《海瑞罢官》等一系列文章；

1966年5月16日，中共中央通过了《中国共产党中央委员会通知》(即五·一六通知)；5月25日，北大哲学系聂元梓等人贴出一张批判北京市委的大字报，被南巡的毛泽东称为“全国第一张马列主义大字报”；5月28日，中央文革小组正式成立。

史无前例的文化大革命拉开了序幕。

看到父亲和母亲心事重重的神态，我悄悄把准备去北戴河的小竹箱子收回原处。我似乎有一种预感，生命中那些无忧无虑的一页将离我远去。

暴风骤雨即将来临。

势如破竹

毛泽东在致清华附中红卫兵的一封信中提出了“造反动派的反有理”。在伟大领袖的号召下，全国的大学生中学生都迅速行动起来，红卫兵等各种战斗组织应运而生。

6月底，学校里照例进行了期末考试，之后学生们便没有期限地停课了，想继续上学是不可能了。我找来教科书，给自己定了一个自学计划。而爸妈也越来越忙。他们忙着参加部里的运动，脸上没有了往日的轻快笑容。

一天，我们住的院子里突然来了一批造反派，他们要抄当权派的家。

35号院住着三十几家老大使和老干部，院子里的大孩子很多都是学校里的红卫兵，此刻，他们和造反派们激烈地辩论起来。这中间有人把他们的行动通报了部领导。在多方劝阻下，造反派同意撤走，不过临走前还是要落实一项革命措施。

他们敲开每一家的大门，把厨房的炉灶上都贴上了封条，谁也不准乱动。最直接受影响的是各家做饭的保姆和老人。院里的学生们表示抗议，你们这样做不行！既然不让我们起火做饭，那你们马上派人，到街上买几十斤大饼给各家分了吃！

面对激昂的人群，几十个造反派匆匆离去。晚上爸妈回到家时，老阿姨还没有做饭。龚司长，咱们怎么办呢？母亲想了一下说，先把纸条揭开，做完这顿饭再说吧！

不一会儿，楼上楼下都飘出了徐徐的炊烟……

文革开始后，红卫兵提出了破除旧思想、旧文化、旧风俗、旧习惯的口号。街上到处都在破四旧，商店里书店里清理出一批批“封资修”的商品。西餐奶油蛋糕都成了资产阶级的生活方式。在东安市场书店，我挑了一本《秦香莲的故事》，售货员递给我又收了回去，他看看四周对我说，搞不好这也是四旧，我可不敢卖。

为防止给造反派抄家留下把柄，一个星期天的上午，妈妈让我们把家里的书籍和唱片以及一切可以与封、资、修联系挂钩的东西全部做了清理，厨房阳台上堆满了家里的旧书、旧杂志和旧唱片。

我一边整理一边看，并且悄悄捡起《知识就是力量》杂志和《静静的顿河》、《马雅可夫斯基诗集》、《青春之歌》……

收破烂的来到院子里，几乎家家都把尖皮鞋论斤卖掉了。

过去的一切都开始被推翻。心爱的唱片只能大部分毁掉，只留下一些精品和不让革命小将抓住尾巴的“无标题音乐”，否则爸妈的罪名将会变本加厉。

看着家里攒的宝贝一张张被处理了，我悄悄地问母亲：我们多留几张唱片藏起来吧！母亲摇摇头果断地说：“不想那么多了！这些唱片我们都听过了，物尽其用就没有白买！”

最后大致有三十几张唱片被保存了下来，其中有一些是母亲自己挑选的唱片，上面签着“龚澎”的名字。

不久，我们又对家里的东西进行了一番甄别清理。收拾停当后，我深深舒了一口气。家里没有了“封、资、修”，大概再不会有什么麻烦事找到我们了。

其实，此时运动刚刚开始。

中共中央发出“五·一六”通知后，外交部党委根据中央统一部署，在部内作了动员，号召大家参加文化大革命，揭露批判“三家村”。

原以为文化革命是学术界的事情，不久后，运动就有了新的发展，1966年6月1日，人民日报发表了重要社论《横扫一切牛鬼蛇神》，紧接着第二天又发表了《触及人们灵魂的大革命》等一系列文章；6月4日北京市委改组。

6月6日，部领导进行了第二次动员，号召大家要“勇敢地投入文化大革命”。

随着形势的发展，大字报铺天盖地而来，办公楼里贴满了大字报。在不到半个月的时间里，外交部机关共贴出18000张大字报。

面对革命群众的大批判，部党委起草了一份检查，主动“引火烧身”。为了能够顺利过关，父亲曾和宦乡伯伯一起，对稿件认真地进行了十几次修改，最后交由陈毅部长审阅。

作为部党委委员和部长助理兼新闻司司长，母亲在文革开始时写过一

张很短的大字报。事情的起因是这样：1966年初，办公厅主任王炳南因为接受一件事情的调查而暂时停止对外活动。当案子结束的时候，部党委没有立即恢复他的工作。就在他等待工作消息的时候，文革开始了。群众就王炳南没有上班一事提出疑问，他们要求部党委委员以大字报形式分别做出回答：王炳南为什么失踪？王炳南是否在受审？

几天之后，母亲贴出了这样一张与众不同的大字报："王炳南同志是我们的好同志。他有他的事情，所提问题，无法奉告。"

1967年1月，上海造反派夺了上海市委的大权，这个行动得到了毛泽东的肯定。造反派领导运动，监督业务是大势所趋。随着运动的深入，外交部相继成立了由革命群众组成的战斗组织。为了尽快建立比较稳定的秩序，这些群众组织一度得到肯定。

当时，文革的中心任务就是要批判各条战线的"资产阶级反动路线"。造反派提出，建国17年以来，外交战线执行的是"三降一灭"修正主义路线。为此，外交部有许多老干部挨整被斗，一个个熟悉的面孔相继变成了"反党反社会主义分子"。

那是一段颠倒黑白的日子，一些解放前就从事地下工作的老干部相继受到严重冲击，有的人被押往秦城监狱接受"审查"。

1967年初，许多驻外使馆的大使相继回国参加运动。和我们住在一个院子的章大使刚下飞机就被造反派拉走批判斗争，半夜回到家时连家门都找不到了。俞叔叔也在机场挨了斗。

当年母亲为之倾心灌溉的地方，一度成为极左的核心地带和造反联络站的中心。几乎是一夜之间，母亲就成了走资本主义道路当权派。

夹着尾巴做人

文革开始不久，外语学院一派红卫兵坚决要"打倒陈毅、姬鹏飞、乔冠华"，大字报一直贴到了外交部的大门口。另一派则主张对陈毅一批二保，不要打倒姬鹏飞、乔冠华，后来有些人提出抛出乔冠华，保陈毅、姬鹏飞。

家里的日子不那么轻松了，走出门就有可能被教训几句。这时候，也是我们一家交谈最多的时候。

最初，父亲母亲都把这场史无前例的运动看做是反修防修的必要措施。作为部党委成员，他们要紧跟党中央毛主席的战略部署，可是，面对老干部挨整，工作无法正常进行等一系列越演越烈的混乱局面，他们又产生种种忧虑和疑问。父亲对去学校参加运动的哥哥说，什么事情都不要人云亦云，要经过自己的脑子想一想，认真分析一下究竟有没有道理。不要卷入派系斗争，要不然还不如当逍遥派。

那一阵子，母亲书桌上放着一份只写了一行字的检查，我看到了这样的词句，“揭开资产阶级反动路线的盖子，简称揭盖子”。下面是整张的空白纸，母亲似乎写不下去了。那么，什么是资产阶级反动路线呢？

母亲没有回答我的问题。她对我说，外交部17年来一直是在党中央毛主席的直接领导下工作的，重大事件都要经过中央的批准和审查。如果有错误也是工作中出现的问题。如果把所有的战线都说成是执行资产阶级反动路线，那实际是否定了新中国的基本成就。

母亲平时看得最多的是列宁的《论“左派”幼稚病》，还有毛主席的《关于正确处理人民内部矛盾的问题》，她常常和父亲靠在躺椅上深思着什么。不过，不管在单位里经历了什么，他们从来没有抱怨。

外交部发了好几种版本的红宝书《毛主席语录》。那时候我可以一字不差地把“老三篇”和毛主席诗词全背下来。妈妈没有我记得多，她背得下来的包括这样几句话：“领导我们事业的核心力量是中国共产党，指导我们思想的理论基础是马克思列宁主义。”

还有一条是母亲熟读和常常念叨的：“我们应当相信群众，我们应当相信党。”在批判她的一次会议上，一位年轻干部在发言中引用了毛主席的这段语录，并且说，对任何事情都要坚持实事求是。会后，母亲悄悄对这位同事说，我很欣赏你的发言。

面对文革中出现的新问题，母亲总是冷静地分析情况。

对各式各样的大字报和尖锐的批斗会，母亲对父亲讲的几句话我至今记忆犹新：我们没有战功，只有比别人多做工作，工作多了犯错误的机会就多，挨批评的机会也会比别人多，那只有低着头认真听取别人的批评，只要有道理，我们一定会引以为戒。

1966年下半年文革正在如火如荼地展开，几乎每天都有老干部被打倒，我急切地对爸妈说，你们以后少做工作，就可以少犯错误了，妈妈不是有高血压吗？赶快开病假条在家养病吧！

母亲听后微笑着用力摇摇头，“不——行！我们做不到这一点！我们只有努力工作，挨批评就硬着头皮听吧！”

母亲一直在外交部从事国内部分的工作，自我懂事时起，她和父亲总是不停地忙，很少有下班以后没有事情的时候，不是参加宴会就是改稿子，要不就是去开会。偶尔她也曾说，有机会出国到一个清闲点的使馆工作一段，可以不管那么多事情。可是，这仅仅是说说而已。她一直没有离开过她的岗位，也从来没有清闲过。

作为一个知识分子出身的干部，母亲有一个口头禅：夹着尾巴做人。文革开始以后，周总理在一次讲话中提到的还是这句话，爸妈在家里议论了很久。我注视着他们的背影，爸爸妈妈没有长尾巴呀！他们为什么用这句话警示自己呢？父亲为我做了形象的解释，他说，过去讲一个人骄傲，就说他的尾巴翘到了天上，人本来是没有尾巴的，这是一种比喻，形容洋洋得意的样子。而因此就有了下面的话，夹着尾巴做人，要把那个翘到天上的尾巴夹紧，不要得意忘形。这是要人们不要骄傲自大，始终要谦虚谨慎。

龚澎，你怎么可能是三反分子呢？

随着文化大革命的全面铺开，外事口的造反行动在不断升级。

一天上午10点左右，当我趴在窗户前向外张望时，院子里疾速驶进一辆解放牌大卡车。车上挤满了斗志昂扬的年轻人，看样子他们比我大很多，有男有女，至少是大学生了，这群人扛着造反团的旗帜，进了院子就往左拐，直奔我们家住的三栋门口。我的心一下子收紧了，最近爸妈在部里挨斗，会不会是到我家的呢？

我打开了房门听着外面的动静，嘈杂的声音越来越近，真的是来我家的！家里只有我和老阿姨，爸妈都在单位，他们来干什么呢？这都是一些什么人呢？

来不及多想，已经有人冲到家门口了，老阿姨想拦住他们，你们是哪里的？要干什么呀？龚司长、乔部长都没有回来，你们到外交部找去！

这群人根本不听她的盘问，家里一下子涌进了三四十人，十几个人围着我们，其他人冲进了客厅。

老阿姨不甘心地问道，你们是哪里的？究竟想干什么？一个头目样的人说，他们是北京外语学院“六・一六”造反团的（当时外院是外交部管辖单位），要到我家找非常重要的材料和证据，他动员老阿姨说：“看样子你是在他们家做事的，请你配合我们！龚澎在批斗会上什么也不交代，她和乔冠华是不是在家里躲起来了？”

听了这话我瞪了他一眼，开玩笑吧！我爸我妈可不是像你这种小人，他们如果在家就会平静地走出来。

可是造反派说什么也不信，他们拧开了家里所有的房门。爸妈的卧室平时都是锁着的，钥匙就放在柜子上。我不想让他们进去，可是他们准备撞门了，阿姨最后还是取出钥匙开了门。

十几个人一下子涌到妈妈的房子里开始翻箱倒柜，特别是翻妈妈书桌抽屉里的笔记本和收藏的材料，那些都是我们从来不动的。

不知他们从哪里翻出几张五六寸大小的照片，只见几个人坐在妈妈的床上用手指着照片中的人说，对，对！就是，就是他！继续找！

我悄悄伸过头一看，照片中间站的人是周总理啊！难道，他们要搜集总理的材料？

我只觉得手脚发凉，妈妈在家还放了什么重要的东西呢？这些人可不简单，他们不是破四旧的中学红卫兵。

家里已经乱得像垃圾站一样了，到处都被翻得乱七八糟，不过重点是妈妈的书桌和柜子。另一部分人继续在每个房子的床上床下搜寻爸爸和妈妈。看着他们愚蠢的行动，我又觉得好笑，我妈我爸又不是小孩子玩捉迷藏，告诉你们不在家就是不在家，你们愿意费力气就像日本鬼子一样搜吧！

就在他们几乎相信我的话之后，一个机灵的小个子突然发现了还有一道紧锁的门没有打开，乔冠华一定藏在这里！交出钥匙来！我摇摇头，没有，这间小仓库是母亲放衣服的地方，她从来不给我们钥匙。

是吗？他们好像终于发现了新大陆，发现了我在骗他们，于是脸上闪出一种凶狠的表情。不给钥匙？那我们可就要砸窗户了！你还是叫乔冠华自己出来的好！

我没好气地说，里面没有人我叫谁？你愿意看就跳进去看吧！一群人围在走廊外面那个小屋子外面，这屋子只有一个门上的小天窗，他们踩着椅子往里看不到全景，就用硬物开始砸玻璃，此时我的心揪了起来，小仓库除了衣服，好像还有我们家的相册呢！

小屋子几下就被砸烂了窗户，这小个子钻进去从里面开了门，打开所有的柜子箱子门，还是没有找到爸爸的影子，他们就在里面乱翻起来。

地上洒满了零七八碎的东西。院子里的孩子上来看热闹，陌生的和面熟的人在屋子里窜来窜去。望着杂乱的家和一张张冷漠淡然的面孔，似乎有一种碾碎后被沉淀的感觉，突然间，我觉得自己长大了。

眼见着快到中午了，妈妈最近很少回家吃中饭，可爸爸差不多该回来了，我只希望他不要在此时到家，便寸步不离地守在靠近门口的走廊里。如果爸进门我就马上告诉他家里发生的事情。

正在担忧的时候，有人敲门，我冲过去一把抓住门把手，父亲的身影很快出现在眼前，我着急地对他说，外语学院的造反派来家里了！他们非说你躲在小屋子里。

父亲一下子明白了家里发生的事情。他没有说话，还是按平时的习惯走进门口，准备先把外套挂在大衣架子上，在他还没有完全脱去外套的时候，造反派发现了父亲，十几个人立即把他围了起来，他们高喊着“打倒中国的葛罗米柯！”等口号，并向父亲提出各种问题。至今我还记得，父亲从容不迫地把灰色外套整齐地挂到衣架上的情景。

这时，一个造反派把小仓库里那些相册全都搬了出来。有的人继续寻找黑材料，有的像欣赏猎物似的翻着我们全家的照片。一个造反派打开一本旧相册的第一张，那是母亲在重庆照的一张大头像。照片上的母亲端庄而美丽，她的笑容和目光似乎有一种特别的魅力，那年轻人把这幅相片举到父亲面前，说！这个人是谁？她和你是什么关系？

父亲面对着母亲的相片认真地端详起来，仿佛旁若无人，他似乎回到了他和母亲相识的时空，沉思片刻后，父亲一字一句坚定地对面前的年轻人说道:“这是我的妻子龚澎。”

年轻人大声训斥说，她是不是三反分子龚澎?

父亲像纠正学生发音似的，一板一眼地说:“她是我的妻子龚澎。”

造反派厉声对父亲说，你说！这是三反分子龚澎！

父亲不紧不慢地再次纠正他:“这是我的妻子龚澎！”

我扶着父亲怒视着那个造反派：这是我妈妈！你别把我们家相册弄坏了！

望着守护在亲人照片旁的父女俩，那年轻人似乎触动了什么，他讪讪地走开了。

我来到自己的房间，一个造反派正爬到我的木床下面翻东西，一会儿，他从床下拉出一个正方形的黑色盒子，于是，他们如获至宝地打开了这小箱子，里面是一台父亲从苏联带回的有着纽扣式键盘的八扬手风琴。造反派怀疑母亲把重要的材料藏到了孩子的屋子里，可是盒子里只有琴没有黑材料。当这群人离去的时候似乎还不甘心，他们想等母亲在家的时候再来。

距这次抄家不久的一个周末上午，爸妈和哥哥正在里屋谈天，我趴在窗户上望着远处一层层的云彩想心事，什么时候我们可以像过去那样到公园里过一个快乐的星期天呢?

就在这时，只见院子大门口快速驶来一辆装满人的解放牌大卡车，我马上想到上次抄家的情景，便跑进屋子对母亲说，上次的大卡车又来了!

听了我的话，母亲走到窗前静静地望了一眼，什么也没有说。她和父亲回到自己的屋子里迅速处理了重要文件，静静地迎接着暴风雨的到来。

不久，楼道里响起了杂乱的脚步声，哥哥打开了房门，门口一下子出现了几十个二三十岁的年轻人，不等我们说话，他们涌进了家里，来的人看着眼熟，又是上次那拨造反派!

这伙人直接冲到里屋围攻父亲母亲，并且把他们分别包围了起来。这次他们主题鲜明，就是要母亲交出所有重要的笔记和有关周总理各个时期的材料。母亲怒视着他们，不向他们屈服，有人走过来用手抓母亲的头发想往墙上撞……

房子里一片狼藉，造反派翻箱倒柜，抽屉柜子箱子里的东西散落一

地。造反派把母亲的重要笔记本都抄走了。

临走的时候，他们高呼着“打倒”的口号，并且用大排笔蘸着墨水精，在爸妈的房间门口和大立柜上刷上了大标语，“打倒三反分子龚澎！”“打倒走资派乔冠华！”解放牌大卡车和喧闹的人群终于从院子里消失了。

老阿姨叹着气开始收拾东西，最后只剩下房门上和大立柜上的标语怎么也刷不下去，母亲让我们找来印刷好的毛主席语录贴在大门上：“勇敢、坚定、沉着，向斗争中学习，为民族解放事业随时准备牺牲自己的一切！”

母亲站在大标语旁边，脸上流露出一种刚强坚毅的神态。她让哥哥取出照相机为她摄影留念。我想这也是母亲在文革中最好的写照。

造反派抄家后，妈妈让哥哥为她拍照留念　摄于1967年

不久，周恩来总理得知此事，他召集外院的造反派头头，要求他们立即归还母亲那几本重要的笔记（每次重要会议和讲话母亲都作了记录）。

过去，在周总理召开的外事口会议上，母亲总是坐在前排。周总理经常要她第一个发言，介绍当前的国际动态，并随时提出很多问题，可文革以后，正常的秩序全被打乱了。

在一次会议上，周总理看到坐在最后的母亲就大声说：“龚澎，你坐到前面来！”

“龚澎，你怎么可能是三反分子呢？！”

难忘的除夕之夜

1967年初，文化大革命正在向纵深发展，从批判反动路线转向揪走资派。不知不觉春节将至，除夕到了。爸妈一早就去部里了，我在家制作了一张贺年卡，老阿姨特别准备了几个他们爱吃的小菜。不管怎样，今天也是大年三十啊！我们精心摆好了碗筷，只等他们回来一起吃年夜饭。

不知不觉已到了晚上8点，眼见着院子里的邻居一个个都下班了，老阿姨把饭菜放到锅里热了起来，她对我说，你要是饿了就先吃一点饭吧！我摇摇头，我想等爸妈回来，要不怎么叫过年呢？

我一趟趟跑到阳台上张望着，我爸我妈到哪里去了呢？平时他们如果参加活动回来得晚，都会提前通知家里的，这次怎么连个电话也不打呢？

就这样一直等到晚上11点多。锅里的年夜饭热了一次又一次，还是不见爸妈的踪影。老阿姨要我打电话去部里问问到底是怎么回事，想来想去还是尽量不打扰他们，再坚持等等吧！我让她先回屋子打瞌睡去。

隔壁12点的钟声敲响了。爸爸妈妈！难道你们忙得忘了今天是除夕？

又过了将近半个多小时，大门口突然传来轻轻的敲门声，我立即冲过去打开了门，爸和妈的身影并肩出现在门口，我打开门急切地问道："妈！今天过年了！你们怎么回来得这么晚？"

平时爸妈总是兴高采烈地走进家门，可今天，他们默默地什么话也没说。老阿姨揉着眼睛赶到厨房，她一边热饭一边提醒道："龚司长，今天是年三十了！我炒了几个你们喜欢吃的菜。"

妈妈的动作显得很吃力，她扶着门框缓缓地说，"阿姨谢谢你了！以后不要再等这么晚，我们自己随便吃几口就行了。"说着，她沉思的脸上露出一丝笑意。

我这才留心看了看爸和妈，他们显得那么疲惫，妈妈的气色尤其不好，消瘦的脸庞几乎没有血色，尽管如此，她还是沉静地对我说，你赶快吃饭吧，都12点多了，吃完赶快睡觉去。

我坚持着："妈！我们一起吃一点饭吧，过年了！"

妈宽厚地一笑，大人还过什么年啊！你快吃饭吧，以后过了7点我们不回来，你就别等了！妈边说边吃力地动手解外套上的扣子，可是却连这点力气也没有了。她无力地垂下双手，几乎站立不住了。

陪伴在旁的爸爸赶紧走上前，为妈妈细心解开扣眼，脱下了棉衣，然后双手搀扶着她。妈靠在爸肩头上，老两口默默相依走进了屋子。一时

间，他们的步履变得苍老了。

这幅画面深深地印在我的脑海里。

爸妈的心情似乎十分沉重，等他们休息换好衣服走出来，我才动了筷子，爸和妈面对面静静地吃着饭，一言不发地想心事。这顿饭吃得凉凉的，周围的空气似乎凝固了……

而以往，坐在饭桌旁的时刻是我们全家团聚的好时光，也是最轻松活跃的一刻。爸妈谈笑风生，他们常常用幽默通俗的语言谈论世界局势，听后让人忍俊不禁。

可这个除夕之夜，爸妈的沉默不语使我也变得沉重起来，一定是他们在运动中遇到什么事情了！

饭一会儿就吃完了，爸连小酒杯也没有碰。他们很快就回到自己的卧室休息了。望着爸妈相依相持的背影和不知何时变得花白的头发，我的心不由得紧缩起来。

独自回到自己的小屋里，书桌上放着我刚刚为爸妈制作的贺年卡，一个曾经快乐的小姑娘写有下面一行字："爸爸妈妈过年好。"

远处的鞭炮声渐渐远去，我觉得自己一下子长大了好几岁。

以后才得知，在那段时间里，母亲主管的新闻司所在地—正义路30号的六层楼里，贴的几乎都是关于她的大字报。有大字报说，龚澎在1957年反右时包庇右派……1967年初，造反派参与部和司级领导班子，各项工作和业务由监督小组具体实施监督。大多数老干部都靠边站了。

妈妈写的交代材料老是过不了关，因为她不想说违心的话。

由于长期处于高度紧张状态，母亲的身体越来越差。有一次她因血压过高（190/110毫米汞柱）获得三天病假，可造反派只让她休一天。周总理得知这件事后，就通知造反派让母亲休息五天。

在运动向纵深发展的岁月里，满墙的大字报中有一份是记录当时批判母亲的会议情况的。其中有母亲在现场说的几句原话：你们讲了很多，也批了很多，但是我不能从原则的立场后退一步。

母亲在当年的一份"检查"中写道：

安静下来我仔细想了一想，我无法检查。原因是我从前天（2

月21日）你们同我的谈话里感觉到你们是以敌我矛盾来对待我的。而且在新闻司，自从总理让我休息五天消息传出后，又掀起一个把我斗臭的小小高潮。在这种情况下，不管我怎样检查我都不能从实事求是的原则立场退让一步，以求蒙混过关，这样双方势必顶立，这对运动没有好处……

（以下省略大段）

对大字报斗争会，我都是从积极方面去吸取养料，以纠正缺点，修正错误。至于说到怕，一个根本不考虑个人得失的人却是无所畏惧的。

龚　澎

二月二十二日晚

新的一轮大批判持续进行到除夕那一天，直到半夜12点。爸爸一直焦急地守候在附近的办公室里，等待着批斗会结束，好陪伴妈妈一起回家。

请让龚澎同志坐下！

“二月逆流”之后，社会上的动乱再次冲击影响着外交部，很多老同志被批斗。作为党委委员和主管新闻司的部领导，母亲自然要接受革命群众的揭发和批判。

在东交民巷30号礼堂举行的一次大批判会上，母亲正站在台前接受造反派的提问。大会发言之后，一个个条子递到主持人手里，母亲要逐一回答造反派提出的问题并且进一步做出交代和检查。

大会已经进行了两个多小时，母亲站在台前，全身一阵阵发软，眼前出现片片黑影，几乎就要虚脱在地，她用尽所有的力气支撑着自己：千万不能在这个时候倒下！

主持大会的年轻人正坐在主席台上慷慨激昂……

母亲平时就有直立性低血压的毛病，站一会儿就头晕眼花，更何况人过中年体质最差的时候。此时，她脸色苍白，浑身发抖，头上不停地冒着冷汗，眼前的一切变得模模糊糊，身体也开始晃悠起来。妈妈咬紧牙关默诵着毛主席语录：下定决心，不怕牺牲……她拼命坚持着不让自己倒下。

在这样激昂的大会上，似乎没有人会关注被批判者的状态。或许，在极左思潮泛滥的社会里，这样的情景已经司空见惯。大批判继续进行着，母亲竭尽全力支撑自己虚弱的身体。

这时，主持人手里接过来一张从最后一排传递过来的纸条，按照惯例，他拿过来就念，可念着念着声音就变了调，只见上面用龙飞凤舞的笔迹写着一行字：

"请让龚澎同志坐下！"

主持人火冒三丈，好大的胆子！竟敢在这么严肃的场合上为走资派说情！他怒吼着举着这张条子，这是谁写的条子？站出来！

只听从后排传来一个浑厚的男中音，他的声音像军人一样沉着镇定：请龚澎同志坐下来！

原来是时任领事司的司长徐晃。50年代曾担任新闻司副司长，现在也成了被批判的当权派。此时他正在会场后面，眼见妈妈全身发抖几乎晕倒的场面，徐叔叔实在看不下去了，他迅速从笔记本上撕下一张纸，快笔写了几个字，然后把它们折成一个小条，悄悄从后面一排排传到了主席台。

在大会最激烈的时刻，竟然出现了这样的局面，主持人愣了一下，此时台下有点乱了，同情老干部的人们七嘴八舌纷纷议论起来，龚澎同志身体不好，她已经站不住了，应该让她坐下来！我们要讲政策嘛！在大家的据理力争下，母亲被安排坐了下来。

坚决顶住！

文革开始以后，在打倒"陈，姬，乔"的口号中，父亲成了走资派，可回到家他和母亲从不在我面前提起这些。直到有一天在正义路的花园里召开了批斗大会，我才从邻居口中得知了一切，父亲正在挨批。我想立即赶过去，却被院子里的大孩子们拦住了。

随着运动的深入发展，造反派的行动也在逐步升级，在批斗会上坐喷气式是常有的事了。开一次会的时间很长，父亲一米八几的高个子，弯腰站下全程并非轻松之事。当然，父亲是不在乎这些的，可究竟如何招架这来势汹涌的群众运动呢？

有一次，造反派轮番审讯父亲，一定要他交代周总理在一个小范围会议上（谈方法政策等问题）的讲话内容，父亲悄悄地打了一个电话问母亲：现在压得很紧，问得很具体，要不要说？母亲镇定地对父亲说，坚决顶住！我永远是你的妻子！

1967年7月下旬，在揪斗父亲和姬鹏飞的一次批判会后，造反派带走了他们，五六十个人团团围在四周，推推搡搡地把两人往大卡车上拖，趁着人多杂乱之时，一个壮年人在父亲左胸前猛击一拳，一阵剧痛后，父亲不停地呛咳，随后咯出了一口血痰。

父亲与姬鹏飞被关押在反帝路（东交民巷）30号对面的一处地下室内。当时30号的四楼也曾关押过很多老干部（六国饭店旧楼还未被烧毁）。

妈妈得知消息后，立即设法让哥哥给爸爸送去香烟和必备的生活用品。经过看管人员同意后，哥哥走进了一座楼房的地下室，在一间窄小的屋子内，哥哥终于见到了被关押的爸爸。酷暑难耐，爸爸和姬伯伯两人热得光着膀子躺在地下室的水泥地上，上面只铺了一张破凉席。十天之后，他们被释放回家。当初中央通知父亲参加有外国记者参加的“八一”建军节招待会，造反派就是不放人，还是周总理出面做工作，父亲才得以出席这次活动。

爸爸胸部被打之后，一直不停地咯血痰，不久，他住进了医院。妈妈和我每天都去北京医院给爸爸送饭。

在等待爸爸归来的日子里，我和哥哥陪着妈妈渡过了一段艰难的日子，晚上我就睡在爸爸的床上陪妈妈聊天。

虽然我只有十四岁，按现在的眼光只是个刚刚迈入中学的孩子，可是妈妈已经把我当作一个年轻的朋友了。妈妈愿意倾听我的叙述和见解，对我感到困惑的问题，她总是循循善诱给以耐心指导，妈妈是我最好的朋友和引路人。那是终生难忘的教诲。

在文革激烈时，周总理在接见外交部造反派时，曾以南昌起义为例说，我说过，大方向对，路线错了，大方向就化为乌有……

尽管我不知道妈妈究竟经历了什么，但从她思虑的眼神中，我仿佛感

觉到妈妈正在艰难地攀登着一道又一道崎岖的山路。

经过一天的劳碌，妈妈的身体十分疲惫，可是她却辗转不安难以入睡，我想她一定是在挂念关在地下室的爸爸吧！爸爸前景叵测，妈妈忧心忡忡，她认真地对我说，照现在这样发展，不知将来的局面怎样。现在看来，正确的路线比什么都重要。以后你的路还很长，你可以没有爸爸妈妈，但是路线一定要对。至今我们党的实践证明，毛主席的路线还是经过考验的。如果我和你爸爸都不在了，你一定要站在无产阶级革命路线一边！

可什么是正确的路线呢？文革以后，眼见着一个个权威被打倒，过去的一切都被颠倒了。未来的路实在有些高深莫测。

对妈妈的话我还是似懂非懂，路线斗争有那么严酷吗？怎么可能我会没有爸妈呢！他们的存在和我的生命一样自然。妈想得太遥远了吧！将来家里还会发生什么呢？不过，为了使妈妈放心，我答应着她的嘱托。

星期天的上午，我陪着妈妈在报房胡同附近的多福巷散步，当我们走到冶金部后面的小路口时，周围的人很少，天边压着朵朵灰色的云彩，妈妈慢慢停住了脚步，她凝望着空中变幻莫测的浮云对我说，过去有两句老话，天有不测风云，人有旦夕祸福。我一时没有理解妈妈，这话是什么意思呢？我注视着妈妈那双深邃的大眼睛，希望找到答案，我突然发现，妈妈的身体显得那样虚弱，气色也不太好，这是过去没有的，似乎她在思虑着什么事情。今后我们家会发生什么难以预料的事情呢？隐隐约约有一种不安的感觉。

妈妈很有感触地对我说，人的命运有时很难预料，福与祸有时就在很短的时间，一个突然的变化可以使人的命运有天壤之别，这就是所谓的旦夕祸福。说到此，她的话停住了，我觉得她心里装着很多事情。

望着年少的小女儿，妈妈没有再说下去，可是，我却预感到了什么，生活、命运，将会为我们一家带来什么样的变化呢？

老乔，过来听国际歌！

文革开始后，母亲一直在思考。她对身边的朋友说，年轻人我们不应该怪他们，他们不了解情况，这场运动背后一定是有坏人插手。

尽管自身难保，妈妈仍然关心着其他同志，就我所知，她曾连夜帮助院子里几个挨斗的老同志写过检查。造反派在外交部夺权之后，老干部好像一群被敌人打散了失去联系的地下党员，但他们很快就设法聚集在一起，有时是急急忙忙通个消息，有时是慷慨激昂地痛骂，有时是冷静客观地分析，大家常常交谈到深夜。

柯华叔叔在《挥泪忆龚澎》一文中写道："在那些艰难的日子里，龚澎同志没有做过一件对不起人的事情，没有伤害过一个战友。相反的，她总是不忘用一切办法，用各种斗争方式帮助别的同志，不怕自己承担责任和风险。当批斗一位同志是假党员时，有人逼龚澎表态，她默不作声就是不表态。在批斗一些老同志里通外国时，她坚持真理，从不随声附和。"

据曾经参加过母亲"专案"的人反映，龚澎的原则性很强，她心里能装很多事情，即使遇到委屈也很少发牢骚，一是一，二是二，想不通的事情就是想不通。从来没有为了日子好过而乱说话。大概她在重庆八路军办事处时经受过不少磨炼。

妈妈经常以"无欲则刚"这句话告诫自己。这本是林则徐的"海纳百川，有容乃大，壁立千仞，无欲则刚"中的一句名言。有一次妈妈陪同毛泽东会见外宾后回到家里对我说，今天主席在讲话中提到了"无欲则刚"这句话，我觉得讲得非常好。最初我还不大理解其中的意思。妈妈说，你想想看呀，凡事又想这个又要那个的人一定顾虑很多。如果一个人索性没有什么可求的，也就没有什么可怕的，这样他就可以变得很坚强，不管什么时候都可以做到从容不迫，处变不惊。

同事们印象最深的是，母亲有着很强的原则性，她绝不会为了自己的日子好过而丧失原则立场。张颖阿姨回忆说："那时我常到龚澎家传递部内外的消息。我们关着门议论文革中窜上来的红人，对江青的言行我们都不以为然。老乔最恨姚文元，因为乔和吴晗的交情不错。龚澎在政治上很敏锐，她和我谈起，外交部受那么大冲击，矛头是对着总理和陈老总的。"

在文革艰难的岁月里，爸妈经常互相激励。有一天爸妈下班回家的时候我正在练琴，听到他们的脚步声，我急忙盖上了琴盖儿。妈妈在门口对我说，接着练吧！我摇摇头，妈妈，你们在单位太辛苦了，不影响你们休息了！妈妈疲倦的脸上浮现出微笑，弹吧！弹一首《国际歌》给我和你爸爸听！妈妈叫正在脱大衣的爸爸赶紧过来：老乔！过来听《国际歌》！

屋子里响起了《国际歌》雄壮的曲调。

> 起来，饥寒交迫的奴隶！
> 起来，全世界受苦的人！
> 满腔的热血已经沸腾，要为真理而斗争！

弹着弹着，我发现周围的一切静悄悄，爸爸妈妈大概都走掉了，最近的运动那么忙，他们哪有工夫听我弹琴呀？我不由得悄悄回过头瞄了一眼：哇！爸爸妈妈两人整整齐齐并排站在客厅门前，他们神情庄重，正在全神贯注地倾听《国际歌》。当我弹奏到最后几小节时，两人跟着轻声哼唱起来：这是最后的斗争，团结起来，到明天！

我的心头不禁一热。曲子结束了，爸爸妈妈拍手鼓掌，他们的脸上露出了轻快的神情。妈妈走到我身边深深地吸了一口气说："好！休息过来了，下午接着战斗！"

九十一人大字报

1967年是风雨飘摇的一年，许多老同志接二连三被打倒。陈老总多次同造反派谈话，要求他们要讲政策。可他们就是听不进去。

2月9日，陈毅在接见造反派时说，"去年八九月份我讲了许多话，被说成是资产阶级反动路线，今天讲话可能被说成是新反扑，我不怕，还是要讲。全国大乱，快要亡党亡国了，此时不出来讲话，更待何时？批判和斗争，要分清敌我……

"现在把外交部搞成什么样子了，动不动就斗，弄得人心惶惶，人人自危，早晨还不知道晚上怎么样？无组织无纪律，把外交机密都捅出去了！我就不相信龚澎会是三反分子，你们还要开除她的党籍。非党员居然开除党员的党籍，我还没有听说过！

"章文晋大使一下飞机就拉过来斗，戴高帽子，先让他睡个觉嘛！……你们要接班，好嘛！现在还不能交给你们，过个七八年考验考验再说。”

部里的运动进行了几个回合。1967年8月7日，中央文革小组成员王力和造反派代表进行了近三个小时的谈话，主要内容是“坚决支持造反派”，“彻底搞掉三降一灭”，“动一动班子”。父亲母亲对这种论调很不以为然。听过传达后，爸爸回家对妈妈议论说，这个讲话可以简称“王八七”。很多老同志的反应都是一致的，他们对打倒陈毅的极左思潮很反感。

尽管是“非法”的串联，可大家还是聚首在一起。为了表明自己的见解，他们酝酿起草一篇大字报。初稿是住在报房胡同宿舍的几位老同志陈楚、余湛、宋之光等人写的。后来很多老大使和老同志都参加了。韩叙夫人葛漪云用工整的楷书抄写成大字报。

1968年2月13日，外交部出现了一张题为《揭露敌人，战而胜之，批判“打倒陈毅”的反动口号》的大字报。有91个人在大字报上签上了自己的名字，后来被称为九十一人大字报。

爸妈的脸上流露出很久没有的痛快笑容。

这张将近8000字左右的大字报开始部分阐述了自1967年4月开始，围绕着“打倒陈毅”和“反对打倒陈毅”而展开的这场斗争的基本情况，大字报认为，这绝不是陈毅个人的问题，而是关系到对待以毛主席为首的无产阶级司令部的态度问题。大字报列举了大量实事证明，陈毅同志是毛主席司令部的人，打倒陈毅是阶级敌人的政治阴谋。

大字报认为，有些同志有一种小资产阶级狂热性，缺乏无产阶级革命性，科学性和组织纪律性。他们认为“越左越革命”，“调子越高造反精神越强”。文中阐述了当前极左思潮的泛滥以及严重的后果。大家热烈欢迎陈毅同志回外交部主持工作。全文最后写道：“金猴奋起千钧棒，玉宇澄清万里埃。”我还记得，文章引用的这两句毛主席诗词是根据妈妈的建议而加上的。

“九十一人”大字报反映了爸妈的一贯思想。从起草开始他们就参与了意见。当时许多老同志经常聚集在我们报房胡同的家中，爸爸妈妈为即将贴出的大字报出主意，改文章。考虑到他们两人都是党委委员，大家没

有让他们签名。

此时正赶上反击“二月逆流”和右倾翻案风，大字报贴出后，立即引起社会各方面注意。据马继森《外交部文革纪实》一书，周总理闻讯后要秘书传话说：“现在又是一个二月。”他争取主动，很快接见了造反派和各方代表。

周总理在会上批评了部党委，并依次点名。他说常务副部长连大字报看也不看，乔冠华还出了坏主意，听说做检讨了，但不深。总理又说：“龚澎也看了。”

母亲回答：“我听了一遍，我是没有签名的签名者。”

周恩来说：“这个态度还好，有的人没签，但实际上是签名。”

造反派负责人：他们去年12月6日的发言中就提出“打倒陈毅”是反动口号。

母亲说：“我们说是错误口号。”

非洲司联络员插话说：她同意这张大字报，那天柯华（非洲司司长）去找她征求意见，她说因为自己是党委委员，不好签名。

周恩来继续说：“所以她说是不签名的签名者。意思一样。说错误口号也不完全对，说反动口号就更严重了。”

当时妈妈已经为大家起草好了一份比“九十一人大字报”态度更鲜明批判极“左”思潮的大字报，后来由于“九十一人”受到批判，这张大字报才没有贴出去。

在一段时间里，“九十一人”被认为是犯了严重错误。由于爸妈参与了其中的许多“激烈言论”，有造反派认为，乔、龚二人是“九十一人大字报”的总后台，故对他们一直追查不放。为了爸爸能够继续工作，妈妈顶着压力把很多事情都揽到了自己身上。

一天晚上，H叔叔来家里对妈妈说，我决不会说我到过你这里来。母亲坦然地说，你来了就说来了，造反派追问起来，你如实照说。我们光明磊落，你到我这里来过没有什么可隐瞒的。

直到1971年，当毛主席接见出席第26届联大中国代表团成员时，周总理介绍符浩叔叔是“九十一人大字报签名者”，毛泽东当众宣布说，我赞成“九十一”，周总理神情振奋，他的脸上露出宽慰的笑容。

东交民巷　呕心沥血的日子

每当我走过闹中取静的东交民巷，总有一种说不出的亲切。母亲去世前一直是在这里上班的，一直到她突然发病的前一天。

这是市中心一条闹中取静的小路，20世纪初曾经是洋人的使馆区。那座有着高高尖顶的哥特式天主堂，默默地向人们诉说着这里的沧桑。巷子东头的新侨饭店已有近百年的历史，20世纪60年代，母亲曾几次带着我去看望住在那里的韩素音阿姨。还有那座精巧的西式小邮局、波威（现红都）服装店……从东交民巷西头起，40号是外交部政治部所在地，30号是老六国饭店旧址，院内新楼六层东侧是新闻司的办公室。其他几层是另外几个地区业务司。东交民巷老8号（现15号）是外交部本部，爸妈就在院子西头的那座小灰楼里上班（后来新闻司也搬到老8号）。东交民巷14号（现紫金宾馆）也曾是部里的办公地点。外交部的文革就是在这幽静的街区里开始的，与东交民巷交界的正义路街心花园曾经喧嚣一时，那时，东交民巷改称反帝路。

母亲一直在外交部本部办公区上班，文革开始后，因为要参加司里的运动，她来到了胡同东头的30号院。这里原本是六国饭店的旧址，新闻司就在新楼6层东侧（如今这里是华丰宾馆）。

爬上楼后做的第一件事照例是要打扫干净男女公共厕所的卫生。当时部里有不少“走资派”都在被罚做同样的劳动，黄镇伯伯就曾做过清洁工。这些事情是难不住老干部的，他们可以把清扫工作做得很彻底，净化环境对社会有益。打扫完卫生之后，母亲干脆就地坐在楼梯上休息。此时，人们看到她都绕着走。母亲对此看得很开，世态炎凉，古今如此。更别说是在阶级斗争的风口浪尖上了。

那时母亲的血压一直偏高，而看病实则是一个难题。在极左思潮泛滥的年代，老干部的潜台词便是走资派。每一个领域都不是世外桃源，当权派去医院则意味着要随时接受监督。当时爸妈在一个指定的诊室就医，这里有两位医生轮流值班。小J大夫对待患者一视同仁，能认真听病人的主

诉，及时给予诊治，如果碰到他出门诊，母亲的心情则比较轻松，但不是每次都有这样的巧合。任何一个患者都不愿在看病的时候遭遇训斥，加上很难有机会获准去医院，母亲便到单位医务室取点常用药，而当时的医疗条件是很简陋的。

母亲书桌的小抽屉里堆满了白色的小纸袋子，降压灵是她经常服用的。服了这种药后，血压又一下子降得偏低，时常出现脑供血不足的症状。后来心脏也受到累及，心前区经常出现憋闷不适。而这时她是不能轻易获准休假的。

母亲是从不言苦的一个人。过去，她每天中午都和父亲一起回家吃饭，文革开始后不久，她中间就不回家了。母亲对我说，每天上班她最感吃力的就是爬6楼，每次中间都要停好几次，费去不少时间。我这才知道，有关节炎的人爬高时尤为吃力，特别是爬老式楼梯。妈妈说，她带些简单的饭到办公室吃就行了，剩下的时间还可以躺在办公桌上休息一会儿。这样很实惠，可以节省不少精力。

有一次金阿姨去大食堂，正碰到母亲扶着墙从外面缓缓走过来。金阿姨回忆说，大概你母亲刚参加完批斗会，我看到她脸色苍白，显得十分吃力的样子，就赶紧走过去扶了她一把。我对她说，龚澎同志，今天你的气色怎么这么不好！你等等，我去搬一把凳子，你坐下休息一下，我帮你去打饭……

极左分子指责母亲是“里通外国”，因为她与很多西方记者都很熟，还接待了英籍作家韩素音和美国记者埃德加·斯诺等人。造反派轮番质问母亲，究竟是谁在指使你？在批斗会上，母亲沉默着。

母亲一直主抓业务，并且常年从事情报工作（公开），这就需要她广交朋友，与形形色色的人来往。她曾计划培养年轻的同志逐渐胜任这方面的工作。除了一起去见韩素音等人外，还带他们参加各种社会活动，比如到国际俱乐部与西园寺公一、溥仪等名人接触等等。

可是在那些革命口号满天飞的年代里，她的行动往往不被周围的人理解，历次运动总是批她“右倾”，文革是最严酷的一次。

在我接触的老同志当中，他们对那些年最深的感受就是一个接一个的政治运动，批判别人的人过后自己又被挨整。有的人自己受过伤害又不同程度地伤害了别人。一位当年的年轻人说，当时的政治环境就是这样，如果是现在，我就懂得龚司长的良苦用心了。

《陈毅的最后岁月》一书中有一段描述："昨天，部里批斗部长助理龚澎，造反派要她悬跪在长条凳上，陈毅派人说服，全然不理，直到龚澎跌倒摔下，还有人向她吐口水，大骂'装死'……"

作者铁竹伟曾去拜访过父亲，但愿这一段惨无人道的历史是个虚构的故事。这又是谁之过呢？

下班时间到了，等大家差不多都走光的时候，母亲走出了30号办公区，这时，哥哥已经推着自行车等候在门口了。母亲偏腿坐到后架上，娘俩到了台基厂北口的公交站，看着母亲乘上3路无轨电车（后来的103路）以后，哥哥又骑车紧跟电车在美术馆站第二次汇合，再用自行车把母亲带回家。

母亲很少向孩子们谈起她在单位的境遇。在家里，她和父亲默默接受着暴风雨的洗礼。有时她会幽默地笑谈如何巧妙回答造反派的提问，还说起在漫天大字报中坚持实事求是处理问题的新闻司老搭档。

很多年之后我才得知，那时母亲的身体已经如游丝般衰弱了。

望着面色苍白的龚澎，周总理沉默了

1968年初，在经历了文革急风暴雨的冲击之后，母亲开始恢复工作，在东交民巷8号院的主楼内上班（现15号），当时部里半天上班，半天搞运动，新闻司仍旧是她主管的单位之一。在这里，母亲度过了生命中最后的日子。

文革开始以后，我国的对外宣传工作也受到影响，一些驻外使馆四处散发毛主席像章，造成了一些误会和消极的影响。母亲建议，由新闻司四处起草一个通报，提出把毛主席像章发送给真正热爱毛主席的友好人士，并上报陈毅副总理兼外长、周恩来总理和毛泽东主席批准，以纠正滥发毛主席像章、语录和著作的现象。处里同志的任务是集中情况，归纳整理，提出意见和建议，报告中央。

1969年6月，针对滥发毛主席像章和语录的现象，周恩来指示外交部

要善于做对外宣传工作，慎之又慎。

在那样一个动不动就上纲上线的极左年代里，母亲始终坚持实事求是的工作作风，强调注意政策。1969年国庆节，她在对外宣传工作会议上大胆地提出了自己的见解。

母亲认为，“我们的对外宣传工作要有针对性。要根据不同的国家，不同的社会制度，不同的对象，做不同的宣传。不要让外宾和我们一起作早请示晚汇报，不要强加于人。她还说，在宣传工作中要区别左中右，不能千篇一律，要看对象，区别对待，才能使对方容易接受我们的宣传。另外，参加接待的单位对外宾要有一个了解，对我们宣传的对象也要有了解。我们要对宣传对象有调查有分析。”

母亲强调说，“我们要做个人的工作。往往对一个人做工作不是他一个人的问题，而是对他所了解的，所联系的千百万人的工作。比如日本一个《朝日新闻》的记者，他来我们这里参观了南京长江大桥，三个老工人给他讲了自己的过去一直讲到这次大桥的建设，使这个记者很受教育。所以，这次服务的不只是他一个人。我们知道，《朝日新闻》每天发行430万份，他的宣传对象是430万个人。还有一些电视演说，他在电视中演说就有好几万观众。我们接待的人，他回去后肯定要做几百次演讲。这样宣传就大了。”

在谈到对外宣传中要不要讲缺点时，母亲直爽地发表了自己的看法：“我个人认为缺点我们可以谈。我们不要浮夸，我们要谦虚，要留有余地，不要讲话讲到饱和点。我们的成绩是主流，一些缺点是前进道路上要克服的矛盾……”

此时文革还没有结束。

有一次，母亲在审查一个西方国家的工业展览会时碰到了很久没有见面的对外文委副主任陈忠经同志（曾被誉为党的地下工作的“后三杰”之一），两人开起了玩笑，陈中经对妈妈说，你很著名啊！你的大字报满街都是！妈妈笑着回答说，你也很出名啊！前些天还有你的大字报！

那时，新闻司已搬到东交民巷15号（原8号）西南角的灰色小楼里办公，母亲每周都要来司里。还是与当司长时一样，到三个处转一转，和每一个科员谈话，听取他们的汇报，检查办案情况，询问存在的问题和困难，并有针对性地提出要求。她希望尽自己最大的力量为党多做一份工作，给年轻人多留一份经验。

可谁也没有想到，经过文革的巨大冲击后，母亲的身体状况越来越差。有一次，母亲在审批一份稿件的时候突然感到头晕，在沙发上休息了20分钟之后，再继续把稿子改好了。母亲对司里的年轻同事说，过去，这只是十几分钟的活儿，今天竟弄了半个多小时。

母亲的一位同事曾对我说，你爸爸妈妈都不大会生活，尤其是不注意保养自己的身体。我想，受过高等教育的爸妈何尝不明白这些道理呢？母亲一直关注着现代医学的进展，可是他们还是一如既往地忘我工作着。爸妈把自己的全部都献给了他们为之奋斗的事业。

在被批斗的日子里，母亲都是完成工作后再写检查，她一直得不到很好的休息。从那时起，她几乎每天都要服用安眠药。

一天深夜，周总理召集外事口负责人开会，周恩来照例向母亲提出了问题，可坐在后排的母亲却回答得含含糊糊，总理十分奇怪，一向精明的龚澎今天是怎么了？原来，挨了一天批判的母亲刚刚吃下安眠药准备睡觉。

周总理对下属干部的要求一向是非常严格的，可是，当他望着脸色苍白的母亲时，周总理沉默了。

最时髦的装束

文革开始后，父亲母亲都接受了严峻的考验，在那些艰难的岁月里，他们经常在一起轻声谈心，妈妈很少对我讲她在单位里经历的事情，可也有例外。

那是一个数九寒天，妈妈赶写了一夜检查，天快蒙蒙亮的时候才睡下。8点钟很快就到了，她赶紧起床，快速穿好衣服走出家门，匆匆来到了东交民巷办公区。

上午做工间操的时候，全司的人都来到院子里排好了队，妈妈站在队列的最前面。这时，一位年轻人突然叫起来了，龚老太！你这是怎么回事？

妈妈以为又出现了什么新情况，可是大家都在笑指她的鞋，妈妈低头一看，嗨！她也乐了，原来，自己左脚穿着棉鞋，右脚却穿了一只单鞋！

晚上回到家，妈妈幽默地笑着说，告诉你一件有趣的事情：今天我穿了两只完全不同的鞋去部里上班，这大概是现在最时髦的装束了！

我不由得端详起妈妈来，她穿着淡灰色的中式夹袄，一头浓密的短发衬托着她美丽而有些憔悴的脸庞，只有那双深陷的大眼睛还和过去一样闪动着智慧的光芒，母亲的脚上还没来得及脱去那双“时髦的鞋”：一只是她平时在家穿的灰布鞋，另一只是深蓝色的老棉窝。妈妈要不是真的身体不好，怎么会这么马虎呢！要知道，母亲从来都是容光焕发地去外交部啊！我笑不起来，也不愿意别人笑话我的妈妈！

我急切地问妈妈，那你怎么走路呢？单位里就没有人帮你一下？你这样穿鞋是不是很多人都在取笑你？

妈妈仰起头爽快地说，“怎么去的就怎么走回来呗，我根本就不在乎别人怎么看我！”

苏格兰历史学家说，鞋是人类感受的最好表露。几十年过去了，我一直忘不了母亲穿的那双“最时髦的鞋”。

最后一别

自1969年初开始，外交部很多干部都分批轮流下放到“五七”干校劳动，新闻司留守了二三十个同志，原来的二处与四处进行了合并。

每到有熟悉的同事离开北京之前，母亲都争取和他们谈谈，让他们利用这个机会多了解基层情况，经常和单位保持联系。

1969年春天，原外交部干部殷树良即将下放到江西“五七”干校，临行前，他来到反帝路老8号（现东交民巷15号）母亲的办公室看望了她。殷树良和爸爸同是苏北人，1958年他在中国代表团赴莫斯科开会期间曾担任代表团的安全保卫工作，在这次会议上，爸爸认下了这个小老乡，他也和爸妈建立了深厚的友谊。

当得知殷树良即将去江西时，母亲对他说，你去吧，去干校也好，这是大势所趋。现在很乱，办公不像办公的，整天乱哄哄的，去干校要安定些。她嘱咐殷树良说，在干校也要多加注意，处处要小心，文革中发生的事情很多，你可以积累一些经验，还是过去那些话，多看、多听、少说、少表态、少发言，做到心中有数。现在哪儿都不平静。

临别时，母亲告诉殷叔叔，自己的左眼什么也看不见了，只有右眼能看东西。当时殷叔叔听了很吃惊，可是母亲的态度却很坦然，她说我这情况别人都不知道，今天告诉你，你去干校也不要对别人讲这些事。殷叔叔说："我怎么也不会想到，这是和龚澎同志的最后一别。"

1970年3月初，秦华孙[①]从干校回北京办事。母亲得知他回来的消息后，就请他在东交民巷邮局旁边的小饭馆吃了一顿便饭。秦叔叔1961年大学毕业后就来到新闻司工作，母亲对他谈了很多希望，要他到下面之后常寄信来，谈谈下面的情况，按毛主席指示办事，遇到问题耐心做工作，不要强加于人。分手后不到一周，秦叔叔突然在干校的广播中听到母亲重病住院的消息。同事们都为母亲的健康而担忧。

妈妈送我上山下乡

毛泽东发出了"知识青年接受贫下中农的再教育很有必要"的最高指示以后，大批应届毕业生被分配到偏远的农村和边疆，全北京市的老百姓都被动员起来了。从初中毕业的学生开始，都要到广阔的天地去接受贫下中农的再教育，几乎家家都有下乡的孩子。各大机关则相继在外地建起了"五七"干校，外交部也分批派干部下放到湖南、山西、东北地区或是江西干校锻炼。至1969年11月，外交部已有三分之二的干部先后下放到干校。

文革期间，妈妈做好了各种准备。她说，如果我们不能继续做外交工作，就全家到乡下去，我可以教历史，你爸爸可以教国文，总有办法生活下去的！乡下空气好，没有城里这么乱。

为此，妈妈给全家都做了棉衣，特别为爸爸做了丝棉裤。妈说，岁数

① 秦华孙1995年至2000年任中国常驻联合国代表、特命全权大使，1998年当选全国政协委员、外委会委员。

最后的四口之家　1968年摄于北京报房胡同

大了就是腿和膝关节部位最怕受寒。我问妈妈，你们下乡之后我去哪里呢？妈妈说，争取全家都在一起。你们将来大了，成了家有了孩子还和我们一起住。我和你爸爸就喜欢热热闹闹一大家子人都团聚在一起！只要我们全家在一起就是幸福的！

1968年冬季，哥哥在清华大学毕业后将到东北丹东农场接受劳动锻炼，妈妈为他准备了厚实的棉衣和棉被。临行前，妈妈和他谈了许多叮嘱。

还记得哥哥走之前的那个星期天，我们一家四口在院子里拍了很多照片。出发的那一天，妈妈亲自到北京站送哥哥上了火车。

接下来近一年的时间是我陪伴着父亲母亲。在我的记忆里，妈妈那时的健康状态已经很差了，每天她都要吃一堆药。可她很少顾虑到自己的身体。

一个星期天，我正在客厅里看书，妈妈走过来语重心长地对我说："以后我们一定要多照顾你爸爸的身体，他现在工作担子很重。你爸爸的消化道做过手术，所以一定要把他的饭菜搞好，让他吃得舒服可口。妈说，如果有一天我照顾不了你爸爸，你就要承担起这些事情。”

望着妈妈苍白消瘦的面庞，我有些疑惑地问道，你们两人的身体不是都不好吗？妈妈说，你爸爸胃肠不好，前些时候肺里又咯血，现在家里最需要照顾的是他。我的高血压是老毛病，吃点药就行了。你记住，我们一定要好好照顾爸爸，让他能够多做一些工作。现在能够开展一些外交工作实在是太不容易了！我们要努力争取时间尽力为国家多做一点事情！

年少的我还不大理解妈妈的想法。可是，看到她庄重的眼神，我的心变得沉甸甸的。妈妈一定在忧虑着什么，以后的时间不是很多吗？她为什么要说争取时间呢？不过，我没有说出自己的想法。为了让老妈放心，我点头答应着她的嘱托。

在那些日子里，妈妈经常利用空余时间和我谈天，她关注着儿女的每一步成长。作为一个母亲，最担忧的是孩子的前途，一位和妈妈同时代的阿姨回忆当年说，我们自己受些磨难没有什么，最令我心痛的是，我们的孩子，本应该受到更好的教育，这对他们一生都是至关重要的。

还记得，学校组织我们下工厂劳动的时候，每天我都要很早去赶乘公交车。过去我上学都是悄悄地离开家，从不惊醒习惯夜战的父母亲。可自从我下厂劳动后，妈妈只要听到我起床的动静就跟着爬起来，为我准备一天的早餐，这在过去是从来没有的。

其实早饭是很简单的，可妈妈说，现在正是孩子长身体的时候，要尽量多吃一点儿。她为我拿出特意买的小面包，在上面抹上果酱黄油。在那个年月里，这已经很丰盛了。我埋头大口吃着，下工厂劳动真好，还可以吃到这么多美味！

妈妈用两只手撑着脸慈祥地看着我，妈妈！你怎么不吃呢？妈妈说，你吃剩下了再说。看着你吃得好比我自己吃还心满意足！

望着妈妈苍白的脸和鬓角边垂下的一缕银发，我突然觉得她这两年一下子衰弱了许多。我似乎明白了什么，眼睛不由得湿润了。

妈妈！以前我从没有注意过你对我的照顾，我总觉得妈妈就是这样的。现在我长大了，我知道妈妈的血压高，经常要靠安眠药才能维持睡眠，可是妈妈却这样早起来，把家里最好的留给我吃。一会儿妈妈还要到部里去上班，参加运动。我不想让妈妈再为我操心，赶紧提着书包急匆匆走出了家门。

1969年夏，我们这届初中毕业生开始“毕业分配”，说“分配“其实就是被全盘端到边疆农村去，具体去向是东北黑龙江和内蒙兵团。我的班主任宋老师对班里的学生挨个进行了家访。一番调查了解后，他发现爸妈的身体状况都不好，尤其是身患高血压的母亲，显得格外消瘦衰弱，可他们还担负着重要的外交工作。班主任对妈妈说，学校应该考虑你们家的实际困难，按照有关规定，你们身边可以留一个孩子照顾家里。

两天后，妈妈试着把老师的这番话婉转地转告我，我不一定要马上下乡。我不解地对妈妈说，班里是有不下乡的名额，可那是照顾家里有困难的同学的，咱们家有什么困难啊？要是我留在城里，不就成了落后分子了吗？

妈妈轻轻叹口气缓缓地说：“其实，咱们家就是一个困难户，家里正需要人手啊！”爸爸也低头默默不语。

可我没有听懂妈妈的话。我的爸妈不是都蛮好的嘛，他们有什么困难呢？过去一提起困难户，我总认为和我这样的家庭无关。爸妈一向都是希望我争先进的，这次是怎么了？

看到一心向往外面精彩世界的小女儿，妈妈欲言又止。作为母亲，她和爸爸多么希望我能够陪伴他们一起度过那些艰难岁月呀！可是，她又不愿意影响孩子的上进心。妈妈不说话了。

过了几天，妈又试着和我继续这个话题。都儿，你不妨等一等，以后会有许多工作机会的，不一定只有下乡才是最进步的，先进有许多方式。

可我还是不明白妈妈此时的心境。尽管爸妈都非常盼望我留在身边，尽管他们的身体已经很不好，妈妈最终还是尊重了女儿的选择，至今我还记得妈妈嘴里喃喃地想说什么，却克制住自己的那一刻表情。几个月后，妈妈以她的重病和过世证明了我们家这个困难户。

经过反复考虑，爸爸妈妈认为比起黑龙江来，内蒙河套地区离北京的实际距离更近，而且内蒙属于北京军区的管辖范围，这样以后有事好照应。当我在学校真的报名去内蒙兵团之后，妈妈就开始为我操办下乡的日用品。她腾出当年去亚非14国访问时用的一个大皮箱子，我开始不停地往里面塞东西。想起就要展翅高飞，年轻人不免有几分兴奋，可是妈妈似乎心事很重，她希望空下时间来尽量和我多谈谈。

妈妈曾和一位比我年长的毛姐谈起自己的担忧，她不放心我小小年纪一个人到边远的农村去，生活艰苦在其次，主要是担忧我的社会经验不足，难以单独处理在基层遇到的许多实际问题。毛姐劝导妈妈说，其实你的女儿很有能力，她和我们在一起的时候很活泼很聪明，只是在你们面前她显得有些依赖性。你应该相信她会成长得很好。

经过这次谈话，妈妈显得轻松多了。

周末我和妈妈一起去王府井大街，在走到“建华皮货店”时，我们看到里面挂着一张狗皮褥子，标价是16元。妈妈要过来一看：质量绝对是上成的。尽管16元在当时也是一个数目，可按皮褥子的成色来说，这价格是非常便宜了。妈妈说，在乡下又是在湖边劳动，最需要这种防潮保暖的皮褥子，否则很容易得关节炎。她算了算口袋里的钱数，当即下决心把这皮褥子买了下来。

北京市给每一个下乡的学生发了一丈六尺布票，妈妈又带我去东四绸布店扯了一块儿军绿色棉布做被套，下乡的衣物很快就装满了箱子。妈妈说，不要翻来覆去收拾东西了，我们还是抓紧这些时间多谈谈吧！

报名后不久，学校通知我们去灯市口附近一个临时搭建的办公室去销户口。记得我把这件事告诉妈妈时，妈妈说，不要急呀，户口好销再上可就难了！

第二天，我和同班同学结伴来到设在灯市口大街的一个临时办公窗口，像凑热闹似的就把自己的北京户口注销了。在删除户口本名字的那一刹那，我猛地一惊，耳边又响起妈妈的话，再想重新拿到北京户口就没这么痛快了！

我迈着沉甸甸的脚步回到了家。北京是我从小生长的地方，可是现在……我的心里好像压上了一块石头，再也兴奋不起来了。

* * * * *

8月20日是我们出发到内蒙兵团的日子。一大早我就起了床，也不知妈妈几点起来的，她好像一夜也没睡好，等我吃好早饭的时候，她已经在等着为我送行了。

灯市口大街从东到西全部停放着空置的公共汽车和无轨电车。附近几个中学（25中、灯市口中学、灯市口女中、女12中）前面都挤满了下乡的学生和家长，组织队伍的老师更是忙得不可开交，到处是人山人海。在学校门口，我很快跟着班里的同学坐上了改为专车的大公共，可是不知为什么却找不到送行的妈妈了。

过了一会儿，只见我家老阿姨从人群里挤了过来，她敲着车窗玻璃大声说，今天走的学生太多了！我们好不容易才找到你们学校的车。你妈妈身体不好，我们直接去北京站了！

此时我才猛然醒悟到，今天我是真的要离开家，离开爸爸妈妈了！望着老阿姨，我说不出话来，眼里的泪水在打转，只是使劲地点着头。

火车站上更是一片人海，站台上全是东城区出发到内蒙的初中生和他们的家人，当我和同学们坐上火车的时候，我又看到了老阿姨，她在人群中挤过来大声地喊道，松都，快看啊！你妈妈在那里看着你哪！就在站台边上！她挤不过来了！你妈妈说，让你放心去内蒙，到了以后就写信给家里，她会给你写信的！

顺着老阿姨手指的方向，我在人群边上看到了妈妈熟悉的身影和亲切的面孔，她穿着那件天蓝色的短袖衬衣，消瘦的面庞显得有些疲惫，两只深陷的大眼睛里充满了慈爱之情，妈妈亲切地凝视着我，似乎有千言万语叮咛的话。

突然之间，我觉得过去和父母亲在一起的日子是那么宝贵，在北京在家里的一切是如此美好，过去我为什么没有想到这些呢？我为什么没有想到爸妈是多么希望我留在他们身边呢？

我的眼泪不知什么时候流了下来，妈妈！我大声地喊着，使劲挥着手，周围喧闹的声音淹没了我的声音。此时，妈妈站在远处微笑地望着我，并且微微向我点着头，她的神情是那么泰然，我抹干了泪水，难过的心情似乎舒缓起来。

当老阿姨又挤回去照顾妈妈的时候，火车站的铃声响起来了，马上要出发了！站台上送行的亲人和孩子们抱作一团，呜咽的哭声几乎压过火车的轰隆声。火车真的快开了！我的心不由得紧缩起来。此时，老阿姨又从拥挤的人群里挤到了我的车箱旁，她大声说，孩子，你妈妈告诉你，不要惦念家里，你爸爸妈妈都很好，你就放心去吧！她很快会给你写信的。一会儿我们就回去了，你妈妈要你放宽心，日子过得很快，转眼就到年底了！自己多当心，照看好东西！

我抬起头望着妈妈，她的脸上露出慈爱与欣喜的笑容，隔着喧闹的人群，妈妈向我信任地点点头，好像在对我说，孩子！放心大胆的去吧！妈妈相信你能行！

这次火车真的启动了，学生们强忍的眼泪随着车厢的晃动哗哗地流了下来，车窗前挤满了依依不舍的家长。那场面令人终生难忘。

妈妈伸出手向我挥着，挥着，直到她穿着天蓝色衬衣的消瘦身影逐渐在视线里消失……

妈妈寄来温暖的信

我和哥哥都下乡了，热闹的家里一下子冷清了许多。

爸爸妈妈下班以后，再没有人给他们捶背、跑腿、拿拖鞋、快乐地说着年轻人的话题，钢琴也好久没有人弹了。

妈妈认真做着我临走时托给她的事情，天天给热带鱼喂食、每周换水，冬天打开鱼缸里的加热器，另外，继续攒毛主席纪念章。

在孩子面前，妈妈一直是笑眯眯的，其实她的心里无时无刻不在惦念着自己的孩子。俗话说，儿女牵着母亲的心，在下乡的日子里，我们思念着父母，而爸爸妈妈又何尝不是对我们牵肠挂肚呢！边远的一切并不像在京城里想象的那么抒情浪漫，我们刚刚开垦出的驻地附近还没有修建公路，周围都是盐碱滩，要到附近的新安镇必须走30里的田间小路，电灯自来水就更别提了。连队由当地和几个城市的几批知青组成，我们这届的年龄都在16岁上下，我和我的同学被拆散编到了不同的班排，我不怕繁重的劳动和艰苦的生活，就是非常想家。

就在我遥望北京思念亲人的时候，妈妈写的一封封密密麻麻的家信寄到了我的身边。由于交通不方便，通讯员常常同时取回几次的信件。每当通讯员骑着马带着装满信函的深绿色大邮包从镇子里回来的时候，连部门口早已站满了家在远方的知识青年，大家焦急地等着通讯员念出自己的

名字。

“你的信！你的信！又是你的信！还是你的信！你的信！”

我一下子收到了妈妈不同时间发出的五封信，每一封信都是沉甸甸的。

惹得我的战友看得眼睛都直了，她眼巴巴地看着我打开家信，在一边羡慕地说：“松都，你真有个好妈妈呀！我们家孩子多，我妈一个月也想不起给我写一封信。”

此刻我已经顾不上和她说话了，我两手紧紧攥着妈妈的信，一口气飞奔到空无一人的旷野上，然后小心地捧起一封封温暖的家书细细地端详着，牛皮纸信封上是妈妈亲笔写的地址：内蒙乌拉特前旗乔松都同志收。那一个个熟悉的字迹是那么亲切，还没有看信，我的眼泪就下来了。望着一望无际的大草原，我放声哭着，爸爸妈妈我的家！此时我才体会到，这一切对于远在天涯的人是多么温馨和珍贵呀！

阅读妈妈亲笔写的信是一种精神上的享受，眼前每一个字都像是妈妈熟悉的身影。我舍不得一次看完这些珍贵的家书，就分几次看，晚上想家的时候，钻在被窝里打着手电看。不管窗外的秋风是多么萧瑟，这一夜我睡得格外温暖和踏实。

兵团的组成比较复杂，知识青年下乡遇到许多新情况，也发生了一些问题。塞外边疆是一个天高皇帝远的地方，与北京城可太不一样了。

涉世不深的我把初来这里的种种困惑都告诉了妈妈。都说解放军是一个大熔炉（当时兵团连级以上的管理干部由现役军人构成），为什么还会发生这么多意想不到的事情呢？这里和我们想象的太不一样了！

妈妈在信上写道：“我们的报纸都在宣传雷锋，为什么呢？因为社会上这样的人太少了，需要大家向他学习，如果每一个人都是雷锋那样的水平，那就不用这么大力地宣传了。正因为实际情况有很大的差距，才需要我们努力去做工作，才需要有榜样的力量。”

我总是把自己的感受和困惑第一个讲给妈妈听。其实，在信里和妈妈说完心里话，我的心情就痛快多了。

在连里，我是干活的能手，回回都是被表扬的第一名。

可是妈妈就没有这样轻松了，我在信中流露的每一种情绪，对妈妈都是重要的事。妈妈在灯下仔细辨认着一个个潦草的字体，然后拿着我的信去和大姨商量，究竟怎么回信才能答复我的问题，什么样的回答使我能正确面对这一段生活与锻炼。夜深人静之时，妈妈一字一句地给女儿写着一封又一封回信。

到兵团几个月以后，我被分配到了炊事班，可我不喜欢围着锅台和井台转，我想和大家一起在广阔的田野和一望无际的乌梁素海边劳动，那才是广阔的天地呢！

我把自己的想法告诉了妈妈。妈妈在信中写到："如果你真的有自己的想法，可以找连里一个比较熟悉的领导谈一谈。不过，在做出新的安排之前，你不妨体验一下新的工作，据我所知，到炊事班还没有那么可怕，很多当过兵的人都轮流去过炊事班。或许你还会发现很多意想不到的乐趣，交到新朋友呢！

"如果你不愿意多谈，也可以写一封短信交给他们。就是不同意那又有什么呢！不要前怕狼，后怕虎，患得患失将会一事无成。"

那时我刚从学校里走出来，还没有学会与各式各样的人交往，别看爸爸妈妈都是干部，可他们在我眼里就不是领导。我还不太会和真正的领导打交道。看了妈妈的信，我鼓足勇气轻轻敲响了连部的大门，把自己写的一份申请回连队劳动的信交给了副连长，一个年轻的现役军人。他打开我写的信看了几眼就笑了，在连队劳动多辛苦啊，好多人想去炊事班还去不了呢！你先在那里待一段时间吧！

尽管我的要求没有得到批准，可我觉得和领导打交道也没有多可怕。妈妈的话似乎有点道理。我在信里写道："妈妈，你是我最好的朋友！"

在远离北京的日子里，我们每天拉砖坯、运蒲草、扛芦苇叶、到井边拉水……我的饭量剧增，每天没有油水的饭菜怎么也吃不够，什么样的食品对下乡的孩子来说都是珍品。我不由打开了箱子，从里面翻出一个饼干盒子，那是临走前一天妈妈放到我的箱子里的。打开一看，里面盛满了糖皮花生仁儿，小心取出几颗和好朋友一起品尝。这普通的花生米此刻是那么香甜可口，妈妈！你想得太周到了！

妈妈在千里之外关注着我的每一封来信、每一句话、每一个字，那是母亲的心结。有时，她还把我的情况告诉哥哥。还记得刚下乡时哥哥写信鼓励我说："人生的路还很长，你今天的经历对你一生都会有影响，应该静下心来想想究竟该怎么做。"

到兵团不久很快就是中秋节。我已搞不清哪一天是阴历8月15日了，可妈妈早早就念着这天了，她提前给我写了信，说想通过邮局给我寄一些月饼。

过去我很爱吃零食，可现在我最想的是吃一顿有滋有味的饭菜，我羡慕那些家在本地的职工（她们比知青的年龄大很多）从家里带来的小咸菜。我在信里对妈妈说，寄月饼不如寄些咸菜来的实惠，还免得被人说特殊化。

信寄走一段时间了，我差不多忘记自己在信上和妈妈说什么了。就在这时，通讯员从邮局带回一个大包裹，那是从我们家附近的东四邮局寄过来的。

包裹皮是用家里的旧床单做的，拆开邮包上一针针大小不一的针线（那一定是妈妈亲手缝的大针脚），里面呈现出一个四方形的花纸盒子，打开一看，是云南出的精品大头菜，里面还有两块精致的巧克力糖和妈妈塞进去的一张小条子："都儿，大头菜是我和阿姨到王府井稻香村买的。我们找了好几家商店，最后还是决定给你买质量最好的寄去。需要什么随时来信。你爸爸和我都好，不要惦记家里。妈妈"。

望着家里寄来的邮包，我的眼睛模糊了，妈妈、月饼、大头菜，我猛地想起了中秋节，哪一天是中秋呢？

旷野上的夜幕一望无际，远在天涯的月亮分外圆，今天就是我的中秋节！

我们不在家的日子里，妈妈爸爸过得怎么样呢？

妈妈每周按时写信给我和哥哥，除非是特殊情况由爸爸代笔。我下乡之后，（妈妈生病前的几个月）妈妈详细打听了我们连队所在地的驻址，特别问了我下火车之后还要乘什么交通工具才能到达目的地。我以为妈妈是好奇，便写信告诉她，下了火车还要坐几个小时的马车，我们那里很偏远也很闭塞，没有电也没有自来水。

没想到，妈妈看了信之后就对老阿姨说，她很想去看我，让老阿姨陪她一起去，她们拿着地图商量了具体的路线和行程。后来因为妈妈的血压一直不稳定而没有成行。

我到内蒙以后，妈妈曾给我的好朋友白秀燕写了一封信，希望她和我在北京的时候一样，经常来家里玩儿。我的老同学建去家里拜访的时候，妈妈高兴地拿出我在新安镇小照相馆里拍的照片，并且和他认真地谈论在乡下的种种体会。妈妈说，今后就靠你们年轻人了！

妈妈随时告诉我家里发生的一切，也一直珍藏着我的每一封信。她去世以后，为了整理她的遗物，我们打开了她的抽屉，我看见了一大打用红丝带系着的信件，那是我在内蒙时写给妈妈的，一封也不少。

我小心地把丝带重新系好，到现在也没有打开它们。我想在心里保留一份完整的记忆。她会支撑着我，一直走到永远。

最后的四口之家

那是一个隆冬时节。我在入伍报到之前，意外地得到了一周探亲假。负责招兵的领导得知我很久没有回家了，便要我抓紧时间回一趟北京，他说，当兵之前一定要看看自己的老父老母，这样才能踏实地在部队里工作。

就这样，我连电话也没有打，买好车票就坐上了去北京的列车，我的心早就飞到了爸妈的身边。本来以为至少一两年以后才能探家，妈妈也千叮咛万嘱咐，先去当兵，不要考虑我和你爸爸！以后我们一定会有见面的机会！可是今天，我竟然像做梦一样马上就要见到爸爸妈妈了！

终于到站了！我背着提包一口气走到了东四，太阳已经开始落山，走进报房胡同显得有些冷清，不知从哪里传来厨房炒菜的声音，上学时经过无数次的小平房又出现在眼前。望着小窗口昏暗的灯光，心里涌出一片温馨，我家的灯光也快到了！

在遥远的边疆，我无数次幻想着胡同里的每一处地方，人们最常去的是路口的小蔫儿铺，那是一个杂货店，大人买咸菜酱油，孩子买五分钱的爆米花。我可以用爸爸给的三毛钱买好几样东西：一两江米条、一支铅笔、外加一毛钱一包的高级糖豆。小铺子门口有一个老邮箱，妈妈每次就是在这儿给我发信的。

我一溜小跑就来到了家门口，看到我出现在面前，老阿姨吓了一跳，小丫头，你怎么回来了？你爸你妈还没下班呢，我去给你做点好吃的！

我又走进了熟悉的家，家里的一切都是亲切的，连家里飘出的味道都带着温馨。环顾四周，似乎还有一种说不出的感觉，我的床上罩了一个大被单，过去摆在桌面的小玩意和小饰品都被收起来了。

走进爸妈的卧室，我的热带鱼缸还在，除了几条红箭鱼之外，水里还添了一些出生不久的小鱼儿，浴缸壁上长了青苔，大概已经好几天没有换水了，爸爸妈妈平时一定很忙很累。我不觉有些后悔，妈妈这么忙，我还要让她帮我养鱼。

正在此时，大门敲响了，爸爸妈妈回来了！几个月不见，爸妈似乎显得有些憔悴疲劳，老阿姨抢先把我回来的消息告诉了他们。

我跳着从屋子里走了出来，爸爸！妈妈！我回来了！看到我意外地出现在眼前，老爸老妈乐开了花。

不一会儿，妈妈似乎想起了什么，她有些焦急地问我："不是说好让你直接去军区报道吗？怎么又回来了？"

我把手中的档案袋递给妈妈，"妈妈，你放心吧！手续全都办好了！这是我的档案，回去时交给单位负责人就行了。"

妈妈这才松了一口气，她微笑地看着我说："我就是怕耽误你的工作。部队领导考虑得十分周到，原来以为要几年以后才能与你见面，没想到现在就看到你了，我和你爸爸是多么高兴啊！"

晚饭后，妈妈兴奋地坐在我的身边。过去，我是一个动不动就生病的小女孩儿，可现在，我变得面色红润、朝气勃勃，每次干活儿都在连里受到点名表扬，妈妈听了很欣慰，思索片刻后，她又对我说："我想看看你的档案，看看你在兵团究竟状况如何。"（当时的档案可以影响一个人的终生）

我告诉妈妈，档案只有人事干部才能看的。妈妈微笑着说："我就管过干部，我管的干部可比你的经历丰富多了。我答应看过后一定保守秘密！再说，这份档案本来就没有封着，你也不属于保密干部啊！"

可我还是不同意。妈妈想了一会儿说："好吧！我不看了。本来我是完全有资格看你的档案的，不过，我还是尊重你的意见，遵守你的上级给你订的纪律。”

妈妈关心着我的每一步成长，当得知我在寒冷的气候里干活后，手脚末梢都变得麻木了，她一定要我第二天就去医院做体检，并且督促我每天去打针。妈妈说：“这几天的时间非常宝贵，我们在一起要好好聊一聊。除此之外的琐碎事尽量免去，这几天我推掉了许多活动。”

回家的感觉真好！妈妈从柜子里拿出一付她刚刚织完的五指红毛线手套送给我。我下乡后，妈妈就开始动手找毛线起头编织，这是她向同事刚刚学会的织法。我的手指很长，妈妈特意把手套多织了几寸。寒冬到了，妈妈又买来新毛线请老阿姨为我赶织了两双毛线袜子。最让我高兴的是，妈妈帮我攒了两盒精致的毛主席纪念章，妈妈说，每当看到出了新图案的像章，她就设法搞到或是与熟人进行交换，老朋友笑她为了女儿不辞辛劳。

妈妈还拿出哥哥从东北寄来的照片给我看，虽然我们一家四口分了三个地方，可是我们都健康地生活在这个世界上。现在想来，这是多么珍贵的时光啊！

几天的时间一眨眼就过去了，妈妈提醒我，注意不要在家耽搁太久了，你还是要提前去报道。临行前，妈妈取出30元钱放在我的贴身口袋里，她说穷家富路，那是备急用的。

走到院子里，我又回头望了一眼家，消瘦的妈妈正站在阳台上微笑着凝望着我，谁能料想，那是妈妈在家时留在我记忆里的最后一个镜头！

* * * * *

大年初一很快就来到了，这是我生平第一次独自在外过春节。

部队里放假，家在本地的女兵都回家去了。按照规定，过节期间新兵不能离开当地，洗完所有的军装，我一个人躺在床上发呆想家。此时北京的家里只有爸妈老两口在过年，他们一定也在思念千里之外的儿女吧！猛然我想起一个好主意来，我也能和爸妈团聚！我可以去邮局打长途电话给他们！

也不知坐了多少站车，我终于来到了市中心最大的邮局。营业员告诉我，打到北京的长途话费是一分钟1.2元，这在当时是很贵的。她好心地劝我说，你要是没有什么急事，写信就行了，打一次长途电话的费用可以

买很多东西呢！我算了算手里捏着的钱，两个月的津贴费够讲十分钟的！而且，还有妈妈给我带的备用钱呢！春节能和老爸老妈说几句话是我最大的心愿！

电话打通了！我的心不知为什么颤抖起来。其实，我离开家才两个多月。可我现在是多么思念爸妈啊！阵阵熟悉的铃声响起，我的眼前浮现出家里洒满阳光的客厅和双亲慈祥的面容，我不在家，是谁最先接电话呢？

有人拿听筒了，是老阿姨！当听出是我的声音，她激动得喊起来："你这小丫头啊！你怎么想起打电话来！你妈想死你了！你们不在家，过年都没意思了，我做的菜好几顿也吃不完，你等着，我喊你妈去！"

电话里我隐约听见妈的声音在问是谁，阿姨对我说，你妈妈过来了！快听好了！

"都儿啊！"——是妈妈的声音！

"妈妈！是我啊！"

"我这边听得很清楚，妈妈真是太高兴了！你那里都很顺利吧？新兵连的训练结束了吗？每天吃得好吗，每顿都有什么菜？过节放了几天假？工作能习惯吗？"

电话里传来一串暖融融的问话。我笑了，妈还把我当小孩儿呢，我的工作当然很好了！妈妈，你放心吧，我是一名战士了！

"都儿，长途话费很贵，你的钱不多，你好我和你爸爸就放心了。今年春节只有我们两个人和老阿姨在家，你哥哥也没有回来。没有你们在身边，我们也无所谓过节了。你爸爸工作很忙，他特别惦念你。如果没有特别的情况，每个礼拜还是由我给你写信。"

接着，话筒里又传来爸爸熟悉的声音。

人说家书值万金，我说家里的电话比万金重，听到父母亲慈祥的声音，我的心里格外踏实。

初五那天，我收到妈妈寄来的一封信："都儿，春节听到你的声音，我和你爸都高兴极了，这是我们过节最高兴的一件事情。从电话上听得出，你长大了，健康了。声音也比过去洪亮了，再不是那个多病的小女孩儿了，妈妈该多高兴啊！知道你一切都好，我们就放心了，部队里的水平较高，你在那里我了却一桩心事。"

这是我和妈妈度过的最后一个春节。

1969年下半年我和哥哥先后下乡以后，母亲的身体每况愈下。可她始终牵挂关心着身边的亲人和朋友。

不久，我的大姨和国际司、新闻司的许多干部都到湖南干校去了，妈妈身体已经很弱，仍然赶到火车站去送他们。那时大姨一家处境很困难，文革开始后，南开大学造反派在陈伯达、江青等人的支持下，手拿一份“叛徒名单”，硬是把一个叫张平的人写的文章安在大姨夫头上，妈妈将这一情况设法报告了周总理，总理当时就说，是不是搞错了，他要大姨马上列出一个表，比较两个化名相同人的不同之处。1968年3月，大姨夫最后一次离开家，一个面对敌人严刑拷打英勇不屈的老战士，被林彪四人帮诬陷迫害关在狱中。不久，大姨也要下放到五七干校劳动。

妈妈左思右想放心不下，觉得不如想办法把自己的姐姐托付给熟人照顾。于是，她约来司里一位即将去干校的同事，希望大姨和她能一批去湖南干校，这样大姨身边有一个老朋友在一起就好得多，事情就这样定了下来。1970年1月初，大姨和郭阿姨一起奔赴外交部湖南干校。走之前，母亲把大姨的小女儿接到我们家来住（大姨的大女儿已经下乡）。后来我家老阿姨悄悄告诉我说：“小丫头，你妈妈对你表妹可比对你好多了，你在家的时候你妈妈老管你，不让我给你买零食，可你表妹想吃什么你妈妈都给她买，花钱可大方了！”

郭元慧回忆说，当我们都上了火车时，就看见龚澎同志急匆匆地赶来和大家告别，本来以为不久就可以再见面的，没有想到，这竟成了最后的永别。

1970年初，妈妈的身体已经很弱，可当她听说我嫂子的父亲，一个延安时期的老红军因病过世的消息以后，就一个人冒着三九的寒风，步行几十分钟，走到北海后门的小胡同里去看望他的家人。呼啸的西北风中传来了阵阵敲门声，我嫂子的母亲急忙打开屋门，她感动了，龚澎同志，你怎么来了！

此时，离妈妈犯病只有一个多月的时间。

第十二章

春蚕丝尽

当病痛使母亲没有更多的力气谈话时，她就静静地躺在床上，深情地端详着女儿的面容……

三月八日雪花飘飘

1970年春节过去两周了，一直没有家里的信息，不知怎的，我心里有一种忐忑不安的感觉。

妈妈不管怎么忙，都会按时给孩们写信的，难道发生什么事了吗？但愿是自己多疑了。

直到我收到一封薄薄的家信，地址是妈妈的字迹，而来信是由爸爸执笔的：

都儿：近来我和你妈妈的工作很忙，特别是你妈妈，她的身体不太好，所以有一阵子没有写信给你，现在由我来给你写信。

我们都很惦记你，特别是你妈妈，你写来的每一封信，她都考虑很久，怎么给你回信能够更好地帮助你认识实际生活当中遇到的问题。我的工作很多，你妈妈生病，鱼缸里的热带鱼好久没有换水了，我们把它们分送给了院子里的邻居。这几天北京有寒流，刮起了6级大风，天气非常冷，你妈妈怕你收不到信会着急，为了赶上下一班寄信的时间，她顶着大风跑到我们门口的小铺子给你寄信。

你要多体谅大人的辛苦。

爸爸

文革的巨大冲击和工作的劳累，使妈妈一直得不到很好的休息与睡眠。我和哥哥都下乡了，家里也少了帮手，很多事情都需要妈妈亲自来料理。妈妈总是说，要照顾好爸爸的身体，可是谁也没想到，在文革开始后短短的两三年内，妈妈自己的身体状况在急剧下降。

在妈妈小小的门诊病历上记录着她吃过的降压灵、心痛定、硝酸甘油、安眠酮、速可眠、安定……小抽屉里堆满了她的药袋子。

1969年年底，妈妈除了经常头晕乏力之外，偏头疼的症状逐渐明显起来。50岁出头，这正是一个人进入中年，身体发生调节变更的时候。尽管医疗条件不如现在，如果细心调理，是完全可以渡过这一关的。然而，在文革极左思潮泛滥的特殊年代里，整个社会已经改变了正常的秩序和思维方式。好不容易去一次医院，处处要看造反派的脸色。

于是，妈妈就尽量在医务室拿点药，如果头疼得太厉害再去医院。那一阵子，她总是服用降压灵硝酸甘油等药物，可服用后血压又降得偏低。这些药物都使血管扩张，有不同程度的血压剧降、脑部缺血、头部发晕等副作用，妈妈自己也猜测，是否自己的血压降得太快了？

当妈妈再一次到医院为老干部指定的门诊去看病的时候，她鼓起勇气诉说了自己的病情和心存的疑问。在妈妈的心目中，医生肩负着神圣的职责，不管任何时代都不会改变自己治病救人的职责。可是，她却被训斥了一顿。这个大夫说妈妈几次来就诊都是老毛病，像她这样的人，到医院就是想开假条休息。

原以为文革激烈的时期已经过去，可是没有想到，老干部还是受到白眼和歧视。回到家里，妈妈和爸爸两人相对而坐沉闷了很久。妈妈不解地说，按说，和我们有相似经历的 ××× 不该这样啊！爸爸无言长叹。

不久，妈妈的身体出现了许多先兆，持续剧烈而难以忍受的偏头疼是最明显的症状。位置基本都固定在左侧颞叶，吃止痛药已经不太有效了。每当发作时，母亲经常用手指按压穴位来缓解疼痛。近来她还感到后背顺

着脊柱方向有阵阵异样发凉的感觉。根据有经验的人总结，这已是蛛网膜下腔出血的警报。现代医学证明，血管瘤诊治得越及时，后果就越好。

妈妈平时经常看一些医学书籍，并向学医的老同学请教，此时她预感到自己很可能已经出现脑溢血的早期征兆了。

为了治病，母亲硬着头皮来到医院。在指定门诊，母亲又碰到了上次为她就诊的医生，此时她只能在这个诊室看病。

母亲坚持把自己的疑虑说了出来，会不会是脑溢血的前兆呢？母亲十分希望自己出现的症状能得到院方的重视。

而那位自视高傲而革命的学者，对眼前这位他认为小题大做的走资派病号漫不经心地说，你就是高血压，回去继续吃药，休息两天就好了！

两天之后，母亲晕厥在家里，恰好前一天哥哥刚从东北农村回来探亲。

那是一个令人不愿回忆的岁月。当时我还没有学医，可我总在想，作为一个医生，最重要的是什么呢？

*　　*　　*　　*　　*

1970年3月8日，北京的初春寒意未尽。这是哥哥从丹东农场回到北京探亲的第二天。为了方便照顾母亲，哥哥特意在她的床边支起了那张深绿色的帆布行军床。

母亲下班后感到十分疲惫，大约晚上10点左右，她越发感到头晕乏力，便回到卧室准备早些休息，谁知刚躺下去，妈妈说了一句，不好！整个人就晕过去了。正在一旁整理床铺的哥哥见状，立即跳起来喊正在隔壁客厅看书的爸爸，快！打电话！叫北京医院急救车！

爸爸猛然听到这突如其来的变化，整个人几乎都瘫了，他抑制住内心巨大的悲伤，急忙拨电话联系外交部值班室，然后焦急地守候在妈妈身边。前几天哥哥刚在部队里学了急救知识，他马上口对口地给母亲做人工呼吸。

不一会儿，北京医院的急救车赶来了。医护人员立即取出氧气瓶给妈妈吸氧，然后把她抬上担架火速送往医院。从那一天起，妈妈再也没回家。

这时，天上纷纷扬扬下起了多少年罕见的大雪，雪花漫天飞舞，街面上一片白茫茫。老天爷也动容了！

经过急救治疗之后，妈妈从晕厥中苏醒了过来。

重病的妈妈躺在病床上对看望他的程叔叔（爸爸的秘书）说，我现在心里最惦记的一件事，就是想尽快看到远在千里之外的女儿！

回到办公室，程叔叔马上与我在内蒙的单位取得了联系。第二天我接到了上级的通知：给我几天假回去看看老母亲。同事们很快帮我买到了火车票，顾不上多问为什么，我一路飞奔回家。

北京站到了，哥哥和他的女朋友燕燕出现在站台上。爸妈这会儿是不是到部里上班了？妈妈身体好吗？爸爸忙吗？对我的问题哥哥什么也没有回答，我这才发觉他的脸色不大好。燕燕小声对我说，你妈妈住院了！她的病情很重，下午我们一起去看她。

我愣住了，这究竟是怎么回事？难道是因为妈妈病重才把我从内蒙叫回来的吗？我不愿意往下想。

妈妈急诊入院后被收治在一间大病室，经过周恩来总理的特别关照，院方很快把她转到了北楼三层干部病房。

妈妈是重病病人，每天24小时有特别护理，医生只准我们见面半个小时。我去看她时，妈妈正躺在床上闭目养神，她的脸显得很苍白，这已经是她住院的第五天了。当看到女儿穿着军装，戴着红五星的帽子出现在面前时，妈妈让身边的护士赶紧把病床摇起来，她半靠在枕头上兴奋地望着我，脸上露出宽慰的笑容，两只黑眸子里闪动着温馨的光亮。

女护士半开玩笑地对妈妈说，你天天就是念叨女儿，天天就是念叨女儿，今天女儿真的来了，这回该高兴了吧！

妈妈深深地出了一口长气说："哎！女儿来了就好了！见到女儿我的病就好了一半！心病好了，剩下就是医疗的事情了。"

妈妈用慈爱的目光注视着我，仿佛我是她留在这世上的一件精心雕琢的杰作，那眼神到现在我都记得，那里面充满了对我一生的爱和希望。

妈让我坐在她身边，她伸出柔软的手帮我把领章和红五星重新整理平整，并且久久凝视着眼前的女儿。我说这身新衣服太傻了，可妈妈却说，你穿上军装很好看。我好奇地问道，你穿过军装吗？妈妈点点头，我穿过八路军的衣服，那是灰色的，军帽上有两个扣子，没有现在的军装漂亮。

提到八路军，她的脸上浮现出年轻的笑容。

妈妈说，看来当兵这条路还是走对了。你的身体好了，人也开朗了（小时我总是躲在爸妈的身后），以后还要争取入团。我点点头告诉妈，这次回去就差不多可以填表了。

孩子在步步成长，妈妈显得十分开心，她鼓励我说，过一段时间还要争取入党！我瞪大眼睛说，那太高不可攀了！我哪能做得到啊！妈妈不赞同我的观点，她说，人这一生总是要不断进步的嘛，入党是要求很高，可也不是高不可攀做不到的，我就培养过年轻人入党！

此时的妈妈好像不是躺在床上的一个重病人。

不知不觉时间已经过了点儿，护士看看手表说，你妈妈累了，不要让她太激动。下次你们再谈。妈妈依依不舍地看着我说，明天早一点来吧！

每次我坐在妈妈的病床前，她总是显得十分心满意足。当病痛使她没有更多的力气和我谈话时，妈妈就静静地躺在床上，深情地端详着我的面容，似乎在思量女儿长得像她还是像爸爸呢？她的目光是那么温馨。有时护士让她闭目休息，我就坐在她的身旁，此时妈妈睡得格外安稳，团聚的每一刻是如此珍贵。

见面的时间总是很短。妈妈是特别护理的重病人，她需要安心静养和治疗，护士让我暂时离开病房。妈妈虚弱地靠在枕头上，微笑着向我轻轻点点头，直到我离开她的视线。

一周后，我的大姨龚普生从湖南干校赶了回来。因为在稻田里劳动，她的腿部有个伤口红肿没有愈合，医院怕引起感染，又怕妈妈和大姨相见会太激动，所以暂时没让她们见面，这成了以后永远的遗憾。

在病房里，妈妈从来没有和我谈起关于她自己的痛苦和不适，也从来没有任何抱怨，每当我去探望她的时候，她总是面带着慈祥的微笑。妈妈希望在最后有限的时间里把身体里最后发出的温暖和笑容永远留在儿女的心里，她要把今后所有的爱都留下来。

可我当时并未意识到事情的严重性，我不相信妈妈会走，不相信世界上最爱我的人会离开我，不！那是书上描述的情节，以后的日子还长着呢！

写到这里，我无法抑制住心中的悲伤，我无法写下去……

重　托

妈妈在医院住院清醒的日子里似乎有某种预感，她料想到了今后有可能发生的不测。就在这生命最后极有限的时间里，妈妈仍然惦念着工作，惦念着爸爸、哥哥和我。

妈妈首先向秘书和有关同志交代了自己所负责的工作。在病情稍趋稳定的日子里，她还要和爸爸单独谈谈万一以后的嘱托。

可是妈妈刚刚张口，爸爸就泪流满面，几乎不能自制，谈话无法进行下去，“搭令！搭令！不要说了！”爸爸大声哽噎着：“搭令！我们不谈这些了！你一定会好的！我们不会分开的！”

妈妈试图谈到万一自己遭到不测后，爸爸以后的生活选择和今后的安排，可是爸爸泣不成声：“搭令！你不要说了！我们不谈这些了！搭令！我们不会分开的，我们永远都不会分开的！”

第二天下午，妈妈利用自己病情尚稳定的空档，准备再次和爸爸冷静地谈谈。可是谈话还是无法进行下去。恰巧那天我从妈妈的病房走过，只见病房的门轻轻掩着，里面传出爸爸一阵阵呜咽声，妈妈和爸爸在谈什么呢？

为什么爸爸这么伤心呢？我悄悄向病房里面望去，只见妈妈躺在病床上，爸爸守在床边，他们四目深情地对望着，妈妈依然很沉静，可爸爸却泪流满面，他悲痛欲绝地对妈妈说，搭令！我们不会分开的，我们永远也不会分开！你不要说了，搭令！我们不谈这些了！不谈这些了！

当爸爸意识到我站在门口时，他站起身，用手绢擦着眼泪，边说边扶着门低头从我身边匆匆走出了病房。

尽管已经意识到自己很可能即将和自己相依为命的亲人永别，妈妈仍然和往日一样慈祥。她又叫来不满24岁的哥哥，认真交代了她对全家以防万一的嘱咐。

妈妈先谈了对哥哥的嘱托。她希望哥哥和女朋友的婚事定下来，当着妈妈的面领取结婚证，这样就了却她的一桩心事。

妈妈又对哥哥谈到了爸爸和我。妈妈说，你爸爸很有才华，但在政治

上没有经验，你一定要多多帮助他；你妹妹年纪还小，将来她需要找一个能够对她非常好、非常真诚的人，你的朋友多，有合适的机会多帮她留意。

哥哥压制着内心巨大的悲痛，坚强地面对母亲最后的托付。

我佩服我的妈妈，因为在她身上有一种坚忍不拔的东西，即使在生命的最后时刻，她仍然镇定自若。

对我，妈妈什么都没有说。她希望小女儿先不要承受这过于沉重的痛苦和压力。

其实我心里明白，妈妈最担心的是我不能独立，担心她万一不在了，家里发生变故，我一个人无法独立生活。这几乎成了她的心病。

早在1969年我下乡之前，妈妈已多次想和我谈谈“万一”的情况。

刚开始我都不在意，哪个母亲不叮嘱孩子几句呢！可是，当我发现妈妈憔悴的脸上非常严肃认真的样子，我才感到事情决非玩笑。而我决想不到将来的“不测风云”是会如此快的来临。

下乡的行装准备的差不多了，妈妈非常希望把出发前的时间留出来能和我尽量多谈谈。

在妈和爸的卧室里，妈妈坐在书桌前看着无忧无虑的我，似乎有许多许多话要说，“我最担心的是你不能够独立生活，万一我不在了，你怎么办呢？你能独立生活吗？”

我看看妈妈，咱们家不是挺好的吗？妈妈说，可是我不在了呢，如果我死了呢？如果有一天你没有家了呢？

我顿时怔住了，看看妈妈，不会啊！妈妈你不会死的！这问题离我像天书一样遥远。可妈妈仍继续说下去。对于生和死，妈妈似乎早有成熟的想法。

以前她就对我说过，看着老年人逐渐失去生活自理能力真的很难过，将来我不会活得岁数很大，我不想成为别人的负担，那样生活没有什么意思。我回答说，你老了我来照顾你！妈妈笑着摇摇头，不，到时候你们有你们的生活，你这样想我很高兴，可我是不会给儿女给任何人添麻烦的。

可是，这些都是闲聊时的话呀！

我想都不曾想过这样的问题，怎么能设想从小十几年和我生命里紧密相连的母亲会突然不在了呢？妈妈是我生命中最重要的人，她和我的生活息息相关，这是不容置疑的！

可妈妈为什么要说这些呢？不会的！那是书里故事上的情节！妈妈为什么要说这些不着边际的话呢？

我用手捂住妈妈的嘴，想阻拦妈妈不要再谈这个不可能发生的话题。可妈妈不理我，她仍然继续说着，似乎一定要我认识到生命是有生也有死的。

望着妈妈睿智而慈祥的面容，我突然发现她的脸色有些发暗，身体似乎很虚弱。我大哭起来：不！妈妈不死，妈妈不死！我的妈妈永远不会死！妈妈，以后我能独立，你不要说了！以后不许你再说这句话！我会独立的，我一定会独立的！以后我一定不会让你生气失望的！我们说好，以后永远不再说几个字，妈妈，我就求您这一次了！好吗？

面对女儿天真的期望，妈妈的目光逐渐变得柔和了。她说，你知道物质不灭定律吗？将来我会变成一棵大树的！你要是想我的话，就可以到绿叶从中去找我。说罢，她的脸上又浮现出慈祥的笑意，乔松都小朋友，我在树丛里呢！

我笑了。不过，我还是请妈妈以后不再说这些了。她终于认真地点点头，答应了我的请求。

从此以后，妈妈再也没有向我提起过这个话题。直到她重病在身，她和爸爸哥哥都谈了万一以后的事情和对我的希望。可是面对我，妈妈一直都是微笑着，没有眼泪，没有忧伤，也从不抱怨，她的身上散发着活力。直到生命的最后一刻，妈妈都没有和我谈过一句她生病的话题。她一直遵守着对我的诺言。

在医院的病房里，我们全家人轮流守护在妈妈身边。有一次，妈妈对哥哥讲起她童年在广东生活的情景，她说特别想吃小时候经常在广东吃的蚝。当然，这在当时只能是幻想一下了。

在宁静的病房里，我看到了熟睡的妈妈，她的脸是那么舒展美丽，双唇微微向上，流露出一种非常宽慰平静的表情。我想，当她静静地躺在病床上时，一定回想起自己并不漫长却多姿多彩的一生。

在走到生命尽头的时候，她一定能够无怨无悔地说，我已把自己的

整个生命和全部精力都献给了世界上最壮丽的事业，为全人类的解放而斗争！

周恩来探视：冠华同志，你要坚强一些！

母亲这次发病的起因是蛛网膜下腔少量出血，经过近一个月的治疗，病情逐渐趋于稳定，脑系科主任的脸上露出了少有的笑容。主治医生说，下一周妈妈可以试着下地，然后可以回家休息了。原来的那些担忧似乎是多余的，我觉得终于可以松口气了！

我和爸爸约定好，等妈妈出院一回家，我们就去隆福寺的小花店买回那盆仙客来花，放在家里迎接妈妈！我是多么希望早一些把这盆花抱回来呀！等我们买回仙客来花的时候，温暖幸福的日子又会重新回到我的身边！

四月初，妈妈很快就要出院了，我也该回内蒙了，可是爸爸没有我这么轻松，他不愿意我这么早回去，爸爸对我说，你妈妈还没完全好呢！你先不要回去，我们再等等吧！等她完全脱离危险了，回到家里再说，你也多陪陪妈妈，现在我们一家人谁也不要离开。爸爸似乎还是忧心忡忡的。

那时，妈妈因为一直卧床引起便秘，每天排便时都非常吃力痛苦，可是她的血压偏高，不适宜天天作灌肠。前几章我曾提到妈妈重庆时期结识的朋友史大夫，解放后她在协和医院任中医科主任，在得知母亲重病的消息后，她立即赶到了病房。史大夫建议院方使用中医中药治疗便秘，却因为当时的种种限制而没有被采用。

就这样一次次屏气用力，妈妈痛苦呻吟的声音至今在我耳边回荡着，后来，就因为这一个小小的护理环节疏忽大意，妈妈由于便秘而引起脑部第二次出血，这次出血比上次严重多了——这是1970年的4月10日。

几十年后重提旧事，史大夫仍旧抑制不住心中的悲伤：太可惜了！龚澎这么好的人走得实在是太可惜了！

妈妈昏迷过去再也没有醒过来。她的脑血管再次出血，由此引起的脑水肿颅内压增高需要紧急开颅手术，爸爸痛苦地守候在病房里无法下决心。最后周总理作了决定，手术还有一线希望，不手术就没有希望。

手术那天我们全家都等候在电梯旁边，爸爸难过得几乎站不起来了，哥哥搀扶着他等候着母亲的病车进入手术室。

我顿时意识到这其实就是一次生离死别，大姨紧紧拽着我的胳膊，当妈妈躺在手术车上被推到我们身边的时候，那是一种撕心裂肺的感觉，全家都控制不住心中的悲痛，放声痛哭起来。

电梯门轻轻关上了，宣武医院的王忠诚教授等人为妈妈做了开颅手术，取出了部分血肿，可是，母亲再没有苏醒过来。

得知妈妈做了开颅手术的消息之后，周恩来总理很快来到医院专程探望妈妈。这一天张颖阿姨刚巧也来了，她陪着周总理轻轻走进了病房。

周总理神情庄重地来到妈妈的身旁亲自为她把脉，他关切地注视着妈妈消瘦的脸，默默在她的病床前站了十多分钟。周伯伯向主管医生详细询问了妈妈的病情和抢救措施之后，又来到我们陪住的房间看望了爸爸和我们全家。大姨、我和哥哥都站起来迎接周伯伯，爸爸挺起身子坐在床上，他已经站不起来了。

见到总理走进来，爸爸就像孩子见到家长一样，靠在床栏上放声哽咽着，龚澎不行了！我实在受不了啦！

周总理走到爸爸身边，他的神情十分沉痛，见爸爸悲痛得无法自制，便镇定地对他说，冠华同志，你是共产党员，要坚强一些！还有孩子们在这里呢！

爸爸极力控制着自己激动的情绪。周总理又走过来和大姨哥哥谈话，后来他似乎想起了什么，就问身边的人，龚澎到北京以后又生了一个女儿，她现在北京吗？我走过去叫了一声周伯伯，告诉他我在内蒙古当兵。周伯伯慈祥亲切地和我握手，他看着穿着军装的我说："噢！你还是一个解放军战士呢！"

此时正值文革艰难岁月，很多老同志还在干校，周总理看望妈妈的消息很快传出，这对处在困境中的广大干部是极大的安慰，大家感到这也是对他们的爱护。

我捧着妈妈的骨灰

1970年9月20日是我永生难忘的日子。

我们的身边永远没有了仙客来花。母亲最后的日子是我至今不愿回忆的。周恩来送了花圈，李先念、邓颖超、何连芝等中央领导人参加了追悼会。

姬鹏飞外长代表外交部宣读了悼词，三十年后重读这份文字，尽管一些用语不可避免地带有那个时代的特点，但仍旧使人感到沉甸甸的：

同志们：

今天，我们怀着十分沉痛的心情，悼念中国共产党的优秀党员、中国人民的好儿女、无产阶级的杰出外交战士龚澎同志。龚澎同志在她的一生中，为了中国人民的解放事业和伟大的共产主义事业，数十年如一日，坚持战斗，忠心耿耿。由于她身患重病，医治无效，不幸于1970年9月20日逝世，这是我们外交战线的重大损失，我们外交部全体同志，都为此感到深切的悲痛。

龚澎同志于1936年加入中国共产党。她入党不久，就立即参加了中国人民反对日本帝国主义的伟大斗争，担任十八集团军总司令（部）秘书。从1941年起，她跟随周总理，不计个人安危，长期战斗在敌人的心脏地区，历任重庆新华日报记者、中共驻重庆代表团秘书、北京执行总部中共新闻组长，出色地完成了党交给的工作任务。全国解放后，新中国的外交部刚刚建立，龚澎同志又献身于世界革命的伟大斗争，担任外交部新闻司司长，外交部部长助理，为党的工作，做出了不可磨灭的功绩。

伟大领袖毛主席教导我们："共产党人要具有无产阶级革命精神，不为名，不为利，不怕苦，不怕死，一心为革命，一心为人民，完全、彻底地为中国人民和世界人民服务，对革命无限忠诚，为人民鞠躬尽瘁"。

龚澎同志就是一个为人民鞠躬尽瘁的无产阶级先锋战士。龚澎同志从参加革命以来，“一不怕苦，二不怕死”，英勇地进行战斗。长期以来，她的身体一直不好，但她很少休息，总是忘我地积极地为党工作。龚澎同志在斗争中，高举毛泽东思想伟大红旗，坚定地贯彻、执行毛主席的革命外交路线，在对外宣传伟大的毛泽东思想，宣传党的对外政策，在了解敌情，掌握国际阶级斗争动态方面都作出了重要贡献。

龚澎同志为了人民，为了革命，不断在改造自己，在思想革命化的大道上从不停顿，勇往直前。无产阶级文化大革命期间，在无产阶级司令部和广大群众的帮助下，她阶级斗争觉悟和两条路线觉悟，不断得到提高，能够紧跟毛主席的伟大战略部署，积极地参加斗、批、改斗争，表现了一个共产党员“为人民的利益坚持好的，为人民的利益改正错的”，忠于毛主席，忠于毛泽东思想，忠于毛主席的革命路线的崇高品质。龚澎同志是毛主席的好学生，是党的好干部。

龚澎同志逝世了，她为革命，为人民鞠躬尽瘁的革命精神，将永远鼓舞着我们在继续革命的征途上奋勇前进。

我们要化悲痛为力量，学习龚澎同志的革命精神……

1970年9月21日

毛泽东得知了母亲去世的消息后说，龚澎是一个好同志。或许这对悲痛欲绝的家属是一种心灵的安慰。

周总理没有去八宝山，在他的记忆里，母亲永远是重庆时期身穿戎装英姿勃勃的样子。他不止一次地对母亲生前结识的外国朋友们难过地说：“龚澎死了！龚澎死了……”

我一百遍一千遍地想，如果我早一些学医，可以有好多办法解决妈妈的便秘，有许多方子可以解决这个问题。如果什么办法都不可用，我可以用自己的手帮助妈妈把那些硬块一点点抠出来，为了减轻妈妈的痛苦，为了救妈妈，我什么苦都能受，只要能换回妈妈的生命。我恨自己当时为什么没有守候在妈妈身边，上天为什么不给我这个机会呢？

我很想找到母亲当年的病历，但至今仍然没有找到这份不仅是病历，

也是史料的记载。不管怎样，真正的纪念来自心里，那是任何方法也抹不去的。

母亲走了，病房里少了一个病人。可是对一个家庭来说，却少了一片艳阳天。父亲悲痛欲绝，号啕大哭，或许此时只有他更明白，失去母亲对他将意味着什么。

我捧着母亲的骨灰和父亲、哥哥一起来到了八宝山公墓，小时我躺在母亲的怀抱里，现在我紧紧地搂着母亲。

妈妈！你留给我的笑容留给我的温暖将永远伴随着我的生命，我要把这份阳光留给我的儿子。

我一直相信母亲没有走远，她出国开会去了，她出差去了。

母亲仍旧活在我身边的每一个角落，在我学会游泳的大海边、在我们散步的小路上、在洒满阳光的玫瑰园里、在动听的肖邦钢琴曲里、在我困惑的时候、痛苦的时候、孤独的时候、快乐的时候、有了儿子的时候、出国的时候、思念的时候……

阿格不在了吗?

我们全家只有一个人不知道母亲去世的消息——我的姥姥。

解放以后，大姨把姥姥接到了北京，尽管这里的房子比上海的住处宽敞很多，生活也有专人照料，但得知舅舅喜得贵子的消息后，姥姥马上就要搬回去，她说再穷也要守着孙子过。老人十分好强。在上海，她和儿子儿媳妇住在一起，却执意要用自己的钱交房租（大姨和妈妈按月寄生活费给老人），以此表示儿孙们是住在自己的房子里，而不是自己靠儿子养活的。

姥姥定期给北京的孩子们写信，每月必有一封。她记得每个第三代的生辰，每年我们都会在生日前收到她寄来的小礼物，十几年从未间断过。1966年我在上海见到姥姥，按广东人的习惯，我应该叫她阿婆，老人看见我就用夹杂着广东味的上海话和普通话说，啊呀，你这个小东西啊！你也长这么大了！姥姥用颤巍巍的手端来“乔家栅”的小点心，盘子跟着手抖动着，她心满意足地看着孙儿们吃着，又去叫弄堂里的挑夫送来洗澡的热水，然后坐在我身边，慈祥地给我看妈妈寄给她的照片（那是我们一家四口的全家福），给我讲些那些陈年旧事。

母亲重病去世后，舅舅赶到了北京，孩子们把当天的《解放日报》和《文汇报》都藏了起来，老人晚上一个人躺在床上自言自语说，奇怪，只少9月21日这一天的报纸，莫非……阿格那里出事了！阿格不在了吗？这可怎么好啊！

尽管如此，她还是定期写信到北京，每次都问妈妈的病怎么样了。我总是在回信中写道，妈妈还在医院，病情很重……

不久，我的三姨突然从美国辗转寄来了一封信（文革以后她从没写过信到家里），询问在美国报刊上看到妈妈去世的消息是不是真的？老人沉不住气了，她拿了信问舅舅，这是怎么回事啊？

舅舅说，那是国民党造谣，你不要信啊！

可是姥姥心里相信了，从此老人变得沉默了。她不再四处询问，以后寄来的那些信上再也没有提起妈妈，好像什么也没有发生。

第二年的一个酷暑，姥姥高烧不退，病逝于广慈医院，享年89岁。她的墓地就在上海的福寿园里。

尾　声

几十年过去了，许多老同志谈到当年的往事以及最后和母亲分手的情景，仍然非常动感情。他们说，龚澎不仅是领导和同事，还如同自己的朋友和亲人一样。倘若不是文革的冲击和折磨，这位女中豪杰何至于此？

母亲是在我们国家处在极其困难的情况下，在自己的工作岗位上耗尽最后一滴血倒下去的，虽然她未能亲眼看到三中全会之后拨乱反正，全国在四化建设的新局面，不能为外交工作继续贡献力量，但是同志们和朋友们永远不会忘记这样一个对党的事业无限忠诚，对工作认真负责，谦虚谨慎，对人诚恳亲切，为中国赢得许多国际朋友的信任和敬意的党的好女儿。

那位曾和母亲在房山县共事的李阿姨在信中对我们说，现在我还是这样想，你有这么一位好妈妈，你为什么不写一篇让我们这些想念她的老人

看看呢？

望着信纸上一笔一画而有些颤抖的笔迹，我的心也不由得颤抖起来。

母亲是个喜欢埋头苦干而低调的人，她做了许多重要工作却从不标榜自己。母亲从事的很多工作是不公开的，直到今日，我仍不可能把她的事迹全部记述出来，特别是其中的曲折与艰辛。从小我就喜欢看那些默默无闻为国家做出重大贡献的惊险故事，那里面有母亲的影子。

母亲是一个有血有肉的身躯，为了事业，她奉献了自己毕生的精力，却从不计较个人的名和利。她是孩子们的骄傲，是丈夫心中永远的思念。

如今我已走入中年，母亲的同事有的白发苍苍，有的已不在人间。岁月在流淌，很多年轻人已经不熟悉过去。

可是，人们看到了绿色的枝繁叶茂，还有深埋在土壤里的根。

历史是传承的，那些民族忠魂会永远默默伴随着我们。他们的奋斗功勋埋在他们播种的果实里。我相信，共和国不会忘记他们。

一切尽在不言中。

我为自己建起一座非人工的纪念碑，
通向那里的小路不会荒芜，
它高高昂起不屈的头颅，
高过亚历山大的大圆柱。
不，我不会彻底死去—在秘藏的竖琴中，
我灵魂不朽，将比我的骨灰活得更长，
只要这世界上还有一位诗人在歌唱，
我的名声将得到传扬。

——普希金:《我为自己建起一座非人工的纪念碑》

下　篇

我和父亲

我父亲是一个学者型的革命者，新中国杰出的外交家，虽然他没有经历枪林弹雨，却接受了白区出生入死的考验。

从十几岁起，父亲就开始接触马列主义的学说，他在实践中积累着自己的政治经验，不断印证着马克思的基本观点，父亲喜好阅读各种版本的马列著作，撰写国际述评是他的特长。除此之外，他是一个自然质朴的人。

父亲生活在一个民族饱受屈辱，国家始终处于动乱的时代，他和母亲执手走过大半生的风风雨雨，母亲的离世给父亲带来沉重的打击，那是一段刻骨铭心的日子。

父亲一生有一儿一女。父亲是棵大树，一棵枝繁叶茂的大树，纵然走到天涯海角，血浓于水的亲情是任何力量也无法阻断的。

我不能描述在政治的大漩涡里父亲是怎样驶过激流险滩的，可是我能够感觉到他心中交织的复杂情感，他的快乐和无奈，感悟和追忆。我听到了他的心跳。

第一章
寻　根

兴旺有责在青年。

——乔冠华

苏北东乔庄

1913年农历3月，父亲出生在江苏盐城的东乔庄。由于他的生母去世很早，具体的生辰日期已经无从考证了。几位姑姑只记得，“小三子是在春天来到的时候出生的，那时地里的油菜花已经开了，到处是金灿灿的。”

苏北老家对于幼时的我是遥远的，因为我压根就没去过那里，虽然父亲讲了许多童年所喜爱的小鱼和小虾，还有乡间跪在地上流眼泪的老黄牛，但这些只是一种脑海里的画面：贫穷的农村，水乡纵横，划船三天到盐城……苏北人到上海打工被称为乡下人。

2004年春季，我终于踏上了回故乡的路。

汽车向北开过南京长江大桥，一块醒目的路标进入眼帘：江阴、淮安、盐城，前面就是被淮河养育的苏北大地，自古以来这一带就崇尚读书，出了许多名人雅士，他们的名字在中国的历史上举足轻重。

进入盐城专区以后，人们讲话的口音逐渐变得浓重起来，那腔调和父亲的口音一模一样。建湖县庆丰镇东乔庄，父亲的家乡就在这里。

远处是一望无际的绿色田园和一片片大小不一的滩涂湿地，这坦荡独特的平原造就了苏北人的淳朴率真和博取众家之长的文化特性。

河流与公路并行。农家运货的小船在水波上飘荡，船老大撑着竹篙沿着河岸缓缓划过，这是过去盐阜一带最主要的交通工具。

旧时的船只种类繁多，既有长途也有短途的，还有拉货的卖杂物的，父亲去盐城坐了三天船，应算长途水路了。从船上老乡黑红憨厚的脸上隐约可见几丝当年的印迹。望着波光粼粼的河水，不禁想起文人墨客的诗句："君到姑苏见，人家尽枕河，古宫闲地少，水港小桥多。"

这里到姑苏城还有一程路，不过纵横交错的水域是名副其实的。应说"君到苏北见，一路伴水流，田间耕地忙，桥下小鱼多。"

公路上的汽车不断地碾过层层铺好的麦秸，十几分钟后，汽车拐进一条绿树茵茵的小路，我们停在一幢苏北农村常见的房屋前：灰色的砖墙，向上翘起的房顶，这里就是父亲早年居住的地方。经过近百年的沧桑，老屋的外表早已斑驳脱落，但大梁的木头仍旧十分结实。

东乔庄的大部分村民都是乔氏家族的后人，村支部书记也姓乔，算起来与我家还没有出五服。

一样的乡音，一样的口味，甚至连姓氏都是一样的！在北方我们亲戚不多，走到这里我才发现，原来我们的根脉在这水乡！

走进堂屋，有几件祖上留下的旧桌椅，很像博物馆的文物。左手向上有一间小阁楼，那是父亲少年时住的。楼梯还是当年的，已经磨成了很窄的木条，居然还没有断裂过。我顺着它爬了上去，小楼的地板是竹子做的，走起路晃晃悠悠的，直起腰来头就碰到了房顶。一张竹床和小桌子占据了阁楼的主要空间，桌上摆放着一盏小煤油灯，不知它曾照亮了多少页的四书和五经。坐在木椅上，可以透过栏杆观看楼外的景致，一处绝妙的地方。

童年老屋

在祖辈居住的老房子里，有一种宾至如归的感觉。和我一起来的年轻

小桥流水人家

人转了两圈催我到外边看看，可我想静下来多待一会儿。

家乡的水多。屋外的翠竹边上环绕着一条弯曲的小河，水深大致有三米多，小鸭子大白鹅在芦苇中游来游去，一副悠闲自得的神情，一切都似曾相识，原来他们都在我的脑海中闪现过。听庄子里的人说，旧书中描写的景色如今很难再找到，可我想，一方水土养一方人，我一定能找到这里的人杰地灵之所在。

屋后的那座启明桥曾经美丽过，但现在被两根直直的水泥板拼凑起来，令人遗憾。不过桥上的景色依旧，站在桥中央向河道深处望去，清澈的河水从影影绰绰的芦苇中间淌过，丝丝翠柳在微风中悠然飘荡，有一种心旷神怡的感觉，对！灵气就在这里！

这方水土养育了父亲，给了他最初的灵气。

石桥后边的小岛是父亲小时读书的地方，但岛上已没有了当年的绿树茵茵。这地方教育根底浓厚，老百姓虽穷却发奋读书，至今县里两个中学都是省级重点中学，每年都有进清华北大的高材生。

我又翻看了一遍父亲的自述，这次书面上的每一个字都变得立体起来了。

我在老屋前轻轻地说，爸爸！我回咱们老家了！我猜到你最喜欢哪里了，一定是水边有竹子和柳树的地方。在这里玩耍又凉爽又有趣，你游的狗刨式一定是在这里学会的！一边游泳一边捉小鱼小虾真是趣味横生。你喜欢吟唱古诗，也一定是在那小岛里练就的。

爷爷当时在村里种有二百亩地。苏北农村很穷，一个地主在生活上还不如上海一个小贩。

小河边上的几个土堆是爷爷奶奶的坟。同去的堂哥宗濂按照当地的风俗烧了一打薄纸，透过浓烈的火焰，我看见石碑上的几个字：乔守恒、刘、赵太君，那是我的爷爷奶奶。

望着那跳动的火焰，我的眼前闪现出爷爷唯一的一张照片：一个脸型瘦削表情严肃的乡村绅士。他永远待在父亲书桌右侧的抽屉里，我小时常把抽屉拉出来看一眼，再问一句这是谁？父亲总是认真地说：我的爸爸，你的爷爷。那表情就好像他恭恭敬敬地站在爷爷的面前。

根据家谱记载，我家往上十五代的先人，元末明初时因为陈友谅与朱元璋交战失败，而从苏州阊门的祖居地强渡长江而迁移到苏北的。史称洪武赶散。

那时盐城地区还是一片片湿地。先人们步步开垦，围海造田，逐渐建设了后来的家园。祖上的乔氏家族有几个兄弟，在现今盐城市郊区西北方大约50里的地方，分别建成了以东乔和南乔为主体的两个庄子。我爷爷这一支是东乔人（如今只有东乔庄）。

爷爷乔守恒自幼读私塾，他通今博古，知书达理，为人开明厚道，抗战时和当地新四军有来往。父亲出来后家里生活比较困难，新四军曾接济过爷爷。

爷爷兴趣广泛，他喜好园艺，年轻时爱好国画，擅长画花鸟。爸爸在他的兄弟姐妹中排行老九，男孩是老三，自幼家里叫他小三子。是他的三姐、四姐把他从小带大的。爸爸家乡的故事我听了许多遍，有一次爸爸听到民歌《小白菜》时感慨地说，你爸爸就是三岁没了亲娘的，我知道没娘的孩子苦啊！

原来父亲三岁时，我的奶奶刘氏去世。后来，我爷爷又娶了赵氏为妻。父亲小时很调皮，后娘少不了在爷爷耳边说他的不是，爷爷一时来了气，拿着木板就打他。几个姐姐跪在老人面前替他求饶，可怜他从小就死了娘，要打就打我们做姐姐的吧！父亲说，这是他幼年心里最伤心的一件事。母亲告诉我，其实父亲的继母也是一个劳动妇女，照顾一大家子人也是很不容易的。这是我第一次知道父亲的家世。

我家祖上几代科举有名，世代书香门第，只是到祖父这一代断了档。爷爷和他的兄弟连考几次，却金榜没有题名，为此他们一心要在子辈中培养出人才。

父亲小时读过四年私塾。

后来父亲在四个中学读过书，其中包括盐城的淮美中学，这是一家由美国教会办的学校，校长和教父都是美国人；此外还有亭湖的亭湖中学，淮阴的淮安中学，这几所学校在苏北都是有名的。由于从小养成了一丝不苟的读书习惯，父亲的成绩在班里总是数一数二的。

在中学里，父亲逐渐接受了许多新思想，为了反对封建主义和帝国主义列强，他多次参加闹学潮的活动，并三次遭到学校开除。光阴似箭，爷爷很为自己的小儿子捏一把汗，无奈中，他要父亲去找一位和爷爷同辈的本家乔守凡，当时他在南京中南学校做校长，这是一所教学质量很高的学校。在这里，父亲要求直接上高三最后一个学期的课程。经过测试，校方同意他试读。就这样，父亲连跳二级，经过半年的努力，他以优异的成绩取得了高中毕业证书，并在不久考上了清华大学，这一年他16岁。父亲走出了这小小的村庄，开始了他人生艰难的奋斗历程。

父亲离开家乡后，爷爷曾作过这样一首诗：

心旌一片飘无定，是否尔曹抵柏林？
形影梦魂离不得，犹思垂泪到天明。

当接到父亲报平安的来信后，爷爷又赋诗一首《复冠华信后感作》：

睡余扶杖步南郊，籍得春风破寂寥。
莺燕有情鸣近我，不知我意忆儿曹。

我没有见过爷爷，过去我总认为老人家大概是一个很严厉的人。读了他的诗后，我的眼前出现一个活生生的慈父，也使我明白了那句最平常的话：可怜天下父母心。我想我的父亲在晚年也是这样思念我们的吧！

爷爷留下了一本《家山诗》，那是老爷子后半生的随感录。主要是在乡间生活时写的。我一个在学校任教的姑父对诗集进行了整理，几个后人分别抄录保存至今。

父亲和他八姐的年纪最相近，两人在家经常可以玩到一起去，特别感谢我的几位兄长，他们毫无保留地把爷爷留下的诗集拿给我看，并且对其中一些篇幅的时间背景进行了注释。爷爷给远在异乡读书的父亲写过这样一首诗：

今年过去又来年，莫负光阴莫负钱。
努力前途程十万，登峰尤必造其巅。

父亲在回信中答道：

兴旺有责在青年，敢负光阴敢负钱。
学海茫茫终有岸，云梯登必上峰巅。

经过几年的努力，父亲在德国学习的课程已基本完成，爷爷在《冠华留学期满需钱应试，因寄外汇并附七绝一首勉之》一诗中鼓励他继续努力，不要虚度光阴：

“求学不辞三万里，读书须记五千年”。

爷爷对父亲的教化至深，是父亲后来挥笔行文、出口成章成为共产党内秀才的奠基和启蒙。由此我也看到了爷爷对父亲的期待和他为父亲思想打上的落印。

1933年夏季，父亲从清华毕业回到东乔庄探望了年迈的爷爷和家人，此后很久便没有与家里联系。国民党地方政府怀疑父亲参加了共产党，又找不到证据，就经常上门找爷爷麻烦，有一次把老人抓走一关就是十多天。爷爷是个深明大义的开明士绅，对共产党十分钦佩。那时他的腿已有伤，不能行走，尽管不断遭到拷打逼问，可老人家始终一言不发。后经乡里凑钱，用10担稻子才把他赎回来，到家时人已被折磨得不成样子。

爷爷只得带着几个孩子逃到上海，在他的大儿子乔冠军家定居下来。父亲得知后，便拜托夏衍、冯亦代关照他们。

父亲的大哥乔冠军早年参加革命，是20世纪30年代盐阜地区地下党的骨干分子，并和胡乔木等人编辑过进步文艺报刊《海霞》。父亲那时还在清华读书，他曾应约投稿，翻译了日本作家小林多喜二的短篇小说，还有爱因斯坦、柯惠勒夫人的反法西斯文章等。

往事越来越清晰：一个走出苏北家乡，信奉马克思主义的博学青年呈现在眼前。

* * * * *

在文革最困难的时候，老干部挨整不能继续工作，许多人下放到五七干校，面对着这样的局面，母亲和父亲商量，如果不能继续做外交工作，他们就回老家的农村去教书。后来在周恩来总理的保护下，爸妈获得“解放”，恢复工作，这个设想未能实现。今天我替他们回来了。

家乡的人对父亲一直十分怀念，如今冠字辈的已经很少了，往下排是“宗”字辈和“广”字辈，在村里，当年的“小三子”已经是“三爷爷”了。很多年轻人随孩子喊我“姑奶奶”。在北方，被称为“姑奶奶”者多是泼辣不好惹的代名词，而在苏北，这却是尊称。村镇和县里干部个个精明干练，贫穷的苏北农村已经旧貌换新颜，令人有许多想不到。如果父亲与我同行看到这一切，他一定会为故乡的巨变感到欣慰！

离开家乡的前一天，我们来到距东乔庄不远的九龙口，现属省级自然保护区，流淌在芦苇荡之间的湖水清澈见底，这里的学名是湿地。在教科书上，湿地是生物多样性最丰富的地区，被称为地球的肺。

站在湖心的龙珠岛放眼四方，九条支流的河水汇集到一起，是传说中龙的九个儿子。青绿色的芦苇荡像是一片片绿色的毛绒毯，淡水龙虾、鲑鱼、鳝鱼、鲶鱼在清澈的湖水中畅游……还有菱藕与莲蓬。

这龙珠岛自有它的神奇之处，每当发大水的时候，即使岸边的陆地被淹，这小小的湖心岛也从不被淹没，百姓们说，因为有龙王在保佑，水涨

它也涨，水落它也落。

父亲年少时，东乔庄也像九龙口一样有着大片的水域，老屋后面那条小河曾经连着主河道。可以想象，是怎样一方水土哺育了父亲。这里也是母亲河。

汽车离开了建湖，七十五年前父亲乘船离开这里的情景仿佛呈现在眼前，从那小小的东乔庄撑船到盐城，路上整整走了三天三夜。然后他乘火车到了北平，进了清华大学哲学系，从此一步一步走向广阔的世界。我想当时全家人一定是送了一程又一程的！

而今一切俱往已，留下的是许许多多美好的回忆与深深的思念。

博学少年与马克思主义

在我19岁生日的时候，父亲郑重其事地送我一件礼物，是他专门为我买的一部新版《马克思传》。

翻开第一页，父亲亲笔在扉页上面题了这样几句话：

“都儿，19岁了，看看我们的老祖宗是怎样生活，怎样工作的，做人应该努力做这样的人。爸爸。”

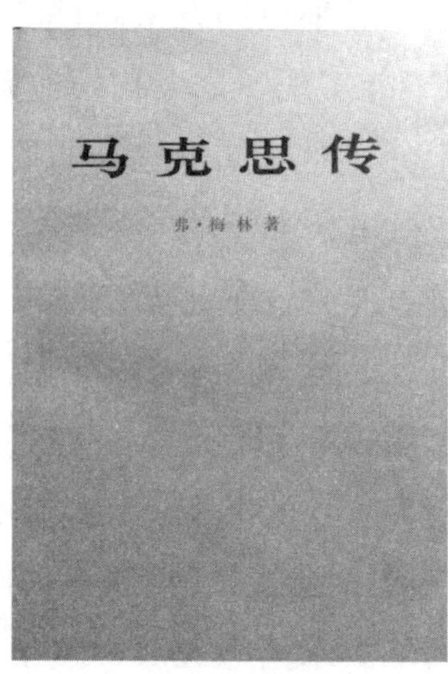

《马克思传》封面及父亲给我写的题词

打开这部厚厚的传记，我看到了一个伟人追求真理的一生，书中生动地再现了马克思和恩格斯是怎样创立共产主义同盟和科学共产主义理论的。为了自由、民主和尊严，马克思和夫人燕妮从开始就过着政治流亡者那种备尝困苦和牺牲的生活。他们纯洁真挚的爱情深深打动了我。燕妮逝世那天，恩格斯说，摩尔也死了。这段故事也是爸爸特别向我推荐的。

从1844年起，马克思开始撰写《资本论》，他根据剩余价值学说，揭示了资本主义社会的经济运动规律，把社会主义从空想变为一门科学。“无产者在这个革命中失去的只是锁链，他们获得的将是整个世界！”我想，这也是父亲从年轻时期就开始的追求。

1929年父亲考入清华大学，那一年他16岁。由于报考的是文科，父亲入学后第一年选择了中文系，他最喜欢听国文讲师朱自清教授讲课，朱先生的散文集是父亲在中学时熟读的作品之一。俗话说，名师出高徒，父亲后来能具备笔下生辉的写作功力，与他在清华中文系打下的基础是分不开的。

到清华以后，父亲每天都花相当多的时间学习日语、德语和英语。之所以选学德语，是他渴望有一天阅读马克思的德文原著。

那时，他每天早早起床后就在校园里念书背单词。父亲知道，自己刚从家乡出来，如果不多下功夫，用苏北口音念出的外文定会影响他今后的发音。

父亲在中学时代就听说了马克思主义，并由此产生了浓厚的兴趣。但马克思主义究竟是什么？他并不清楚。为了有更多的时间研究马克思理论，父亲在第二年转到哲学系，那时的系主任是冯友兰教授，学生们几乎每天都可以听到他授课。

哲学系的课余时间比较充足，父亲经常泡在清华的图书馆里，像海绵一般吸取着知识的源泉。在清华图书馆，父亲有机会阅读到英文版和德文版的马克思著作，他花了很大精力阅读了马克思的几乎所有经典著作，有的还不止看了一遍。那时，曾经发誓要“横扫图书馆”的钱钟书先生经常和父亲同在一起啃书本。

在清华，父亲结识了两个“黑格”，一个是他潜心研究的黑格尔，他的理论在西方古典哲学中与马克思主义有着很深的渊源。《马克思传》中说，“当年轻的马克思来到德国的时候，康德和费希德早已去世，黑格尔也已离开人间，但他们的思想，尤其是黑格尔主义，在德国的知识界仍占统治地位。”

黑格尔是一个唯心主义者，他认为一切事物的根基都是观念的发展，但黑格尔是一个客观的唯心主义者，他认为有一种“客观的”独立于人们

意识之外而存在的精神作为世界的起源。马克思对黑格尔的唯心主义辩证法给了很高的评价，但仍认为它决不是哲学发展的终结。

父亲结识的另一个黑格是从美国来的教师黑格先生。为了搞清楚黑格尔的思想世界，父亲经常向他请教黑格尔著作中的问题。

季羡林先生在《留德十年》中回忆，乔冠华当年“经常腋下夹一册又厚又大的德文版黑格尔全集，昂首阔步，旁若无人徜徉于清华园中”。

金岳霖教授是父亲重要的启蒙导师，他教育学生读书做事都要实事求是地动脑筋好好想一想，父亲晚年回忆了当年上课的情景。有一次先生讲伦理课，他提出的问题大家都鸦雀无声地不吭气。先生说，是就是，不是就是不是，怎么不讲话？

他启发同学们说，人类的知识是不是感性得来的呢？我希望同学们注意，以后在看书的时候，特别是当作者说，那是很明显的等等，你就要动脑筋想一想，是不是很明显？问题往往就错在这里。金教授的这番话让父亲记了几十年。

父亲回忆说，在四年的大学生活里，我是一个书呆子……我专心致志干的，就是无论如何要把马克思主义读通，读懂，是百分之百的书生。

1933年春季，父亲在清华获得了学士学位。在几年的校园生活中，他已经在《资本论》中初识资本主义，可是，那毕竟是书本上的了解，所谓资本主义究竟是什么样子的？中国的近代史与资本的发展又有着什么样的关联呢？父亲决定继续学业，自费到日本留学。由于他的成绩优秀，学校向国民政府教育部申请了资助，父亲的日文老师钱稻孙先生前去交涉，最终获得成功，解决了学费问题。

临行之际，父亲回了一趟盐城老家，然后就来到了上海，住在与他一起长大的侄子乔宗秀（与父亲相差一岁）家里。稍作休整后，父亲便从惠山码头登上了东渡扶桑的海轮，为他饯行的仍是乔宗秀。这是父亲第一次迈出国门。

东京帝国大学

1933年夏末，父亲到达了神户港，然后乘火车来到了东京帝国大学。

帝国大学是日本首屈一指的高等学府，校方看了父亲在清华大学的毕业证书和他的学分之后，便免去他的考试，直接让他做了研究生。在学校里，父亲选修了桑默教授研究古典哲学家康德的课程。

到了东京之后，父亲认真地读了康德的书，还看了一些19世纪的俄国文学著作，托尔斯泰的《复活》(英文版)留给父亲的印象很深。每天晚上看完书以后，父亲就关掉灯，独自坐在临街的房子里，让窗外的灯光透过窗子，反复回想自己亲眼看到和听到的事情。

父亲这次日本之行是自费的。尽管争取到部分资助，但要维持今后的学习和生活，只有利用课余时间去勤工俭学。父亲做过家庭教师，并且花了两年时间翻译了两本在日本左翼享有盛名的书籍，可是书稿寄出后却杳无音信。除此之外，他还在工人夜校为工人们讲解马克思的《资本论》。此间父亲还去拜访了住在千叶县的郭沫若先生一家。

钟敬文、林林都是父亲在日本经常来往的中国朋友。林林原名林仰山，他的笔名取自“总总而生，林林而立”。林伯伯年长父亲四岁，1933年他和父亲同在日本东京学习，经常一起参加留学生的活动，从而彼此熟识。那时林伯伯在日本早稻田大学读经济，后来转为文学。

1947年两人又在香港相遇，有段时间林林住在冯乃超空出的房子里，正与父母亲是邻居。那时林伯伯正在钻研德国诗人海涅的诗集，由于出版社把海涅的德文诗译成了英文，在阅读中有不少问题，林林就去找父亲商讨，父亲在翻译中给了他不少帮助。

林林是外事活动家，又是诗人，著名的白话汉俳(引自日本的三行十七字诗体)就是他创建的。文革中审查父亲在日本的经历，林伯伯为老朋友证明了这段历史。

我问林伯伯对父亲印象最深的是什么？老人思索了一下说，乔冠华是一个对朋友很亲切的人。

在帝国大学学习期间，父亲参加了反对日本侵华战争的秘密宣传工作，因为涉嫌与日共党员有来往，日本警察把他关押在看守所。父亲回忆说：“他们把我抓到了警察局，关在一个地下室，很小的一间房子。这里面关着小偷，也有革命党。房子小得我晚上睡觉都伸不开腿……”

在被拘留期间，警方搜查了父亲的住处，唯一可以作为证据的是，他们在一份《朝日新闻》里翻出了一份日共中央关于当前形势的报告。

一名警察对父亲很客气，他对父亲说，乔桑（君），我很佩服你！

原来，他们在搜索父亲的住所时发现，爸的每一件东西都摆放得整齐有序，包括他扔到纸篓里的废纸片，都整齐地排放着。他们认为这样的人是有教养的人。

当年与父亲同时被关押在一个监狱里的一名日共重要党员和父亲成了好朋友，1957年他还给父亲写过一封信，询问报纸上刊登的中共外交部乔某人，是不是当年在一起共患难的乔桑？

由于警方找不到确凿证据，父亲被关押两周之后便被释放了。父亲质问他们自己究竟犯了什么罪，他们说不出什么道理便把他驱逐出境。到达上海之后，在轮船上押解他的那个人不见了，父亲便去找他的侄子乔宗秀。

由于被迫提前结束了在日本的学习生活，父亲没有把这个消息告诉家里。在上海小住几天后，他又回到了母校。这是1935年上半年发生的事情。

几个月后，父亲再次远渡重洋第二次做留学生，不过这次的目的地是德国。

留德同学

1935年父亲从日本回到清华，适逢清华哲学系得到一个与德国交换优秀留学生的名额还没有定人选。经金岳霖先生推荐、哲学系主任冯友兰教授同意，父亲提出的留德申请获得批准。爷爷得知这个消息后，卖掉了一部分农田，东拼西凑为他凑足了路费。

父亲争取到的这个留学名额，来自清华大学同德国学术交换处（DAAD）签订的一个合同，中德双方互换研究生，路费制装费由学生自己出，食宿费相互由对方政府付给：中国每月付在华德国留学生30块大洋，德国每月付中国留德学生120马克。120马克虽然只能勉强支付生活费用，但对父亲来说真是一根救命稻草。

同年8月31日，父亲在前门火车站登上了北上的列车。和他同路去德国留学的有后来成为学术界泰斗级人物的季羡林先生、物理学家王竹溪、清华校友汪福堂等6人。在中国境内的路程还算顺利的，但是到了苏联境内之后，有好几段铁路都不通，常常要走一段路再上车，几人坐火车走了近半个月的行程。那时的苏联到处都可以看到十月革命的痕迹。

到达柏林后，清华同学赵九章等人已等候在车站上了，另一位同学汪殿福和他的德国夫人则帮助他们找到了一间房子。留学生们很快发现，尽管在书本上学了几年德文，但临到用时方恨少，必须集中一段时间强化口语。经柏林远东协会的林德和罗哈尔的帮助，父亲和季羡林参加了柏林大学为外国留学生举办的德语补习最高班，每天乘市内火车去上课。季羡林先生在《留德十年》一书中回忆了与父亲在柏林时的生活："我们都是书呆子，念念不忘逛旧书铺，买了几本好书。乔冠华颇有些才气，有一些古典文学的修养。我们很谈得来。"

当时中国国内很多高官和"大款"们纷纷把子女送来，几乎都聚集在柏林。他们用的是民脂民膏，即不用打工，也不用上课，学会几句简单用语即可用几年。

"他们眼眶里根本没有像我同乔冠华这样的穷学生。然而我们眼眶里又何尝有这一批卑鄙龌龊的纨绔子弟呢？"在季先生眼里，父亲是一个朴实的读书人，他从来不与那些公子哥儿为伍，更与风流无缘。父亲千里迢迢是来读书的，否则怎么对得起为他四处筹借资费的爷爷呢？

柏林是德国首都，也是中国留学生最为集中的地方。20世纪30年代初，德国共产党力量很强，是合法的政党，旅居德国的各国共产党员必须接受德国共产党的领导。共产国际负责人季米特洛夫和德共主席台尔曼曾和中国的革命者有过多次接触。台尔曼说，德国工人阶级怀着极大的兴趣关注着中国革命发展的每一个进程。但他们的口号是"不准干涉中国内政"。

自1933年起，纳粹开始在德国执政，政治空气非常不好，小资产阶级的狂热到处可见，因此，当三个月的语言补习班课程结束之后，父亲选择到南部小城土宾根大学攻读哲学，季羡林先生则前往哥廷根攻读梵文和印度文，两人就此分手。

土宾根大学的哲学系颇有些名气，黑格尔就是在这里毕业的，母校为他建立了一尊雕像。在哲学系，父亲埋头苦读，继续钻研黑格尔理论与马

克思主义。这所学校的图书馆收藏了马克思、恩格斯和列宁的全部原著，听课之外，父亲的时间几乎都放在这里，他如饥似渴地拜读导师们的精辟论述，这成为他终身所追求的信仰。

系里有一位德国教授与父亲的关系很融洽，父亲最后的论文就是经他审批的。

1936年，西班牙战争后国际形势日趋紧张，父亲决心利用在欧洲的时间学一些军事科学。他和中国学生赵一肩一起，共同啃读了德国著名军事理论家劳克塞维茨的《战争论》，一部难度很大的著作。在校期间，他们还读了一些欧洲战争史和军事理论，这为父亲日后在香港撰写国际论评奠定了基础。

赵一肩是十九路军一位有名的指挥官，曾在"一·二八"淞沪战役中担任师长，战事结束后参加了在德国的研究与考察。他思想进步，主张抗日，父亲与他很谈得来。

父亲还有几位要好的德国朋友，其中之一叫肖特伦，他是学医的，两人经常在一起互相学习彼此的母语，在绿茵茵的草地上探讨人类的科学与哲理。父亲写论文的时候，肖特伦帮助他把一些难懂的词句翻译成德文。后来肖特伦在第二次世界大战中去世了。他们的照片一直珍藏在家里的老相册里。

1937年中国国内抗日战争全面爆发，父亲在土宾根大学完成了一篇论述庄子的毕业论文之后，便和好友赵一肩一起从土宾根来到柏林参加抗战宣传工作。当时柏林已经形成了以中国学者为主体的反战组织，尽管国民党力图用暴力控制留学生，爱国的中国学生们还是接近和参加了国际反对帝国主义大同盟（简称"反帝大同盟"）等进步团体。父亲很快加入了反帝大同盟的行列。

反帝大同盟是由法国共产党员巴比隆、苏联作家高尔基、中国的宋庆龄等著名人士联合发起的一个国际性群众反帝爱国团体。1927年1月大同盟在布鲁塞尔成立，此后在各国开展了一系列反帝爱国运动，是共产党的外围组织。中国留学生王炳南早年（1935年之前）曾任反帝大同盟的东方部主任。

在这里，先后来德国的许多留学生见面了。大家十分兴奋，都希望能早日回国抗日。

父亲回忆说，当时最活跃的有秦邦川、朱江沪、景林、刘文华、温朋久、陆达、温康兰、孙振先、江雪文等人。这在当时形成了相当大的一股力量。

学生们经常开会，并因此和国民党大使馆发生冲突。有时他们想找一处秘密的会址，而国民党经常委派特务在后面跟踪，发现学生们聚会以后，他们就派人来打架。

在反帝大同盟的领导下，爱国的留学生们发行了许多小册子，他们以满怀正义的激情，揭露了国民党“复兴社”的反动面目，《中国出路》是其中之一。当时很多人为这份杂志供稿，刻印工作是由温朋久和刘文华担任的，他们两人还兼写稿件和删繁补白。总编辑和对外负责人是刘光德（刘咸一）同志。

当时进步留学生中间还有一位女才子刘绛文，她在德国专门研习工艺美术，《中国出路》中的插图和很多抗日简报里的图画都是她作的。后来她与温朋久结成了夫妻。那时候这些留学生几乎每周都聚在一起，聚餐的时候，每个人可以吃上20个饺子。

从1937年起，德国留学生协会还创办了一个油印刊物叫《抗战时报》，每天出一期，一期有十几张，很受欢迎，使得分散居住的学生可以互相沟通，起到了动员抗战的作用。

那时父亲很大一部分精力都是参加这些活动。在反帝大同盟，父亲见到了留德同学温朋久。温朋久是天津宜兴埠人，早在天津直隶省（后称河北省）第一师范学校读书时，就追随周恩来参加了在天津爆发的反日请愿运动，后从北京朝阳大学去日本早稻田第一高等学院学习。为寻求真理，温朋久于1932年6月远赴德国留学，并参加了中国共产党在德国的外围组织抗日救国会和国际反帝大同盟（国民党在德国的外围组织是CC派和蓝衣社，又名“复兴社”）。

父亲小温朋久8岁。与温伯伯十分熟悉的陆达伯伯当时正在德国学习冶金。他们几人很快相识并成为好朋友。

国内发生的西安事变对旅欧学生影响很大，杨虎城将军被迫出国后许多留学生都来保护他。温朋久与几位同学在巴黎欢迎杨将军并且表示拥护

他的抗日主张，并且介绍陆达担任了杨将军欧洲之行的德文翻译。父亲也在此间结识了杨虎城将军。

温朋久、乔冠华、朱江沪等在布鲁塞尔（当时“国际联盟”在布鲁塞尔）参加了支援九国公约会议之后，几人都准备尽快回国加入抗日的行列。

不久，杨虎城将军从欧洲返回国内参加抗战。在轮船上，他的身边簇拥着一群朝气蓬勃的留学生。父亲就是在这段时间启程的。

临行前，学校还没有发出正式的博士证书，父亲委托了一位德国同学替他代领。老友严守诺言，他不但为父亲领取了证书，并且精心保存了半个多世纪。64年后的2002年，当他年事已高的时候，便委托后人把父亲的博士毕业证书复印件带到了中国，以寻找乔的后人来接受这份迟到而珍贵的博士证书。

1938年初，父亲从柏林来到了巴黎，并很快与同学会接上了头。同年二三月间，他带着行装和几本马克思的德文原著乘坐法国“霞飞”号游船回到祖国，结束了旅居海外的求学生涯。

1944年初，温朋久从孔从州部到重庆时曾单独去《新华日报》社，并在那里见到了父亲、母亲、戈宝权等人，温伯伯回忆说，当时他们在一起“纵谈国内外形势，如解饥渴”。

崇尚真理、勤奋努力、尽心尽力为民族，这是七十年前的海外学子们的真实写照。

第二章

初展才华

不要为马德里哭泣，请把你们的眼泪，洒向巴黎和伦敦去吧！马德里是永生的。

——**乔冠华**

“乔的文章顶得上两个坦克师”

1939年3月，父亲从德国留学归国。一年前他的老同学赵一肩已回到广州，并在余汉谋（第七战区司令长官）部任参谋长。父亲在香港上岸后，赵一肩随即邀他去广州见面，并希望父亲和他一起工作。

余汉谋得知父亲毕业于清华，又留学于日本和德国，便欣然把他留下。父亲在工作之前来到当时的抗战中心武汉观察了一下当时的形势，总的印象是：“抗日气氛不浓厚，国共合作存在很多问题。”

十几天之后，父亲回到广州，在赵一肩主管的参谋处担任参谋，负责收集国外军事情况和国际动态。此时，他继续研读从德国带回来的马克思原著，并且从头到尾把马克思和恩格斯的四大本通讯集都看完了。父亲说：“看完这些书之后，加深了我对马克思与恩格斯的认识与敬佩。”

广州沦陷后，余汉谋想在香港办一份晚报，他派了一位亲信主持这份报纸，同时也同意父亲参加这项工作。为此，父亲很快从广州来到了香港。这一年他26岁。

第二次世界大战期间，不少著名的民主人士和文化名人先后都转移到

了香港，胡愈之、张友渔、羊枣、金仲华、于毅夫、邹韬奋、李纯青、刘思慕、韩幽桐、张铁生、胡绳、恽逸群、夏衍、黄药眠等人为许多进步报刊撰写了一系列以军事问题为论述中心的国际述评文章。这里云集着一批名家。

父亲担任了香港《时事晚报》的主笔，每天的社论都由他来写。平时就住在报社又小又闷的屋子里，白天睡觉，晚上工作。就这样，以《马德里的陷落》开始，一直写到同年9月德国军队占领华沙，英国、法国分别向德国宣战，二次大战开始。

由于读者的反响比较好，报社的梁路晨建议父亲办一个通讯社，把这些文章发向全世界，以扩大我们的影响。父亲说："可以呀，但这是余汉谋属下的报纸，必须用笔名。"于是，他就为自己选了"乔木"这个名字来发表文章。

此后，父亲差不多每写一篇社论都通过香港中国新闻社向南洋各地华侨报纸发稿。很多华侨青年在抗战期间都读过父亲的文章。

父亲是一个认真做学问的人，凡是读过的书看过的文章他都反复地琢磨，对战局的变化他更是细心观察，进行丝丝入扣的分析。父亲总共在这个刊物上发表了近百篇文章。

1939年下半年，由于经费不够，余汉谋不能再继续办报了，《时事晚报》因此停刊，父亲搬出了老房子，活动范围也扩大了。《世界知识》的金仲华同志邀请父亲去帮忙，

1946年7月，冯宾符与郑森禹（中）、乔冠华（右）在上海中共代表团办事处合影

主要是为每期的“战争形势专栏”撰写国际述评，一直写到太平洋战争。

父亲不喜欢写干巴巴的文章，他是带着满腔热血写论评的。由于自幼生长在乡间，对大自然的观察和感受也融入了他的文章。

他在1939年3月13日《谜一样的马德里》一文中，有这样一段对马德里的生动描写：“西班牙是一个生长橄榄树的地方。冬天到了，橄榄树的枝枝叶叶化为泥土。但是，谁又能担保现在已经变成橄榄田的肥料的战士的骸骨，不在那历史的春天到来的时候，又结出青葱的果实，来点缀那风光明媚的半岛。”

年仅26岁的父亲此间已经写出了很具说服力、气势不凡的国际杂文。在《英苏谈判与德国同盟》一文中，父亲以犀利的文笔指出：“去年十月以来，欧洲的和平与秩序，建筑在一个虚幻的棱堡上……慕尼黑协定和英意协定。在这个棱堡下面，呻吟着一千五百万的捷克人，两千四百万的西班牙人，更下面则有六百七十万的奥国人。他们被牺牲了，为的是建筑这座虚幻的棱堡，为的是维持欧洲的‘和平与秩序’。”这篇杂文一针见血地道破慕尼黑协定的虚伪性，为世人送上了一帖清醒剂。

父亲在发表于1939年7月10日的《是谁打进马德里的？——纪念西班牙战争三周年》中写有一段激励人心的文字：“约莫1900年以前，当纳撒热人将耶稣绑赴十字架，穿过耶路撒冷的街道，有些妇人为他哭泣的时候，他曾骄傲地对她们说过：‘耶路撒冷的妇人，你们不要哭我，请哭你们自己吧！’（新约） 今天，我们可以同样说：不要为马德里哭泣，请把你们的眼泪，洒向巴黎和伦敦去吧！马德里是永生的，它活在现在与未来为民主而斗争的一代的伟大心中。”

1939年9月29日，父亲在德国法西斯最猖狂的时刻，发表了《哀华沙》一文，对波兰人民最终将战胜法西斯充满信心：“华沙陷落了，华沙街上充满了那历史的血腥、尸骸和寂寞，但是我们并不失望，让生者埋葬死者，华沙一定会再生，它将和被解放了的柏林一道，勇敢地站立起来！”

1939年10月，父亲在《中立国决定欧战的命运》一文中写道：“今天这个世界当中耸立着的两座历史的斯芬克斯，一座是在华盛顿，一座是在莫斯科，随着历史波涛的倾泻，这两座斯芬克斯迟早先后说出话来，那声音是决定的。”父亲把二战初期两个没有及时明确表态的苏美两国，既形

象又贴切地比喻为“斯芬克斯”，[①] 充分显示了他对国际形势判断的远见卓识。而他那充满诗情画意的文笔，使本难以懂得透彻的国际杂文顿时为人们所理解。

父亲回国后撰写了一批脍炙人口的国际述评，“乔木”的精彩文字很快引起了读者的广泛注意。

翻译家冯亦代伯伯在《忆乔冠华》一文中回忆说：

> 我参加新闻工作不久，在香港《星报》担当每天翻译英文电讯工作，可是西班牙的内战和中国抗战却使我经历了战火洗礼，粗粗知道何去何从，自己应该站在什么方位上。而其时，老乔正以他成熟犀利的笔锋，剖析时局，给限于迷乱心情中的人，指出了一条明确的道路。我每天读《时事晚报》上老乔用“乔木”这一笔名写的政论。每读一文，心头如饮一瓢清泉，不仅彻凉，而且眼睛也跟着放亮起来。自从胡愈老开拓了中国学者研讨国际问题之风后，真是人才辈出，如恽逸群、金仲华、冯宾符、张明养等，而老乔在《时事晚报》所写的文章虽属后出，但却出人头地，迷住了每个关心时事的年轻人。

徐迟在“第二次世界大战中才华横溢的乔冠华”一文中记录了对父亲的印象，他说看了父亲写的国际述评后，“读者总可以感觉到自己，似已置身于一个制高点上。正在环顾全球，前前后后，历历在目。大事小事，轻重缓急，一下子最清楚不过了。这是他当时给我的强烈印象。”

父亲的文章在抗战中发挥了独特的作用。毛泽东在延安看到父亲的国际论评后，大为赞赏，说“乔的文章顶得上两个坦克师”。

转　折

香港是父亲的事业开始起步的地方。在这里，他认识了许多知识界的

---

① 斯芬克斯：sphinx译音，古埃及狮身男头巨像。

朋友，同时也结识了在香港八路军新四军办事处工作的连贯、廖承志等共产党人。不久，父亲与留德同学温康南一起，向连贯递交了入党申请书，延安方面很快就批准了他的请求。

1939年底，父亲加入了中国共产党，连贯和廖承志是他的入党介绍人，这是父亲人生道路中的一次关键选择，"为全人类的解放而战"成为他终生的奋斗方向。

父亲回忆自己这段人生重大事件时说："所以我讲十年的徘徊是1929年到1939年，拿我入党作为一个标准。如果说参加各种进步的外围活动的话，那就远在这个以前了。"

1941年"皖南事变"以后，我们党非常需要在香港建立一个对东南亚华侨与各国进步人士的宣传据点，使香港地区和身在海外的人们能够了解中共的方针政策，以揭露帝国主义制造的"东方慕尼黑阴谋"。

1941年2月的一天，廖承志约了邹韬奋、金仲华、范长江、夏衍、羊枣、乔冠华、张明养、胡中持等人一起讨论办报的具体方案。在当时的背景下，要让报纸尽可能公开发行，必须实行有理、有利、有节的方针。于是，这张报纸有了一个中性的名字《华商报》。

4月8日，《华商报》正式出版。当年许多东南亚华侨青年在这张报纸的感召下投奔了解放区；1949年蒋介石撤退大陆之前，很多国民党军政要员也是通过这张报纸了解战场上瞬息万变的形势。

父亲为《华商报》开设了"国际一周"专栏。与此同时，他还参加了由邹韬奋担任主编的《大众生活》七人编委会，里面有好几位国际时事评论家。这两份报刊紧密配合，在当时起了很大的作用。

1941年6月11日，《华商报》发表了乔木写的"巴黎将于两日后不战而降"的评论，当时整个香港都在密切关注着欧洲战场的变化。正如文章所分析预见的一样，两天之后，德军占领了巴黎。

尽管"乔木"的国际述评得到许多读者的欣赏和认同，但也并非没有失算的时候。

1941年6月22日凌晨4时，德军突然全线进攻苏联，9月进逼莫斯科郊区。同年12月8日凌晨，日本袭击珍珠港，太平洋战争爆发。

首先，他没有料到德国在占领大半个欧洲后，敢于冒两面作战之险，

背信弃义，进攻苏联。在日本南进或北进问题上，开始也是模棱两可的判断，后来则倾向于认为日本会北进苏联，而不是向南对美国开战。当然，美苏两国的最高统帅罗斯福和斯大林也没有准确预测到时局的变化。

20世纪80年代父亲回忆了当时的情景："我的思想深处认为日本下一步要打苏联，有一天，大概是珍珠港事件的前一天吧，香港华侨中学请我去做时事报告。我就讲了一遍，最后，有的学生就问，日本跟美国谈判，会不会中断？日美是否打起来？我因为有这么一种根本的想法，我当时就表示，日美矛盾虽然很重，但公开打起来还不到时候，日美谈判还不会马上破裂。讲话以后，我就从香港坐轮渡到九龙回家。上了轮渡就碰到韬奋……他问我，日美是否能打起来？我很有把握地告诉他：我看不大像。"父亲说："我写过多年的国际评论文章，这件事对我来说是一个教训。"

那时父亲和夏衍住在九龙弥敦道山林道口"雄鸡饭店"楼上，朋友们经常在这里议论战局的发展，夏衍回忆说："有几次讨论会从下午一直开到深夜，乔冠华和羊枣争论得面红耳赤，其实争论双方都没有实质性的矛盾，一个说莫斯科一定能守住，一个说希特勒即使侵占了莫斯科，冬天即将到来，他一定会被严寒这个强敌挫败。"

父亲对自己初出茅庐的这段经历一直是很清醒的，也从来没有刻意提起。我曾问过他当年在香港是不是写了很多文章，他笑着说，哎呀，这都是很早以前的事情了，你爸爸刚从学校里出来，什么经验也没有，那些都是一种锻炼。

太平洋战争爆发之后，《华商报》被迫停刊（1946年1月再度复刊）。

连贯回忆香港大营救逃出虎口的情景时幽默地说，"廖承志是肥佬，乔冠华是高佬，我是矮仔，三个人的特点都暴露出来。幸好日军当时追捕得不算严密，所以我们终于能够脱险。"后来他们分成几路营救出许多文化界著名人士。

连贯是1927年参加革命的老同志，他精明能干，待人亲切诚恳，父亲一直非常敬重他。许多年之后，当连伯伯到我家做客的时候，爸爸妈妈隆重地迎接他，那恭敬的神态就像学生面对着自己的老师。

父亲和香港有缘，1946年秋，受中共南方局派遣，他再度来到香港，这回他是同母亲一道来的。父亲此行的主要任务是主持新华分社的工作，空暇之余他继续从事老本行。

为了解那一段历史，我找到了60年以前的《华商报》。

报纸第一版最显著的位置每天必有一篇社论。文章分析透彻，观点明确，使人对时局一目了然。这些精辟的论述都出自一个整齐的社论委员会，夏衍、章汉夫、许涤新、乔木、刘思慕、廖沫沙、张铁生等。根据不同的题目，大家轮流执笔写论评。

解放战争期间的版面令人振奋，人民解放军势如破竹，攻占了一座又一座城市，一张张特大红色“号外”传出报捷的快讯。

1948年1月，《华商报》的“战争与和平”专栏刊登了乔木的《论美国对华政策》一文，开头部分这样写道：“（冬景）联合国大会即将闭幕，柏林问题陷于僵持，大西洋公约同盟虽然高唱入云，其实当中的困症层出不穷。西欧的地下火因法国大罢工的结束而告一段落，但谁都不能保证西欧能平静地渡过这一个即将到来的饥寒交迫的冬天，这就是西欧的冬景。而在这当儿，国际风暴的中心从柏林转移到南京。说到人民解放军胜利的历史意义和世界意义，我们以为再也没有如下几句话更确切的了：就其广泛范围的巨大和后果的严重而言，中国人民解放军的大胜利，只有1917年的苏联的十月革命才能相比拟。”

哲学家的争论

写文章是父亲的老本行。父亲写过国际论评，还写过一些哲学方面的文章，在理论认识问题方面发生过三次比较大的争论。

听父母亲谈得最多的是关于父亲在重庆时期写的一个小册子《方生未死之间》。这是1943年冬天父亲在郭沫若主办的《中原》杂志上发表的一篇大有争议的文章。其中心问题是，大后方的进步作家的出路究竟在哪里？

父亲当时在文中片面强调了到处都有生活的观点，引起争论。曾有人煞有介事地说：“你说到处有生活，那不是不需要接触人民群众了嘛！”董老在党内会上公正地提出了批评，但并没有任何处分，这事早有定论。父亲晚年回忆说：“董老的具体意见我并不清楚，但董老并没有在会议上公

开给我提出来，也没有在私下和我说这篇文章有错误，这是事实。”

另一个争论是“中间路线”的讨论。这是在香港时期进行的。1948年前后，有人希望找到一个介于共产党和国民党之间的中间路线，这自然被实践证明是根本行不通的。

还有一个是关于批判胡风的。

在白区，父亲长期在领导人身边工作，同时还兼做一些统战与宣传方面的工作，因此结交了不少文化界的朋友，夏衍、邵荃麟等人都是他熟悉的。胡风与父亲相识于第二次世界大战期间的香港，他们之间曾在报刊上进行过文艺理论方面的论战。太平洋战争爆发那一天，父亲设法找到胡风，并和阳刚一起护送他们一家安全撤离九龙。由于香港晚上戒严，他们在小木船上坐了一夜，父亲逗孩子，说笑话，没有谈任何关于战争的话题，第二天早上几人才上岸。胡风回忆说：“这以前，在我的印象中，他（指乔）是一个恃才自傲，地位观念重，有些浮华的共产党文化领导人，但现在个别接触以后，发现他对工作有责任心，而且是有组织工作经验的才干的。这和过去关于他的看法有些矛盾了。”

1947年至1948年间，父亲在香港的胡风论战中写过一篇《文艺创作与主观》，对自己写的《方生未死之间》一文作了自我批评，刊登在《大众文艺丛刊》上。父亲晚年回忆说，在这篇文章里，我批评了所谓到处都有生活这个片面的提法，这件事情在香港的党内同志都知道的，比如说何其芳，他也在香港。据我所知，批评胡风的这些刊物，也代表延安。延安的领导同志看到了我这篇文章，对我采取这种自我批评的态度是肯定的。解放后，当胡风遭受打压时，这篇文章被《人民日报》编入批判胡风的文集。我是不知情的。

父亲和胡风虽在文艺理论方面曾有公开论战，但也是由此才开始他们之间朋友的情谊，1948年12月胡风再次到达香港时，乔冠华、邵荃麟、冯乃超三对夫妇设晚宴招待了胡风，母亲还邀请胡风在她主办的《中国文摘》上投稿。

解放以后，大家各忙各的来往少了。1954年，胡风直陈了《关于解放以来的文艺实践的报告》（三十万言书），因此被打成“胡风反党集团”而被入狱二十多年。专案人员找父亲了解胡风的情况，父亲本着实事求是的态度，只是如实地谈与胡风的交往，如实地谈自己所了解的情况。

党外的一些朋友很敬重父亲，却又有几分困惑，像乔冠华这样一个才华横溢的文人为什么参加了共产党？

父亲曾诙谐地说，党外人士把我看成是共产党，而党内呢？又有人把我看做党外民主人士。虽说是玩笑话，其实这也是父亲心中的一个情节，把自己的一生献给人类追求真理的伟大事业，这是父亲从年轻时就立下的志愿，他也一直是在这样奋斗的，谁能够理解这片赤子之心呢？

双飞燕

1945年重庆谈判期间，在为欢迎毛泽东的到来而举行的一次宴会上，大家的心情格外畅快，那一天父母亲都去了。当毛主席得知，担任中共代表团发言人的“燕京高材生”与“南乔”已结为秦晋之好的时候，毛主席高兴地称赞道：“你们两位是‘天生丽质双燕飞，千里姻缘革命牵’啊！”

1943年初，父亲与母亲在重庆曾家岩50号初次相遇，他们一见如故。此后父亲相继以“乔木”和“于怀”“于潮”几个笔名在重庆《新华日报》等报刊上发表了一系列国际述评，和过去一样，还是两周一篇。

写作之余，父亲经常在化龙桥郊区散步，有一天，他惊喜地发现：突然之间，周围的桂花已经盛开。

一年以前，第二次世界大战的战场正在激战，父亲还在奔波的旅途中，如今，苏联红军攻克了一个又一个城市，父亲也有了志同道合的未婚妻。

在父亲母亲相知相识的日子里，父亲的文章也越来越有神韵了。爸爸晚年回忆说，“在1943年，我的国际评论写得比较好，读者反映不错。都是因为有了你妈妈给我增加了灵感和激情。”

父亲的述评分析透彻，文章的诗意给读者带来了酣畅淋漓而又清新的美感，因此，圈内有人称他是“第一小提琴手”。我喜欢读他文章的开头和结尾。

比如《春潮》开头（1943年1月16至29日）：

好像是夺开了闸门的洪水，苏联红军的反攻慢慢地，但是不可抗拒地淹没了法西斯德军的阵地。

《黑索里尼的垮台》（1943年7月17至30日）：

第三次的拼命招致了第三次的惨败。

距离攻势开始的时间还不到3个礼拜。希特勒的7月攻势又在万目睽睽之下悲惨地失败了……

希特勒的脚底下正汹涌着洪水。（小段结尾）

洪水来自德国……（小段开头）

洪水来自意大利……

洪水已经汹涌到希特勒的脚跟，放眼天涯，不久即将破晓，今天同盟国家在行动上的口号应该是："大胆，大胆，大胆！"（丹顿）大胆进攻迅速进攻，从四面八方进攻，墨索里尼倒了，希特勒和东条的日子还能久吗？（结尾）

母亲对父亲充满激情的文章并不陌生，正是父亲这些激扬文字让母亲和他产生了思想上心灵上的共鸣。一切都似曾相识似相近，父亲很快就认定找到了自己的另一半，他向母亲射出了丘比特之箭。

当时母亲曾和自己的好友谈起父亲，谈起他的文章和他的感情。经过半年多的接触和了解，母亲最终接受了父亲的请求。从此他们珠联璧合相濡以沫，直至1970年母亲离世，其中不知经历了多少疾风暴雨和惊涛骇浪！

文如其人，美好的文字来自于美好的激情与心境。徐迟在《第二次世界大战与才华横溢的乔冠华》一文中写道："我是觉得，乔木的《国际述评》越写越写精彩了。""他的文章一向是博得好评的，现在比在香港时更精确，也更锋利，又更谨慎了。"

在《怀着信心瞻望》（1943年12月4日至17日）一文的开始，父亲为读者展示出一幅充满勃勃朝气的画面：

尽管是冬天来了，这时候东西战场却都呼吸得到春天的气息。放观大局，宛如置身于百花灿烂的高原，谁能否认这一个冬天是战争开始以来最富于希望的一个冬天呢？

……

历史的大河好像是解了冻的一样（虽然目前正是冰冻大河的季节），大事件如奔流汹涌而来。

读到这里，我仿佛身临其境，和爸爸一起呼吸着从窗外飘进来的清新空气，一股夹杂着草香的“春天的气息”扑面而来。一双“春天的燕子”正在百花灿烂的高原上空比翼双飞，他们的歌声格外动听。

第三章

建国初期

千万辛苦事，一一都过去，究竟为谁忙，四点七五亿。

——乔冠华

1949年10月1日新中国成立，父亲和母亲双双成为外交部的第一批工作人员。

父亲主要负责亚洲司和国际新闻局的工作（注：亚洲司司长夏衍在上海）。在担任国际新闻局局长的同时，父亲还兼任《人民中国》的总编辑，这份杂志的前身就是香港的《中国文摘》。尽管平时有很多外交事务，但父亲总要挤出时间为社里写稿审稿，并坚持每两周为大家做一次国内外形势分析。

国际新闻局有很多非党员知识分子，冯亦代、萧乾等人都是爸妈的老朋友。父亲在任期间从不摆官架子，大家相处得很融洽。

此间父亲曾力荐费孝通教授参加英译《毛泽东选集》的工作，后来费先生推荐了钱钟书作为候选人。父亲一直与学术界保持着来往，钱端升、陈翰笙等人都是他的老朋友，父亲遇到搞不懂的问题，经常向他们虚心讨教。

解放初期，父亲应邀到北京高校作形势报告，有一次他在清华遇到了老朋友艾思奇，艾先生问父亲，怎么你也来老王卖瓜了？父亲说，只许你卖，就不许我卖啊！两人哈哈大笑。

1951年父亲赴朝参加停战谈判，他在国际新闻局的工作交由副局长刘尊棋同志负责。

出席1950年联合国安理会

1950年6月25日，朝鲜内战爆发。由于美国迫不及待地干预，这场战争很快就演变为一场国际战争。两天之后，美国第七舰队侵入我国台湾海峡。9月15日，美国等15个国家以联合国的名义在朝鲜仁川登陆，并且轰炸了我国东北中朝边境地区。

按照联合国的有关规定，安理会在讨论有争端的问题时，应当邀请有关的当事国参加讨论。根据这一规定，1950年9月29日联合国通过决议，同意当时非会员国中国政府派出代表团，讨论有争端的台湾问题和朝鲜问题。这是一次令世人瞩目的重要会议。新中国将第一次派出自己的代表在国际讲坛上亮相，他们要向全世界发出自己的声音。

经过中央研究，代表团人员很快就决定下来，在最初拟定的名单中，父亲将作为特派代表带领中国代表团去联合国参加这次重要会议。当时已

1950年11月参加联合国安理会　左起：伍修权、乔冠华、龚普生

有工作人员看到了这份名单。

父亲得知这一消息后便和母亲商量，经过反复考虑和斟酌，他连夜给毛主席写了一封信，大意说，自己多年都是做文字和业务工作的，如果要带领一个代表团出去，建议选派德高望重的老同志担任团长，自己仍做擅长的业务工作，一定会全力配合完成任务。最后，中央采纳和批准了父亲的建议。

10月23日，周恩来总理兼外交部长通知联合国秘书长赖伊，中国政府已组成代表团，并将出席联合国安理会讨论中华人民共和国中央人民政府所提出的控诉武装侵略台湾的会议。

中华人民共和国政府任命外交部苏联东欧司司长伍修权担任代表团大使衔特别代表，亚洲司代司长、国际新闻局局长乔冠华和国际条法司副司长龚普生为代表团顾问。

代表团共9人，其他成员还有安东、陈翘、浦山、周砚、孙彪、王乃静。1950年11月27日，联合国安理会讲坛上出现了新中国代表团的身影。

当时国际上承认新中国的国家才有17个，在联合国赞成和支持我们意见的人不多，形势很严峻。在安理会上，面对不可一世的美国代表，伍修权代表中国政府发表了两个多小时的演说，诉说中国人民一个世纪以来凌受西方列强侵略屈辱的冤屈，把侵略者批得狼狈不堪。

父亲自愿为中国代表团做了幕后的顾问。他在回忆这段经历时说："周总理决定由伍修权和我以及其他同志到安理会去控诉美国。这个决定在当时影响很大，我们到联合国是11月29日。我记得那天到纽约，麦克阿瑟正在吹牛，根本不把中国人民志愿军放在眼里，在报上说圣诞节可以结束战争。但到了12月初，我们打了入朝以后第一仗，从新义州打过清川江。就我来说，有生以来从没有这样感到中国人的光荣，真是抬起头来了。"

板门店停战谈判

朝鲜战争爆发后，中国一直主张公平合理地解决朝鲜问题。1950年10月19日，彭德怀司令员兼政委率领中国人民志愿军跨过鸭绿江，抗美援

1952年在板门店参加停战谈判的中国代表及工作人员举行新年团拜会合影
前排左起：解方、李克农、边章五、杜平、乔冠华

朝保和平。

经过五次战役的较量，交战双方对峙在三八线附近。1951年6月30日，联合国军总司令李奇微提出举行停战谈判的建议；7月1日，中朝联合答复同意谈判。经过多次电报来往，双方最后达成如下协议：

一、谈判地点：选定在三八线上的开城。

二、正式谈判日期：从1951年7月10日开始。

三、为安排双方代表第一天会议细节，双方各派联络官3人，翻译2人，于7月8日上午9时在开城举行预备会议。

四、应联合国军方面的要求，中国军队乙方负责保证对方联络官及随行人员进入其控制地区后的行动安全。

五、双方代表团的汽车队前往开城赴会时，每辆车上覆盖白旗一面，以便识别。

为此，中国政府组成了一个强有力的工作班子。代表团由外交部常务副部长兼军委情报部部长李克农同志带队、父亲为副团长（时任外交政策委员会副主任委员兼国际新闻局局长），参加谈判的还有从美国哈佛大学毕业的浦山、新华社记者丁明、沈建图以及负责收发报的机要人员。对于新中国外交部的同志们来说，这是他们经历的第一次洗礼。

1951年7月1日，周总理找到父亲和李克农同志一起去见毛主席。

毛泽东就朝鲜谈判原则和许多细节问题做出了详尽的指示：“当美国侵略者伤亡惨重，被迫求和的时候，我们应当审时度势，把战争停下来，争取在和平的环境中进行新中国的建设。当行则行，当止则止。”这是一次指导性谈话。

毛主席继续说：“谈判时，我们应当理直气壮地坚持原则，力争停战条件公平合理，符合国际法，以利于朝鲜问题的最终解决；但从全局出发，在不损害根本利益原则的前提下，在具体问题上可以做出一些妥协或者让步，以避免谈判破裂，推动达成协议，实现停战。应掌握这样的原则：可让的或不能让的，看准时机让。美国蛮横无理时就不能让步，虚张声势时不能让步，让步必须能扭转局势。”

周恩来提出，要充分利用美国与英法等出兵国的矛盾，使他们对美国有一定的牵制作用，要巧妙利用美国与李承晚集团的矛盾，并将二者区分开来。一方面痛打李承晚部队，一方面在美军对执行停战协定做出保证后才能同意。

接见快结束时，周总理对第二天的行动进行了具体安排：你们准备一下，明天坐火车到安东，接着到平壤见金日成，准备谈判。

父亲问主席，这次准备去多久？毛主席说，三五个星期就够了。他要父亲修改一下由胡乔木起草的一篇赞成停战谈判的社论。主席说，今天你别的不干，就把社论改好，明天一早走。临行前，毛主席请他们吃了晚饭，并且喝了酒。

回到家中，父亲与母亲依依惜别，并且修改完成了《人民日报》即将发表的一篇社论:《为和平解决朝鲜问题而奋斗》。

1951年7月2日晚上，外交部副部长李克农与父亲带着几名同志登上了开往边境小城安东的火车，高岗已等候在那里，因为“还有些后勤问题要东北接济”。在鸭绿江大桥边，谈判工作组人员全部改乘军用吉普车。爸爸乘坐的是一辆苏制嘎斯67吉普车。夜幕降临，大家神色肃然怀着一片雄壮的心境跨过了鸭绿江。岸边开满了盛开的杜鹃花。

桥的那一边是新义州，残酷的战争场景令人触目惊心，这里已被炸为废墟。进入朝鲜的第一站是平壤，城里到处是断壁残墙。在我驻朝鲜使馆的帮助下，父亲和李克农同志来到平壤市郊15公里的根地里，与金日成首相见面，双方商定了中朝代表团的人员组成等事宜。

从平壤到开城这段是大路，敌机经常飞过来轰炸。父亲他们乘坐的吉普车主要在晚间闭灯行驶，一有情况就停下。谈判组的汽车上还盖着一面白旗，这是事先与美方约定好的，对方从汉城出发到开城的几辆车子也是如此。位于三八线上的开城实际在我们控制内，但当时我方尚没有意识到这个问题。

到达开城以后，朝鲜人民军和中国人民志愿军联合组成了朝中方面代表团，他们将共同与美方谈判。

中方代表团团长由李克农同志担任，大家叫他队长。乔冠华任代表团副团长，简称乔指导员。出于安全和保密的考虑，他们两人在公开场合被

1952年龚澎、乔冠华与朝鲜人民军南日将军在一起　摄于朝鲜开城

称为“1号”和“2号”首长，中国代表团则被称作工作队。代表团秘书处最初有二十几名同志，因为工作的需要，后来增添到二百多人，这是一支庞大而精干的翻译队伍，外交部很多同志都在这里工作过。

谈判地点最后定在开城市区西北两公里的高丽里广文洞一处叫做来凤庄的地方，这是一处美丽的大宅院，父亲住的院子里种有凌霄花，他戏称自己是凌霄馆主。

1951年7月10日这一天，朝中代表身着威武的军装，胸前佩戴着谈判代表团的标志来到了谈判所在地。因为开城是在我方实际控制区内，美方不愿经陆路接受我方检查，故美国代表提出要乘直升机来谈判。李克农同志安排人在开城市区找了一块空地，父亲提笔以新华社记者的名义写下一篇《开城巡礼》，将直升机的降落方法作了详细说明，问题迎刃而解。

朝鲜停战谈判正式开始了。按照中、朝两党协议，我方出席代表为：朝鲜人民军总参谋长南日将军，中国人民志愿军副司令员邓华将军，朝鲜人民军副总参谋长李相朝将军，中国人民志愿军参谋长谢方将军，朝鲜人民军第一军团参谋长张平山将军。

对方代表为美国远东海军司令乔埃将军，美军远东空军副司令克雷奇将军，美国第八集团军副参谋长霍治将军，美国巡洋舰分队司令勃克将军，南朝鲜白善烨将军。

由于工作的性质，李克农同志和父亲都在谈判的幕后，李克农同志是总指挥，父亲在谈判二线，对外不出面。他们每天晚上在开城举行中朝两方参加谈判人员的预备会，有时也到板门店靠近会议室的一座小木屋坐镇，对现场出现的问题随时用纸条发出指示。一线出现问题先由二线解决，最后由李克农坐镇。

李克农同志有着丰富的外交斗争经验，并且得心应手地协调着内部关系，同事们亲切地尊称他“克公”，整个谈判期间，父亲密切配合他完成了各项任务。谈判结束回到北京后，父亲曾多次前往李克农同志家里拜访他，有几次还是带着哥哥去的。

父亲在回顾这段历史时说：

关于朝鲜战争与停战谈判可以分几个时期来说：第一个时期是朝鲜战争爆发以后到志愿军入朝以前，大体上是从1950年6月到10月。第二个时期是入朝以后，特别是停战谈判开始以后（也就是1951年7月到1953年7月）。周总理经常讲：我们在朝鲜打了三年，谈了两年。从1950年6月到1953年7月，正好三年。

当美国人和南朝鲜打到三八线时，这情况对我们来说就比较严重了。我们外交上有一句话叫“不能置之不理”。这句话是周总理第一个讲的。它在某种意义上代表了中国对外斗争的风格。我们对外常讲：中国人是说话算数的。这也是周总理第一个讲的……

6月25日朝鲜战争一打响，27日杜鲁门就发声明，一是派兵到朝鲜，一是宣布派第七舰队到台湾海峡巡逻，实行军事上占领台湾。

中国一方面给美国打了招呼，另一方面就争取派代表到当时联合国安全理事会控诉美国干涉朝鲜、侵占台湾。这工作是周总

理直接具体领导的，时间在1950年11月……

朝鲜战争第一年，先是北方向南一直冲到釜山这一带，后来美国反攻到鸭绿江，志愿军进去冲了一下，又退到三八线稳住。这时，已出现了僵持的形势。大家知道，三八线就是美国和苏联在朝鲜向日本受降的分界线。

谈判一开始就遇到了障碍。7月初，我们提出很简单的几条：一、停火；二、三八线为界，划非军事区；三、释放战俘。

出乎意料之外，美国马上提出不行，说三八线只反映了双方陆军力量的对比，没有反映美方海空的优势。周总理很快指示：要坚决打掉这个荒谬主张……"

谈判进行了一个多月之后，美方中断谈判，开始了夏季攻势和秋季攻势。

原来双方已经同意把开城作为停战谈判地点，飞机不来轰炸中立区。但当谈判碰到了美国阻挠后，美韩的飞机时常来轰炸位于中立区的志愿军驻地。

9月份，我方军事警察姚庆祥在巡逻中遭到袭击而牺牲。爸爸写的一份挽联表达了大家的心声：

世人皆知李奇微，举国同悲姚庆祥。

事件发生后，周总理很快就看出，美国为什么要轰炸？因为它是大国，尽管在朝鲜受挫折，也不愿让他们的代表到你们这里来，向你们低头。周总理在电话中指示：你们义愤是对的，但要注意，只要美国不决心破坏谈判，我们不采取主动。关于轰炸，你们找对方联络官将是非搞清。在弄清是非后，采取适当措施恢复谈判。其精神是有理有利有节。为此，我方采取了一系列有力措施，既弄清了是非，又恢复了谈判。

不久，美方提出在开城谈判不便，因为开城深入我们地区，美军来还要经过我们盘查。他们建议在双方交界处划一地点，双方不进入对方地区。为了使谈判顺利进行，我方同意了这个要求，谈判地点挪到了距开城十几里处的板门店。

不知不觉赴朝已有两个多月，本以为很快就可以结束工作，可谈判却遥遥无期，来的时候是酷暑，谁都没带御寒的棉衣，大家只有把腰带束紧，以遮挡钻进衣服里的凉风。

为了催办冬衣，李克农同志向东北军区发出了电报。爸爸则动笔以打油诗的形式给外交部办公厅主任王炳南写了一封信函：

炳南仁兄：

日日李奇微，夜夜乔埃事，虽然无结果，抗议复抗议。
苦哉新闻组，鸡鸣听消息，嗟我秘书处，一夜起三更。
还有联络官，奔波板门店，直升飞机至，趋前握手见。
又有新闻记，日日得放屁。放屁如不臭，大家不满意。
记录虽闲下，抄写亦不宜。如果错一字，误了国家事。
警卫更辛苦，跟来又跟去。万一有差错，脑壳就落地。
千万辛苦事，一一都过去。究竟为谁忙，四点七五亿。
遥念周总理，常怀毛主席。寄语有心人，应把冬衣寄。

停战谈判历经波折，几次陷入僵局。10月8日美方中断谈判，几天后便向上甘岭地区发动军事进攻。1953年4月26日谈判重新开始。关于这一时期的战事，父亲在回忆文章中说：

“美国人不服气不死心时，战争不会停止。运动战结束了，在僵持局面下志愿军不断给敌人打击，使他们的死伤积累起来越来越严重。这很重要。很多人以为战线没移动，没有什么文章。其实，真正使美国低头的，是停战谈判以后，志愿军和人民军毫不停息地给以杀伤。”

后来谈判中又发生了一个很大的新问题，并且引起了双方的争吵：战俘问题。蒋介石强迫扣留一部分志愿军战俘到台湾去充当炮灰。

父亲认为：“这些还不是根本问题，根本问题是美国还不甘心。如果它没有办法了，甘心了，顷刻之间问题就会解决。”

1952年冬，美国内部也争论不决。这时美国要竞选了。美国方面提出停止停战谈判。中央的方针相当坚决：我们主张谈，你们停，我们奉陪。

“这时朝鲜战场上还很紧张。美国有一派主张敌后登陆，在元山、西海岸登陆，对我们还是很大的问题。谈判也停了。我们作最坏的打算，但还争取谈判解决。周总理讲过多次，要打，跟你打到底；要谈，公平合理，不能比我们高一等，强加于我，那不行。

“1952年底，艾森豪威尔当权，杜鲁门下台，当时美国人在朝鲜伤亡很大……1953年2月，美国军方有个传闻：停战谈判可以先谈伤病俘交换问题。周总理问我们意见。我们觉得谈判显然是美国主动停的，也应当由他们主动恢复，我们一动不如一静，看他如何做？”

毛主席和周总理认为父亲的意见有道理，美国内外交困，一定要从朝鲜战场脱身，果然不出我们所料。

“2月下旬，美国方面正式提出：双方先交换病伤俘，同时恢复停战谈判。出现这种转折，最根本的原因是在战场上给了美国以打击。话虽这么说，但到打垮了李承晚的首都师，打垮了他几个精锐师，整个局势才急转直下。”

父亲在回忆中用大量的篇幅回忆了周总理：“为了谈判的指导工作，周总理办公室里有个电话直通谈判代表团。一般情况下不需要打就不打，紧张时要临时请示就打。每天由代表团向中央报告一次（毛、金、彭）……

战争停下来，事情之多，多得不得了。

我们管停战的就有几个委员会：中立国监察委员会、军事停战委员会等。特别是谈判快结束时，除了书面报告外，每天周总理早上睡觉前，一定要给他打电话……他需要时再问主席。有的他办了，事后送主席看。

那时，从战争一下转向和平，事情多，头绪也多，周总理处理这些事，非常尊重金日成……凡是不尊重金日成，不尊重朝鲜同志，独断专行的，他批评非常严厉。”

谈判期间中国代表团的工作量是很大的。父亲每天都要起草代表团第二天的谈判发言，经李克农同志过目后，立即将文稿发往北京，交中央批准，重要的步骤都是由毛主席亲自审批。

每逢此时，父亲总是在屋子里来回踱步，一边低头构思，一边口中授词，参谋坐在一旁执笔成文，最后再经他过目定稿。每定一稿助手便立即复写四份，其中两份送交翻译。遇重要大稿则由李克农同志批阅后再电发中央。

当北京审定的文件发回板门店时，已是黑夜沉沉，代表团秘书处的同志们立即忙碌起来，大家分头把稿件译成英文和朝鲜文，父亲负责审核英文稿。最后统一把稿件交给朝方代表团，以准备白天在板门店谈判桌上的发言（这次谈判发言多以朝鲜人民军为主，实际上幕后由李克农主持，乔冠华协助）。

父亲工作起来总是一板一眼的，不管对自己还是对别人。

曾经在中国代表团秘书处工作的同事回忆说，乔指导员工作起来非常投入，谈判期间的文稿都是一摞一摞的，有一次已经接近交稿的最后时限，有几段文字还未翻译出来，父亲很着急，便在办公室大声喊道：快一点！再不交稿子我枪毙了你！

当工作圆满完成之后，他又恢复了往日的笑容，而且，大家还可以从他的抽屉里得到一包花生米吃。

当时中国谈判代表团驻地有一部专线电话直通北京中南海，每天晚上，代表团都要与周总理直接通话，详细汇报谈判进展的情况，具体负责这项工作的人就是父亲。

周总理认真听取了朝鲜前线与谈判中的详细情况之后，又作出下一步的详细指示，对有些重大的决策还要及时向毛主席汇报。一切都办妥了，他才放心去休息。

与开城的不解之缘

1952年炎热的夏天过去了，谈判处于僵持状态已有大半年的时间。周总理决定，由妈妈前去稳定“军心”。妈妈来到开城的时候，还为代表团的同事们带来了一封封家书。柴成文的夫人于乔阿姨等也先后来到开城探望自己的亲人。

开城是古代高丽王朝时期（936—1391）的国都，又名“松都”。顾名思义，这里是松树之都。一片片丰茂多姿的松林矫健地伸展着它苍翠挺拔的枝叶，一有风来，它们便沙沙作响，犹如绿色的大海掀起阵阵的涛声。

位于三八线的松岳山是开城的制高点，这里不仅风景秀丽，还是商务活动十分活跃的地区，周边建有很多商人的住宅和加工人参的建筑设施，历史上称开城的商人为松商。由于这里是中立区，被轰炸的房子相对少一些，但早已人去楼空。

中国代表团驻地位于松岳山北麓的一处平台，四周环抱着松柏乔木，那一排排房子原来是朝鲜人民军的营房。爸爸与李克农同志同住一个小院子，里面是一座有着西洋风格的小楼。由于紧邻山脚，从南面开来的美军飞机无法轰炸到这里。工作之余，爸爸经常穿着短裤，拄着树枝做的拐杖出去散步，当遇到向他行军礼的战士们时，他以爽朗的大笑向战士们致意。

龚澎乔冠华在朝鲜开城　摄于1952年

战争期间的生活是艰苦的，除了饮用水之外，代表团的吃穿都要从国内专程运输过来，包括大白菜。每次运来都要做成泡菜储存起来吃很久。母亲冒着战火乘吉普车来到这里的时候正值初秋。能够在谈判前线重逢，爸妈都感到异常高兴，这真是非常珍贵的团聚。

爸妈住的院子前长着一棵高大茂盛的栗子树，翠绿的果实挂满了枝头，妈妈来到时，它们已开始破壳而出，露出了棕色的笑脸。阳光明媚的中午，爸爸找来一根尖尖的长竹竿用来打栗子。妈妈用外套做箩筐，兴奋地接着这些毛扎扎的果实。

栗子正是立子的谐音，爸妈都非常喜欢孩子，他们盼望老天送给他们一个可爱的女娃。果真，不久妈妈就怀上了我。大概这就是我酷爱吃栗子的原因吧！

那时，爸爸经常陪伴妈妈来到松岳山的天然浴场，那本是山涧上流淌下来的一股股温泉，在气候暖和的日子里，这里就是代表团工作人员的洗浴场（按男左女右分）。每逢妈妈来洗浴，爸爸就坐在半山腰上为她“站岗放哨”。

夫妻团聚的日子是这样快，假期已到，爸妈约定，回国后如果生下的是一个女孩子，就取高丽时期开城的古称“松都”为名；如果是男孩子，则用板门店附近的松岳山前两字。临行那一天，爸爸站在小山坡上目送着亲人渐渐远去的身影。

妈妈与几位同事分别乘坐代表团吉普车，从朝鲜开城返回中国丹东，一路上走走停停，当汽车行驶到一处叫黄州的地方，美军飞机再次轰炸，老司机立即停下了车，一颗炸弹在前方100米处爆炸，炸弹碎片飞到了前面的汽车上，所幸人员没有大碍……

爸爸一直努力把我的出生日这一天定为停战日，可是三八线上战事不断，直到7月27日才正式签署停战协议。以后爸爸常常说起当年的往事，他总是为这个没有给女儿争取到的“纪念日”感到深深的遗憾和惋惜。

在近年的开放档案中，我看到了毛泽东就朝鲜战局发展，对原定停战日期给予的批示。往事如潮……

从1952年10月份起，朝鲜谈判进入了关键时刻，双方就停战协定草案进行实质性的讨论。经过15个月的争执，朝中代表团与美国代表团达

1953年7月27日彭德怀在停战协议上签字，左起：彭德怀、毕季龙、李克农、乔冠华

成了63款停战协定草案，剩下的主要是在处理战俘问题发生了许多分歧。

1953年3月5日斯大林逝世，周恩来率中国代表团复苏吊唁，并就朝鲜问题与苏联领导人协商。金日成和彭德怀在1953年3月8日复信克拉克，同意美方提出的先交换伤病俘的建议；周恩来于3月20日发表声明，提出分两步解决战俘问题：停战后立即遣返一切愿意回国的战俘，其余转交中立国，保证他们的遣返权利得到尊重。这个建议得到各国普遍欢迎，只有美国拼命反对。

就在协议最后达成之际，南朝鲜李承晚政府在美国纵容下于6月18日把2.7万战俘"就地释放"，实为强行扣留，并叫嚷"要继续打下去"。为此，毛泽东、周恩来6月21日致电彭德怀："停战签字必须推迟。推迟至何时为宜，要看发展才能决定。再歼灭伪军万余人，极为必要。"

根据中国政府的号令，志愿军从7月13日开始，对南朝鲜军队开展猛烈攻击，适当打击美军，暂不打英军，以分化瓦解敌军，很快毙伤和俘虏敌人7.8万余人，收复土地178平方公里。

鉴于继续打下去处境更加不利，美国政府不得不于1953年7月27日上午10时在停战协议上签字。美国人承认，这是他们"在错误的时间，错误的地方，与错误的对手，打了一场错误的仗"。

出于安全考虑，双方司令员在各自的驻地签字。7月28日上午9时半，彭德怀于开城松岳堂在停战协议和临时补充协议上签字，在场的有李克农、乔冠华、毕季龙、丁国钰等以及上百名志愿军军官。

1954年4月，爸爸即将动身回国。他和妈妈将跟随周恩来总理参加解决朝鲜问题和印度支那问题的日内瓦会议。

临行之前，朝鲜人民军送给爸爸一样纪念品，用美军炮弹皮做成的铜制大笔筒。上面用中文和朝鲜文刻着两行文字：

美帝国主义的炮弹落在哪里，
仇恨的种子就种在哪里。

第一次见父亲

抗美援朝获得了最后的胜利。周围的人都在唱："嘿啦啦啦！天上出彩霞啊，地下开红花啊，中国人民力量大，打败了美国兵啊！"在小孩子的潜意识中，这首歌与一个叫爸爸的人密切相关。

1954年4月，爸爸从朝鲜前线回到阔别三年的北京，那时我家住在台基厂"和大"宿舍。阳光明媚的四月天，走进熟悉的老院子，全家人喜洋洋地团团围住了他，我颇感兴趣地望着眼前这个高高瘦瘦的人，这喜庆的一幕是关于父亲的最初印象。当爸爸兴奋地伸出双手要抱抱女儿时，我却哭了起来，这是妈妈后来告诉我的，不过我们很快就"混熟了"。

眼前这个人很亲切很面熟，星期天他躺在地毯上和我一起玩耍，我在他身上匍匐前进，还能双手撑着他的膝头荡秋千，没多久，我们就成了好伙伴。在爸爸面前，我可以口无遮拦，放心大胆地表述自己的想法，并且经常会得到意想不到的启发和点拨。

爸爸从板门店为我带回一套彩色织锦缎缝制的朝鲜民族服装，那是临

爸爸教我用筷子　1956年摄于北京

行前朝鲜朋友送的。妈妈为我穿上这套盛装拍了纪念照，又小心翼翼地把衣服收藏在箱子里。这是爸爸送我的第一份礼物，至今我还保存着。唔，他还给哥哥带回一支朝鲜人民军南日大将送的苏式转盘冲锋枪呢，只是许看不许玩。

第四章

笔杆子

他擅长运用生动的语言和中国典故来说明问题……

——老同事的回忆

北戴河的秀才们

在文革之前的中苏大论战中，党中央组织过一批不公开身份的秀才和笔杆子，他们就是国际宣传组的原班人马。

1956年是国际共产主义运动的多事之秋。

苏联共产党在这年的2月召开的苏共二十大上提出了“和平共处”、“和平过渡”、“和平竞赛”的三大路线，赫鲁晓夫在“秘密报告”中全盘否定了斯大林。在“母亲龚澎”的章节中，我记述了新闻司同仁夜以继日接收苏共20大新闻时的情景。有一次母亲发烧住院，因为非常疲劳，她躺在病床上很快就睡着了。第二天主管医生笑着对她说：“龚澎同志！您昨晚一直在说梦话……”“我都说了些什么？”母亲好奇地问，“您在梦里大骂赫鲁晓夫，真不愧是我们的新闻发言人！”

这年的6月，波兰出现了罢工和游行，10月间发生了匈牙利事件。在这样的背景下，中共召开了八大和八届二中全会。

根据当时的形势，中央决定成立国际宣传组。

吴冷西伯伯回忆了当年的情景：“1959年上海会议结束回北京之后，周总理具体布置我着手起草评论，他由此想到并确定成立一个国际问题宣

传小组，由我和乔冠华（当时任外交部部长助理）负责，吸收张彦（中央外事办公室主任）和浦寿昌（总理外事秘书）等参加，直接归他和邓小平同志领导，每周或半月在人民日报社开会，讨论有关国际问题的报道和评论，有问题直接向他请示”。

1960年夏季的北戴河异常热闹。中央决定在北戴河召开政治局扩大会议，中央各部门和各省市的主要负责人都来到了这里。为了起草一份根据苏共在布加勒斯特会议上散发的“通知书”而写的文件，简称“答复书”。秀才们都集中住到了一起，也正是从那时开始，父亲和秀才叔叔们开始了合作。

那年我们一家都去了北戴河，下了火车我们才知道，由于住房一时紧张，我和哥哥被安排在中直机关招待所的男女宿舍。

当我在屋子里一觉醒来时，只听见一阵阵欢声笑语，有人喊着，醒了醒了！睁开眼睛一看，原来母亲就在眼前，一群和哥哥年龄相仿的女孩子围在她身边，她们像看洋娃娃似的看着我，有人问母亲，龚澎阿姨，你还有这么一个小女儿啊！你是不是特别喜欢孩子？母亲开心地点点头，是啊！家里多一个孩子热闹啊！大家都哈哈地笑了起来，她们叽叽喳喳拉着我们来到了大海边。

后来，徐特立老人还接见了这批跟随父母来到北戴河的年轻人，和他们进行了语重心长的谈话。我的哥哥也在中间。当时爸妈住在中海滩，一两天之后我们都搬了过去，秀才班子里的吴冷西伯伯等人则住在西山附近。

吴冷西多年从事新闻工作，长期担任《人民日报》总编，在工作中与父亲母亲有许多协作。每次父亲在深夜赶写社论之后，都要迅速与《人民日报》社取得联系，以保证稿件按时排版发出。

自1960年初起草《列宁主义万岁》等三篇文章的时候，秀才队伍就逐渐形成了。当时这批干部大都在40多岁上下，正处在精力充沛、施展才华的最佳年龄段。

吴冷西伯伯说，那时他们的主要工作是：“收集编辑马恩列斯关于时代，关于帝国主义，关于无产阶级革命，关于无产阶级专政，关于战争与和平，关于殖民地与半殖民地，民族独立运动等等问题的论著。”“他们对这些问题的主要论点是什么，是在什么情况下，对什么问题，跟什么人讲的……”

为了搞清楚各种观点的来龙去脉，他们收集了世界各国党，特别是苏联党，尤其是赫鲁晓夫对这些问题的言论，分别打印成一份份材料。此外，还汇集了“中央负责同志过去在各种场合会见外国客人时，在这些问题上讲过什么观点……这样一来，敌我友三方面的论点都弄清楚了，写起文章就掌握比较充分的事实，有根有据，针对性比较强，有所谓而发”。

来到北戴河之后，几位秀才叔叔们就开始分头写文章。每天上午父亲在家奋笔疾书，母亲看文件，孩子们做功课。在接近11点的时候，阳光充足，海面上风平浪静，秀才叔叔们约好在海滩上碰面。先在海水里活动全身，从岸边到鲨鱼网，父亲可以轻松地游两个来回。

在沙滩上休息的时候，父亲和吴冷西伯伯、胡绳伯伯开始商讨写作中的问题。哥哥和他的伙伴在沙滩上练习俯卧撑，我忙着把热沙子铺在母亲身上，这是治疗关节疼痛的好办法。

下午父亲如果忙的话就接着写文章，否则就接着和我们一起下海游泳。晚饭后孩子们经常去看电影，而大人们大都到海边散步闲聊。大家一直走到俱乐部小礼堂，如果不愿意看戏就一直散步到中海滩附近的小镇上吃冷饮。

吴冷西回忆说，一般情况下都是龚澎请客，她自己喜欢吃冰激凌，所以也请我们吃冰激凌。有时则到海边俱乐部浴场休息室喝茶，我们戏称这是“废话俱乐部”。吴伯伯还讲述了几位秀才没有门票同去礼堂看戏的情景。

回忆中生动的描写，使我想起了在大海边渡过的快乐日子。

父亲的绰号“乔老爷”也是在北戴河起的。当时大家看了故事片《刘三姐》，都觉得父亲很像那位对歌的书生，也是高高瘦瘦的样子，可是这个绰号始终没有叫起来。上世纪60年代初上映了由川剧《乔老爷上轿》改编的电影，片中的主人公姓乔，且书生气十足，写作班子的秀才叔叔便戏称父亲为乔老爷，开始只是偶尔开个玩笑，直到1971年父亲到联合国代表团以后，这个绰号才逐渐叫开。不过更多的时候老朋友们还是习惯叫父亲老乔。

当年在北戴河写作的秀才们曾经为自己列了一个有趣的生肖谱：

乔冠华　牛　1913
张香山　虎　1914
邓力群、熊复　龙　1916
胡绳、杨耳　蛇　1917（1918）
姚臻　马　1918
吴冷西　羊　1919
王力　鸡　1921
田家英　狗　1922

论战后面的故事

1960年11月初，中国共产党派出了以刘少奇为团长、邓小平为副团长的中共代表团去莫斯科参加庆祝十月革命节的活动，这是一个庞大的代表团，很多中央领导人都去了，代表团还有一大批顾问：乔冠华、吴冷西、熊复、姚溱、张香山、冯弦、王力等。

因为走得急，作战部参谋雷英夫连围巾都没带，便匆匆赶到了飞机场，正巧碰上母亲在送行，看见他衣着单薄的样子，母亲一把摘下自己的毛围巾戴在他的脖子上："小雷，你这样子去苏联会冻坏的！围上它可以暖和一些！"

接下来代表团出席了1961年1月在克林姆林宫举行的"81党莫斯科会议"。在大会之前，苏联向81国共产党和工人党代表会议散发了一份攻击中国共产党的长信，引起了中苏两党的激烈争论，文章中称，由于苏维埃社会一致的加强，工人阶级的共产党已经变成苏联人民的先锋队，成为全体人民的党。由苏共提出的"全民党"论断引发了一场"尖锐的论战"。

苏共22大开始时，中苏之间还有许多保留，双方之间的争论主要在内部进行，但到了1962年底，一部分苏联控制的欧洲共产党再次掀起攻击阿尔巴尼亚的浪潮，并波及到中国。为了批驳他们的谬论与各种修正主义观点，中共中央在1962年12月至1963年3月间在《人民日报》和《红旗》杂志上先后发表了七篇文章，以阐明中共对重大问题的观点，父亲参与了这些文章的起草工作。

还记得那时报纸上总是登载大块头文章，有一篇叫做《陶里亚蒂同志和我们的分歧》，我拿着这篇文章问母亲，谁是陶里亚蒂？都是共产党为什么还有分歧？母亲告诉我，那是意大利共产党负责人，因为彼此国情不同，他们有许多看法与我们不一致，大都是理论上的分歧。

1963年2月，毛主席从外地回到北京，在中央工作会议政治局常委会上，正式决定成立中央反修文件起草小组，组长康生、吴冷西副组长。小组成员有廖承志、伍修权、刘宁一、章汉夫、孔原、乔冠华、许立群、姚臻、王力、范若愚、胡绳、熊复。

不久，父亲在中苏两党会谈后被指定为这个小组的副组长。其实他们的工作早在1962年11月份就开始了，父亲参加了写作班子早期的部分工作。由于父亲对康生的种种做法有自己的看法，工作了一段时间后，他辞去副组长职务，退出了写作班子（文革开始前夕这个班子就散了）。

1963年3月30日，苏共中央在给中共中央的信中讲述了苏中两党对一系列问题的根本性分歧。同年6月14日，中共中央提出国际共产主义运动总路线的建议，并且于1963年9月至1964年7月14日先后发表了9篇文章，全面阐述了关于国际共产主义运动等一系列原则问题的观点。这就是爸爸书架上那本白皮红标题的册子《关于国际共产主义运动的论战》。

今天我们回过头来重新看当年的大论战，自然会得出新的结论。当年中苏双方在理论和认识上都有局限性，有评论认为，这场论战加剧了社会主义阵营的解体和国际共产主义运动的分裂。不管怎样评判，这是一段走过的历史。

对于自己文章的成与败，父亲一直是清醒而谦逊的，他曾向年轻同事回忆了此间的一件事情：中央在北戴河开会布置父亲和其他人起草一个国际文件，父亲写后没能通过，转手给胡乔木改写，大家都满意了。父亲曾说，写文章，搞文件，我们十个也顶不了胡乔木一个人。

伴随着秀才叔叔们的一篇篇文章，我渡过了快乐的童年和少年。1962年的夏天又来到了，爸妈的工作忙得无法抽身，可我是多么希望能够在暑假来到大海边啊！

于是，母亲为我安排了一次特别的夏令营。

胡绳伯伯和吴冷西伯伯都是父亲在中央写作班子里的老熟人了，当然他们也是母亲的朋友。这一年他们仍旧要在北戴河工作。就这样，胡伯伯的大儿子带着他的弟弟和我坐火车来到了大海边，然后，我住到了吴伯伯家。这是我离开爸妈的独立行动。

三个年龄不同的女孩子住在一间屋子里。在这里，我学会了过集体生活，端着饭盆去食堂吃饭，不给别人添麻烦，不以自己为中心，而且还要照顾大家。我认识了许多新朋友，也认识了爸妈的老朋友。那两年暑假，我和哥哥都先后在北戴河住过"秀才叔叔"家。

1966年文革爆发，1971年国庆节那天，我和父亲去景山公园散步，刚走进公园，父亲就远远看到了吴冷西的身影，那时老干部的状况都不太好，父亲对我说，你还住过吴伯伯家呢，我们一定要问候他几句！说着便自己走过去和吴伯伯聊天。

茅台酒

写文章是父亲的老本行，当他准备深夜鏖战时，总是在书桌旁备上一个小酒杯。长期以来，父亲经常工作到晚上十一、二点，如果要完成重要文件，时间就更晚了。很多工作都需要下班后到家里进行。父亲说，喝点茅台酒可以解除疲劳。

受家乡江苏一带文人饮酒赋诗风气的熏陶，父亲年轻时就喜欢饮酒，他的小书架上一直摆放着一尊李白醉酒的佛山彩陶像。父亲游走世界品尝过很多种酒，但他最中意的还是以优质高粱为原料酿造的贵州茅台。在德国留学时，父亲就给德国同学讲述了"李白斗酒诗百篇"的故事。抗美援朝期间，父亲和李克农同志觐见金日成主席，带的就是茅台酒。金日成非常高兴地当场开瓶，以茶代酒兴致极高。

从1962年12月起，为了赶写"九评"，父亲和写作班子的同事们集中住到了钓鱼台。

在那些奋笔疾书的日子里，母亲总是抽空去看望父亲。新年很快来临了，我们一家四口都来到了钓鱼台父亲住的房间，那暖融融的气氛令人至今记忆犹新。我穿上了姥姥寄来的新衬衣，母亲用照相机为我们拍了全家福。然后，她从书包里取出中华牌香烟、龙井茶、还有茅台酒，那是带给父亲的。启开瓶盖，一股醇香的酒味扑鼻而来，真香啊！

虽然我家经常存点老酒，可父亲喝的时候很节省。星期天，胡绳伯伯过来聊天时，父亲会打开自己储存的好酒让老朋友一道品尝。不过，他们只是“微微喝了一点陈酒，味道极好”（胡绳语）。

每次写文章的时候，父亲总是缓缓地喝上一小口，确切地说是抿一点儿，然后反复地品味酒的醇香，而且大都是在饭后。一篇文章喝一两杯也就差不多了，每次用的都是那个最小号的玻璃高脚杯。

20世纪60年代初，一瓶茅台酒价值4元钱，父亲舍不得多喝，他对自己的存酒把得很紧，老酒瓶子里的酒没有喝完，他是不会轻易打开另一瓶新酒的。加上父亲的肠道做过手术，他平时喝酒一直是很有节制的。

部里的老同事喜欢与父亲在一起煮酒论天下，等父亲聊得兴起，有人就开始劝酒，父亲心软经不住劝，连劝带灌才会醉……

如果有人说父亲多喝了，那八成是有朋友在场。否则，一定是他遇到了难言之苦！

近年有与父亲从未谋面的作者把父亲描述成一个聪明过人、张狂自大而不能自持的文人，那是创造而不是事实。微风和流水无法托起那坛厚重浓香的茅台酒，聪明不是张狂，才子未必风流！

军队进行曲

在很多人眼里，父亲是个地地道道的秀才，他一生以笔耕耘，以文为伍，似乎与军界无缘。

其实，父亲初到香港时，就曾以写第二次世界大战期间的军事论评而赢得“军事评论家”的美誉。

父亲青年时期正是中国遭受日本侵略者威胁的时代。尽管父亲的身体不是很强壮，但他一直有着从军报国的思想，在德国留学时，恰与19路军赵一肩相逢，尽管彼此年岁相差较大，但共同为民族解放的理想使他们成为好友，两人在一起学习了许多军事知识。第二次世界大战时，这些知

识得到了运用和发挥。

解放后，父亲与军队有过多次合作，他健谈直爽，与许多行伍出身的干部气质相投，保持着很好的关系。

朝鲜谈判期间，父亲结识了不少部队朋友，如洪学智、柴成文等人。时任志愿军政治部主任的杜平与父亲住得很近，两人年龄相近，彼此很谈得来，晚饭后经常在一起散步，并做打油诗取乐。

杜平是老红军，久经沙场考验，他回忆说："乔冠华很活跃，笑也笑得很潇洒，骂也骂得利落。"

当时，中央的重大决策都是在毛泽东和政治局的授意下，由周恩来总理亲自召集国防和外交方面负责人进行联席会议，共同讨论实施中央的部署。"凡是必有武备"，外交行动往往是联合作战。

抗美援朝、炮击金门、中印边界冲突等重大问题都是采用联席会议这样的方式进行指挥的。联席会议是一个效率非常高的机构。经常参加会议的有彭德怀、陈毅、张闻天、黄克诚、章汉夫、王尚荣、乔冠华、雷英夫。如涉及某些具体问题或起草新闻公报时，就临时请吴冷西、姚臻、田家英等参加。

在历次战争中，军事行动总是与外交斗争紧密结合的，在战场上得不到的东西，谈判桌上也别想得到，在一个重大决策中，外交部与作战部的合作是很多的。

1958年8月23日下午5时半，毛泽东在北戴河一声令下，几万发炮弹从厦门打到了金门岛，一时间金门前线炮火连天。截至10月25日，我军共发出45万发炮弹，蒋介石则把12发炮弹从金门打到了厦门。正当我军官兵准备拿下金门之时，毛泽东下令，停止炮击三天……

这年的夏天，当我们和父亲来到渤海湾的时候，东南沿海的金门岛上正是炮声隆隆。此时我们就住在毛泽东附近，中央刚刚召开政治局扩大会议。父亲只和我们住了几天，因为工作忙，他提前回北京了。当我们回到家里的时候，他乘飞机再次来到了北戴河。父亲究竟在忙什么呢？

这一切与金门岛有关。

至今有人为没有乘胜追击解放金门而遗憾。而当年的总参作战部副部长雷英夫是这样分析这次行动的：为了配合当时的国际形势，支援中东，

1959年人民大会堂落成时，乔冠华、龚澎夫妇与外交部同事合影

教训国民党，分化美国和蒋介石的关系，同时摸清美国人的底牌。

在那一段时间里，外事口和军队有两个做笔杆子工作的人，乔冠华和雷英夫。他们要将共同起草好的材料及时送交毛主席和政治局常委审批，一般都是周总理当场签发送交有关部门处理。

雷英夫是毛泽东身边的一位军事参谋，从18岁起就在毛主席身边工作，深得毛泽东和周恩来的信任。1951年朝鲜战争初期的关键时刻，他与总参作战部的同志们及时判断美军可能将在朝鲜的仁川登陆，并立即向毛主席、周总理做了报告。他思维敏捷，始终保持着作战参谋的沉着与机智。

1958年夏季海峡两岸响起了炮声，根据上级领导的安排，爸爸来到了北戴河，准备撰写有关的声明与文件初稿。

8月中旬，为了完成关于确定领海宽度的声明，爸爸回到北京，由于初稿还要进行较大的改动，他和条法司及办公厅的同事们根据中央的意图进行了商议。几天之后，周总理从北戴河打来电话，要他和总长黄克诚，

作战部的雷英夫等人在8月30日赶到北戴河参加毛主席召开的会议。

参加会议的还有刘少奇、彭德怀、张闻天。在会上，作战部雷英夫汇报领海线论证过程，外交部乔冠华对即将发出的新闻稿做出了说明。

在研究海事问题时，特意邀请了两位外交部的资深法律顾问列席会议。他们熟知国际法特别是海牙协议有关领海的各种规定，在会议上，他们引经据典的大胆发言使得毛泽东非常高兴，他喜欢他们的书呆子气。不过毛泽东认为外国人的规定不是圣旨，还是扩大一点领海线更有利（9月4日，我国外交部向全世界宣布中国的领海宽度为12海里，并宣布自9月4日起外国军用船舶、飞机，未经中国政府许可不得进入中国领海领空。同时暂停向金门岛炮击三天）。

毛泽东认为，世界总的趋势是东风压倒西风，而这次炮击金门最大的收获是对美国在战略上进行了一次成功的试探。

会议结束后，父亲被周恩来留了下来，他和已在北戴河的海事专家周鲠生先生合作，两人在一起斟酌构思完成了关于领海宽度声明的最后稿。周恩来稍作修改后，毛泽东很快就批发了这个文件。9月4日，《人民日报》发表了中国政府的声明全文。

就在这一段时间里，毛主席还召集乔冠华和雷英夫谈了另一件事，国防部将以彭德怀的名义发表第一份《告全国同胞书》，毛主席向他们谈了该文的中心思想和主要构思，并讲了关于“绞索”问题的论述。

为了起草这份重要文稿，乔雷二人集中住在北戴河的军委招待所。根据毛泽东的战略思想和主要论点，他们一边讨论一边日以继夜地埋头奋战着。

几天之后，文章终于收笔，即将送交中央审批，爸爸和雷叔叔兴奋异常。看看手表，已是凌晨3时了，他们决定，马上到大海里畅游一番！此时正是深更半夜，可他们全然忘记了时间的存在，仿佛海面上已经升起了朝阳。两人摸黑来到了空无一人的海滨浴场，快速更衣后就疾步冲到了海水里，如鱼儿一般痛快地游了起来。提起写作中的趣闻和洋相，两人不约而同捧腹大笑。

黎明前的大海静悄悄，茫茫的宇宙是如此的浩瀚，爸爸与雷叔叔兴奋地讨论着毛泽东的大手笔：我们都是中国人。三十六计，和为上计……

完成任务后的心情是非常愉快的，两个秀才在碧波里畅游，直到初升的太阳在海面上冉冉升起。

不久，毛泽东主席亲自批阅了那篇文稿，修改了部分文字。这就是1958年10月6日以彭德怀的名义发表的《国防部文告》。

> 台湾、澎湖、金门、马祖军民同胞们：
>
> 我们都是中国人。三十六计，和为上计。金门战斗，属于惩罚性质……

作为长年在中央领导人身边工作的工作人员，他们从来不提自己的业绩。

中印边境冲突时，外交部再次与军队合作。1962年10月18日，毛泽东在中南海颐年堂召开政治局扩大会，中央将对中印边界问题作出重大决策。参加会议的有毛泽东、周恩来、刘少奇、邓小平、陈毅、贺龙、罗瑞卿、杨成武、张国华、王尚荣、章汉夫、乔冠华和雷英夫。毛主席要乔冠华和雷英夫报告中印边境冲突的情况和各方面的反映。父亲主要谈国际上的反映，雷侧重谈中印边境前线情况及总参的反击方案。汇报完毕，周总理分析了有关中印边界的形势，说明从各方面看我们不进行自卫反击不行了。

毛主席说，来而不往非礼也，俗话说，不打不成交，也许我们反击一下，边境才能安定下来，和平解决边境问题才有希望实现。

在那些日子里，写作班子的几位叔叔每晚都到我家"上班"，和父亲共同起草声明文稿，他们总是通宵达旦地工作到天明。

20世纪80年代初，父亲对成为儿女亲家的老战友说，等到自己的问题有了结论的时候，他希望亲自前去拜访曾经多年合作的老朋友，他们将谈起那些难忘的黄金岁月。

由于种种原因，这个愿望最终没有实现，几位前辈已经先后离世，然而，在大江东去的浪淘沙中，我们还是听到了一曲节奏雄壮的《军队进行曲》。那里面有父辈的旋律。

文开一代外交风

新中国成立后，父亲与同事们合作起草过许多以中国政府和国家领导人名义发表的声明和重要外交文件，其中有不少脍炙人口的文章。父亲为此付出了辛勤的劳动，他也曾与大家谈起自己的心得体会。

父亲对自己比较满意的作品有几篇。其中一篇是1963年9月1日的《中国政府发言人声明》。当时苏联领导人在核武器问题上嘲笑和攻击中国，其核心论点就是中国没有资格拥有核武器，毛主席、周总理要求外交部写一篇驳斥他们的文章，这个任务落到了父亲头上。

毛主席对父亲说，早年斯大林的文章写得好，好在说道理，逻辑严密，之后苏联人写文章完全是以势压人，不讲道理，毫无看头。我们要反其道而行之。

父亲反复琢磨，对其中的问题进行了充分的逻辑推理。他在《中国政府发言人声明》中写道：

> 中国不是很穷很落后吗？是的，很穷很落后。据苏联人说，中国人喝大锅清水汤，连裤子都没有得穿，怎么有资格生产核武器呢？
>
> 苏联领导人嘲笑中国落后，未免太早了。他们也许说得对，也许说得不对，但是不管怎么样，即使一百年也造不出什么原子弹，中国人民也不会向苏联领导人的指挥棒低头，也不会在美帝国主义的核讹诈面前下跪。
>
> ……
>
> 在苏联领导人看来，整个世界和全人类的历史，都是围着核武器在转的。因此，他们紧紧地抱着自己的核武器，唯恐旁人也有，打破他们的垄断地位。他们的神经很紧张。他们把中国对三国条约提出的原则性的批评，说成是由于中国想要原子弹而不得。我们觉得，苏联领导人的这种态度很好笑。这种态度，使我们想起了中国古代的一个故事。

1962年7月陈毅副总理兼外长在日内瓦签署会议文件。右三为乔冠华，左一为章汉夫

父亲在下面的文章里引用了《庄子·秋水篇》的一段故事：

> 惠子相梁，庄子往见之。或谓惠子曰："庄子来，欲代子相。"于是惠子恐，搜于国中三日三夜。庄子往见之，曰："南方有鸟，其名为鹓雏（凤凰一类珍禽），子知之乎？夫鹓雏，发于南海而飞于北海，非梧桐不止，非练实不食，非醴泉不饮。于是鸱得腐鼠，鹓雏趋过之，仰而视之曰：吓！今子欲以子之梁国而吓我邪？"

这个故事的含义就是：人各有志，不要"以小人之心度君子之腹"。这篇文章受到毛主席的赞扬。

在父亲（文革前）撰写的外交文件中，还有一篇令同事们记忆深刻的声明。这是为有关印尼退出联合国而写的。

1965年1月10日，印尼政府宣布退出联合国，表面的理由是联合国没

有起到作用，实际上是表明要和中国坚定地站在一起。当时以美国为首的西方国家大都不承认中华人民共和国，不同意中国进入联合国，印尼政府以退出联合国来表示对中国的支持。

根据中央的要求，外交部国际司的同事们要起草一份中国政府的声明。当时父亲分管国际司的工作，初稿起草后交到父亲办公室，父亲看了一下说没有力量，他对执笔的同事说，要写的东西都有了，但牙齿咬得不紧，要紧紧咬一口！

为此，他组织力量再写一稿。不知不觉已到深夜，父亲取出茅台酒小酌一口，文思上来了，很快一篇文稿完成了。

在这篇不长的文章里，父亲画龙点睛地写出了当前世界的大事，在后面，他加了一句："苏加诺敢摸老虎的屁股。"

后来他担心此话不雅，就用铅笔划掉了。不久文稿交到副部长章汉夫那里审查，又把这句话原样恢复了。最后，毛主席和周总理都同意了。

曾经和父亲一起合作的同事回忆当年说，乔具有像毛一样泼辣的文风，并且擅长运用生动的语言和中国典故来说明问题。例如，他形容两个超级大国是泥捏的菩萨，"你中有我，我中有你"；"只许州官放火，不许百姓点灯"，乔犀利的文笔使文章妙笔生花，可以说是文开一代外交风。

中印边境冲突期间，中国与印度之间进行了多个回合的照会战。为了起草这些文件，父亲和同事们在日夜奋战。长期从事对印度工作的成幼殊阿姨回忆了一段往事：

> 当时有些重要照会稿由一位司长带上一两个主管人员去乔冠华那里研究，当场起草或者修改重写。那时乔是部长助理，仍主管政策研究室。我们的工作往往是在下班后去他家里进行……记得那时乔总是一面构思，一面摇晃着脑袋朗朗念出来，就是西方人所说的"大声地想"（thingking aloud）。在场的人可以和他一起听到，一起想和议论。他自己也发表意见，包括否定原来的说法，讨论比较多的是斟酌政策口径和火候。这时他手边总有一杯茅台之类的好酒，仿佛是他文思的催化剂。
>
> 乔的夫人龚澎长期追随周总理，为总理所倚重，在部里备受

1961年日内瓦会议期间

尊重和爱戴。去到她家，她一般总在另外的房间里干自己的事，见到我们，亲切随和，还曾端出那时不多得的上好葡萄相款待。龚从建部之始就担任新闻司长。陪同周总理出国访问或参加国际会议时，主持新闻发布，周旋于各国记者和政要之间，应对自如，既端庄又可亲，令人折服，是总理的得力助手。她在部里作形势报告内容丰富，分析透彻，娓娓而谈，很受欢迎。

1964年我国第一颗原子弹爆炸时，父亲负责牵头组办写稿，当时还组织了一批专家进行封闭式工作，将新闻公报及时翻译成各国文稿发响全世界。

尽管当今国际社会已经发生了很大变化，但是父亲的文章为人们留下了不可磨灭的深刻印象。父亲原来的同事还回忆了一件至今记忆犹新的事情。

1964年八月间，阿尔及利亚艾哈迈德·本·贝拉总统给毛泽东主席写了一封信，外交部向中央建议，以毛泽东的名义写复信，有关部门按照外交格式认真地拟定了回信的内容。

毛主席看过初稿后，于10月13日在外交部9月10日写来的请示报告上批道：打官腔，不能用。本贝拉又有第二次来信，请外交部同志重新起草回信稿，送我修改后再发送。

10月18日毛主席在本贝拉总统9月1日来信译文上写了下面几行字：本·贝拉总统来了两封信，应一起写一封回信，要用亲切的生动的语言写，不要用曾经起草的那种风格写（已退回外交部，请重写）。是否请乔冠华同志起草，送我修改后发去？请酌办为盼。

父亲接到这个任务后，立即认真分析琢磨起来，什么是官气太重呢？他认真查找了两国政府首脑的近期讲话，理清思路，一气呵成。

10月23日，父亲完成了为毛泽东代拟的给本·贝拉复信稿，并上报中央，这次毛主席笑了，他在文稿上作了批示：即退外交部办，打印，下午送我签字。　毛泽东　十月廿四日十五时

本·贝拉总统接到这封热情洋溢的信之后非常高兴。

经毛主席改定的信是这样写的：

阿尔及利亚民族解放阵线总书记

阿尔及利亚民主人民共和国总统艾哈迈德·本·贝拉阁下

亲爱的兄弟：

收到你两封来信，我非常高兴。在这段时间里，你派来了穆罕默德·亚拉大使常驻我国，派来了巴希尔·布马扎先生，来商谈我们两国的经济合作问题，派来了阿玛尔·乌兹加尼先生为首的党政代表团，参加我国国庆。我同他们见了面，谈了话。对于你通过信件和使者所表达的深厚情谊，我很感谢。

我一直注视着伟大的阿尔及利亚人民革命。自从你们拿起武器的那一天起，我们就深信，真正强大的是坚持革命的阿尔及利亚人民，而不是腐朽的法国殖民主义者。你们打了七年多仗，经过了种种艰难困苦和迂回曲折，终于取得了胜利。我们对你们的革命斗争尽我们的可能给予支援，但终究是有限的。你们的斗争支持了我们。你们的武装斗争，为非洲、亚洲和拉丁美洲的人民，做出了一个光辉的榜样。你们的胜利是对中国和全世界一切革命人民的巨大支持。我们支持你们，你们支持我们，全世界一切革命的人民都是相互支持的。

在阿尔及利亚进行民族解放战争的过程中，我结识了许多来中国访问的阿尔及利亚朋友，听说他们当中有一些人已经离开了革命，有些人甚至变成了反革命。这是一点也不奇怪的。革命总是要向前发展的，随着革命的深入，总有一些人要落伍甚至叛变，中国革命的经验也是如此。我很高兴地知道，阿尔及利亚民族解放阵线在你的领导下，正在把革命继续推向前进。你们坚持反对帝国主义和新老殖民主义，你们正在致力于建设一个革命的党和一支革命的军队，团结一切爱国民主力量，逐步地肃清殖民主义残余势力和本国反动势力，镇压反革命，初步地把巩固民族独立和发展民族经济、民族文化作为完全革命的第一阶段，即民主革命阶段。你们这样做，在我看来，是完全必要的。然后有可能过渡到革命的第二阶段，即社会主义。我衷心地希望你们在推进革

命和进行建设的过程中，不断地取得新的胜利和成就。

阿尔及利亚人民举行武装起义的纪念日就要到了，这是一个伟大的节日。陈毅元帅将率领中国党政代表团祝贺你们。他是我的战友，也是你的朋友，他将向你转达我的热烈的问候。你答应到中国来，我希望看到你。全中国人民准备热烈欢迎你。亲爱的艾哈迈德·本·贝拉兄弟，请接受我崇高的和诚挚的敬意。

毛泽东

一九六四年十月二十四日

“亲爱的艾哈迈德·本·贝拉兄弟……”，非洲国家是非常看重情谊的，看到中国领袖以“兄弟”这样亲切的口吻相称，怎么能不为之动情呢？

第五章

回望双亲

真正的爱情是表现在恋人对他的偶像采取含蓄、谦恭甚至羞涩的态度……

——马克思

珠联璧合　风雨同舟30年

爸爸在他的外交生涯中谱写过许多出彩的乐章，在那些高亢的音符里，始终有一个委婉流畅的和弦与他默契地配合着，那是妈妈的声音。

妈妈是一个与人为善而坚定的人，当你和她交谈时，她总是用那双深邃的大眼睛坦诚地望着你，那眼神有一种不可言传的穿透力。妈妈的性格中有不少广东人的特点，实干、平和、不夸夸其谈，包容性强。爸爸对人热情奔放，性格耿直，看问题敏锐，能够很尖锐地提出自己的看法，但有时对一个问题的把握尺度会失之于偏激。妈妈以自己的修养，即能敏感又全面地观察问题，又对爸爸有时产生的偏颇有某种修正作用。

在风风雨雨许多年的日子里，妈妈的支持对爸爸是不可缺失的，她不仅是爸爸生活上同甘共苦的好伴侣、事业上并肩战斗的老战友，还是一位贤内助。

妈妈是我们全家的主心骨，也是爸爸的主心骨。爸爸是个心里有事存不住的人，多少年来，他遇到问题总要和妈妈商量，特别是在大的决策上。有老同志半开玩笑地说，乔冠华归龚澎领导。

有人以为，像妈妈这样能干的职业妇女，她在家里大概也是很泼辣的。其实正相反，妈妈是一个宽厚而豁达的人，她是爸爸志同道合的战友，也是一个温柔贤惠的妻子。爸爸听妈妈的是因为心悦诚服。

20世纪50年代初，组织部门曾准备提升妈妈担任部长助理，妈妈得知这个安排后找到了周总理，她诚恳地说，老乔比我更合适，如果是在我们两人中间选一人，请组织上还是先考虑他吧！

周总理笑了，龚澎随和，她的家里老乔是一家之主。

或许正因为他们两人不相上下，妈妈就更加注意维护爸爸的自尊，经常“调试”比翼双飞的距离。在某些情况下，家庭的和谐比官职更重要！

对爸爸老家的亲戚，妈妈尤为尊重。到北京工作以后，妈妈一直按月给爸爸的大哥一家汇生活费（我的大伯过世较早），尽管我们家的经济状况也不富裕，可是她从未中断寄到盐城老家的钱，直到我的堂哥宗濂毕业参加工作。1957年爸爸的大嫂吴氏来到北京，她的大儿子在朝鲜战场上牺牲后，老人怎么也承受不了痛失长子的打击，妈妈和爸爸把她接到家中住下，像照顾长辈一样对她关怀备至，并耐心地安慰开导她。当老人对此表示过意不去时，妈妈总是说，老嫂如母嘛！妈妈还特意为我的婶母起了一个名字叫吴德荣，意思是得到了光荣。妈妈说，你儿子当兵保家卫国，这是乔家的光荣，我们为此感到自豪！

全家福　1954年摄于北京台基厂家中

全家福　摄于1957年

爸爸从小是由他的四姐带大的，四姐的几个女儿后来参加了新四军。其中一位当时在海南岛外事处工作，长得很像父亲，妈妈为她们的自强自立分外高兴。有一次，她们姐妹出差途经北京，到我家时天色已黑，妈妈如同迎接娘家人一样热情地招待外甥女们，并请她们在家里留宿。晚上，大家聚在一起聊了很久。

夫妻有很多类型，妈妈和爸爸是平等互补型的。无论是生活上还是工作中，他们都有很多默契的合作与积极的互动。很多时候都是你中有我，我中有你，如果把他们两人截然分开总觉得少了点什么。

多年后，开放的档案再现了尘封已久的历史。在1955年新闻司组织记者去西藏而上报的文件上，“龚澎”的名字旁边签着“乔冠华”三个字。望着那两个熟悉而亲切的笔记和名字，昔日的往事又浮现在眼前。

新中国外交部成立后，爸妈共同参与了很多大型国际会议和出访活动：1954年解决朝鲜问题和印度支那问题的日内瓦会议、1957年周总理访问阿富汗三国、1957年访问匈牙利、1961年解决老挝问题的日内瓦会

议、1964年访问亚非14国、1965年刘少奇主席访问印尼……至于他们夫妇在一个大事件中的分工合作就更多了，爸爸主管的业务中就有新闻司的工作。

有一点是妈妈引以自豪的，在许多活动中，她都是以外交部工作人员的身份和爸爸平起平坐，共同参与其中。

爸爸晚年的回忆里谈到的很多活动，里面都有妈妈的身影：重庆时期的国际论评与外事活动、与外国友人的交往、香港时期的《中国文摘》、开国大典的感慨、文革中的磨难……

妈妈在造反派的压力下信念坚定，她不断和爸爸交流，给他以支持。1968年开始解放老干部，在筹备革委会的时候，几方力量都倾向推举妈妈担任革委会副主任，妈妈得知此事后说，我认为老乔担任这项工作更有利于他发挥自己的作用（后来他们都没有任这个职务）。

1969年岁末，哥哥从东北农村回到家中探亲，此时妈妈已预感到自己的身体可能撑不住了。面对大学毕业的儿子，妈妈心里颇有几分安慰，她与哥哥像朋友一般谈了很多。尽管妈妈的体质已经很虚弱，可她却为身边的亲人细心筹划着未来。

在谈到爸爸的时候，妈妈语重心长地说，你爸爸是一个非常正直、对革命充满热情的人，但他没有经过党内复杂的斗争，当面临一些复杂情况的时候，没人谈就觉得非常苦闷，一定要把话都说出来。妈妈牵挂着爸爸的身体，担忧他独自一人难以应对莫测的复杂政治斗争局面，在变幻的风云中把握不住分寸。妈妈叮嘱哥哥今后一定要照顾好爸爸，她说，文革最激烈的时候，我用我的身体挡住枪弹来保护你爸爸，以后你要多帮助他。

当时哥哥还是一个二十多岁的年轻人，对母亲的一番话并没有多少理解。现在想来，最了解父亲的，还是与他执手相伴30年的母亲，他们是一对珠联璧合相得益彰的夫妻。

新闻司的同事回忆了一件事：1970年初，值班室的同志去家里送一个特急件，本来这案子是由母亲负责的，可是等候在家里的不是母亲而是父亲。那些天母亲的身体状况不太好，父亲对通讯员说，龚澎不大舒服，已经睡了，我来批吧！说着，他接过案子瞄了一眼，说这个事情我清楚，他用铅笔画了一个圈，认真写上了“乔冠华”三个字。

这是母亲重病前不久发生的事情。

“我和龚澎可不是一般的夫妻！”

爸爸常对周围的老同事说，我和龚澎可不是一般的夫妻！

这句话从小就听得耳熟，不过很久以后我才逐渐理解父亲的感受，这的确是他的肺腑之言。一位老前辈提起当年的往事还颇有些不服气：你那个爸爸呀，好像天下只有他和你妈妈好，别人都比不过他们俩！

爸爸对待感情是严肃认真的，他和妈妈始终恩爱如初，相敬如宾，从没有三心二意，在峥嵘的岁月中，他们早已融为骨肉相连的亲人，这份感情涵盖了爱情、友情和亲情。当然，我所看到的只是冰山之一角，马克思说，真正的爱情是表现在恋人对他的偶像采取含蓄、谦恭甚至羞涩的态度，爸妈彼此的感情是深沉而升华的。

作为女儿，很多年我都认为爸妈从小就是一家人。直到有一天我从同学处知道，每个人的父母都是来自两个不同的家庭，所以他们会经常吵架。对此我将信将疑。我的家是那么温馨，爸妈在一起从来没有红过脸，

20世纪60年代初日内瓦会议期间的乔冠华、龚澎

怎么看也是一家人呀！我下决心，一定要爸爸把事实真相告诉我。

一个星期天的上午，爸爸起得很早，我见他在看闲书，就跑去刨根问底。“爸！我们同学说，每个人的爹妈原来都不是一家儿的，她说得对吗？”我焦急地看着爸爸，不知他会给我什么答案。

听了我的提问，爸爸思索了片刻，然后点点头说，这话是对的！我诧异地睁大了眼睛，“真的吗？我怎么没有看出来呢？你和妈妈两人从小不在一个家里生活吗？你们是不是邻居？”

面对女儿的每一个问题，父亲都试图做出深入浅出的回答：“你想想看，我的老家在江苏盐城，你妈妈从小在广东长大，这两个地方有上千里远呢！怎么是邻居呢？你从地图上找找看！”

我更好奇了：“那你们是怎么认识的？认识的人可以有很多，你们怎么又成一家人了？有人说，你和妈妈是在重庆认识的，这是真的吗？”

爸爸点点头：“是在重庆。那一年，我刚刚从香港经过桂林过来……”他凝视着远方，沉浸在往事的回忆中：“我到曾家岩去见周副主席，那时你妈妈已经在那里工作一段时间了……”

爸爸的脸上似乎还带着与妈妈初次相见时的深情和羞涩。

虽然我是个孩子，虽然那是父亲母亲的秘密，可我能感觉到，那是一种永恒的情谊，到现在我都记得。

那天晚上，我回到自己的屋子里躺下，悄悄地竖起耳朵，想听听爸妈在书房里的谈话。我想，既然他们两人原来不是一家子，那么，他们一定会背着我争吵。可是，书房里传来的声音始终像两个窃窃私语的小鸟，不时夹杂着惬意的欢笑。也不知爸妈在讲什么幽默笑话，似乎是在谈论白天见到的某国同行。

我光着脚轻轻地走出房门，伸着脑袋想听听他们遇到了哪些有趣的事情。爸妈的音调很低，除了一阵阵嘻嘻的笑语外，还是什么也听不清，我便弯腰挨了过去，隐约听到妈妈的声音，“我们是不是把孩子吵醒了？”我屏住呼吸，然后蹑手蹑脚缩回自己的被窝了。

书房里幽香的中华牌香烟味轻轻地飘散过来，似乎有一种温馨的安眠作用，不知不觉我睡着了，睡得又香又甜。

连续几天我都这样观察着爸爸和妈妈，原来他们两人单独在一起的时候是如此这般的情投意合。爸爸妈妈就是一家人嘛!

慈　父

爸爸已经离世多年，如今我也做了母亲，可回想起来，对爸爸印象最深刻的还是儿时他为我掖被角的样子。

从我记事起，不管爸爸的工作有多么繁忙，每天晚上他都要做同样的一件事情：在我临睡之前来到我的床边，仔细检查一遍我是否盖好了被子。这已经成了他的习惯。

平时我睡觉老是把被子随意地搭在身上，爸爸看见后，总要重新把我用棉被裹得紧紧的，特别是身后的被子，一定要包得严严实实像个大包裹一样，他这才放心走开。每次爸爸都唠叨着同样一句话：这要是在我们乡下的话，你会受风寒的！走到门口，他常常还要回头确认一下，看看是不是我在他转身时又把被子蹬开了。

爸爸与儿女

爸爸常说，避风如避箭，夜里的风最爱从身后的细缝里钻进来，这是老人的经验之谈。我们苏北老家冬天从来不生火，也没有取暖的炉子，只有牢牢地把自己包得严丝合缝才能睡踏实。可我还是有点不明白，现在有暖气了，哪来那么多的风和寒?

*　　*　　*　　*　　*

在儿时的记忆中，爸妈总是在忙碌，难得有机会休息。暑假到了，当我们共同乘坐奔驰的列车遥望着远处的原野时，这是全家最轻松的一刻，我扳起手指说，咱们家谁的表现最好呢?

爸爸说："当然是我第一啦！"妈妈紧接着说："是我第一。"

我想了想，爸爸妈妈都是第一！他们像孩子一般满意地笑了：我们轮流，这次是爸爸在前面，下次是妈妈排第一。

爸妈配合默契，而爸爸对我来说更随意，在我眼里，他是一个永远亲切而和蔼的老父亲，而他的严肃对于我并不重要，因为我不怕他。我总会有办法和他交流，让他露出笑脸。

爸爸年长我40岁，可是我和他有不少共同语言，比如，我们俩都不会讲广东方言，当哥哥在饭桌上用家乡话和妈妈讲"大人的事"时，我就问爸爸，你会讲广东话吗？爸爸说，我会听不会讲。我听了很高兴，爸爸和我一样！

在我记忆中，父亲从没和我动过真气。从小到大，他没有打过我一下，也没有高声训斥过我一句，这成为我在同学中的骄傲。而我有什么事情总是最先告诉他。

有一个星期天的上午，爸妈在家里听唱片，妈妈想听法文，爸爸想听京剧，两人各说各的理由，妈妈说，法语像音乐一样流畅，而爸爸说马连良的京剧才最有韵味。正当他们争论得热火朝天的时候，我在门口发现了一只小老鼠，便惊叫起来，可他们的注意力似乎都集中在唱片上，谁也没有听见我的声音，我不觉有些慌乱，爸妈怎么不管我了呢？我大声叫喊着，我的老爸爸呀！你快点过来呀！你为什么不管我了呀？

突然，爸妈的争论戛然而止，走廊里恢复了寂静，随着匆匆的脚步声，爸爸很快出现在我的面前，他的脸上带着歉意，显得有些不好意思，孩子呀，爸爸就来了！老爸关切地问，都儿，你这里发生什么事情了？

我指着墙外说，你快看！

爸爸又恢复了往日的笑容，这有什么，在乡下我们天天见到，你来看我的！只见爸爸用他的大手一下子抓起小老鼠的尾巴，把它放到马桶里冲掉了。爸爸说，这不就解决问题了嘛！接着，我们一起清扫了地面。

不久，爸爸妈妈的屋子里飘来了熟悉的肖邦《华丽大圆舞曲》的美妙旋律，家里又恢复了往日的轻松。妈妈优雅地迈出房间，她笑眯眯地对我说：今天上午我们去逛小人书店！

我欢呼起来，爸爸妈妈都是第一！

启发式教育

爸妈有个习惯，公休假日在家也要定时阅读参考资料，每到此时，家里总是静悄悄的，哥哥在复习功课，我则拿着笔做自己的练习题。有一次，当大家都在用功的时候，我把自己的新铅笔搞丢了，便大声叫唤了起来，你们谁看到我的铅笔了？

我来到妈妈的房间，看见她正在专心地批阅文件，连头都没有回一下，我又跑到哥哥的书桌前，哥哥，你用我的铅笔了吗？哥哥笑嘻嘻地说，我们中学生早就不用铅笔写字了！我失望地坐在地板上，越是着急越是找不到东西。“我的笔找不到了！你们谁看到我的笔了？”我喊道。

爸爸听见我的声音从书房里走出来了，他弯下腰低声询问起来：“是谁的铅笔丢了啊？”我急切地说，“是我的！”爸爸又问：“是谁搞丢了你的铅笔呢？”听爸爸这么一说，我有点不好意思了，“爸爸，是我自己弄丢的……”

爸爸继续说道：“你丢了自己的东西和妈妈有关系吗？”我摇摇头，“和哥哥有关系吗？”我低着头说：“没有！”爸爸点点头说：“想想看，自己丢了东西应该由谁去找？”我小声回答：“自己找呗！”

爸爸笑了，“自己做的事情要自己负责，注意不要打扰别人，特别是你妈妈正在改文件，不要在这个时候影响她的注意力。这次我们一起找一下。”

我们两人分头检查了一遍沙发缝隙，可还是没有发现铅笔的影子。

爸爸说：“不要紧！先看看书，过一会儿再找，一定会找得到的！”

听了他的话之后，我的心放平了。就在我继续看书的空当，我的脚在沙发底下似乎碰到了一样东西，低头一看，嗨！我的铅笔！我偷偷乐了。

从那以后，我遇事变得平和了，每当急躁想发脾气的时候，我经常想起父亲说的话，还有那只小小的铅笔。

*　　*　　*　　*　　*

从小到大，爸爸没有打过我一下，也从未训斥过我。他对我的教育是苏格拉底式的启发式教育。对我提出的问题，爸爸总是尽可能地给以解

答，每当我遇到事情的时候，都会不假思索地首先告诉他。

儿时幼儿园有个调皮的男孩子用手掐我，可我几次都没有抓到他。回家以后，我立即向爸爸诉说了这件事，爸爸听后微笑着说，小孩子哪有不打架不闹的！可我还是不甘心，一心想和他探讨如何还手，或许，我藏在门口出击比较好，爸爸，你说呢？

爸爸没有回答。他坐在沙发上让我用手掐掐他的胳膊，不管我怎样用力，他都说不疼。我慢慢松开了手，“你是不是疼得想哭了”？

爸爸扬起头爽朗地笑着说：“一点儿也不疼！就像蚊子叮了一下。你说小蚊子叮你会疼吗？”说罢，他乐呵呵地去吃饭了。

按说，爸爸多少是会感到疼痛的，可是，他为什么坚持说，只像蚊子叮了一下呢？

我暗自琢磨着其中的道理。

童年的记忆星星点点洒在心头，却久久挥之不去…

寓教于乐

我上小学以后，爸爸很少过问我的语文和数学，却常常问我在音乐课上学了什么新歌曲。

在他的书房里，我拿出新发的音乐课本，一个一个报出曲名，其中有一首叫《老奶奶穿针线》，爸爸连声说这个名字起得好！我按着歌词唱起来：“老奶奶，眼力花，穿针线，穿不上，奶奶让我帮她穿，我轻轻地一穿就穿过去了！”爸爸一边听，一边打着拍子跟着轻轻唱着。

爸爸认为这首歌词写得十分生动，他说他的眼睛已经开始花了（那时他才四十多岁），以后要是什么都看不见了，你会不会帮助照顾你的老爸爸呢？我打量着爸爸消瘦而练达的面孔，怎么也想象不出他年老眼力差的样子，便笑着说，等你要缝衣服纫针线的时候就让我来穿吧！

以后爸爸常在闲暇时让我坐在他书房的小沙发上唱这首歌。幼时不大明白为什么爸爸喜欢这首老奶奶穿针线的歌儿，他又不缝衣服。直到我长大成人后，才逐渐明白爸爸当时的心境。

爸爸还教我在地毯上翻跟头，然后很快抱成一团站起来。他告诉我，乡下的小孩子没有玩具也玩得很开心，他们都会几招功夫，还会靠着墙倒立……听了他的话，我常常在客厅的地毯上“练功”，爸爸看见了总是很开心。

这就是爸爸给我的业余辅导课。

爸爸与北京的园林

爸爸是在农村长大的，他自幼喜欢种植花草树木，对大自然有着特别的感情。只要有空闲时间，他总要到宁静的公园去散步。从小到大，我陪爸爸数不清多少次游览北京的公园，景山、中山、北海、颐和园、故宫博物院…

中山公园的唐花坞是爸爸常带我去的地方。在万紫千红的世界里，我欢快地浏览着各种争奇斗艳的植物，父亲喜欢赏花，尤其是外形典雅又散发清香的品种。爸爸说，他小时在家乡时，爷爷就爱种花，我想这花一定带给他许多童年的回忆吧！

我更喜欢中山公园的牡丹园，小时爸妈经常在牡丹盛开的春天带我们到这里喝茶吃冰棍儿。

爸爸带我去买红气球　1956年摄于北京中山公园

几十年前，北京的公园里人很少，空气很新鲜，在空旷的树林里漫步是一种享受。我每次的收获是得到一个美丽的气球，那是用爸爸的零花钱买的。

我们时常去北海公园看金鱼，爸爸总是要和养鱼人

攀谈几句，哪种品种好、怎样养鱼等等，都是他感兴趣的话题，然后我们就在鱼池里选出几条活蹦乱跳的“望天”和“红绣球”买回家。

爸爸是个勤快人，星期天上午起床后，他做的第一件事就是为书房里的小金鱼清理鱼缸，为它们换上已经晒了一天的水。爸爸还自制了一个专门捞鱼的小网子，用它捞鱼又准又快。望着在清澈的水中悠闲游泳的小鱼儿，有一种恬淡的宁静。

爸爸时常带我去故宫博物院参观。那时，主管故宫博物院的文化部文物局局长是王冶秋伯伯，我们先到故宫前面的办公室汇合，然后一起观看新近的专题展，给我印象最深的是看到一副很长的画卷——北宋画家张择端的《清明上河图》，画中生动地再现了清明时节汴河两岸的民俗风情。爸爸带着我仔细地观察画面上一个个神态各异的人物。然后我们又兴致勃勃地参观了珍宝馆。

再远一些就是到北京郊区了，那是我们全家的集体行动。每逢此时，爸妈总是叫上院子里父母在国外使馆工作的孩子和我们一起去。有一年我们去游十三陵，车子开到石像群附近遇到塞车，大家都下来透风。

我们旁边停着一辆亚洲国家使馆的小车，有几个外宾下车见到中国小姑娘，就友好地拿出口香糖给我，我刚要伸手接，同行的小伙伴对我喊着，老师说过，不能要别人的东西！外国人的东西就更不可以要了！我的手又缩回去了，那位外宾的手举着糖尴尬地悬在半空中……

这时，爸爸推开车门从里面下来了，他向那几个亚洲客人招招手，微笑着走过去和他们随意聊着，一边顺手接过了糖。车子很快要开动了，几个人笑着和父亲挥手告别。

车开走以后，爸爸把口香糖放到我手里说，他们是日本客人。一般来说，不要别人东西是对的，但人家已经递过来了，作为礼节，接过这几块口香糖比较礼貌和大方。我好奇地问爸爸是否还记得日文，爸爸说他“大致上还可以讲上几句”。

不知怎么，我对这件小事记得很清楚。爸爸从来没有训斥过我，可他随时随地教会我很多做人的道理。

颐和园是我们喜欢去的地方之一。每次爸爸总是带我去后湖，那时一般人都是进正门去游览，后湖十分清静，这里有山有水，少有人工雕琢的痕迹，颇有几分南方水乡的景色。爸爸说，他在清华读书的时候，经常从后山抄一条小路到后湖。那时这一带很偏僻，周围的人家很少，也没有院墙，一些城外的穷学生就从这里来颐和园。

爸爸很熟悉这里的地形，我跟着他钻过低矮的灌木丛，翻过小山坡就来到了后湖边，这里只有一条踩出来的小路，爸爸的步子变得越来越快捷，我小跑几步才能跟上他。走了十几分钟，一座精巧的石桥呈现在眼前，爸爸指着桥边的河沿儿说，他做学生的时候，经常在这里看书复习功课。有时坐在湖边捧着一本书可以看一天，中午吃饭的时候就吃随身带的干粮。四周很安静，几乎没有人来干扰。

在没人的地方，爸爸在地上挑选一块小石头往水上打水漂，一般总能出来两个以上的水漂，我试了几次还是一个也打不出来。爸爸还教我把一段柳枝去除树芯儿，做成哨子后吹起来很清脆。我们玩得都很尽兴，此时的爸爸好像又回到了自己的青年时代。

有一次我们在万寿山后面散步，爸爸远远看到清华时的学友袁晓园回国观光，爸爸感叹说，那时她还是小姑娘，梳着小辫子在我们中间跑来跑去的，怎么一下子就变成一个中年妇人了呢？一晃就是几十年，岁月实在太快了！我问道，那你要不要过去打个招呼呢？爸爸望着远处轻轻摇摇头。我想，他一定是希望保留更多年轻时的印象吧！

北京的公园对我永远是亲切的。从中山公园儿童乐园旋转的飞机和吉普车开始，爸爸牵着我的手走过一个又一个春夏与秋冬，每当我走过这些熟悉的景点时，爸爸那高高长长的身影总是透过晨曦清晰地浮现在我的眼前，他亲切地望着我，似乎在说，走！我们到前面去看看！

* * * * *

闲暇时，爸爸经常带我去看美术展览。

有一次，我们到附近的美术馆参观大型泥塑《收租院》，这是20世纪60年代的一个进行阶级教育的著名雕塑展，作者以四川农民在解放前的悲惨生活为题材，生动刻画和再现了当年的情景。

学校里早就组织我们看过这个展览了，当爸爸带我又一次来到美术馆时，我独自以最快的速度走过了所有的展厅。当老张叔叔陪着爸爸从人群里走过来的时候，爸爸似乎显得很兴奋。他问我有什么感想，我说看过好

儿遍了，没什么特别的，和上次一样。

爸爸说，不对啊，我转了一圈，发现里面有不少好的作品。走，我们再一起去看看！

爸爸拉着我来到一个泥塑老人面前停了下来，他指着这尊出神入化的雕像认真地对我说，你再仔细看看这个老人家的神态，看看他前面的小孩子！

我走近雕塑细致地观察起来：这是一个弓着腰背，身穿破烂衣服、手拄拐杖的失明老人，他满脸风霜，两眼茫然地望着远方，他的前面是个10岁左右和我差不多大的女孩子，一脸的稚气和天真，她一手挎着乞讨的竹篮，一手牵着老人用力地往前走，真是惟妙惟肖的好作品！

我们在这组雕塑前停留了很久。爸爸感慨地说，将来有一天，你的爸爸老了、瞎了，没有人理会了，就像这个老人家一样，你会像这个小姑娘一样，给爸爸当眼睛，拉着瞎爸爸去讨饭吗？

我牵着爸爸的手说：当然会了！我会紧紧拉着你给你带路！不过，你不会瞎的，也不会去讨饭的。现在一切不是好好的吗？

这一组以讨饭的老人与孩子为题的塑像，深深印在爸爸的脑海里，那时我还不理解他内心的感叹。

谁知有一天，爸爸真的在心里叨念着那个牵着爸爸手的女孩儿——他的亲生女儿能够经常来到他的身边……

老黄牛

很小就在饭桌上听爸妈讲了老黄牛的故事：南方乡村里的黄牛是农民的好朋友，干活犁地从来不偷懒，可当老牛干不动的时候，农民就要请人把它们杀掉卖到城里去，每逢这时候，老牛会像人一样跪下来哀怨地请求人们不要把自己杀掉，在田头，它默默地流着泪。

我问妈妈，你见过老牛哭泣的场面吗？

妈妈说，她在南方乡村见过这样的情景，那是很难受的场面。远远躲在一边的养牛人听着老牛呜咽的哭声而暗自伤心落泪，可是因为生活所迫，他还是要把牛肉卖到城里。就这样，以后他再也吃不下牛肉。我的姥爷就不吃牛肉。

爸爸属牛，他的一生也像老黄牛。很多人都熟悉他在讲坛上挥洒自如的形象，而我从小就看着父亲整天伏在办公桌上爬格子、改文章，每一个用词，每一个提法，每一个标点符号，他都仔细地斟酌。那一丝不苟的刻苦劲儿比学生做功课还要认真。实在是应了一句老话，台上一分钟，台下十年功。

我们家的人都不会打牌，爸爸对孩子们说，打牌玩麻将太耽误时间。后来我向别人学了几种简单的玩法，在去北戴河的路上教给爸妈。妈妈还能和我玩两盘，爸爸却总是让我替他出牌，后来干脆就不加入我的行列了。

尽管常年做外事工作，可爸爸骨子里是一个地地道道的传统中国人。他看重的是中国几千年的古老文化和世界的经典。爸爸不喜欢西方嬉皮士，更别说那些浅薄的舶来品了。

从小爸爸就教育我们要说老实话做正派人，不哗众取宠，不弄虚作假。他称那些不踏实的做派叫油腔滑调。

近年个别追求噱头的媒体人，把父亲炒作成一个狂放不羁的文人。而真相却相反，父亲从未带着酒瓶子在会场上摇头晃脑，他在工作上的挥洒自如，来自他对学问的一丝不苟。梅花香自苦寒来，这是最浅显的道理。父亲是一个老老实实做学问的人。

小时我曾问妈妈，你觉得爸爸像什么？妈妈想了想幽默地说，像牛。我有些不解，为什么他像牛？妈妈说，你爸爸属牛，也像牛，他生活很简单，就是埋头工作，这不是很像我们南方犁地的老黄牛吗？

我抬头看了看爸爸，他穿着大跨栏背心儿，浅蓝色的布短裤，正拿着鸡毛掸子在清理他的书。听了我们的对话之后，老爸显出很得意的样子。对！爸爸就是老黄牛！

和爸爸一起摸彩

过年是与孩子连在一起的。这一天是孩子们最兴奋的日子，我家也是如此。

在苏北老家过年是热闹非凡的，腊月二十四送灶以后，家家户户开始做米粉和藕粉圆子。那藕粉圆子是我们水乡的特产，煮熟了晶莹剔透，吃在嘴里滑软香甜。年三十按辈分祭祖之后，孩子们可以得到几个铜板的压岁钱，伙伴们在一起进进出出嬉闹着。初一起床要把放在床头的云片糕吃掉，这意味新的一年长得更高。爸从小就熟悉这些，童年的嬉戏，纯真的年代。

每年过节之前，爸爸总会带回几盆花儿细心栽培。为了让这些植物能生长得更旺盛，他让张叔叔找一些马掌回来，请阿姨泡在一个大瓷罐里。可是老阿姨却抱怨那盆肥料的味道不好闻，她总是说，肥上得太多了会把花烧掉的！爸爸干脆自己动手，他先把肥料调稀，再小心把它们浇灌在土壤里。

初春时节，兰花要开了，爸爸下班之后第一件事就是细心观察花骨朵的变化。等屋子里真正飘出兰花的清香时，他站在一边左看右看欣赏不够。

“繁花易谢纷纷落，嫩蕊商量细细开”（杜甫）。爸爸说，花不在大小，而在它的造型和神态，兰花清雅脱俗，别具一格，非常耐看。

20世纪60年代初的一个冬天，妈妈到海南岛出差了一段时间，为了迎接她回来，爸爸特意准备了一盆桂花树，一簇簇不起眼的淡黄色小花散发着浓郁的幽香，趁大人不在，我悄悄品尝了一下晶莹的花蜜，真甜啊！妈妈跨进家门的时候，一眼就看到这生机盎然的景致，她的脸上露出了温馨的笑容，爸爸乐滋滋喜在眉梢。

还记得，有一年爸爸带我去人民大会堂参加春节晚会，我最盼望首长讲话以后可以玩游戏得奖品，那是小孩子最快乐的时光。当我们兴冲冲地来到了大门口时，查票的门卫看了爸爸的请帖后说，这种重大的活动只能大人进，不许带小孩儿。爸爸不服气地说，过年没有孩子还有什么意思呢？如果真的不让孩子进，我也不参加了！说罢，他拉着我转身就往回走。

门卫见爸爸这么执著，只好放我们进去了。那天晚上，我排队套圈、投球、猜谜语……并且得了好几样奖品：小水桶，纸灯笼，两支新铅笔，回到家我很快就睡着了。

除夕之夜，爸爸拿出笔在灯下给在外出差的妈妈写信。那时妈妈身体不大好，爸爸给她寄了一份杂志上选登的毛泽东写给王观澜关于治病的信：“既来之，则安之”，并且在文章的空白处给妈妈写了一封家信，信上除了问候妈妈之外，爸爸还描述了在北京的春节活动：“我带都儿去人大民会堂参加了春节晚会，她玩了很久，一定要摸到彩才肯走。现在她已经去睡了。”

爸爸，你还记得当年那些摸彩的往事吗？

逛厂甸　永远的大风车

每年的春节爸爸早早就定好了计划，初一或初二上午，妈在家接待亲友，他一定带我去逛厂甸。这是当时北京人对参加春节庙会的俗称。北京从初一到十五都有庙会，不过以最初几天最为热闹。琉璃厂庙会是春节期间最盛大的民间活动，我们每次总要买一个风车回来，这是我家必不可少的节目。

和平门南面琉璃厂中间一段俗称厂甸。春节那几天，摊商云集，游人接踵，一米长的大糖葫芦和带响的风车是小孩子们最中意的食品和玩具，还有边卖边抖出美妙声音的空竹、手捏的小面人、京剧脸谱、珠宝、旧书旧古董……

在熙熙攘攘拥挤的人流里，爸的大手紧紧拉着我，我们挨肩擦背地跟着前面的人往前挤，人们要的就是这种过年的气氛。

我很兴奋，可我被周围的大人挡住视线什么也看不见了，我伸长脖子问爸：“你看到卖风车的吗？有大冰糖葫芦吗？”

此时也是爸爸最开心和放松的时候。他的个子高，走在人群里可以自由观看，他总是耐心地说：“别着急！我正在找一个做工比较好的风车。这么多人挤在一起，冰糖葫芦不卫生，我们还是买风车吧！”

我紧接着说：“那咱们就买一个厂甸最大的风车吧！”

终于，我有了一个近一人高的风车，是司机张叔叔帮着拉回家的。大概那是当时庙会上最大的风车之一了。

我觉得特别自豪，为这个漂亮的大风车，也为善解孩子心意的爸爸。

每逢过年到厂甸庙会，有一个地方是爸爸必去的：逛琉璃厂的旧书店和旧书摊，那里人少清静，每回他都要在旧书店和画店转半天舍不得离开，我跟着他也翻翻那些旧书和旧字帖。不过空手而归的时候为多。

中国书店是必去的。爸爸经常摘下眼镜站在那里看一阵子杂书，每到此时，我就溜到隔壁卖古玩石头的地方转一圈，回来后爸爸还在书架前捧着书聚精会神地读着。

听爸爸说，如今的旧书已经没有他上清华时多了，那时经常可以淘出一两本自己喜欢的书来。也会碰到有价值的书，比如市面上不再发行的一些孤本。这些书比现行发行的新书要有价值。

还有一家画店“宝古斋”离路口不远，爸爸进门向老板询问最近有什么好画，然后就开始逐个欣赏陈列的作品。如果发现一幅喜欢的佳作，他总是上下左右仔细地端详。有一次，爸爸看到一幅悬挂在高处的风景画很别致，就叫我赶快过去看，原来那是一幅山水油画，画家用简约的手法勾勒出岸边起伏的山峦，线条流畅，立体感很强，色调光线都恰到好处，爸爸看了一下作者的名字，是位名家，他十分想买，但估计价格不菲。踌躇了一下，就拉着我走了。

可是当我们走到门口时，爸爸又站住了，似乎还是舍不下这幅画，他的大手摸摸左侧的上衣袋，又折回去问老板多少钱，可惜囊中羞涩，老板出的数目我们付不起。爸的上衣兜里只有20元人民币。

爸遗憾地拉着我说，走！我们到另一家看看去！

只有到花店里，爸爸才毫不犹豫地掏出钱来。那时的花很便宜。爸大多买几头已经刻好的水仙花头，这样放到家里没几天就可以开出花了。

回到家总是暖洋洋的。春节期间家里来往的朋友多，有的打来电话邀请爸妈去做客，连贯伯伯、阿唐阿姨、小雷阿姨、黄明叔叔……很多都是当年在香港和重庆时期的老朋友。

阿姨忙着做饭，由我为客人斟茶倒水，客厅里充满了热烈的气氛。我把耳朵贴在爸爸的后背上，听着他用深沉的音调与朋友们天南地北地聊天……

文革以后是没有这样轻松的情景了，我家的生活也完全改变了轨迹。唯有那个不曾改变的大风车，每逢新春佳节它都会出现在我的眼前，它哗啦啦地旋转着，不停地转出童年时代的纯真快乐、爸妈和老朋友们的爽朗笑声。

* * * * *

我的快乐时光是和爸妈一起度过的。每天放学做完功课之后，我都趴在阳台上，耐心地等待着他们下班回家。一看到两个熟悉的身影出现在楼下，我立即跑到楼梯口迎接他们。

走进家里，爸爸总是把我高高举过头顶，这是我最开心的时刻，因为这会儿我是家里“长得最高”的人。

我经常蹲在爸爸的一只大脚上，双手搂着他的腿，让他带着我“负重前进”。爸爸带着我在客厅里走了一圈之后，妈妈提醒我说：“好了，你爸爸下班累了！”爸爸总是笑呵呵地回答：“不累，我们玩得很好！”

岁月如梭，我长高了，功课多了，也没有那么多时间“闹”了。有一天爸爸下班回来对我说，孩子，过来让爸爸抱抱，以后你长大了，爸爸就抱不动了！

爸爸有些吃力地把我举起来说，哎！都儿大了，爸爸老了！这是爸爸最后一次抱了！

望着宁静的四周，红色的晚霞洒满了客厅，屋子里散发出淡雅的芬芳，这里是我们一家四口的乐园。这温馨的客厅有着无穷的魅力，难道以后不会是这样吗？在遥远的将来，我们家会发生什么样的变化呢？

第六章

从走资派到复出工作

文革中的跌宕起伏……

一边挨斗，一边工作的走资派

1966年5月16日，文化大革命拉开了序幕。

随着运动的深入发展，斗争越演越烈，其规模绝不仅仅限于文化教育系统了。

在那些艰难的岁月里，爸妈携手相扶走过一个个激流险滩。妈妈的支持对爸爸来说是不可缺失的，妈妈去世之后，爸爸不仅失去了伴侣，也失去了在为真理而奋斗的征途中和他一路搀扶走过来的战友和主心骨，他又遇到了新的风浪。1982年中央为他做了明确的结论，恢复了他的名誉。

人们至今对那一段历史仍然感到扑朔迷离。一波高过一波的大浪淘沙冲击拍打着人们的灵魂和宝贵的生命。

爸妈当时都是陈毅同志领导下的部党委成员，外交部建部以后，他们一直是毛泽东、周恩来在外事口重用的业务骨干。运动初始，部党委在陈毅同志主持下进行了关门整风，每个人都做了自我批评。此后外交部有三名老干部率先被批判。

爸爸曾代表陈毅同志到外语学院（当时归外交口管辖）向学生们作形势报告，中心思想就是讲述我国的外交工作从来都是在党中央的领导下进行的。

不久，在外交部街31号的旧礼堂里（当时只有档案室、翻译室和机要局少数单位留在老部旧址），陈老总接见了外院的两派学生。一派要打倒陈毅，一派要保陈毅。学生们递上了一个又一个条子，要求陈老总答复。当时，部党委的几位主要成员都站在台下的最前排，爸爸也在其中。

望着这些20岁出头的学生，陈毅外长非常爽快地谈了自己的看法。他不客气地对台下的年轻人说，你们再这样闹下去迟早会犯错误的！会场上的气氛顿时紧张起来，大家都把目光投向了台上的陈老总，人们的心开始悬了起来，不知道下一步会发生什么事情。

就在这时，爸爸悄悄从侧门轻轻走了出去。三五分钟以后，他又大摇大摆地走了进来。爸爸手里拿了一个纸条直接递给陈老总，并且大声说：这是总理办公室转达给你的！陈老总打开纸条念道：周总理通知马上去参加接见罗马尼亚外宾的活动！

会议到此结束，陈老总很快离开了喧闹的会场。

在另一次批斗会上，爸爸和陈家康被拉到台上，他们两人各自站在讲台的两边，幽默地回答着群众的各种问题。台下的人听得也很有趣，大会很快就结束了。然而，这样的场景并不多，随着运动的逐步升级，形势越来越严峻了。

1966年底，外交部成立了由革命群众组成的造反联络站，在当时的形势下，他们得到了以江青为首的“中央文革小组”的承认。1967年1月夺权以后，部里成立了由造反派监督的部和各地区司业务监督小组。

当时，造反派核心小组提出了批判外交战线的“资产阶级反动路线”，我困惑不解地问妈妈，为什么造反派说，文革前17年执行的外交路线是“三降一灭”？难道你们做的工作都不算数了吗？她不屑一顾地摇摇头，爸爸诙谐地笑着说，天晓得是怎么回事儿！

* * * * *

1967年是文革进展最激烈的一年。爸妈和许多部级、司局级干部转眼间都成了“三反分子”和走资派。当初那样自由出入会场的机会是没有了。对处境更不好的同志，母亲总是设法送去一份鼓励，要他们注意爱护身体。

新年伊始，爸妈邀请院子里的许建国、朱其文等老同志来家里，大家席地而坐，围在一起吃了一顿难忘的年夜饭。

在部里，爸爸和几位部领导一边批文件，一边轮流接受造反派的大批判。专用车取消了，看病外出都要自己想办法，为了准时参加批判会，爸爸就坐三轮车去东交民巷。

一天深夜，爸爸正在台灯下独自修改稿件，妈妈出差不在家，哥哥也到学校去了。老阿姨忽听有人敲门，以为是通讯员取文件，便急忙爬起来打开了门。四五个年轻人直接走进了爸爸的书房，他们与爸爸说话的口气十分激烈，而且越说声调越高，老阿姨觉得有些蹊跷，便悄悄坐在一旁观察着这几个人。我被他们的声音吵醒，只听一个年轻人高声质问爸爸批的是什么文件？爸爸平心静气地说，这是中央布置的任务，写完以后马上要送到周总理那里批阅。

听了这话他们有些卡壳儿，沉寂片刻，他们恼怒地问道：你说的是哪个司令部的中央？爸爸不慌不忙地说，是毛主席领导的党中央。

那几个人哑口无言。此时已是夜深人静，环顾四周，除了父亲压在手底下的那份外交文稿之外，桌上还有一杯喝了一半的浓茶。在这间简朴的书房里一时寻找不到什么罪状，他们草草收兵，临走前匆匆喊了几句口号。

很显然，这些人是不会就此罢休的。

打倒“陈、姬、乔”以后

上海“一月夺权”风暴之后，陈毅外长因为在“二月抗争”中受到批判而被剥夺了运动领导权。

1967年4月，首都大专院校“红代会”成立了“批陈联络站”。在中央文革的支持下，这股狂潮越来越升级。5月份，外交部造反派提出了“打倒陈毅、姬鹏飞、乔冠华”的口号。在几次批判陈毅的大会上，姬鹏飞（时任常务副部长）和爸爸都被拉上台一起陪斗。夜幕降临的时候，妈妈在台灯下一字一句地为爸爸修改检查。

有一次，造反派一大早就追杀到院子里，在他们还没有上楼的时候，爸爸来到了我们上一层的楼道里。隔壁的老大使王伯伯看到这情景，立即打开家门让进了爸爸，来人扑了个空。

不久，造反派押解爸爸到王府井大街，要他连续数天在街上卖造反小报。哥哥骑着自行车悄悄去看望了他，爸爸还是比较机灵的，造反派不看管他的时候，他干脆就坐在附近店铺的台阶上，估计时间差不多了，他就把报纸丢弃在小胡同里，然后把自己的钱换成一张张毛票如数上交，并且每次都多交一些。

几个月后，高校造反派在批斗会上揪走了爸爸和副外长姬鹏飞，混乱之中，爸爸的右胸被人猛击一拳，几声呛咳后，他当场咯出了血，这正是他原来感染肺结核的位置。从此爸爸的肺脏就落下了病根，十年后这处病灶发生了癌变。为了让爸爸早日恢复健康，妈妈心急如焚，她四处求医问药。遇到有效的好方剂，她都记在小笔记本上。那一阵子，我和妈妈每天都来到北京医院病房，为爸爸送去精心调制的加了三七中药的老鸡汤。

俗话说，三分病，七分养，妈妈平时的生活都是大大咧咧的，从来都是有什么吃什么，可是为了爸爸，她格外上心。爸爸出院后，妈妈每天都细心地为他熬中药、调营养。爸爸喝药的时候，妈妈总是守在他身旁，看着他一口口服下去。初冬时节，家里温度很低，他们把冰冷的脚丫插在被窝里互相取暖，然后柔声细语地聊着说不尽的陈年往事。爸爸想不通的事情，总可以在妈妈那里得到开导和激励。

那是一段艰难的路程，也是一段温馨的日子，我们一家四口紧紧相依在一起。

哥哥每天傍晚都陪着爸爸散步，从胡同东口出去向北到东四，然后再折回到王府井八面槽，这是一大圈路程。为了恢复健康，爸爸逐渐加大了活动量，他和哥哥边走边谈。

复出　中苏谈判

20世纪60年代，中苏两党关系由意识形态分歧公开化发展到关系破裂。1963年4月，两国政府商定于1964年2月23日开始在北京举行边界谈判。双方在重大问题上存在严重分歧，僵持不下。1964年10月赫鲁晓夫下台，谈判中止。

中国试图采取措施主动谋求两国关系的改善，但勃列日涅夫执政后继续赫鲁晓夫主义，两国贸易和文化交流几乎中断；边境局势恶化；原来以意识形态为主的斗争向以国家利益为主的斗争转化。1969年3月，苏联进攻中国珍宝岛，中方打退了苏方的三次进攻。中国照会苏联，要求严惩罪犯。并警告说，如果苏联继续“挑起武装冲突”，中国将实行“坚决的反击”。苏联人却指责中国人侵占了苏联领土。珍宝岛事件后，苏方又制造了一系列边境事端。

1969年7月26日，苏联部长会议致函中国国务院：三年来中苏双方在对方首都均没有大使，外交接触已降到最低限度；建议举行中苏高级会谈，讨论两国关系中的原则问题。9月，柯西金在越南参加胡志明主席的葬礼期间，向中国政府提出，希望能在回国途中与中国领导人进行会谈。

1969年9月11日上午11时30分，在首都机场西侧贵宾楼，周恩来总理与苏联部长会议主席柯西金进行了一场扭转中苏关系的会谈。中方在座的还有李先念、谢富治、乔冠华等人。

在会谈中，周总理始终以向前看的态度，紧紧抓住中心，力争在不受任何武力威胁的条件下开始边界谈判。能解决力争解决，即使一时解决不了，也能有效地保持边界局势的缓和。柯西金也认为边界问题是现有问题中最主要的。双方很快就此达成共识。根据中国的提议，双方达成如下谅解：首先签订一个关于维持边界现状，防止武装冲突，双方武装力量在边境脱离接触的临时协议。柯西金提出，双方发生争议时由边防部门联系解决。后来人们把这场著名的会谈称为“机场会谈”。

那时我正在内蒙兵团劳动。在遥远的北疆，每天晚上我都拉起长长的天线，打开母亲给我买的红旗牌半导体，用耳朵紧贴着喇叭寻找北京的新闻。国庆节之后，新闻联播报道了这样一条消息：中苏双方商定，自1969年10月20日起，中苏双方在北京举行边界谈判。中国代表团团长为外交部副部长乔冠华，副团长为总参二部副部长柴成文。代表团成员有：余湛、章文晋、马叙生、王荩卿、蔡洪江、安怀、王步仓。苏联方面的团长是库兹涅佐夫，副团长为边防军参谋长马特洛索夫。

10月7日，周恩来总理在北京京西宾馆召开中苏谈判中国代表团第一次会议。10月20日中苏谈判正式开始。

那时，周总理差不多几乎每天都找代表团的同志们谈，谈国际形势的变化对谈判的影响，处理外交上亟待处理的问题，解决谈判中的问题。同时，周总理希望通过这次外交谈判，加强正在整顿的外交工作。

这也是爸爸在文革后正式开始恢复工作。

自1967年外交部被少数造反派夺权之后，爸妈是多么渴望能重新工作啊！妈妈在给我的信中写道，现在外交局面逐步走入正轨，你爸爸参加了中苏谈判，工作担子很重。他的胃口不好，我和阿姨每天都在想办法改善他的伙食。

妈妈还说，中央对爸爸仍旧很信任，这样的工作机会非常难得，我们十分珍惜。我和你爸爸都希望抓紧时间在有生之年能够为党多做些实际工作。

尽管来信不长，可我深深感到，爸妈对于周总理给予他们的信任是非常欣慰的。

当时兵团里的战备气氛很浓，我曾写信询问妈妈，现在到处都在备战演习，是不是中苏之间要打仗了？中国与苏联之间的关系是否很紧张？我告诉妈妈，连里宣讲了国际形势，说苏联人在蒙古和中苏边境部署了100万军队和三分之一的中程导弹，如果他们的坦克机械化部队从中国的北部平原开进来，我在内蒙边塞可是首当其冲，到时我们可要转移到大山里去了。

妈妈的回信很平静。她说：从目前的局势来看，仗是打不起来的。中苏之间正在谈判，你爸爸就参加了，他们就是在讨论有关边界等问题。问题总归是有的，重要的是有了正常的通话渠道，有事情可以摆到桌面上解决。应该说，现在的情况是正常的。即使有什么变化，不出几小时我们就会知道，不管你们转移到哪里，我们都能通过部队番号找到你的驻地。现在你应该安下心来把注意力放在工作学习上，同时认真考虑一下自己今后的发展。

那时妈妈的身体已经很差了，可是她从来没有在信中提起这些，我一直以为，妈妈的健康状况要比爸爸好，直到妈妈最后被送进医院，我才从爸爸的口中略知一二。

父母的牵挂

自从我和哥哥离开北京以后，妈妈的心里又多了一份牵挂。文革开始以后整个社会都在动乱中，孩子们何时能继续受到正规的教育，哪一天可以走入正轨呢？

大人恢复工作了，可孩子将来的前程呢？妈妈想着工作，念着爸爸，惦着孩子，却很少考虑她自己。

哥哥下乡后不到一年，我和学校里的同学来到了内蒙古，在遥远的边疆屯垦戍边，我也因而得到了很多锻炼，可是，我们却面对许多当初意想不到的复杂局面，我所在的连队和团里接二连三出了许多事情，将来的出路更是渺茫。我特别想当兵。

可我知道，爸妈没有最后恢复工作和落实政策，我是不应向家里提任何要求的。只是给家里写信时羡慕地说，哪个同学又入伍了，哪个熟人也穿上军装了。

就是我的这几句话，妈妈看在眼里，记在心上。她曾写信给一位在军队系统工作的亲戚，试图询问是否有办法，却一直没有回音。妈妈说，他们一定是有难处。

就在这段时间里，妈妈遇到了一位老朋友。他们谈起了世界局势，谈到了文革这些年的变化。或许妈妈此时已经隐约预感到自己的体力不支，预测到天上不测的风云随时会降临，她想到有一天她和爸爸无法顾及到孩子们时，一切将会怎样？妈妈希望能亲眼看到未成年的小女儿能够安置好，在动荡的岁月中如果把孩子交给军队培养她就放心了。

妈妈毫不犹豫地把她和爸爸的牵挂说了出来，我只有一个心愿，希望部队的同志能收下我的女儿，她一定会干好的！

望着眼前这个思儿心切的母亲，面对着她期盼的目光和一缕缕白发，老朋友无法回绝，他答应一定尽力想想办法。

回到家，妈妈非常希望这一切能够成为现实。她多次和父亲的秘书程叔叔念叨起远在北疆的女儿，总是担心我身体弱，社会经验少，不能独立经受严酷生活的锻炼。程叔叔在父亲身边工作了8年，他在回忆这段经历

文革中的四口之家　1968年摄于报房胡同的家

时说，你爸爸妈妈对你真是没得说，他们时刻都在挂念你。

两个月后，妈妈病倒了。妈妈像一条春蚕，无私地奉献了自己的一生，在那动乱不安的年代，在她生命即将走到尽头的时刻，用全部的母爱，和爸爸一起为女儿铺了一条能够保护女儿健康成长的路。

我当了15年兵。军队的生活使我改变了许多，在那里，我渡过了人生中难忘的一段日子。每当听到“当兵的人”这首歌时，我就想起了一个个珍贵的镜头和爸爸妈妈对我的牵挂。

连夜鏖战　五二〇声明

1970年春季，美国策动柬埔寨朗诺—施里玛达集团趁国王西哈努克亲王外出旅游之际发动了政变，欲称霸世界。西哈努克流亡到中国并成立了流亡政府。

鉴于美国悍然侵略柬埔寨，中国政府宣布，原定日期举行的137次中美会谈已经不适宜，毛泽东主席准备发表公开声明维护全世界人民的根本利益。

为了撰写这篇重要声明，周总理亲自布置任务，找了几个同志写了几稿，毛泽东阅后仍不满意。这时周总理找到父亲，详细讲述了毛主席的中心思想，并要求尽快完稿。

这一年的3月8日，妈妈突然晕厥紧急住进了北京医院。母亲生命垂危，这是我们全家和父亲生活中最重大的事情。在那一段难忘的时间里，爸爸一直守候在妈妈身旁。只要妈妈平安健康，爸爸的生命就充满了活力。

经过一段维持治疗之后，妈妈的病情发展得到了暂时的控制，血压、脉搏、呼吸都正常，她昏迷中的脸色透出微微的红润与安详。这或许是妈妈冥冥之中得知中央交给爸爸的任务，她要用最后的生命来支持爸爸。

5月19日的傍晚，爸爸在医院看到妈妈的生命体征确实稳定后，便安心回到家中。

爸爸书房里的灯光又亮了！好久没有这样的情景了。两个多月来，我们全家几乎都是在医院里渡过的。望着那柔和的灯光，仿佛又回到妈妈没有生病的幸福日子里，我幻想着妈妈病愈出院后我们全家团聚的情景。

晚饭后8点左右，爸爸独自走进书房，他打开了书桌上的小台灯，然后静静地坐在书桌前的椅子上低头沉思着。我留意了一下，桌面简洁整齐，爸爸没有拿出酒瓶和小酒盅。这一定是因为妈妈重病在医院，爸爸没有心情斟酒吧！

我早早走进自己的屋子看书，这是老规矩，爸妈有工作，决不去打扰他们。

爸爸一直习惯晚上写东西，此时正是他精力充沛的时候。一夜鏖战，爸爸顺利写完了文稿。通讯员在第二天早上4点左右取走了稿件，文章送交中央审批。毛主席亲自审阅了父亲起草的这篇文章，并作了几处修改（整篇文章不到1000字）。

1970年5月20日凌晨，《人民日报》社总编室灯火通明，这篇重要声明将要在早上7点之前刊登在《人民日报》头版头条的位置上，大家都在等待着，早晨5点多的时候，定稿终于送到，印刷厂立即排版印刷……

这一天我起得很早，老阿姨说，爸爸刚刚去睡，他的书桌还有些零乱，有些东西还没来得及仔细收拾。

周总理打电话告诉爸爸说，主席对他的稿子表示满意，认为写得有气势、有文采，比前几稿增色了许多。

1970年5月20日，《人民日报》头条发表了毛泽东主席发表的题为《全世界人民团结起来，打倒美国侵略者及其一切走狗》的声明；第二天上午，首都各界在天安门广场举行了支持世界人民、反对美帝国主义的盛大集会，毛主席和柬埔寨西哈努克亲王登上了城楼，这篇声明被宣读传向世界。

那是个周末，爸爸一个人站在书房里望着窗外正聚精会神地听着什么，我走到他身旁，原来窗外不知哪个广播里正在播送刚刚发表的《五二〇声明》。

“如今世界上究竟谁怕谁？不是人民怕美帝，而是美帝怕人民”，“得道多助，失道寡助”，这些句子成了人们以后熟记的名言。

见我也在竖耳静听，爸爸转身问我，读过这篇声明的内容了吗？大家反映怎么样？我说，写得当然好了！我们都听了好几遍了！看着爸爸流露出兴奋的神情，我忽然醒悟到什么，我问爸爸，前两天你连夜赶写的那篇文章是不是就是这一篇？爸爸笑而不答。

后来我才得知事情的全部经过。这是近来唯一的一件高兴事。两天之后，妈妈的病又加重了，我们的心情都沉重起来。

第七章

爸爸失去了一半生命

只要我们一心为党工作，总有一天会被人理解的！

——龚澎

永远的仙客来

在妈妈病重的日子里，我们全家都去医院轮流陪住。爸爸把能推掉的活动都推掉了，只要有空他就来到医院，日夜守护在妈妈身边，这是爸爸也是我们全家最重要的大事了。在妈妈住院的日子里，我们轮流在病房里陪住，新闻司每天都有一位同志过来了解病情。

有几天妈妈的病情出现了稳定的趋势，我便陪着爸爸回家稍作休息。走进家门，看到和妈妈在一起生活的一切，爸爸的心情似乎更加难受了。他带着我来到了人民市场前面的隆福寺街散步。

当我们走到一家花店门口时，一盆盆盛开的仙客来花吸引了我的视线。那是一种有着飘逸舞姿的紫红色花朵，妈妈没有生病的时候，爸爸书房的小茶几上总是摆着一盆含苞欲放的仙客来花，它美丽而活泼的身姿为我们全家带来了欢乐，看到它我又想起了那些明媚的日子，我拉着爸爸说，爸爸你看！这花开得多好啊！

爸爸驻足望了一眼摇摇头说，我们再往前走走吧！

果然，在前面另一个大些的花店里，有着开得更旺盛的仙客来花，我和爸爸走了进去，在一簇簇枝叶中挑选了一盆有许多花蕊的仙客来，迟疑了片刻，爸爸从上衣兜里掏出五元钱递给了老板。

抱着花盆我们一起走出了花店，抬头看看街上，天边一片灰色的浮云，爸爸站住了，他望着手里的仙客来花说，都儿啊！你妈妈现在还病重昏迷躺在医院呢，我哪有心思养花啊，我怎么能有心情呢！你妈妈重病在身，我要是养花就对不起你妈妈！说着他忍不住流下泪来，爸爸哽咽着对我说："都儿啊，我们把这盆花儿退了吧！"

我们又折回了花店，老板是个沉默的中年人，我刚和他说完要退花，他似乎就明白了我们的心情，二话没说就把钱塞到我手里。走到门口，爸紧紧拉着我的手，我觉得他的大手特别潮湿冰凉，爸爸似乎有什么预感，他望着远处黯然地对我说："孩子！咱们说好了，你妈妈出院那一天，我们马上就来买这盆仙客来，要是，要是，你妈妈她……她……她……不行了……"爸爸终于抑制不住眼泪痛哭起来，他泣不成声地说："我们就永远不再买仙客来！"

看见爸爸伤心欲绝的神情，我的心迅速地往下沉。我从来没想过，没有妈妈的日子会是什么样儿，我妈妈她还不老呢！她不会死，那是小说里的情节！过些天她就出院了，和每次生病一样，和别的出院病人一样！

我安慰爸爸说，"不不！妈不会的，爸爸你别多想！下个礼拜我就来买花儿！爸爸你别难过，我一定会来的！我买了花就放到你的书房里。"

爸爸满眼泪水凝望着人来人往的街市，我搀扶着他的胳膊默默走回了家。

几天后妈妈的病情加重了。

从此，我们再也没有去隆福寺的那个小花店，永远没有。

每当爸爸望向书房茶几上那块空出的位置时，他总是难过地转过头去，我懂得爸爸的心思，仙客来花永远埋藏在我们的心里。

几十年后，东四人民市场旁边的隆福寺路不知翻新了多少遍，曾经在老北京人心里留下欢乐的老市场早已消失，当年那个花店的位置也变成了服装店，可每当我走到这里的时候，总是不自觉地停下脚步伸长脖子向里张望着，仿佛那盆仙客来仍在盛开着，那个沉默的老板还站在那里等着我们来买花……

爸爸失去了一半生命

妈妈去世前后的那些日子我至今不愿回忆。我们的家没有了阳光，全家都沉浸在悲伤中，爸爸更是悲痛欲绝。妈妈带走了爸爸的一半生命，他整个人几乎都瘫了。

后事是外交部办公厅的同志与大姨、哥哥等人一起料理的。我的舅舅龚维禹也从上海专程赶到了北京。爸妈很多平时不易见面的老朋友都来了。

在那些难忘的日子里，我时常陪伴爸爸出去散心。有时我们去中山公园、北海，有时去颐和园。有时爸爸还邀上几个老朋友如刑绛阿姨等人一起散步，大家边走边聊。

此时爸爸更喜欢行走在苍劲的松柏之间，那些深沉的树根，它默默无闻，却使人有一种与天地浑然一体的感触。在大自然的怀抱里，我们的心似乎变得平静一些了。

院子里的老同事几乎每天都在下班后抽空到家里来看望爸爸，这份情谊就像春天一样温暖着我们的心，爸爸见到他们从不掩饰自己的悲伤之情。

傍晚，爸爸常常一个人用小酒杯倒一杯茅台酒放在桌上慢慢品尝着。同院子的符浩叔叔、陈楚叔叔等人经常陪他聊天到深夜。万籁寂静，当朋友们散尽的时候，也是爸爸备感孤独难过的时刻。家里安排我住在他旁边的小床上，已备万一有什么事更好地照应他。这也是我了解爸爸比较深的一段日子。

爸爸总是睡得很晚，每次都是轻手轻脚地走进来躺下，生怕吵醒了我。

有一次已近午夜，门口突然响起了敲门声，只有爸爸还在书房看书。打开门一看，原来是一位很久没有见面的朋友忙完工作特意赶来看他。见到家里人都睡觉了，客人怕打扰我们，就准备回去，可爸爸心里很想和老朋友聊聊天，就压低声音叫他别走，到里面坐坐，随便谈一谈。

爸爸领着客人轻手轻脚走进里屋（那些天有亲戚来住），他们坐在床边低声聊起来。我蒙着被子听着，只听见爸爸很伤感地说他心里很难过，虽然龚澎不在了，还希望老朋友和过去一样都常来坐坐……

听着他们的谈话，我渐渐睡着了。

那时的父亲一下子老了许多，脸上的皱纹也多了。提起妈妈来，爸爸总是暗自哀伤，我常用一条湿毛巾为他拭去眼泪。

不思量，自难忘

周末，爸爸坐在书房里抱着鲁迅的杂文和诗集聚精会神地阅读，家里静悄悄的。没有了贝多芬的降E大调交响曲，没有了轻快的竹笛声，也没有了往日快乐的吟唱。还记得，爸爸经常独自坐在书桌前一遍又一遍地书写苏轼的那首《江城子》：

> 十年生死两茫茫，不思量，自难忘。
> 千里孤坟，无处话凄凉。
> 纵使相逢应不识，尘满面，鬓如霜。
> 夜来幽梦忽还乡。
> 小轩窗，正梳妆。
> 相顾无言，惟有泪千行。
> 料得年年肠断处，明月夜，短松冈。

过去，爸爸回家后总是头戴一顶灰色的小毛线帽看书，每到第二天有外事活动的时候，妈妈就提前把小帽子给爸爸准备好，睡觉的时候也戴着它，第二天保准头发一丝不乱。妈妈开玩笑说，你爸爸早上不用梳头就可以上班了。现在，爸爸头上的小帽子也不见了。

妈妈去世后，爸爸心里很苦。我常常坐在他身边，和他一起静静地读一本自己喜欢的书。偶尔我也翻一下爸爸的抽屉，对此爸爸并不介意，因为他的抽屉非常整齐，实在是很难找到有趣的东西。有一样东西是我熟悉的：一个一寸长，七八公分宽，五六公分高的放大镜，那是专门看照片用的。

近来爸爸时常把它放在桌面上，孩子入睡的时候，爸爸就用它来细细查看和妈妈在一起的老照片，亲人栩栩如生的面容就在眼前。过去，爸爸在生活上和精神上都依赖于妈妈，此刻正是他们两人情意融融在一起谈心的时候，可如今……爸爸不禁老泪纵横，院子里的邻居都能听到他的哭声。

在爸爸最孤独的时候，哥哥是爸爸可以交心的知己和朋友。在漫长的深夜里，他们谈了许多人生的曲折和为人的准则，并且交换了许多看法。这正是父子间的情谊。

几个月过去了，妈妈走后的第一个春节来临了。爸爸还是像妈妈在时一样，把一大盆桂花摆到了家里。

亲人不在了，那沁人心脾的花蕊似乎也失去了往日的芬芳，我和爸爸坐在客厅里无声地望着那株桂花。爸爸说，怎么这桂花就没有过去香了呢？泪水在他的眼圈里涌动着。

我拉着爸爸上街买了几头水仙花，然后把它们放在盛满了清水的瓷钵里。迎着冬日的阳光，水仙花在晶莹的石头缝里抽出了鲜活的枝丫，翠绿色的叶子。

我不由想起了妈妈说的话，要是我不在了，就会变成绿色的植物，妈妈的生命就在这充满活力的绿苗里！我对爸爸说，爸爸你看！这头水仙花长得多旺盛啊！爸爸的脸上露出了笑意。

此后爸爸的工作越来越忙，繁忙的工作冲淡了惆怅，或许，这是对妈妈最好的纪念。

妈妈出远门的时候

妈妈过世以后，家里还按着过去的老习惯生活，一切都有序地进行着，仿佛妈妈只是出了一趟远门儿。

爸爸经常参加外事活动，老阿姨精心地为他提前准备饭菜，每餐都少不了做一个浓浓的热汤，这是妈妈多次叮嘱的。爸爸说，参加宴会要和人谈话，顶多象征性地吃两口，哪里吃得饱肚子，还是自己家的饭菜合胃口！

哥嫂下班后就帮着料理家务，柴米油盐、锅碗瓢盆、买菜结账，一堆琐事。爸爸经常在晚上出去开会，半夜才到家。阿姨忙了一天，早就睡着了，只有哥哥竖着耳朵等爸爸。夜深人静的时候，院子里传来了一声熟悉的咳嗽和隐约的脚步声，哥哥很快辨别出，爸爸已经往楼上走了，就赶快爬起来打开房门，爸爸正站在门口。此时已接近凌晨4时了。

为了离家和爸爸更近一些，我调回了北京。还记得，我第一天去单位报到是爸爸送我去的。

平时爸爸都是晚睡晚起，可出发那天，为了赶上我上班的时间，他起得比我还早。当我出来吃早饭的时候，爸爸已经着装整齐地坐在书房里等我了。

当汽车停靠在单位附近的白桦树林旁时，我拿着打好的背包跳了下来。那时新街口外人烟稀少，还是一片郊区景色，爸爸一定要下车看着我走进医院大门（妈在世时，爸从没用车送过我）。

司机老张叔叔叮嘱我说："孩子，有时间就回家看看你爸爸！他心里惦记着你！你的一点小事都是他的大事！你每次回家他都特别高兴。你还小，做老人的心你现在还不大懂。"

我的心已经飞向上班的医院，就对身边的爸爸说："爸爸！你快回去吧，别被我们单位的人看见，该说我落后了！"

爸爸却固执地说："送自己的女儿有什么关系！谁家都有孩子，这怎么是落后呢！"

我一溜烟跑到单位大门口，回头望去，只见爸爸还在那里眼巴巴地望着我，他高高的身影在秋风中显得有些孤独，我的心不由得一动，爸爸！过去他没有这么细心呀！我向他使劲挥了挥手，快回去吧！回去吧！

善解人意的老张叔叔从车里走了出来，爸爸这才转身上了车。

那时我在部队医院工作，按照规定，我平时都住在集体宿舍里。爸爸的工作很忙，可他一直在挂念我，每次离开家的时候，他总是对我说："快到休息的时候就给家里提前打个电话！"我觉得这很平常，一两个礼拜转眼就过去了，可爸爸一直在盼着我回来。

女儿回家对爸爸是件隆重的事情。为了迎接我回来，爸爸早早就嘱咐家人提前上街买菜，为我准备好吃的。

当我推门回到家的时候，老爸总是显得十分开心，他叫着我的名字说："都啊！洗洗脸洗洗手，一会儿到我这里来，我有好东西给你看！"

有一次，我吃过中饭以后就准备回单位了，爸爸十分失望地对我说，

怎么才回来就要走了呢？你们单位怎么就放这么一会儿假啊？爸爸多么希望自己的女儿在家里多待一会儿啊！年轻的我一心认为单位里的事情是最重要的，却没有更多考虑爸爸此时的心境和家里的状况。

我对爸爸说，我是军人啊，得遵守时间，以工作为重！我暗自思忖：过去爸爸从不在意这些小事，现在怎么有点婆婆妈妈了呢？

爸爸默不作声了。他叹了口气说，那就赶快再喝一碗鸡汤吧！当我低头急匆匆地喝汤时，爸爸坐在旁边书房里的小沙发上静静地望着我。临出门时，他起身把我送到门口，并且一再叮嘱道："只要有空就回家！"

爸爸是多么希望我能够在家里多待一些时候，和他一起渡过那些寂寞的日子啊！可是，爸爸又不愿意影响我在单位的工作，也没有张口多说什么。

现在想来，如果那时我能够经常回到家里陪伴孤独的爸爸，更多地帮着料理家里的事情，该会给他带来多少安慰啊！

* * * * *

过去，孩子们的活动都是由妈妈安排的，逢年过节的时候，她总要抽空和爸爸带我们看一场文艺演出，《天鹅湖》、《海峡》、《东方红》等剧目都是那时候看的。

还记得有一年"六一"儿童节妈妈带我去看一部名叫《神毯》的外国童话片，当周围变成一片漆黑的时候，我坐不住了，妈妈只好向周围的同事连声道歉，并且把我拽出了影院。此后我再看电影都是和同学们在一起了。

妈妈在世的时候，爸爸是不管这些"家长里短"的，他全身心地投入他的工作。可是妈妈不在了，家里少了一片天。爸爸想尽办法给孩子们安排一些娱乐活动，或许这样可以转移一些我们失去妈妈的痛苦吧！

20世纪70年代初，朝鲜的大型歌舞剧《血海》、《卖花姑娘》剧组和南斯拉夫等国的艺术团都陆续来华演出，这为当时的文艺舞台增加了许多新意，人们都渴望能看到除了样板戏之外的表演。尽管工作很忙，爸爸还是设法找来演出票，他的心很细，为了散场后的安全，他要我和同伴一起去，免得晚上回单位不安全。爸爸很少有时间看节目，只有一次，他抽空和我一起听了一场爱乐乐团的交响音乐会，在乐队奏出《蓝色多瑙河》的乐曲时，爸爸脸上露出了少有的轻松笑容。

那时影院里几乎没有什么电影可看，各大单位经常通过各种渠道找来胶片在内部放映。每到周末，国际俱乐部就会放一些这样的“内部电影”，其实就是现在的一些名片和大片。碰到有价值的好片子，爸爸就抽出时间，在下班后带我和哥哥一起去看。这也是我头一回跟爸爸一起看电影。

在我们看的有数的几部片子里，有一部是由苏联与其他国家联合摄制的《战争与和平》，电影中的男女演员都是世界一流的，拍摄的战争场景也极为壮观，爸爸是个喜形于色的人，边看边随着情节发表评论。

看完以后回到家已很晚了，我们还聚在爸爸书房里一起评论影片中的人物。我觉得片中娜塔莎这个人物演得没有托尔斯泰小说中的纯情，而过于“疯”了，爸说他也有同感。他告诉我通过安德烈这个人物，反映了当时战争的大背景。爸爸让我有空找来原著再读一遍。

后来家里发生了许多变化，我们全家再也没有这样的团聚机会了。

* * * * *

又是一个周末回家的日子。

爸爸一个人正在书房里闷头看书，抬头看见我出现在眼前，他显得特别高兴。爸爸放下手边的古书，兴致勃勃地拉开书桌右侧的小抽屉，从里边取出一个精致的小袋子递给我，打开看看吧！这是我给你留的！

原来是一个大松球做的黑娃娃！褐色的松球上镶着两只亮晶晶的黑眼睛，她头戴一顶紫红色的小草帽，一股浓郁而怡人的松香扑鼻而来，太有趣了！

爸爸认真地对我说：“这是一位非洲客人送的，一共有两个可选。一个是白色的，一个是深棕色的。是我先挑的，我选来选去觉得那个白色的松球漂亮，我都拿在手里了，又被你大姨换去了，我心里不愿意，又不好要回来，只好给你带回这个深色的了！”爸爸说这话时，脸上一副惋惜的神情。

妈妈过世后，爸爸总是希望承担起一些事情，以弥补孩子们失去母亲的痛苦，我明白他的心。我举起大松球对爸爸说：“爸爸，我就喜欢这个娃娃！谢谢你！”

听了这话，老爸的脸上露出轻松的笑容：你喜欢就好了，其实黑人白人都是一样的！

现在这个大松球“黑娃娃”还躺在我的箱子里，里面的衣物从未生过蛀虫，她依旧散发着优雅的清香，一点儿不减当年。

这是一份父爱，我会永远珍藏。

生不带来，死不带走

爸妈的消费观就是吃光喝光，每月工资先扣除香烟、绿茶、茅台酒和房租水电几项费用，剩下的是菜金和日常开销，这样下来已经所剩无几。发薪的日子还没到，家里就“告急”了。

妈妈去世时，家里的存折上只有两百多元，其中一部分是为我买自行车而准备的。

在很长时间里，我都是和院子里的朋友借车骑，拥有一辆自己的自行车是我的梦想。上中学后，妈妈同意了我的请求。在钱和工业券（当时买车需要工业券）都攒齐的那个月，我们在前门自行车店相中了一辆墨绿色的坤车。不久哥哥和我先后下乡，这事就此搁置起来。

妈妈不在了，家里的收入少了近一半，月底老阿姨买菜接不上金额，她就向邻居家借几块，有钱了再还。虽说院子里住的都是老同事，但这总不是长久之计。就在这段时间里，有关部门曾讨论给爸爸发放困难生活补贴。不过爸爸一直不知此事，因为他从来不管钱。

爸妈对于身外之物一向看得很开，生不带来，死不带走，妈妈多次在家中讲过这句话。儿时我还不大懂其中的含义，妈妈形象地对我说，人的一生有两个最真实的时刻，一次是出生的那一刻，每个人生下来身上都是不穿衣服的，他长得什么样子就是什么样子；还有一次是离开这个世界的时候，不管他是做什么的，他带走的还是自己的身体，而钱财、名利、地位、一切一切，不过是过眼烟云，这些带不走的东西就是身外之物。

天涯若比邻

1970年9月妈妈去世后，很多友好国家的使节都纷纷发来唁电，表示哀悼和慰问。在发给父亲的那些慰问件中，有一打名片格外引人注目，那是当时的阿尔巴尼亚驻华使馆的主要工作人员留下的。时过境迁很多年，我又看到了它们。望着一个个无言和精致的名片，往事又出现在眼前。

自1969年2月开始，作为主管部门的负责人之一，爸爸参加了接待阿尔巴尼亚客人的工作。不久，在迎接新任大使到任的宴会上，宾主都喝了茅台酒。散会后，阿尔巴尼亚使馆参赞阿果利因为酒后驾车而发生了一起交通事故，周总理为此严厉批评了姬、乔二人和有关的工作人员。

周总理在接见罗博大使和阿果利参赞时表示，责任在我们，请礼宾司同志研究一下，在制度上做些改革，以后正式宴会不上茅台酒，只上葡萄酒。周总理请阿方外交部不要处理即将回国的参赞阿果利。周总理还向大家讲了他自己喝了30年酒的四次教训。

事件发生后，一位工作人员很快写信将此事报告了毛主席。当时文革还没有结束，爸爸刚刚出来参加外事活动。不久这件事情就演变成“走资派又翘尾巴了”，爸妈的心里都沉甸甸的。那时正值春节期间，“家里的日子是不好过的”。好在爸爸在文革中已经受过风雨，他坦然地面对了这一切。

作者1970年于内蒙农村

几个月后，阿果利参赞即将回国，周总理专门安排爸爸在上海迎接他们夫妇，并且陪伴他们游览上海和杭州。参赞夫妇感动得热泪盈眶。在美丽的西子湖畔，爸爸指着苏堤垂柳念道：“长安陌上无穷树，惟有垂杨送别离。”阿尔巴尼亚文译员范承祚对曰：“湖边绿垂柳，

送客犹泪吟。"爸爸与阿尔巴尼亚同志也因此成了朋友。

1971年我回到北京，令我自豪的是，我在单位经受了考验，还成为炊事班长，我们的集体得到了表彰。

烙饼、养猪、猪圈旁的滑冰场……这一幕幕被拍成了生动的照片，其中有一张是在猪圈前照的，我穿着军装挑着水桶满脸带着青春的笑容。爸爸细心地把它挑出来，压在书桌的玻璃板下面。

在会见阿尔巴尼亚驻华大使的时候，爸爸特意带上了这张照片，他对大使介绍说，瞧，这就是我的女儿！在中国，每一个年轻人都要经受劳动和基层锻炼，我的女儿也不例外，她干得很出色。

我有些不解地问爸爸，为什么你要选这一张挑水桶的照片给客人看呢？我穿着炊事班的工作服多难看啊！

爸爸从玻璃板下又取出这付照片，他摘下眼镜，细细观看后满意地说，我觉得这张像拍得生动自然，表情也很真实活泼，不信你再看看！我再次端详那张照片，一个轻快地挑着水桶的小姑娘，她的脸上露出发自内心深处的笑容。很久我都没有这么开心地笑过了！罗丹说过，不是缺少美，而是缺少发现。我不由佩服起爸爸的眼力来。

后来，中国和阿尔巴尼亚两国对许多重大问题的看法与各自采取的政策都存有分歧，这是无法避免的。但任何一个时代都有美好的东西，它们是不会被历史所湮没的。

与陈老总的一段交往

妈妈去世后，爸爸的心境一直非常哀伤，身体也大不如从前了，1971年春季，他的痰液里出现了血丝。

四年前爸爸在批斗会上被造反派打伤，母亲为他调理了很久才痊愈，现在，他的肺病又犯了。为了进一步诊断和治疗，爸爸住进了301医院。那时，我和哥哥时常去看他，并且从家里为他送去熬好的鸡汤。

除了治疗养病之外，爸爸经常到邻近的病房探望一位老首长陈老总。抗日战争时期陈毅同志担任新四军总司令，从那时起大家就习惯地称他陈老总，一直到新中国成立以后。

此时陈老总正在逆境中，在他住院的那些日子里，爸爸几乎每天都要去探望他。他们在一起经常聊得很久。

从1958年起，爸妈就在陈毅外长的领导下工作。文革初期，造反派成立了“批陈联络站”，陈老总经历了多次批判会。爸妈和许多老干部都站出来保陈毅，母亲曾质问一个跟着喊打倒的老干部，为什么要说“陈毅是外事口最大的走资派”？

去年出国外，萧瑟门前柳。
应喜下长安，共饮黄花酒。
今年出国外，景物仍如旧。
不见去年人，泪湿青衫袖。
怀人
（一九七二年秋去联大前怀陈毅同志作）

乔冠华手迹

陈毅是开国元勋，文革中他仗义执言，1967年2月，在怀仁堂会议上，四位老帅对中央文革的种种做法和社会上出现的动乱现象表示了强烈不满和担忧。然而，他们却遭到了严厉批判。从那时起，陈老总就一直身处逆境，他的郁闷心境是可想而知的。

柯华大使碰到陈老总后，就对他说，我和龚澎约好了准备去看你，陈老总当天晚上就给妈妈打电话说，你和柯华要来看我。妈妈说，是啊！虽然他们并没有约好，可是妈妈已经想到了柯华的用意。

爸妈一直是非常敬佩和尊重老一辈革命家的。起初陈老总还不大了解父亲这样的干部，有一次他在讲话中毫不客气地批评了父亲，尽管话很重，可是他们并没有计较。文革开始后，有造反派重提旧事，妈妈诚恳地对爸爸说，陈老总是老前辈，心直口快，他希望我们知识分子出身的干部能够经得起考验和磨炼，即使话说得重一些也没关系，一点儿没有关系！以后在工作中能够多接触，时间长了就会互相了解的！只要我们一心为党工作，总有一天会被人理解的！这话是我亲耳听见妈妈对爸爸讲的，她坦然大度的神情至今还浮现我的脑海里。

爸妈并没有告诉我什么事情，可我已从旁略知一二，听到妈妈的这番话，爸爸的表情逐渐舒展和开朗起来。妈妈的真诚化解了许多隔阂与误解，爸爸忐忑不安的心也释然了。

妈妈是爸爸身边的“减压器”。每当爸爸遇到问题时，她总是耐心地劝慰他，有则改之，无则加勉，一定要虚心听取老首长的告诫！

1964年9月与陈毅在记者招待会上

陈老总在实际接触中逐渐了解了爸爸，他们也因此结下深厚的友情，爸爸为老上级宽阔的胸怀和坦诚而感动。

妈妈常说，老一辈革命家在战场上出生入死，历经枪林弹雨的考验，是开国的元勋，而她和爸爸只是他们身边的工作人员，对于前辈的批评和建议，只有虚心地听取和采纳。

现在陈老总住院了，爸爸正可以与老上级推心置腹地深谈。陈老总引用的那句古话“止谤莫如不言”给了爸爸深刻的启迪。

从爸爸点点滴滴的言谈中可以得知，1970年8月的庐山会议前后，陈老总蒙受了不白之冤。但正因为如此，爸爸才更加接近自己的老上级。

爸爸的身体逐渐好起来，在病房楼下面陪他散步的时候，我们谈起了世事的变化，我问道：“‘二月逆流’和‘庐山会议’究竟是怎么一回事儿？”爸爸说，陈老总是一位非常德高望重的前辈，有的人一天到晚就是喜欢整人，其实什么事情也没有。

几个月后，爸爸痊愈出院。

1971年9月13日下午，爸爸正在家中和熊向晖、崔奇两位同事修改第四届人大政府工作报告中关于国际形势和外交部分的文稿，忽然一个电话打来，爸爸匆匆离去，改稿的事暂停。在人民大会堂福建厅，爸爸听取了周恩来总理传达林彪叛逃事件，当日零点32分，林彪等人乘一架三叉戟飞机向北飞去，目标很可能是某个外国。周总理迅即指示外交部，要密切注意外电报道，并研究和提出在各种可能的情况下的交涉或应对方案。

第二天中午，外交部核心组接到我驻蒙古使馆发来的特急报告，姬鹏飞部长打开文件，脸上立即露出了笑容：机毁人亡，绝妙的下场！接着他念诵了一遍报告全文。部党委决定，立即把这份重要文件送交毛主席和周总理，这也是他们急切等待的。

回到办公室，爸爸有感而发，他借用唐朝卢纶的《塞下曲》，提笔在便条纸上写了一首打油诗：

月黑雁飞高，
林彪夜遁逃。
无需轻骑逐，
大火自焚烧。

写好之后，爸爸凝神默诵认为还满意，便对秘书程叔叔说，远行，我作了一首诗！你看看怎么样！说罢他把诗稿放在书桌上又去忙别的事了。

程叔叔觉得此诗写得很精彩，就用铅笔在便条纸上方作了记号，然后替父亲细心收放到文件夹里。后来发表的原稿即为程叔叔所存。

兴奋之际，爸爸想到了深受林彪一伙迫害的老首长。第二天上午，他就赶到了301医院陈毅同志的病房，老总！你不是讲“善有善报，恶有恶报，不是不报，时候未到”吗？我今天特地来告诉你，报应到了！因为有纪律，暂时还不能明说。望着爸爸喜悦的神态，陈老总已猜出了几分，他们一起爽朗地笑了起来。

几天之后，军委办公厅在三座门将“九一三事件”正式通知了陈毅同志和几位老帅。9月30日，医院批准陈老总回家休息。

傍晚，爸爸和王震同志不约而同来到陈老总在永康胡同的家中去看望他，陈老总邀请他们留下来共进晚餐。大家坐定之后，爸爸念起了他不久前做的那首“月黑雁飞高”的打油诗。念完之后，他大笑着说，真是大快人心啊！老总呀，你在1964年写的《感事》诗：“历历眼前事，突兀上下台。爆炸天不坠，造孽地难埋。为群荣雁奴，作伥耻鹤媒。历史最公正，判决终到来”，对林彪来说也很合适，你是不是早有预见？

陈老总笑着说，你乔老爷是坐轿的，怎么抬起轿子来了？我怎能在几

年前就预见到林彪有此下场。赫鲁晓夫下台时，我是根据多行不义必自毙的规律写这首《感事》诗的。

陈老总提议，今天先不说这些，先干一杯再说！说罢，他举起茅台酒给每位来宾斟了一杯。那天爸爸回来得很晚，他的心情好久没有这么痛快了。

爸爸与诗

1973年初春的一个周末，爸爸到什刹海附近去拜访郭沫若同志，谈兴正浓时，爸爸展示了“九一三”事件后作的那首新《塞下曲》——“月黑雁飞高”，郭老看后很赞赏，他用毛笔将此诗抄录成条幅赠给爸爸，并提了几行字：

> 唐人卢纶有塞下曲四首，其第三首云：“月黑雁飞高，单于夜遁逃，欲将轻骑逐，大雪满弓刀。”知乔冠华同志仿之，令成新曲一首。巧合无间，妙不可言。嘱题小幅一轴，欣然应命，以示奇文共欣赏，好事相庆祝也。冠华同志座右，望常拍案惊奇。

爸爸从郭老处回来以后兴致十分高。

平时在家的时候，爸爸经常靠在客厅的躺椅上，手拿一本古词吟唱。童年时代的学习成了他一辈子的爱好。初来我家的朋友听到他独特的“歌声”，总是悄悄地问道，乔伯伯在唱什么歌儿呢？

爸爸常读苏轼、辛弃疾、柳宗元与文天祥的诗和词，杜甫的《杜少陵集》也是他放在手边经常翻阅的。在文革艰难的日子里，爸爸经常阅读鲁迅的杂文，《论“费厄泼赖”应该缓行》、《痛打落水狗》等篇是他经常看的，鲁迅先生犀利的文笔为爸爸一生所敬重。还有那首不知读过多少遍的诗句：

> 运交华盖欲何求，未敢翻身已碰头。
> 破帽遮颜过闹市，漏船载酒泛中流。
> 横眉冷对千夫指，俯首甘为孺子牛。
> 躲进小楼成一统，管他冬夏与春秋。

在我的记忆中，爸爸做诗大都是在与妈妈分别的日子里，主要集中在妈妈去世后那些年里，这是情理中之事。和妈妈在一起时，爸爸的喜怒哀乐可以随时得到交流，可当知心人离他而去时，他自然以诗句来抒发心声了。

那时，爸爸常常有感而发，在办公桌上即兴写下一首首诗。细心的程叔叔看到以后，每次都把这些随意搁置的诗汇集起来，保存在保险柜里，前后大约有十首之多。

1974年程叔叔调任其他岗位的时候，他把保险柜里的材料连同这些诗篇完整地交给了爸爸和下一任秘书。

时任外交部办公厅主任的符浩在回忆中提到一段往事，那是在1971年"九一三事件"后的第二天："实在太兴奋了，怎么可能睡得着。我信步来到驻同院的外交部长乔冠华同志家里，他一见到我就哈哈笑道，说曹操，曹操到。我正要给你打电话呢。我也笑道，今晚有什么好节目？当然有，他略有些狡诘地眨了下眼，说道：'我前几天从箱子里翻出一幅章太炎的对联，刚刚挂上，特请你来一赏。'进了他的书房后，果然壁上换了一副对子，章太炎篆体书写的有碗口大小的字，盖出自太炎先生晚年之笔，神定气足，味道醇厚隽永，在他的墨迹中应属上品。文曰：龙惊不敢水中卧，猿啸时闻岩下音。

"这是节录李白《夜泊黄山为殷十四吴会吟》一诗中的两句。乔冠华听到我连声赞叹，很是得意，他特意指出其中的几个颇为有异于通常小篆的字说，这几个字选字得体，尤见太炎先生的功力。赏玩了一会儿，我们目光不期而至，他悠悠说道'该言归正传了'，我们不由得放怀大笑起来。

"这两天我们都太兴奋了，也都太紧张了，本急欲畅谈一下。那时还不能和家人朋友谈，只能在'知情者'间谈。从何谈起呢？赏玩太炎这字画，好像使我们都松弛了许多。"

文中提到的这副上下联，正是章太炎先生晚年送给我的姥爷龚镇州的墨迹（详见第一章）。后来这幅字画几经周折，不知久经沧桑的它现在是否安在？

第八章

走向事业高潮

就在他准备发言的片刻，静默的会场突然爆发出雷鸣般的掌声……

爸爸要去联合国

1971年7月，由阿尔巴尼亚、阿尔及利亚等23国驻联合国代表致函联合国秘书长吴丹，要求将恢复中华人民共和国在联合国的合法权利的问题作为紧急问题列入26届联大议程，并且列出了提案（史称“两阿提案”）。

按照国际惯例，联合国大会在每年9月第二个星期的星期二召开，先是一般性辩论，然后各个委员会开会。

1971年9月21日第26届联合国大会在纽约开幕，前一天正是妈妈去世一周年的日子。

9月23日大会总务委员会开会讨论是否把“中国代表权问题”列入本届大会议程，以及是否把阿尔及利亚等23国议案列在美国、日本等19国“双重代表权案”（“两个中国”提案）之前讨论，由于非洲等提案国的坚决态度和睿智策略，这两项提案均获全胜。

10月24日（纽约时间）辩论结束，马立克主席将23国提案交大会唱名表决。当日晚21时47分，大会开始对三个提案进行表决。最后大会以76票赞成、35票反对、17票弃权的压倒多数通过了第2758号提案，决定恢复中华人民共和国在联合国的一切合法权利和席位。当大会电子计票器显示这一结果时，大厅里爆发出雷鸣般热烈的掌声，支持中国的代表们用各国语言高呼，我们胜利了！许多外国朋友高兴得手舞足蹈。

当时中国与联合国还没有任何直接的来往渠道，联合国秘书长吴丹立即通过美、英、法及大通讯社的电传，以向中华人民共和国外交部部长致信祝贺的方式，把联合国第2758号决议的内容和表决结果通告了中国政府。北京时间10月26日（纽约时间25日午夜）凌晨，西方各大通讯社都以大字标题发出通过2758号决议的消息，欧美司国际组的王之栋正在新闻司电传室（全部唯一的电传室）值班，他第一个在电讯稿中捕捉到了吴丹秘书长的这封信，他将电传内容原原本本向上级做了报告。

此时美国总统特使、美国国务卿基辛格的第二次来华访问也将结束，在钓鱼台开往首都机场的路上，爸爸故意问基辛格博士：你看中华人民共和国什么时候能进联合国？基辛格说最快也要到明年。爸爸告诉他，就在几小时以前已经通过了，基辛格大吃一惊。考虑到博士的尴尬，周恩来总理在与其告别时，没有将这一消息告诉他。

这天爸爸下班回来得很早，他放下公文包就来到了妈妈的相片前，久久地在那里低声诉说着什么。

冥冥之中，妈妈那双明亮的大眼睛似乎在眨动，一滴热泪慢慢淌出…

* * * * *

联合国2758号决议通过的消息传来，外交战线的每一位同志都是那么喜气洋洋。

大家纷纷议论着，要不要派出代表团。部里最初有两种主张，一种看法是，联合国大会已经开了一个多月，再去有些迟了，另一些人认为，去还是要去的，但要准备充分，晚一些时候再去。最后，是毛主席、周总理做出了英明决定：要去，而且要快！毛主席说：联合国秘书长不是来了电报吗？我们就派代表团去。让乔老爷当团长，熊向晖当代表，开完会就回来。派谁参加安理会，你们再研究。

10月27日，外交部成立了联合国工作筹备小组，由乔冠华、熊向晖、唐明照、章文晋、凌青组成。几天后，出席第26届联大代表团经中央批准正式成立，爸爸出任中国代表团团长，黄华任副团长。和爸爸一同去联合国的还有符浩、陈楚以及邢松鹤等好几位老同事。这一切冲淡了父亲的

忧伤，家里逐渐充满了生气。

在出发到联合国之前，爸爸还要完成一项重要工作。

按照工作程序，中国代表团在联合国的第一篇发言要由主管联合国事务的欧美司国际组（由原来西欧、美澳、国际三个司精简后组成）拟定第一稿，完成后再交上级修改，小组工作由陈楚牵头。毛泽东对这篇讲话的要求是，要旗帜鲜明，高屋建瓴，势如破竹。用简单的语言写出我们的威风和美帝国主义失败的过程，要写出中国人民的正义要求。

几番筛选后，起草后的初稿交到爸爸那里，丁原洪同志起草的文稿成为修改的基础。爸爸认真阅读琢磨着每一句话，经过深思熟虑，他决定和写作班子的同事们进行反复推敲，逐字逐句、一段段地通过，一上午只进行两三个自然段。因为时间有限，有些篇幅需要重新撰写，爸爸便在书房将内容一句句口授出来，由一位同事做笔录，然后交由国际组进行整理和誊清。文稿完全是根据毛主席的指示写的。

爸爸曾用笔在文章中加过这样两句话："我们主张，任何一个国家的事，要这个国家人民自己来管；联合国的事，要由参加联合国的所有国家来管。"周南叔叔看了父亲修改的这段文字后，自言自语地说道，老乔——到底是老乔啊！

写作班子与爸爸配合默契，大家夜以继日地工作着，文章最终初见雏形。爸爸又把稿件拿回来独自磨砺，几天之后最终上报中央审批并呈周恩来总理的批改，中国代表团在第26届联大讲台上的发言稿最终交由毛主席和政治局定音。讲稿退回国际组时，大家又学到"更多精辟提法和闪光字句"。同事们回忆当年说，这篇发言稿的确是一篇精雕细琢的作品。

星期天难得爸爸在家休息，我想和他闲扯几句。美国在当时的年轻人眼里是陌生的，除了美帝国主义等名词之外，其他一切都像新大陆一样令人感到神秘。从我出生的时候起，东西方的冷战就开始了，而现在，大地开始复苏了，在地球那一边是一块什么样的土地呢？

我好奇地问爸爸："你去过美国吗？美国究竟是一个什么样的国家？你对那里熟悉吗？在联合国开会需要怎样发言呢？"

爸爸说，1950年我们去过纽约，那是出席联合国安理会会议，这已经是几十年前的事情了。这些年再没去过。应该说，在材料上我们对美国是很熟悉的，这些年大家做了许多工作，比如从1955年开始，就成立了日内瓦中美谈判小组，研究起草了大量的文件（中美谈判小组由章汉夫负责，主要成员乔冠华、何方、凌云等——作者注），但真正去开会，有许多事情是我们没有亲身经历的，需要认真地做很多细致的准备工作，不能掉以轻心。

爸爸惋惜地说，可惜条件不允许，否则我会带你一起去看看的。过去，爸妈总是出双入对一起出席重大会议，他们一起去红都（波威）服装店买料子量尺寸，一起去试衣服样子，每次都是由妈妈料理行装。现在这个任务要由哥哥和我帮着完成了。为了让爸爸做好充分准备，我拿出一个棕色大皮箱，那是爸妈跟随周总理访问十四国时用的，上山下乡时我把它带到了内蒙，这个箱子容积大，爸爸用正合适。于是这个老伙伴又跟着爸爸去了纽约。

爸爸这次出国全家的心情都不平静，去联合国意义重大，经过文革的风雨终于迎来了曙光，可是，与爸爸形影不离的妈妈却在黎明之前永远离开了我们。

临行前，爸爸关切地问我有什么特别喜欢的东西托他带回来，想来想去，脑子里总是浮现出妈妈的身影，我灵机一动：电视！妈妈在世的时候咱家就一直没买电视，如果可能的话，请替妈妈完成这个心愿吧！爸爸说，那是给家里的，你自己想想看要什么，我可以托人给你买一块手表。在那个年月，戴手表对年轻人来说是一件很时髦的事情，部队里提倡艰苦朴素，我对爸爸说，要是方便还是买一个小闹钟吧！爸爸拿出一个随身用的小笔记本，将亲友拜托他的事逐条记录在上面。他说要尽量帮老朋友们办点事情。

出发的行程越来越近了。

“绿色”中国——长城挂毯

参加第26届联大的中国代表团要为大会带去两件中国人民的礼品放在联大的展厅里，送什么最合适呢？其中一件已经定下为象牙雕塑，另一件礼品要具有典型的中国文化特色，当时已有好几个悬而未决的方案。临

行前那段时间里，爸爸一直在思索着。

一个周日的上午，爸爸带我去美术馆看画展，我照例先快速浏览一遍，然后站在前厅等候爸爸和司机老张叔叔。这是美术馆最大的一个展厅，在我站的位置上方有一张横幅的水粉画，蜿蜒雄伟的长城壮丽而潇洒，画面色彩明朗，多层次的深浅绿色使这古老的建筑生机盎然（原型是一张照片），我不由得多看了几眼。

正在这时，爸爸走了过来，他有些焦急地问我，看到什么好作品了吗？我摇摇头，爸爸似乎有些失望。看他郑重的神情，我指指头上的画：爸，我觉得这幅画不错，你看到了吗？

爸爸抬头认真地观看起来，他抱着两臂走到远处，从不同角度细细观看这幅作品，脸上露出满意的表情。

他走过来对我说，我们要带一幅有中国特色的艺术品去联合国开会，已经有几个提议了。我好奇地问道，都是哪些呢？爸说，几个不同民间色彩的画都不错，很多人认为红色或桃红色的色调最代表中国的特色，可是画面的气势要能代表我们的国家。长城是一个古老的主题，画面新颖有创意不容易做到。我们再看看其他的画来比较一下。

中国代表团送给联合国的礼物之一——绿色长城挂毯　徐琳提供

我和爸爸重新参观了几个展厅，当我们回到原处时，爸爸再次端详起“长城”这幅作品。他边看边说，这幅画构图的确不错，视野开阔，大方庄重又有朝气，只是没有中国人喜欢的红颜色（有人建议选用红色或桃红色的画面）。我说，绿色代表和平与生命呀！

爸爸琢磨着，有道理！不一定只有红色才代表中国。这画上的颜色层次鲜明，显得开朗而有活力。不过，这只是我和你的意见，我们先提出这个方案，力争能够被采纳。如果图案入选的话，最后要制成工艺品带走。当时我想，这不过是议论一下而已，很快就淡忘了此事。

两周后的一天，爸爸下班回来像小学生得了好成绩一样兴奋地对我说，咱们的方案入选了！我奇怪地问，什么方案呀？爸爸说，我们在美术馆看的那幅长城画呀！它将被制成巨幅挂毯，作为中国的象征悬挂在联合国的展厅里。我高兴地拍手跳起来：什么时候我可以去看看呢？爸爸说，以后一定会有机会的！

经过精心准备，中国代表团于1974年向联合国赠送了饱含深情的礼物。爸爸和联合国秘书长瓦尔德海姆都参加了赠送仪式。爸爸在致辞中说：这两件礼品是中国人民的心意，期望今后能够和联合国进行长远友好的合作。他简短介绍了所赠礼品的含义：长城挂毯体现了中国的古老历史和文化；成昆铁路象牙雕则象征着新中国的建设成就。

33年过去了，爸爸早已不在人世。1995年我匆匆路过纽约，不巧那天联合国大厦不对外开放。但这个小小的故事却格外清晰地保留在我的脑海里。

现在这副绿色长城挂毯就悬挂在联合国大厦二楼、代表团专用的休息大厅墙壁上，窗外就是东河的景色。画面覆盖了大半个墙面，古老的长城充满了朝气蓬勃的生命力，显得格外气派。在联合国工作的徐琳特意为本书拍了照片。

搭令，我要动身了！

11月8日晚8时，毛主席在中南海菊香书屋接见了即将出发的中国代表团。周总理概要介绍了中国代表团的情况，并让姬、乔二人作了补充。

毛主席对代表团的准备工作表示满意。他说，去联合国宁肯把困难想得多一些，做了充分的准备，就会处于主动地位，继续扩大战果。

毛主席还说，对支持我们的第三世界国家和其他支持我们的国家要登门拜访，表示衷心感谢；对一些慑于美国压力投弃权票的国家，也要表示感谢；对有其难言之苦的某些小国也要谅解他们的处境。

临行前，毛主席、周总理一再要代表团注意安全，要大家一定都住在一起。

1971年11月9日，出席第26届联大的中国代表团即将从北京出发前往纽约，爸爸希望我们都去机场送他。

行装早就准备好。早饭以后，我们全家三口以及程叔叔等人都围坐在客厅里。年轻人兴奋地议论着旅途的日程，代表团在到达上海之后，第一站将飞抵巴黎，然后再转道去纽约参加联大。此时我们的心已经飞向了大洋彼岸。

只有爸爸一言不发地坐在沙发上。

还有一刻钟就要出发了，爸爸似乎还有什么心事，只见他一个人突然

赴第26届联大出发前一天爸爸和一双儿女合影留念

站起来，径直走到里屋，我奇怪地跟在他后面，原来爸爸来到了妈妈的大幅照片前。

只见爸从口袋里掏出一块叠成四方形的白手帕，用它轻轻抹去镜框上的浮土。然后，他摘下眼镜（他是近视又是老花），贴近照片，深情地端详着妈妈栩栩如生的眼睛。

爸爸低头静思，他和妈妈穿过生死之界在心灵里对话，我和哥哥默默地站在房间门口。时间仿佛凝固了。

出发的时间到了，爸爸向外走了几步，再次回过头来深情地望着妈妈：搭令，我要动身了！

说罢，他深深地吸了一口气，独自快步走出了大门。

司机老张叔叔（张允义）将和爸爸一起去联合国，今天临时调换了一位司机同志开车。哥哥在前座，爸和我坐在后面，他神情开朗，望着路边疾驰而过的田野与树林，我们很快到了首都机场。下了车，爸对我们说，今天总理要来，警卫很严。我先过去，你们先在候机室等一下再过去。

站在候机大厅向机场望去，欢送的队伍早已在机场四周排列好，锣鼓声声，彩旗舞动，红色的大标语上写着“热烈欢送第26届联大代表团！”的字样。

这隆重的场面使人心情澎湃，在飘扬的旗海旁边，我看到了周总理。他神情振奋，正在与每一个代表团成员握手道别。这次代表团共有三十多人参加。

首都机场，我曾多少次来到这里，每次都是送爸妈一起出访，要不就是接他们回家。可这次，却只有爸爸一个人出行了。

飞机已经开过来了，我来到欢送队伍的后面，周总理正在和父亲亲切地交谈着。那天有很多国家领导人为代表团送行，叶帅也来了。

首长接见完毕，爸爸走过来时显得十分兴奋，他说想带着我看看这架专机究竟什么样儿。过去，爸妈出访时常坐苏联飞机“伊尔 –14”，而现在已经换成“伊尔 –62”了。

避开喧闹的人群，我们两人来到另一侧机翼后边，那是一处安静的地方。爸爸指着机身向我介绍着这架现代化飞机的简单构造。虽然他也不懂飞机，但还是比我强。过了一会儿，我有点担心飞机是不是要起飞了，如

果没有人发现我们，会不会把爸爸给落下呢！爸爸说，不会吧！你看那边有几个外国记者也过来了。

还没说两句话，那几位记者就凑了过来，爸爸站在中间，轻松地与他们聊天开玩笑，他对我说，听懂他们说的英语了吗？多听就熟了，没什么了不起的！说来说去常用的就是那几句话。

有一位西方记者问爸爸，您临行前有什么感想？爸爸伸直腰板笑着说："当然非常振奋！"

飞机真的要起飞了。当爸爸走上舷梯站在机舱门口时，他转过身来向周总理和送行的人们告别。然后他朝着我微笑着招手。我细细地看着爸爸亲切而慈祥的脸，他身着那件穿了很多次的灰色大衣，背微微有些驼，我大叫起来："爸爸！"他朝我挥挥手就进入舱门了。

看着机舱上一个个小圆洞似的窗户，我出神地想，爸爸坐在飞机上的哪一排呢？那里面能坐舒服吗？

这时，站在后面的一位叔叔对我说，快看！你爸爸在叫你呢！我眯起眼睛仔细一瞧，原来爸爸爽朗的笑容出现在靠门口的一个小窗户里，他的脸紧紧贴着玻璃看着我，我伸出手使劲儿挥着。

飞机的发动机轰鸣声越来越大，终于冲过云层起飞了。

爸爸在飞机上写了一首诗"从上海飞巴黎"：我辈乘机将欲行，忽闻黄浦淌歌声。长江万里深千尺，不及同仁送我情。

他还对当天的情景作了记录："1971年11月9日，出席联大代表团离开北京乘民航到上海。周总理、叶剑英等政治局全体同志到机场送行。叶帅当场赋诗以壮行色：'我队一行壮，任务亦艰巨。来风飘万里，横渡亚欧美'。诗成既兴，意深可感。登机后，仿李白《赠汪伦》诗，信手写了上面几句打油诗"。

途中插曲

在出席第26届联大转道巴黎途中，爸爸在飞机上从容潇洒地回答了几位来自西方的记者的提问，在交谈过程中，爸爸始终不卑不亢，谈笑风生。

乔：各位是从天上飘下来的吧？我们中国有句老话叫飘飘欲仙，在天

中国代表团在第26届联大会议上

上飘来飘去可真自由自在啊！

记者们大笑。

记者：乔先生，你作为中国出席第26届联大代表团团长，对大会通过恢复中国席位的决议有什么想法？是否感到突然？

乔：我一点也不感到突然。用中国一句成语来说，这叫水到渠成。联合国作为国际机构总不能把中国这么一个泱泱大国老是排斥在外吧。有的国家的外交不是采取现实主义的政策，像鸵鸟一样，把身子往沙堆里一钻，以为就自得其乐呢！其实呢？它往沙滩里越钻越深，就愈显得它不聪明。臀部还露在外面嘛！

记者：你指的是谁？

乔：各位都是聪明人，还要我明言吗？

记者们（大笑）：我们明白了。

记者：你觉得这次联大决议对今后的中美关系会有什么影响？

乔：还是一句老话，中国采取现实主义政策，希望对方也采取现实主义政策，那么事情就好办得多。敌视中国乃至忽视中国的存在是没有用的，难道这样一来，中国就从地图上消失了吗？我很爱好地图，有空时，经常拿出来看看，从来还没有见过哪个国家的领导人讲不承认一个真正的国家，这个国家便从地图上消失了这样荒唐的事情。你们是记者，通晓事理。没有这个道理，是不是？

记者们笑并点头。

乔：我们坚持一个中国政策，世界上只有一个中国，那就是中华人民共和国，这就是我们发展中美关系的大原则，同意这个原则，其他事情就好办了。这叫做共同语言。

记者：中国代表团将怎样开展自己的工作？

乔：我们首先要感谢广大亚非拉国家对恢复中国在联合国合法席位问题上多年以来坚持不懈的努力，感谢坦桑尼亚等许多提案国为此做出的艰苦工作。对联合国的许多事物，由于多年的阻挠，讲老实话，我们很不熟悉。我们要老老实实地学习，尽快熟悉联合国有关事物，做出中国作为安理会常任理事国之一的应有的贡献。

爸爸的回答妙趣横生，以理服人，使这些难打交道的西方老记们不时地发出笑声，甚至在答复结束后响起了阵阵掌声。一两个钟头就在这种欢快、自然的气氛中过去了。

当代表团成员走出巴黎奥利机场时，一群法国记者身骑摩托车紧跟他们乘坐的巴士车，拍了一张又一张照片。实际上，这样的新闻采访刚刚开始。第二天，中国代表团搭乘法航飞往纽约，爸爸一行走进一等舱的时候，发现美国哥伦比亚广播公司的资深主持沃特·特朗卡特和他的几名助手也在头等舱内，原来他们早已打探到中国代表团的行踪。爸爸爽快接受了采访。临别时，朗克卡特取出录音带，诚恳地希望爸爸收下这台砖头式录音机。

这一天爸爸感想颇多，他在飞机上赋诗一首：

一九七一，十一月十一，万里大洋横渡，一望长空尽碧。
此去尽何为？擒虎子，入虎穴！

这首诗曾摆放在爸爸书桌的玻璃板下。后来爸爸为此诗加注：“出国前主席多次找我们去谈话。最后一次，我问主席还有什么交代的，主席说，不入虎穴，焉得虎子。”

“乔的笑”

爸爸和同事们经巴黎顺利到达联合国总部的消息很快就传到了北京。到纽约之后，中国代表团住在临时租借的罗斯福旅馆里（占了整整一层）。

11月15日上午10时15分，中国代表团成员气宇轩昂地走进会议大厅，在联合国礼宾官的带领下，团长乔冠华、副团长黄华、代表符浩、熊向晖、陈楚、翻译唐闻生依次在标有CHINA的席位上入座。此刻，会场上所有的人都起立报以热烈的掌声。一名记者问乔团长，您能不能谈谈您此刻的心情？爸爸仰头开怀大笑。记者正不解其意，爸爸反问道，我现在的心情不是已经回答了你的问题了吗？

在场的一位外国记者看到了这一幕，他立即按下快门抓拍了这具有历史意义的瞬间，不久纽约某大报还以“乔的笑”为题发表评论文章。这张

1971年乔冠华在第26届联大讲台上发言

照片后来荣获了美国普利策新闻奖。

上午10时30分，26届联大会议正式开始。

联大主席马立克主持本届大会。本来，15日的全体会议是以“世界裁军会议”为议程的全体会议而召开的，但是许多会员国都把时间用来发表欢迎中国代表团的演说。五十七个国家的代表先后走到讲台上向中国代表团致欢迎辞，匈牙利驻联合国大使走上讲台时，使用了中文发言，会场上引起一片轰动。中午稍事休息后，欢迎仪式一直延续到下午4时半。当晚，爸爸代表中国政府在联大发表重要讲话。他身着深灰色中山装，手持一份雪白的发言稿，健步走上讲坛，站定之后，爸爸用明亮而锐利的目光扫视了一眼会场，然后充满信心地向主席台上的大会主席轻轻点头致意，就在他准备发言的片刻，静默的会场突然爆发出雷鸣般的掌声。在这长达半分钟的欢呼中，爸爸两次高举右手微笑着向大会表示谢意。

那正是北京的上午，在单位的电视上，我又看到了爸爸那熟悉而亲切

“乔的笑” 摄于1971年第26届联大会议

的笑容，听到了他那略带苏北口音的声音：

> 首先，请允许我以中华人民共和国代表团的名义，感谢主席先生和许多国家的代表对我们表示的热烈欢迎。
>
> 许多朋友发表了热情洋溢的讲话，表达了对中国人民的信任、鼓励和兄弟般的情谊，这使我们深受感动。我们将把这些转达给中国人民。
>
> 大家都知道，中国是联合国的创始国之一……

爸爸在讲话中简明扼要地阐述了联合国发展史：

> 人类社会总是不断进步的。这种进步总是要通过无数的革命和变革才能取得的。就拿联合国总部所在地美国来说，正是由于1776年华盛顿领导的革命战争的胜利，美国人民才赢得了独立。正是由于1789年的大革命，法国人民才摆脱了封建主义的枷锁。人类进入20世纪以后，伟大的导师列宁领导的1917年十月社会主义革命的大胜利，为全世界被压迫民族和被压迫人民的自由解放开辟了广阔的道路……
>
> 我们一贯主张，国家不分大小，应该一律平等，和平共处五项原则应该成为国与国之间的关系准则……

联合国会议期间，大厦里每天都有很多场演讲，各国代表团都要在这样一个讲坛上阐述自己的观点和立场，这已经是一种程序化的过程了，如果不是特别精彩的演讲，并不是每个国家的演说都有很多听众，可是中国代表团的讲话有许多人在听，来自世界各个角落、不同肤色的人们都在认真倾听来自遥远的东方——龙的传人发出的声音。爸爸的讲话持续了将近四十分钟的时间。讲演结束后，热烈的掌声久久回荡在大厅中间，七十几个国家的代表在走廊里排起长队向父亲握手致贺。这一天后来被命名为联合国的“中国日”。

我的眼睛湿润了，我仿佛看见，在通向联合国的讲台前有一条长长的

红地毯。那地毯穿过荆棘、跨过险滩伸向遥远的东方，路上有许多前辈，他们是长征路上的红军、太行山上的八路军、淮海战场的解放军、上甘岭的志愿军……其中有许多是我从小就熟悉的长辈和我身边的亲人。

早在1941年8月14日，在签署《大西洋公约宪章》的时候，罗斯福和丘吉尔就提出，要建立一个更加广泛和持久的普遍安全制度，来确保战后世界的和平与安全。

1942年1月1日，26个反法西斯国家在华盛顿签署了《联合国家宣言》，重申《大西洋宪章》的原则和宗旨，拥护在战后建立广泛而永久的普遍安全制度。

由于罗斯福的坚持，中国被列为国际"四警察"之一。但当时中国始终被排挤在重要决策之外。

1943年10月30日，美、苏、英、中在签署的《普遍安全宣言》中宣布，根据一切爱好和平国家主权平等的原则，将建立一个普遍性的国际组织。经过中国共产党与国民党的反复交涉、斗争以及美国总统的劝说，1945年4月，董必武作为中国代表团的中共代表，章汉夫以秘书，陈家康以翻译身份出席了在美国旧金山召开的联合国大会。

1945年4月25日，联合国制宪会议在旧金山歌剧院召开，反法西斯同盟50个国家的代表聚集在一起讨论联合国宪章。

6月25日，大会通过了宪章和国际法院规定，特准中国为签署宪章的第一国。

6月26日，联合国制宪会议举行盛大签字仪式。10月24日，中、苏、美、英、法五国和其他24个签字国批准了《联合国宪章》，并提交了批准证书。《联合国宪章》正式生效，联合国也在这一天正式成立。10月24日被联合国大会定为"联合国日"。

新中国的代表第一次参加联合国会议是在1951年。那也是爸爸作为新中国代表第一次来到联合国。二十年后，爸爸站在联大的讲台上，为新中国人民扬眉吐气。

在那张被称为"乔的大笑"的照片后面，有一双明亮深邃的眼睛在默默地凝视着我们，那是妈妈！

我的眼睛恍惚了：如果妈能多活一年，就能够看到今天这令人振奋的情景了！我们全家会紧紧地拥抱在一起，和全中国的老百姓一起开怀大笑！

联合国秘书长吴丹说，中国来了，联合国才是完整的。

中国代表团的亮相和发言引起了轰动，纽约各大报纸纷纷评论，“乔的发言独树一帜”，“乔带来的方针反对美苏霸权主义，联合国面临挑战”。

中国的重返完全改变了联合国的力量组合，发展中国家在联合国有了自己的声音，他们相继邀请爸爸赴宴。

美国人的态度也改变了，几星期前他们还拼命拉票，不让中国进入联合国，不过这个弯子还是要转得自然一些。老布什当时是美国驻联合国常驻代表，当爸爸与代表团成员走出电梯门口时，他正在与人聊天，既然“碰上了”，那就握手表示欢迎，据说这是他们提前从联合国秘书处打听好的一条路线。

今天，当我们重新阅读《联合国宪章》序言时，仍为文中精彩字句而感动：

> 我联合国人民决心
>
> 使人类后代不再遭受在我们一生中两度给人类带来无穷痛苦的战祸，重申对于基本人权，人格尊严与价值，以及男女平等权利与大小国家平等权利的信念……

爸爸眼前浮现出妈妈欣慰而清澈的双眸，他深情地笑了。

与华裔雇员在一起

联合国总部秘书处拥有一支庞大的国际公务员队伍，其中的中国科就有上百名翻译，大都是旧中国留在联合国的职员，还有一部分是留学生。他们的工作待遇是很优厚的。

中国重返联合国以后，这些炎黄子孙兴高采烈，但由于对新中国缺乏了解，一些人又心存顾虑，他们担心，新中国代表团来了之后，他们会不会丢掉饭碗。爸爸得知这一情况后，决定召开一次会议，和大家谈谈心。黄华副团长也来到了会场。

爸爸说，中国代表团到纽约已经好几天了，主要是头绪太多，没有同大家更快见面，实在对不起，请大家多原谅。此时，会场上的气氛开始轻松起来。

爸爸又说，大家都是同胞兄弟，就要讲心里话，不讲客套话。过去不是说，共产党长得青面獠牙吗？那么大家看看我乔冠华，是不是长得青面獠牙？说罢，他用手指指自己：我同大家一样嘛，都是人，都是亲人嘛！是不是？

爸爸幽默而亲切的话语缩短了大家的距离，一阵阵笑声和掌声响起，拘束感渐渐消失了。

接着，爸爸讲到了大家最为关注的问题，他说，我郑重宣布：所有中国科职员我们都要用，我们全部包下来，一个也不少！

此刻，中国科员们长时间热烈鼓掌。

最后爸爸坦诚相告，希望大家鼎力相助，帮助中国代表团尽快开展工作。这番讲话取得了非常好的效果，赢得了人们的广泛称赞。

不久，中国代表团向联合国提出，要求把中文同英语、法语、俄语、西班牙语一样作为工作语言，在各种会议上正式使用；同时还要求把所有联大文件包括决议都译成中文。

这一合理要求理所当然得到了采纳，多年没有用武之地的中国科又活跃起来了。

老同学聚会

爸爸在清华时代的同学中有不少人赴美深造，后来就留在当地继续做学问。已经许多年没有与祖国联系了，当他们得知中国代表团来到纽约参加第26届联大，团长就是当年在清华的同窗时，兴奋之情溢于言表。几个老同学商定，从不同的州开车过来看望爸爸。按约定时间，大家从各个方向汇集到了旅馆大厅。

此刻，爸爸忙完工作刚躺下休息。

代表团在联合国的日程十分紧张。会议期间有时一天要表决二十多项提案，同事们初步研究出表决态度之后，再交团长做出最后决定。为此，爸爸要逐项进行周密思考，常常顾不上吃饭，晚上又要接连参加两三个招待会。因此，一项活动一旦结束，爸爸赶紧抓紧时间放松休息。这会儿，秘书程叔叔刚刚关上爸爸卧室的房门。五分钟以后，电话铃响了，老同学已经找到了中国代表团驻地。

程叔把清华同学来访的事通知了爸爸，他建议爸爸再休息一会儿，请客人先等一等。谁知爸爸一听说是清华老同学来了，马上起身说道：让他们进来！都是老同学了，我们好好聊聊！

客人们来了，一张张似曾相识的熟悉面孔出现在眼前，爸爸仔细辨认着，大家互相叫出彼此的名字和班级。尽管他们三十多年没有见面，也没有联系，可是一谈起校园里的生活和熟悉的事情，他们仿佛又回到了几十年前的学生时代。其中有一位王老先生，从其他州开车开了很久才找到代表团驻地。爸爸开心地和老同学聊着清华园里的桩桩趣事。

如果爸爸当初也和他们一样留在国外做学问，那么，世界上就多了一个研究辩证唯物主义的哲学家，少了一个学者型的革命者。

归　来

历经三个多月的奋战，爸爸和代表团的同事们归来了！

随着巨大的轰鸣声，飞机安全着陆了，机舱门打开，爸爸的身影第一个出现在舷梯上，望着北京的蓝天，他深深吸了一口气。其他同志也纷纷走了出来。爸爸高兴地向周总理和迎接的同志们挥着手臂，一种回家的轻松呈现在他的脸上。周总理等中央领导同志走上前和代表团的每一个同志热烈地握手表示祝贺。

按老习惯，我还是站在最不起眼的地方等爸爸，可他还是一下子就找到了我。迎接仪式很快就结束了，爸爸像小时候一样拉着我的手说，咱们早点回家吧！

这一次接人的汽车可以开进机场，我们很快上了车。爸爸脸上露出欣慰和疲惫的神色，坐下以后，他照例先把手伸到大衣口袋里摸索着，然后乐呵呵地掏出一把东西塞到我的手里，我拿出一看，巧克力糖！

爸爸说，我攒了不少糖，都留下给你带回来了，也不知味道好不好。

我拿起一颗放在嘴里，真的很甜很香。

爸爸如约送给我一个德国造的漂亮小闹钟：墨绿色的外壳，隐约可见的波纹，金色的镶边，一幅古色古香的模样。每当听到它“嘀嗒、嘀嗒”的声音，我就想起了爸爸和那一段难忘的日子，它时时提醒我要珍惜时间，珍视转瞬即逝的生命。

周末，爸爸小心翼翼地拿出他在开会途中拍摄的几张相片给我看，那是在位于伦敦海格特公墓内的马克思墓前照的，这也是爸爸自认为此行最有意义的纪念。站在导师的大理石墓碑前，爸爸神情庄重地眺望着远方。

第二年开会期间他又再次谒见马克思墓（1972年11月17日），并有感赋诗曰：

束发读君书，近来谒君墓。
四顾皆荒凉，独此多花朵。
有花无花小事耳，人心向背事才大。
八十九年如逝水，惟有君思翻帝座。
红旗招展古神州，非君之故更谁何？
我亦从君四十年，论君涕泪双滂沱。
大错小错千千万，赤胆忠心信无过。
迟早终将见君去，促膝畅谈当有所。
来日方长吾即归，且献鲜花寄微墓！

出名后的新问题

自从参加了第26届联大之后，爸爸的知名度比以前高了，很多人都在报上看到了他在联大开幕式上的精彩发言，找我的朋友也时常借机到爸爸书房里和他聊上几句，并向他请教有关美国和联合国的知识。尽管工作十分忙累，爸爸总是耐心认真地回答年轻人提出的每一个问题。朋友们说，乔伯伯讲得很有知识性，我们很感兴趣。

爸爸叮嘱我说，一定要很和气地回答别人的提问，就是累了也要坚持住，表现出很有精神的样子，要不然别人会认为你很骄傲。听爸爸讲，在第26届联大期间，许多旅美侨胞非常热情，都争着和中国代表团的同志握手。也不知有多少双热情的手伸向从祖国来的亲人，也不知这些深情的问候中有多少期盼，爸爸被深深地感动了。尽管他的手被握疼握肿了，可他还是坚持争取和每一位同胞都握一下手，因为这是海外游子对自己祖国的一篇深情。爸爸说："这不是对我个人，人家是冲着我们国家来的！"

有人说，爸爸在26届联大的活动是他人生的顶点，"所有的原因都起了作用，产生效果"，这是他"生命的中午，发出灿烂的光芒"。上级表扬他，外交部同仁钦佩他，真可谓春风得意。面对纷沓而来的赞誉、鲜花、美酒，爸爸当初是有所警觉的，下班后，他常常独自坐在书房门口的小沙发上深思。

过去，爸爸心里有什么话都是和妈妈说的，不管是喜怒哀乐，还是遇到新的问题，他们总会及时交流。而爸爸对妈妈的意见是非常尊重的，这已经成为爸爸几十年的一种习惯，一种思维定式了。可现在，爸爸只有在心里默默地和妈妈交流了。

有一次爸爸突然问我，你在单位里如果有人说你爸爸如何如何，你会不会觉得自己的爸爸去联合国以后出了名就看不起别人了？

我一听就乐了，爸爸此时一定想起妈妈常和他说的"夹着尾巴做人"那句话了吧！爸爸，你的女儿在单位里吃苦耐劳，是优秀的炊事班长，如果我在单位里一副高傲的样子，就不会18岁入了党。

可爸爸还是嘱咐着我：那也要注意呀！过去我和你妈妈在文革中挨整，现在情况顺利了，一定要想到新的问题。

我自幼就读于普通学校，在学校里和老师同学相处融洽，在我的脑子里，我的爸爸妈妈和天底下最善良亲切的爸爸妈妈是一样的，从没有高低贵贱之分，我为什么要看不起别人？我对爸爸说，我想也没想过这些，你放心吧！

爸爸满意地笑了，我这孩子很纯啊！他轻轻舒了一口气。

此间爸爸曾抄送给邢绛阿姨一首鲁迅诗词：

廿年居上海，每日见中华。
有病不求药，无聊才读书。

一阔脸就变，所砍头渐多。

忽而又下野，南无阿弥陀。

我想，这也是爸爸的一种自我警示吧！

起草中美《上海联合公报》前后

失去妈妈的悲愤激励着爸爸拼命工作着，他的心情逐渐振作起来，家里又有了生气。当和孩子们相聚的时候，爸爸谈起了今后的生活，他表示不想再续弦了，“以后我们在一起好好过日子”。

参加26届联大特别会议回来之后，爸爸几乎没有好好放松休息过，他每天都在忙忙碌碌，很少有休息的时候，连去医院的时间也没有。不过，爸爸的情绪比前些时振作多了。

一个周末，我陪爸爸去医院取药，回来的路上，爸爸让司机张允义叔叔带着我们去了在台基厂附近的一个安静的院子，里面有一座精致的小洋楼。爸爸告诉我，中苏谈判就是在这座小楼里进行的。老张叔叔悄悄告诉我，你爸爸在外国人面前可是神采飞扬的，一点儿不丢我们中国人的面子！

我问爸爸，你们的谈判进行得顺利吗？爸爸若有所思地说，把问题摆到桌面上总是好事，能谈就谈，谈不成到时间我们就走。

自从周恩来总理与苏联部长会议主席柯西金在机场会谈之后，中苏两国之间恢复了1964年8月中断的边界谈判，父亲是谈判的首席代表。此后中苏之间的谈判断断续续进行了15轮，前后用了9年的时间。

1972年初，爸爸和同事们投入了迎接美国总统尼克松访华的筹备工作。

1972年2月21日上午9时，爸爸和美大司司长章文晋等七人先行来到上海，专门迎接美国总统尼克松和他的随行人员来华。总统的专机在上海短暂停留后，中国领航员登机，爸爸和他的同事们陪同尼克松一行前往北京。在机场上，尼克松和周恩来几乎同时伸出双手，这已成为历史的一幕。

爸爸和基辛格共同起草《中美上海公报》是最紧张的一段生活。那些天爸爸每天都到钓鱼台国宾馆上班。因为是与美国人合作，时间也很紧，工作从白天就开始了。

2月26凌晨两点，他们完成了预定的文本，至此双方已经奋战了20个小时。按爸爸的话说，不是亲自参与的人，不可能了解这个联合公报中的一些行文曾经过怎样的修改，最后是怎样协议的，例如，不讲双方都“致力于”减少国际军事冲突的危险，而讲双方都“希望”如何；不讲任何一方都“不在”亚洲—太平洋地区谋求霸权，而讲“不应该在”；不讲一方都“不代表”任何第三方，而讲，“不准备代表”，等等。爸爸说，我们的政策思想就表现在一字一词的争执上，体现在一言一行的不同处理上。

按原定计划，这一天周恩来总理和尼克松总统将飞往杭州。参加谈判的爸爸和美大司司长章文晋以及翻译冀朝铸、唐闻生等陪同美国客人也来到了杭州。

在飞机上，尼克松总统身边的国际问题专家们看到了已经完成的文本，他们七嘴八舌提出了15处不同的意见。美国方面又出现了变化。例如，有人对“在台湾海峡两边的所有中国人都认为只有一个中国”这句话提出了异议。建议将“所有中国人”改为“中国人”等。

2月26日晚10时20分，中美双方会谈在今杭州西湖国宾馆（刘庄）一号楼内的八角亭进行，基辛格、乔冠华两人再次会晤。这间15平方米的房子窗临湖畔，是个便于谈话的地方。

基辛格博士将尼克松的为难境地简述了一番，诚恳地说：“希望你们能认真考虑。”爸爸严肃地说：“双方已经走得很远，而且中国为了照顾美国的愿望已经做出了许多让步，尼克松总统也接受了这个公报。昨晚，毛主席已经批准了这个公报。现在离预定发表公报的时间不到24小时了，怎么来得及重新谈判呢？”

会谈暂停，爸爸立即请示了周总理。

周恩来对爸爸说：“公报的意义不仅仅在它的文字，而在它背后无可估量的含意。你想一想，公报把两个曾经极端敌对的国家带到一起来了。两国之间有些问题推迟一个时期解决也无妨。公报将使我们国家，使世界产生多大的变化，是你和我在今天都无法估量的。”

周恩来又说："我们也不能放弃应该坚持的原则。修改公报文本的事，还要请示主席。"

周恩来很快用电话向毛泽东作了汇报。毛主席坚决地回答：除了台湾部分我们不能同意修改之外，其他部分可以商量。毛主席说："任何要修改台湾部分的企图，都会影响明天发表公报的可能性。"《浙江省外事志》中记述了这一日："宴会后直到次日凌晨，乔冠华副部长和基辛格继续就《中美联合公报》的文本作最后商定。"

鏖战一夜，2月27日的凌晨，最后的公报文本完成了。一个小时后，中美双方在八角亭草签了《中美联合公报》。2月28日，双方大队人马全部赶到上海。

《中美联合公报》终于产生了。尽管非常劳累，心情却异常痛快。爸爸回到家没有吃安眠药就睡了一个大好觉。

这一年的金秋时节，应周恩来总理邀请，日本国首相田中角荣偕大平外相、二阶堂官房长官等来华访问。中日两国政府发表联合声明，爸爸参加了会谈和文件起草工作。

令人印象深刻的是，周总理引用了《论语》中的"言必信，行必果"题词给田中首相，田中首相则以日本飞鸟时代圣德太子的一句名言"信为万事之本"回赠给周总理。

从爸爸回家后的神态可以看出，这一阶段的工作进行得很顺利。

联大纪实

1973年金秋，爸爸是第三次到联合国开会了。10月23日，联合国安理会讨论美苏两国提出的关于监督中东停火的决议草案。中国代表团觉得决议草案并不完全符合中国的立场，准备强调一下我们的立场。会议开始后，苏联代表马立克立即要求表决。这时，爸爸敲了敲面前的水杯（当时规定，如果谁想发言就用笔敲玻璃杯），表示要发言。马立克却插话说："我们（指苏联、美国）不是事先商量好了吗？这次会议不安排发言！"

爸爸听了非常恼火，你们怎么能随意剥夺我们的发言权呢？他又敲敲水杯高声说："我抗议，没有人能够剥夺我们的发言权！"马立克也敲起水杯，气急败坏地说：“讨论可以在表决后进行。”“马立克先生的话完全没有道理，”爸爸大声地说，“在一项决议草案表决前，我们不得不就这个草案发言。”会议开不下去了，会议主席只得宣布休会。

休会期间，会议主席同意爸爸在下午的会上第一个发言。吃完午饭，爸爸把周南同志叫去，说发言稿要重写，最后加了一段话，大意是：马立克先生，我认识你多年了，为什么你的脾气一点也没改，还是那么霸道。你急什么？中国有权利发言，为什么不让我们讲呢？安理会的事情应当由安理会所有成员来决定，否则还要我们干什么！由美苏两国再加上一个秘书长不就行了吗？爸爸还在会上强调：“中国坚决反对把联合国安理会当作两个超级大国任意玩弄的工具的恶劣做法。我们认为，这是对安理会其他成员国家极大的不尊重。”

这件事在当时引起了轰动。第二天，美国各大报纸都登出了“乔冠华大战马立克”的消息。我在国内报纸上也看到了父亲发言的照片。

开会期间爸爸做了一首《舌战马立克》：

这是一纸空文！1973年乔冠华在联大会议上发言

前年来此射长蛟，
白浪如山意气豪。
去年来此风稍静，
归时但见天山高。
……

1974年4月，邓小平副总理率领中国代表团前往纽约参加联合国召开的第六届特别会议，爸爸与黄华同志担任副团长陪同邓小平同志参加了这次盛会。

“建立国际经济新秩序”是这次会议的宗旨和口号。

第二次世界大战以后，不少中小国家纷纷赢得独立，他们对世界范围内的贫富悬殊与不平等国际经济关系越来越不满，纷纷要求改变这一现状，1973年9月，阿尔及利亚革命委员会主席布迈丁提出，由联合国召开一次讨论关于原料和发展问题的大会，这个建议得到包括中国在内的大多数国家的积极响应。联合国大会决定，把这次特别会议定在1974年4月举行。

当时周总理已患重病准备进行手术。毛主席建议，由邓小平副总理担任团长。周总理向政治局通报了外交部的请示报告之后，毛主席很快就在批示上圈阅同意。

出发之前，爸爸带着外交部几位同志来到西郊邓小平同志住处，小平同志召集大家开了第一次会议。父亲询问准备工作应当如何进行，小平同志说：“重要的是要有一篇好的发言稿。”几次讨论之后，爸爸和同事们用三天时间起草了一份初稿。

邓小平同志在结束语上加上了这样几句话：“中国现在不称霸，将来也永远不做超级大国。如果中国有朝一日变了颜色，变成一个超级大国，也在世界上称王称霸，到处欺负人家，侵略人家，剥削人家，那么，世界人民就应当给中国戴上一顶社会帝国主义的帽子，就应当揭露他，反对它，并同中国人民一道，打倒它。”讲演稿报政治局讨论通过，毛泽东在稿件上批示：“好，赞同。”

到达联合国之后，邓小平同志的发言赢得了热烈反响，在美国掀起了一股邓小平热。

爸爸在一次干部会议中对大家说，我们一定要全力支持、配合邓小平同志的工作。小平同志多年受压制，这次出来非常不容易，我们要积极主动地落实好每一项任务。

回国之际，邓小平同志请代表团同志到面包房买了很多法式棍面包，准备带给中央领导同志吃，大家深受感动。这是一次成功而愉快的会议。

从1971年至1976年，爸爸参加了六次联合国大会，两次特别会议。

友　情

美国研究中国问题专家费正清先生和他的夫人于1972年2月来华访问，周恩来总理接见了他们，父亲陪同在座，他们上一次的会面是在30年前。

在北京，费氏夫妇见到了几十年没有见面的老朋友，其中有爸爸的老师、费正清先生清华执教时期的老朋友、逻辑学家金岳霖和钱端升教授。而他们的几位好友：梁思成、林徽音、阳刚、龚澎已先后过世。

费正清说："乔冠华的妻子龚澎曾任周恩来的情报资料和联络员将近30年。有几个星期，她躺在病床上处于昏迷状态。周恩来前来探望，握着她的手同她谈话，但她再也没有苏醒……她的丈夫至今不忍说起此事。"

在那一段日子里，还有几件事是我记忆犹新的。

爸爸恢复工作以后，有些老同志在干校劳动还没有回来，有的因为文革中的种种不实之词还没有作最后结论。父亲总是尽自己所能，以助老同志一臂之力。

记得院子里一个和我年龄相仿的孩子曾登门来找爸爸，他详细谈了自己的父亲（和爸妈在重庆时期就很熟）在干校去世前的经历，希望最后能够按烈士待遇处理。爸爸认真地听取了他的陈述，答应尽快了解情况，妥善处理此事。事后爸爸对我说，他比你大不了一两岁，可是现在却要为自己的家人四处奔波求人了，你尝过这种滋味吗？现在我还能做些工作，尽管问题并不是那么简单，我是能办些事情就尽量帮助别人解决一点问题，还不知道自己哪一天会怎么样呢！

后来爸爸果真努力促成落实了这件事。

那一段时间里，在干校长年劳动的朱其文的夫人身体十分很虚弱，爸爸得知了她的情况和家属的要求以后，就立即想办法把她尽快调回了北京。当时朱大使还被关在监狱中，他们全家正处在极度困境之中。当孩子们围着老太太坐在西单那间搭了两层的小屋里，吃上一碗热汤面的时候，他们经常念叨：我们两家是患难之交啊！

1973年初，王炳南伯伯从干校回到北京，应有关部门之邀，在谈过关于重庆谈判的回忆之后，他在办公室找到了时任副部长的爸爸。爸爸对王炳南说，既然没有人催你回干校，你也不必主动回去。尽管外交部没有正式调你回京，党委也没提出安排你的工作，但留在北京等候组织上的安排也未尝不可。况且你也年过花甲，又患有心房纤颤，也需要在北京调理看病……不过你要在姬鹏飞那里打个招呼。简短的一番话使王伯伯感受到老朋友之间的关怀和友情。他说，老乔说得不错，既没失去原则，又体现了对同志的关怀。

最大的心愿

那一阵子，爸爸像走马灯似的忙个不停。

周末我回到家，爸爸刚刚参加完接待日本首相田中角荣的活动，他的气色比过去红润了，可脸上却添了些许说不出的沧桑。想必爸爸一定很劳累吧！

当我们相对坐下时，爸爸深深舒了一口长气，他说：“现在真是太忙了，也不知道什么时候才能脱身。我真想停下来好好休息几天，把一些具体工作交给下面的同志去做。现在我最大的心愿就是带你去一次朝鲜开城，我们一起去看看你妈妈怀你的地方，那是一个非常令人怀念的地方。这是我最想做的一件事情！”

后来爸爸曾几次认真地对我谈起他的心愿，他说，只要闲下来，我们就一起去朝鲜，这可以算作是我的私人旅行，与工作毫无关系。

可是，爸爸始终无法脱身。而此后的发展也是当初始料不及的，直到爸爸离世。我一定会去寻找那片孕育我生命的土地，为爸爸了却最后的心愿！

第九章

突如其来的变迁

人间正道是沧桑。

百味人生

有生以来，我第一次面对生与死的现实就是母亲的过世。老舍先生说，有母亲的人，心里是安定的，失去母亲便失去了根。人不管活到多大岁数，在母亲面前都是孩子。好在家中还有慈祥的老父亲，这给了我极大的安慰，应该说，我的另一半根还深深扎在土壤里吧！

由于条件所限，我不能天天回家，单位有规定，单身战士没有特殊情况不能在营区外过夜，老同事们劝我和领导反映一下家里的困难，争取回家住。爸爸工作忙，家里需要有人照顾，亲生女儿在家和不在家可太不一样了！一位老医生提醒我，如果爸爸找到一个合适的人，对全家也会有好处。

那一晚我很久没合上眼睛。爸爸常说，他和妈妈不是一般的夫妻啊！他们两人就像出双入对的天鹅一般，共同生活战斗了近30年。可或许越是这样，妈走了爸就越感到难以承受的孤单。我们家以后会变成什么样子呢？

还记得电影中的一幕，在延安，一位女八路军把家里最好的吃的留给了失去母亲的孩子。我想，对爸爸好的人一定会对爸爸的孩子好，会照料好我们家的！

爸妈有很多老朋友，不管我认识还是不认识的叔叔阿姨对我都很和善。妈走后，几位阿姨像老朋友一样来家里，她们悄悄带来小礼物，轻轻问我是不是想妈妈，星期天是不是一个人去逛街，还细心帮我把脱落袖口的旧毛衣用新线织补好。那会是谁呢？谁会在爸爸身边洒满阳光？谁会为我们全家带来温馨？

我也曾幻想，爸爸能找一个像妈妈那样善良的人。

很多个夜晚，与爸妈相处的往事一起向我涌来……

我默默为爸爸为我们全家祈祷祝福。

往事长相忆

儿时我在爸爸身边读了许多故事。

其中有一则是这样的：老国王有三个女儿，他最喜欢小女儿。有一天，国王过生日，举行盛大的宴会，新娶的王后和国王坐在一起迎接祝寿的客人。最后是孩子们的祝愿，国王说，每一个孩子都要说一句，他要根据答案分别赠给她们奖品。

大女儿说："我爱我的父王，父王就像天上的太阳一样万丈光芒。"国王听了后大喜，给了大女儿一座城堡。

二女儿说："我也爱我的父王，父王就像天上的月亮一样明亮。"国王听了还不错，给了二女儿一个大农场。

小女儿是国王的掌上明珠，她在父亲身边长大，国王希望她能当着所有人的面说出最令人赞叹的话。

小女儿走出来，靠在老国王的身边说："父亲对我来说，就像每天喝的糖水一样甜。"

贴身的大臣悄声议论，用这样的话形容一国之君有点随便了吧！国王面子难堪，他希望美丽的王后可以为他解围。

王后看看国王："这就是你最心爱的女儿？竟敢把国王比作白糖？她置你于何地？"

国王顿时大怒，下令把小女儿赶出王宫，驱逐出境。

众目睽睽之下，小公主有口难辩。

几年过去了，国王与邻国打仗失败，逃到异国，流落乡村，碰到他的小女儿。小姑娘已在异国落户，她伸出双手拥抱她的老父亲……

看完这个跌宕起伏的故事，我马上讲给爸爸听，但是我只讲了前半部分的情节，并且提出问题问爸爸："这三个女儿每人都讲了一句话。请问你喜欢哪一个女儿？你觉得哪一个女儿好？"

爸爸马上回答说："当然是喜欢小女儿了！"

"为什么呢？"我继续问道。"我还没给你讲最后的结局呢，你怎么知道小女儿好呢？"

"因为她说的是真话。白糖是每天吃的，很甜，这是她的真实感受，用来比喻父亲是很贴切的。本来父亲就是每天都能接触到的亲人。太阳月亮很遥远，用来形容身边的亲人就显得夸张了。"

"那你比国王聪明。"

这个根据莎士比亚《李尔王》改编的故事一直留在我的记忆里。爸爸，我永远都记得你给我的回答。

人的生活有多种选择和结局，我暗自期盼着，或许有一种"大同书"的境界能够真的来到我们身旁。

1972年的爸爸

妈妈去世以后，爸爸就是我朝夕相处的亲人。可自从听了老同事的提醒后，我的心里总有些不踏实和莫名的忧虑。

休息日我回到家，爸爸正在书房里看书，看到我走进家门，他的脸上露出了轻松愉快的微笑。我不由细心地观察起爸爸来，爸爸还是和过去一样慈祥、亲切，而且似乎还多出几分坦然，怎么看也没有令人担忧的迹象。只是，他的眼角多出了几道深深的皱纹，脸上带着些许倦意，爸爸比以前苍老了！

正在琢磨着，爸爸笑着招招手把我叫到书房，说今天有一个好节目，我一下子被吸引住了，究竟是什么呢？

爸爸像表演魔术似的走到书桌前，他轻轻拉开小抽屉，从里面取出一个袋子，打开层层包装，里面露出一个小盒子，只见爸爸小心翼翼举起一

个精工细做的小半导体：它红色与银色相间的外壳在阳光下闪闪发光，太漂亮了！20世纪70年代初，日本索尼的小半导体是很少见的，这么美丽的礼物是送给谁的呀？“送给你的！”爸爸笑着告诉我。我有些不相信自己的耳朵，这精致的礼物真是给我的吗？我又问了一次，爸爸肯定地点点头：“当然是给你的！喜欢吗？”

那还用说吗！爸爸说：“你妈妈不在了，部里许多老同志都很关心我们家。这是G叔叔从使馆带回来送给我们的。我一直给你留着呢！”

我举着小半导体兴奋地在书房里转了几个圈。谢谢爸爸！叔叔阿姨，谢谢你们！抬头望望爸爸，他正在关切地注视着我。看到我高兴的笑容，爸爸显得特别开心。我突然发现，此时爸爸的神态很像妈妈，很像我下厂劳动时，心满意足地看着我吃面包的妈妈！

爸爸！不管今后发生什么样的变化，你都是这个世界上我最亲的亲人，我希望阳光永远伴随着咱们家！

妈妈离开我们已经两年了，文革还没有结束。今后的命运何去何从？这是爸爸心中的疑虑。他曾对一位家里挨整一直在通县当农民的年轻朋友说，文化大革命是可歌可泣啊！

1972年对爸爸来说是忙碌的一年，他参加了许多重要外事活动，也会晤了一些老朋友。这年5月，华裔女作家韩素音来到北京，邢绛阿姨陪她到八宝山公墓看望了妈妈，她和爸爸见了面，他们聊起往事，也讨论了中国与发达国家在经济和工业方面的差距以及文化革命以来的国内问题。“差距是很大的。”爸爸对韩素音说，“快6年了，很少学习……这意味着我们几乎失去了一代大学生。而我们需要那么多工程技术人员，那么多医生和科学家……都失去了。”看到昔日的老朋友，爸爸不由得想起了妈妈，在压抑的政治气氛下，他多么希望妈妈在身边，能讲几句对外人不能讲的心里话啊！但这已是不会再有的事了。

*　　*　　*　　*　　*

从联合国回来以后，爸爸的事业在蒸蒸日上，他的生活也变得多姿多彩了。

近来时常有位中年女士给爸爸打电话，爸爸总是用简短的英文“all right”作回答。我很好奇，想趁此听听他的外语水平究竟有多高，便坐在一旁。爸爸的话很少，接完电话，他轻轻叹口气，独自坐在书房小沙发上沉默良久。在我眼里，爸爸是一个开朗爽快的老头儿，这回是怎么啦？

平时爸妈的来往信件都交由秘书处理，这是他们多年的老习惯。有一次，爸爸书桌上出现了一封放置了好几天的信，我好奇地走过去扫了一眼，不是公函，而是一封向爸表示好感的信。我想出一个主意，把这信收到抽屉里，看爸爸到底怎么反应？好几天过去了，老爸无动于衷，面不改色心不跳。我在等着他兴师问罪，可是他似乎根本没有察觉，因为他的工作忙得根本无暇顾及到这些。

虽然我心里早已明白了好几分，可爸爸不说的事情，我就当没发生。

爸爸的心事

1973年初春的一个下午，家中只有我和爸爸两个人。爸把我叫到了客厅，夕阳的余晖穿过玻璃斜照在沙发上，他点燃了一根烟深深吸了一口。

爸爸很久都没有说话，他低着头，似乎一直在斟酌着怎么进行开场白，我静静地陪他坐着，等待他先开口。

其实，几个月前哥哥就告诉我，爸爸已决意再婚，对象是一位中年女性。哥哥还说，一些知情的同事和朋友谈到这位对象当时的婚姻状况及一些做法时，都感到担忧。他们认为，文革最艰难的时期乔冠华都挺过来了，现在正走向事业高峰，还是谨慎为好，不要辜负了老同志们的期待。哥哥仅将其中一部分内容以转述的方式极其婉转地告诉了爸爸，可是爸爸听不进去。此后哥哥几次试图同爸爸深入谈谈，都没有进行下去。一向轻松幽默的爸爸不同以往。哥哥说，若不是妈妈临终前曾嘱托哥哥多帮助爸爸，他实在不愿多问这事。考虑到父子之间的关系，哥哥以后就不再谈了。

哥哥说，我们希望爸爸今后生活幸福，不反对他再婚，但我们希望爸爸能确实选择一个合适的人。他非常严肃地告诫我，爸爸的事情最终只能由爸爸自己决定，子女不能说反对的话，否则一旦有他人挑拨，连最起码的关系也难维系了。

哥哥长我9岁，中学时就是北京四中的学生会主席，文革前在清华大

报房胡同35号，我身后有晾衣杆的阳台就是我家。摄于1973年搬家前

学担任学生党支部书记，一般情况下，他说的话我都听，可这回，情况不一样。

哥哥成家了，只有我跟着爸爸过。我想，爸爸要找就找一个像妈妈那样善良大度的人，她不但接受现在的爸爸，也接纳爸爸的过去。对爸爸好的人也会对孩子好的！这是我心里的小九九。

满屋子都是中华牌的香烟味儿，一根儿烟抽完了，爸爸终于说话了："我想找个伴儿，你们都在外面忙，我一个人很寂寞。可是我还要这个家，你和你哥哥谁也不要离开我。"我默默地点点头。

望着眼前的亲人，本来自以为胸有成竹的我再也找不到医院老同志那心平气和的心境，原来准备好的台词一句也没有说出，眼泪先流了下来。

多少年我总是梦见同一个场景：妈妈住在医院的重症病房里，我去看她了，她还活着！我呼喊着想告诉大姨，我妈妈还住在医院里，我刚刚看到她了！大姨、哥哥，是你们搞错了！我要马上把这个消息告诉天下所有的人！

每到此时，梦总是醒了，我挣扎着坐起来望着窗外，只有夜色深沉，月光依旧。

在爸爸面前，我从来都是克制着自己想念妈妈的心思，以免使爸爸更难过，可是此时我却忍耐不住了，"爸爸！我就求你一件事：你去把我妈妈找回来吧！你把她忘了可我没有忘记她！妈妈回来什么都好办了！"

爸爸绝望地说，我一辈子也忘不了你妈妈呀！可是，你让我到哪里去找她？我到什么地方可以找到你妈妈呀！

提起妈妈，我们都哭了。

爸爸告诉我，他只是想找个人做伴儿，彼此都是有孩子的人了，他不能丢下这个家。爸爸说，他向对方提出的条件就是孩子们都不离开他。望着和妈妈生活了将近三十年的家，爸爸的声音哽噎了："我们一家三口不能再分开了！如果我们再分开就太对不起你妈妈了！你和你哥哥都不要走，我们几个谁也不离开谁！咱们三个人一定要紧紧团结在一起！"至今他那呜咽的声音还回响在我耳边。

我点点头，爸爸，我愿意你过得好，我和哥哥都希望你找一个对你合适、对咱们家人都好的阿姨。

爸爸认真听着我的每一句话，沉思片刻后，他像对待老朋友一样诚恳地对我说："你的话爸爸全都听进去了，我知道你是为爸爸好，我会当心的！"爸爸欲言又止："要是你再早一些对我讲这番话我会采取另一种做法的，可现在……已经有些晚了。"

当时我没有完全听懂他的话。望着女儿疑问的目光，爸爸低下了头。

怎么能让19岁的小女儿更多地理解自己此时的境地呢？这是一个艰难的话题，爸对我说："我尽最大可能争取最好的结局，不管怎样，我走到哪里就把你带到哪里。有一件事是我保证可以做到的，今后不管发生什么样的情况和变化，我向你保证：我决不会做对不起你和伤害你的事情！"此刻，他的神态变得庄重起来。

我信任地点点头，毫不犹豫地相信了他。爸爸不会撒谎！他从来没有对任何人下过保证，我相信爸爸的话，这是我们之间的神圣诺言！

作为子女和这场家庭变故的"接受者"，我当时还不清楚事情的全貌。

记得此后不久的一天，爸爸回家后就对我说："有人把我们家的事告诉主席了……"我诧异地睁大了眼睛，爸妈共同生活几十年，从不依靠外力处理家事，这会儿是怎么啦？在文革那样一个年代，伟大领袖有着至高无上的威慑力，作为一个"毛主席的小战士"，（部队有首流行歌曲《毛主席的战士最听党的话》）又能说什么呢？我一言不发地坐在沙发上，爸爸见状，便没有继续讲下去。就这样，我们头对头地坐着沉闷了很久。以后我和爸爸再也没有进行过这方面的谈话。

* * * * *

过了一段时间，爸爸和我谈论起我们搬家的事。当时有一处住宅在北

河沿附近，那里交通居中，闹中取静。爸爸准备先带我去看看，他说听我的意见，我喜欢的地方他也喜欢。当时我并不了解内情，只希望能和过去的老邻居来往方便一些。

爸爸也有同感。他喜欢北河沿的视野开阔，和朋友们联系便利，最重要的是，搬到这里可以把妈妈留下的家保存下来。爸爸让我不要考虑太多，到时跟着他走就是了。

我总想，不管发生什么事情，长辈就是长辈，他们是受党多年培养的国家干部，又经常接触最高领导，当然会比我一个孩子看得远、想得全，处理问题水平高。我相信，他们一定会妥善安排好家里的一切，用不着我考虑太多。此时做儿女的只有两个字：尊重。

周末，爸爸经常一个人坐在书房里独自冥思苦想。有一次，他自言自语地大声念叨着："我还要这个家，我还要这个家！"似乎他正沉浸在内心的自我争辩中。爸爸，你遇到了什么难解的题呢？

几十年来，爸爸在精神和生活上几乎完全依赖于妈妈，在面对各种复杂局面时，爸爸总是征求听取妈妈的意见，这已经成为一种思维模式。可如今，妈妈突然离开了我们，爸爸的精神失去了依靠，就像一叶孤独的小舟在漂泊寻觅。

哥哥为什么要搬走

又一个牛年来到了。

春节过后，我的小侄子快出世了。爸爸对哥哥说，他希望哥哥一家三口能够搬出去住（当时我们全家住在一套单元房子里）。

记得妈妈在文革中被批斗之后，曾盼望有个小孙子能为家里带来一些欢乐气氛，如今小孙儿出生了，她却不在了。

爸爸说，他需要一个安静的生活环境。过去，爸妈经常熬夜写文章批文件。一到晚上，写作班子的同事时常聚在爸爸的书房里，几乎天天都有通讯员在家中来来往往送文件取文件，多少年家里就是这样过来的。为了彼此互不干扰，爸爸希望哥哥另行安排住处（按父亲的要求，小侄儿出生后，一直没有回过报房胡同的家）。

可是，成家不久的哥哥搬到什么地方呢？在住房紧张的上世纪70年代，这可是大难题，住房都是单位分配的，哥哥参加工作只有几年，这样的资历是排不上队的。买房就更没有这一说了。爸爸说，他在部里想想办法，至少在院子里安排一处简易的地下室也成。哥哥住在附近，家里有事也好照应。

爸爸委托有关单位协调此事，当时有关部门已经做了相应的调整，准备把哥嫂和即将出生的小孙子安置在同一条胡同的另一座宿舍楼里，房子很简单，但好处是距离父亲近一些，家里有什么事可以随时过去。

爸爸生性不喜欢求人，能够有这样的安排已经很好了。我还记得他回家告诉哥哥这个消息的时候，脸上洋溢着欣慰和慈祥，让人感到暖融融的。

可是这一切不知为什么总是落实不下来。

第二天爸爸一出去就改变了主意，这样反复了两次，我猜出来了，爸爸准是遇到了难题！可我感到困惑，组织上已经考虑到家里的困难了，还有什么是不可逾越的呢？

最后，爸对哥说，他的住房是国家分给他工作用的，除此之外，他不能向组织提出更多的要求。爸爸让哥嫂自己想办法解决。尽管无处分房，更无处买房，可是，不管父亲有什么样的难言之苦，做儿女的只有体谅和理解。哥哥决定，和怀着小侄子的嫂子回丈母娘家，在一个大革命时期的红军老干部家里住下。嫂子的妈妈张开了双臂热情地欢迎孩子们。为了使哥嫂带着刚出生的小侄子能尽快建起一个简单的家，爸爸说，哥哥可以搬走他屋子里的家具和物品。

时间飞转，预产期将至，哥嫂携带一些随身的用品在嫂子家住了下来，那是一处朴素的四合院，他们准备等孩子平安出生后再慢慢安顿其他。

报房胡同的家越来越寂静了，静得令人感到丝丝的寒意，除了周末，爸爸每天都归来得很晚。

* * * * *

1973年4月下旬，爸爸妈妈的长孙在北京出生了。爸爸得知这个消息后，专程去医院看望了我们家第一个第三代。

周末我回到家，碰巧爸爸在，他喜滋滋地走过来坐到我身旁，看他轻松的神态，一定是有什么高兴的事。已经很长时间没有看到爸爸这样开心地笑了！原来，他是看到小孙子澎澎了。

爸爸说，小家伙长得虎头虎脑，很像你哥哥小时候。不过你哥哥的眼神更活跃，刚生出来就东张西望到处看。

此时的父亲更像一个慈祥的爷爷。俗话说，隔代亲，大概确有几分道理吧！小孙子属牛，和爷爷一样。

爸爸似乎想起了很多旧事。他对我说，你妈妈在重庆生你哥哥时，你哥哥就是这个样子。一切都很像，很像当年在重庆的情景。

好久没有这么亲切的感觉了！其实，往事都藏在爸爸心里，我觉得这才是人之常情。

* * * * *

8月中下旬的一天，哥哥终于搬走了。

本来哥哥搬走早已成定局，只是没有去处拖了下来。

爸爸允许哥哥继续使用他小屋里的家具和物品。哥哥带走了其中的床、桌子和书架，离开时应宿舍管理员小贾要求，列出了清单，并签了名（当时家里使用的家具都是租用单位的）。

母亲去世后，父亲一直说，家中一切摆设保持母亲生前原样，谁也不许动。可不到两年，情况大变，哥哥担心他走后，母亲的物品将被弃之如垃圾（事情果然不出所料），所以，匆匆将母亲的一部分衣物、信札、随身用品等一起带走。哥哥的同学帮助借了一部载重1.5吨的老解放牌汽车运走了这些物品。

当时，家里够得上“大件”的物品是我每天练琴用的东方红牌立式钢琴；我的东西是两个60×40×50厘米的木制包装箱，里面装着儿时攒起来的小人书、各国糖纸、在海边收集的贝壳、爸妈出国为我买的洋娃娃……

爸妈一生两袖清风。妈妈常说，共产党员没有私人财产，除了买药看病等临时费用外，他们没有其他储蓄。唯一值点钱的东西大概算是爸妈留下的几幅字画、册页等，但这些东西我们连动也没有动过。

家里就剩我和爸爸了。

那时我一直以为，我有把握和父亲沟通。我想马上告诉爸爸，不管他将来搬到什么地方，无论如何都要把钢琴保存下来。好好讲讲孩子们的想法，他会接受的。

可是爸爸上班还没回来，我要按时回单位（部队规定战士不能在外过夜），怎么办呢？

情急之中，我在一张便条纸上给爸爸写了几行字，拜托他一定要替我保存好这架妈妈留下的钢琴，然后用胶水将其贴在钢琴头上。我想，爸爸下班回家就能看到我的留言了，他会明白我的意思的！家里就我们父女两人，有什么不能谈呢？见面后我会告诉他一切。

即使爸爸顾不上，我相信周围的长者，他们一定会协调处理好这件事的。

爸爸很忙，我没有等到他就回医院了。可是我实在是太天真了！此后不久，我再也没有见到那架东方红牌钢琴。

30年后，一些媒体在从未与当事人沟通的情况下，对乔家的事情做了片面失真的描述，一些误传在弥散着。而哥哥搬家这件事亦被刻意渲染，严重损害了他的声誉。有媒体煞有介事地说，乔冠华的儿子从家中擅自拿走了几百张唱片，并引申出“乔的子女搬走了一切”。首先，我家从来没有数百张唱片，更不要说经历文革抄家浩劫之后了，其次，哥哥至今保留着封套有母亲签名的唱片。至于搬走一切的说法更属子虚乌有，完全违背了事实真相，作为亲历者，我们有必要还历史一个真实的面目。

我是怎样离开家的

当我照例从医院倒休回家时，我惊讶地发现，家里的大门重新换了锁，原来的老钥匙不能用了。

十几分钟后，家里新来不久的保姆M（以下简称M）买菜回来了，她年过40，消瘦的脸上透着世故，我跟着她进了家门（在我家做了十几年的老阿姨不久前走了）。

不管怎样，我打算先配一把新钥匙，M顿时紧锁眉头，她向我透露说，已经有人交代过，她不能把大门钥匙交到我手里。我不想和她多纠缠。

我家一直有几条不成形的规矩，尊重为全家做饭料理家务的保姆是其

中之一。爸妈常说，要尊重劳动人民和他们的每一项劳动。妈在时，经常把家里的粮票、布票攒起来给家在安徽农村的老阿姨。以致我们下乡的时候，妈妈一时拿不出足够的布票为孩子们准备行装。但在大事上，妈妈要求在家的工作人员遵从一条原则，不传闲话，不干涉家里内政。我不愿别人参与家里的事情，不给钥匙就算了，我直接去找爸爸要！

“那不行！今天的事你不能告诉他！”M 狐假虎威地说。

“为什么？”我惊讶了，“你有什么权力干涉我们家的事情？”

“不是我不给你钥匙，是有人交代安排了，我不这么做就别想在你家干下去，我家还有孩子等着我供养上学呢！现在合适的活儿不好找，我要是没工作了可怎么办啊？我的孩子怎么办啊！”M 又变得可怜兮兮的。

过去，家里有什么事大家总是坐在一起谈，就是天大的事也要讲清楚道理，哪怕是挨批。我们一家的事情应由我们自己解决！我要等爸爸回来跟他说！现在我就打电话！ M 一个健步横在我面前，她用身子挡住电话说：“你别，别找你爸！这几天他工作特别忙！”

看着她惊慌失措的样子，我不禁觉得好笑，原来你就这么怕我爸爸！这里面肯定有诈！

“不让我给爸打电话我就去找他，我在门口等着，爸爸总有下班结束工作的时候！”

M 极力劝阻我，她说爸爸这些日子每天都回来得特别晚，我是等不到他的。

要说找不到爸爸，那可是假话。这几年我已经历了上山下乡和当兵，还能找不到自己的爸爸？但是说到工作就是另一回事了。在爸爸面前，我从来都是有什么说什么，从不思前顾后，可为了爸爸能集中精力做好工作，我不愿像个蚊子一样在他耳边说三道四。

M 见我在踌躇，便趁机说道，你要是去找你爸，我可就全完了！这就奇怪了，我找我爸爸有你什么事？我去要钥匙，不提你不就行了吗？ M 欲言又止，她吞吞吐吐地说：“反正你一找你爸我就闯下大祸了！”我更奇怪了：“我找我自己的爸爸关你什么事？”见我刨根问底地追问下去，她垂头叹气说，唉！这下子我可要闯大祸了！

我家怎会出现这等局面？有理有据、有分寸地处理每一个问题，这是爸妈一贯的风格。过去，他们都是采取正面交谈的办法及时与孩子交流。就是同事之间出现矛盾，妈妈也总是设法取得沟通，把事情摆到桌面上解决。而现在，一切都变得面目全非。这与我家一贯处理问题的风格反差实在是太大了！我隐约感到，我已不能像过去那样与爸爸自由沟通了。一种近乎绝望的心境使我一下子明白了许多，难道世事就是这样反复无常吗？

我冲动地回到自己的小屋子，从柜子里翻出几件换洗衣服，塞进随身用的小挎包中……这时，五斗橱上的不倒翁当啷啷地唱起来，那是1961年爸从莫斯科带给我的，美丽的印度姑娘晃动着腰肢在向我眨眼，捷克玩偶好兵帅克调皮地翘着小鼻子；那架古老的巴扬手风琴也在向我招手，不久前我已经学会用它拉出美妙的“山楂树”了。

看见这些旧物就像见到了老朋友：别赌气了！再耐心等等！爸爸回来就好了！和自己的爸爸好好谈谈，一家人哪有解不开的疙瘩呢！

我的心开始平静下来，等一等！让我再想想，好好想一想！

刚刚靠在床上松口气，M紧跟着走进了我的小屋，呦！你这是去哪里啊？我愣了一下，这是我的家，我去哪儿？和爸赌气是有的，可真的推开门，除了这个家，哪里是我的安身之地？眼前一片茫然，我摇摇头。

“那你收拾东西干什么？告诉我你要去什么地方，我也有个交代啊！”对我来说，离开家只有回单位宿舍，可是M对我的回答似乎不满意：“宿舍是临时休息的地方，你打算长住在哪里？”这话从何谈起？

本想先在家休息一下再说，前一天我在单位值晚班，此刻只想躺下来好好睡一觉。或许，睡一觉冷静下来一切就平静了，此时脑子里很乱……

M瞪着一双混浊的眼睛站在我的屋子里不走，“你快说，你准备去哪里呀？要不然我没法跟你爸交代啊！”

我能去哪儿？我是爸的亲生孩子，从小在他身边长大，我的根就在这里！

可M一步步逼问得紧，想想还是先出去逛一圈吧！“我去王府井！”

“那不行！你能住在那里吗？你得去能住下的地方！”（逛王府井还得回家住）“住五六天的地方不行，要到能够多住一些日子的去处，最好能住十天半个月以上的！”

我的眼前开始模糊起来，M又在我身边继续絮叨了些什么我已听不清

楚，但我知道，我面对的是怎样一种局面了！M此刻扮演的角色不过是一把打手板的尺子罢了！

我不想靠家里，我自己能独立生活！在这样的激将下，正在犹豫的心逐渐坚定起来。

我看了一眼小挎包里的东西，里面是一件淡蓝色的确良衬衣，两三条换洗的裤子和袜子，还有从抽屉里随手拿出的手绢和一本爸爸送我的《马克思传》。在拉上拉链的时候，我的手有些颤抖。

与爸妈在一起的往事化作无数金星在脑海中闪烁着，也不知怎么走到的大门口。

我惊讶地看到，M早已直挺挺地站在门口恭候，我家的大门第二次被最大限度地开到90度角（文革时来我家的造反派就是这样把家里的大门打开的）。她老远就暗自窃喜地叫着，"你走好啊！你走好！"

望着眼前那一张脸，我什么也看不清，只觉得一道暗绿的幽光从那混浊的黑洞里射出，仿佛那后面还有一只眼睛，我浑身打了一个冷颤，M在门口唠叨着："我没办法啊！真的不是我让你走的！你不走，我在你家就干不成啦！"

当确信我真的迈出了大门槛时，M的心似乎颤抖了一下，她靠着被造反派刷过标语的大门说："你可千万别怪我啊！其实，我们一直相处得挺好的，真的不是我让你走的呀！"

走到306室外面我站住了，最后回头看一眼亲切的家，那是爸妈带着我和哥哥生活最长的地方，她是我的乐土，她是我的根。望着爸妈的卧室，往事历历在目。我有一种预感，我将永远和我的家告别，此时，我的心仿佛被撕裂一样。

我倔犟地扭过头，身后的一切有如燃起熊熊的大火，我的嘶叫被火焰吞没，周围的一切都在烈火中褪去。

门外一道刺眼的阳光照在我的脸上，我头也不回地走了出去。我不知疲倦地走到爸妈带我去过的很多地方：王府井、台基厂、东交民巷、天安门，一直走到星星月亮望着我。望着远处宽阔的天，我的耳边响起了《拉兹之歌》：流浪，到处流浪……

抹去眼泪，我的心开始平静起来。

那天晚上，我敲响了姨妈家的门。那时，他们一家正在艰难之中。

不辞而别——搬离报房胡同

集体宿舍的小床上落着厚厚一摞数理化基础课教程和笔记本，我一边在炊事班工作，一边补习文革中丢失的文化课。当我用宣传队的手风琴拉起《深深的海洋》时，我就想起了爸和妈。今后家里的一切会怎么发展呢？

一周之后，哥哥打电话告诉我一个简短的消息：咱们报房胡同的家已经腾空并交回部里，你不要再去了。爸爸已搬到别的地方去住了。

这个消息是由爸爸单位的工作人员通知的。

片刻我才缓过神来，不管爸爸搬到哪里，我得先回家收拾一下呀！我问电话那一边的哥哥：那搬家了怎么没提前告诉我们一声呢？哥哥说："刚刚我才知道，这不是告诉你了嘛，你还想怎么告诉？"

此刻我真想插翅飞回去，家里还有许多东西要收拾，我读过的书、穿过的衣物、巴扬手风琴、费了很多心血制作的天文望远镜……还有妈妈的遗物。

"那我这就回家，回报房胡同看看，收拾一下妈妈和我们留下的东西！"

"回家？"哥哥苦笑着，"我接到电话的时候报房胡同的房子已经腾空收拾干净，交还外交部了，哪有什么家？"

"你去找谁？你去看什么？房子是国家的，妈妈不在了，爸爸搬走，交回住房是按国家规定办的。"

什么？报房胡同的家就这样没了？她和妈妈一样消失得无影无踪？像海市蜃楼、像庞贝城，甚至连一句告别的话都没有！

妈妈去世后，爸爸就是我这个世界上最亲近的人。未曾料到，三年不到，和我朝夕相处的爸爸也走了。面向苍天，我默默地祈祷，爸爸！愿你生活愉快，健康长寿！此刻真是思绪万千，家中的一切像过电影一样呈现在眼前：屋子里洒满了阳光……妈妈的书桌里存放着她随身保留的物品：小口红、大别针、袖珍胸花；第一次政治协商会议纪念章、国庆观礼代表

证、重要外事活动请帖、朝鲜战场上的子弹壳……

妈在世时我从不敢随便翻，那不仅是亲人留下的纪念，也是一段段珍贵的历史胶片，会有人和我一样细心保存好它们吗？上天保佑但愿！

妈妈总是把国家的利益称为“公家”，人是公家的，东西也是公家的，这是那一代人对理想主义的诠释。

妈说得对，他们献身革命，连人都是公家的。那么当人都不在了理应一切交回公家，因为共产党人是不应当有私人财产的，可是，我呢？

欲哭无泪。那年头我还没够上找朋友的年龄，看来，我真的要浪迹天涯了！我愿跟着和我们生活了多年的老家具回到公家（谐音“龚”家），不管搬到哪里我都跟着八路军的队伍走，这队伍就是我的家，我不会落下队伍的！

我有点语无伦次了：“那爸爸住的新地址呢？”

哥哥说，还没有通知他，目前只知道那是一处四合院。

“这件事就这样了，没你什么事，就别问了。”哥哥在电话中叮嘱我一定沉住气把现在安排好，最重要的现实是，我要有一个固定的宿舍，上下铺也是好的。否则我今后怎么生活下去？“上大学的通知发了没有？上学前的准备做好了吗？你还年轻，千万不要沉沦下去！记住，现在不是伤感的时候！”

放下电话，我首先想到当务之急是要为自己“号”一个相对稳定的铺位。在热闹的集体宿舍里，我克制着自己的情绪，安顿好一切，便骑着自行车一口气从北师大骑到西单，又骑到电报大楼。这里没有认识我的人。

我停下来，再也不想忍耐，面向东方（我家住东城），我放声痛哭。

妈妈！你知道我是多么思念你吗？虽然我们幽凡路隔无法相见，可是我有很多话要对你说。你干了一辈子，就像一条春蚕，把自己的全部献给你的事业和你的理想。你没有钱财，没有房屋，现在连留下的家也没有了！剩下的只有刻骨铭心的记忆！

爸爸我想你！你是女儿心中的大树，一棵枝繁叶茂的梧桐树，在我困难彷徨的时候，这大树总是给我带来力量，我愿在他年老枯叶的时候，为他浇灌最后一桶水，可现在……我们近在咫尺却不能像过去那样自由来往平等对话了，为什么我们不能坐在一起面对面谈心呢？

爸爸！我希望你能生活得更好，我希望我们全家都好，你和我不是说好的吗？什么时候我都不离开你，你没有恪守自己的诺言，我不相信现在这样是你的本意！

理想主义的光辉在闪烁中错位变形，然而，我知道什么是理智，我必须面对事实，尊重长辈们所做的选择。

在一个孩子的心目中，长辈自有长辈的风范和高风亮节，我希望风雨过后见彩虹。

此刻我是多么想和妈妈说说心里话呀！天色快黑，八宝山烈士公墓已关门，我不由想起妈妈曾说的话，要是我不在了，你就到绿树丛中来找我吧！我走进了中山公园……穿过一棵棵古朴参天的苍松翠柏和多彩的牡丹园，一个个熟悉而亲切的镜头展现在眼前：

假日的星期天，妈妈坐在盛开的牡丹花前凝视着远方；来今雨轩的聚餐，爸爸抱着我用筷子夹菜，他的大手像伞一般张开接着掉下来的米粒儿；三代人的合影，姥姥在北京时，全家其乐融融地聚集在小亭子前；在"纪念和平"的大牌楼前，一个高大的身躯牵着一个小人的手漫步走向公园深处，他们的背影恬静而温馨……

此刻，我的眼前出现了妈妈亲切的面容，她坚毅的眼神注视着我，似乎在说，孩子，你要坚强！

我的心绪逐渐平静下来。妈妈，我有很多朋友在身边，请你放心！

西谚称：God helps those who help themselves，自助者，天助也。

少年已识愁滋味

哥哥一家搬到北海后门那座小四合院里，一住就是8年。在小小的煤球炉边，哥哥继续完成他的研究生论文，嫂子下班后一边拉扯孩子，一边在小厨房里炝锅炒菜蒸米饭。当我坐在火炉边的小板凳上喝上一碗热汤时，小侄儿总会翻出一样好吃的东西塞到我的手里，"姑姑，给你留的！"

每年春天，哥哥都像妈妈在时一样，选一个晴朗的上午，细心地把妈妈留下的老衣服拿出来，一件一件挂在有太阳的阴凉处，让新鲜的空气吹一天。傍晚时分，再把这些衣物叠放整齐收到樟木箱子里。

我时常搬一把小凳子坐在院子里，望着那些随风起伏飘荡的旧衣物发呆。其实，这些衣服很少有我们能穿的，样式也过了时，可是，这是一份珍贵的纪念，那一件件旧衣服就像是妈妈婆娑的身影。在妈妈的身后，总是浮现出家里的一切，也不知爸爸怎样了？我有很多话要对他说。

* * * * *

离开报房胡同以后，我开始了自己人生之旅的新征程。而那架浅棕色的老钢琴也在众人面前消失了。在很长一段时间里，它独自静静地躺在单位仓库里，渴望小伙伴能来看它一眼。

老钢琴凝结着我们全家的一份深厚感情，爸爸曾经对一位熟悉的同事谈起这件事："钢琴是孩子的妈妈给她买的，我一直想带过去，可是我说的话不管用，只有先存放到仓库里。"

由于单位仓库存放物品的空间有限，有关部门曾打电话询问过对这架钢琴的处理意见。

"我怎么办呢？"爸仍旧保留着老习惯，妈不在了，他就征求老朋友的意见。

"你就给孩子留着吧！"可是，这架钢琴还是没有被保留住。几年以后我才得知，她最终被卖走，流落他方，不知去向。老钢琴似乎已被人遗忘。

可是曾经在钢琴上弹奏的人没有忘记，这琴是她的亲人，她几乎每天都梦到与钢琴有关的故事，在一座温暖的教室里，有 N 架为学生准备的钢琴！立式的、卧式的、还有百年前古典式的……

有一架自己的钢琴，是我的"痴心梦想"，多年以后，我用自己全部的转业费买了一台星海牌钢琴。而过去家里那架东方红牌老钢琴却和我们失散，至今下落不明。

我细心珍藏着那把幸存下来的钢琴钥匙，每当看到它，眼前总是浮现出和爸妈在一起的日子。曾经，在与钢琴失散以后，我又见到了爸爸。在我们单独谈话的片刻，我抓紧时间悄悄问爸爸："爸！咱家的钢琴呢？"爸爸听后满脸通红，他无言地把头垂到了胸前。我再次问道："爸爸，咱家钢琴放在哪里了？这事不用你出面，我可以自己去找。"爸爸听后再次深深低下头迟迟不肯抬起，并且沉默良久。

我读懂了这沉默。

曾经憧憬……和父亲交往的人与爸妈的老朋友应该是一个样……

望着爸爸满脸内疚的神情，我不再追问了。这是我和爸爸心里永远的痛。我用了很多年的时间来冷却自己，并且给这一切设置了无数的方程和题解。可是，理智与沉默关不住夜晚的一场场梦境，这梦每天都带我来到爸爸身旁。从有记忆开始，童年的往事犹如一幅幅美丽的七彩图，顽强地出现在我的脑海里，比任何时候都更加逼真。

走过人生的风和雨，我不再追问，也不再寻找。

后来，我又去看爸爸了，和他聊天，谈流行歌曲，谈我后来学会的手风琴。爸爸合着拍子唱着他喜欢的《军港之夜》和《四季歌》。

可是，他却小心翼翼地从不提起“钢琴”二字，也不谈他最喜欢的那首《那不勒斯舞曲》。我知道，这首曲子在我们心灵深处跳动着，永远不会消失……

*　　　　*　　　　*　　　　*　　　　*

按中国人的传统，没有出嫁的女儿总是与自己的父母住在一起的，即使远在外里之外学习工作，也有探亲回家的这一天，可是我却被迫离开了家和父亲。

不管我愿意不愿意承认，在经历了这场家庭变故后，我们家原有的格局被打破了，这是不容回避的事实。与爸爸生活了几十年的亲人一个个从他身边消失了，我从一个备受呵护的女孩子成了一个“独行者”——从20岁开始，我走上一条完全独立的生活道路，独自在人海茫茫的世界里打拼着，爸爸的选择改变了他自己的轨迹，也改变了女儿的生活。

鲁迅先生在谈到自己家道中衰的体验时说：“我以为在这路途中，大概可以看见世人的真面目。”对父亲，我始终怀着一种虔诚的尊敬和深情，我忘不了儿时的养育之恩，少年时的天伦之乐，忘不了妈妈去世后我们相依为命的一幕又一幕。我希望爸爸健康长寿安享晚年，也希望天下所有失去母亲的女儿都快乐幸福。我是一个受传统教育长大的人，君君、臣臣、父父、子子在我家一样得到体现，我不愿意说父亲的不是，宁愿在梦幻中不停地回忆儿时那个慈祥的父亲和阳光灿烂的家。

妈妈去世三年后，家里的生活发生了天翻地覆的变化，和爸爸妈妈在一起的日子恍如隔世。在迷茫的风雨中我好像已经独自走了很久。闲暇之余，陪伴我的是妈妈为我下乡买的那个红旗牌半导体。

白天的工作辛劳却是愉快的，可最近同伴们告诉我，每晚我都在大喊大叫，好像受到了什么惊吓。

我非常抱歉，下次再不会了！可到了晚上，一闭上眼睛就看到妈妈和爸爸的身影，妈幽默地模仿“小喇叭”广播里的声音说，乔松都小朋友，你好啊！爸和过去一样笑眯眯地看着我，我又回报房胡同的家了！我高兴得跳起来，一切的不快原来是一场梦啊！原来我妈还活着！到处是阳光明媚。

突然，一阵巨风之后，爸爸妈妈在我眼前消失了，我拼命地追赶他们却怎么也追不上，此刻脚下出现一个大黑洞，我整个人陷进去并且迅速往下坠落，四周一片漆黑，我大声惊叫着，妈妈！

我挣扎着跳起来，床边月光如水，窗外的星星在微笑，同屋的伙伴翻个身又睡着了。

周末的宿舍是我的，同事们都不在，我拿出藏在书里的全家福久久端详着，这是我们一家四口在文革中的最后一张合影，爸和妈都穿着家居的中式衣服。那是哥哥即将到东北农村之前拍摄的。或许爸妈已经隐约意识到，在那些动荡的岁月里，全家不知何时才能重新团聚在一起？此刻，照片里的爸爸妈妈正亲切地凝视着我，却胜似千言万语。

过年时的宿舍也是我的。除夕之夜的鞭炮声几乎一夜没有停息，正月初一睁开眼睛向外望，白茫茫一片，好大的一场雪啊！院子里静悄悄，单位里除了值班人员全都回家了，宿舍的铺位空空荡荡，只有我一个人在。

爸爸！妈妈！你们在哪里啊？我愿冒着迷茫的风雪浪迹天涯去寻找你们！

打开窗户，一朵朵旋转的小雪花扑面而来，沙沙沙！我听到了它们在空中飞舞时的歌唱，感谢上苍为我带来一份天赐的礼物！

窗外飘来一股清新的空气，我深深地呼吸着，往事变得格外清晰，我拿起笔来，给远在天国的妈妈写信。

写给妈妈的信

亲爱的妈妈：

今天是大年初一，我多么希望此刻你就站在我的面前呀！

妈，什么时候你回来看看我和哥哥？你说过，人故去就会融入大自然，你最想变成一棵茂盛的大树，现在我在哪里可以找到你啊？

妈妈，每天晚上我都对着你的相片谈话，老百姓说，清明节那天，故去的亲友会悄悄来到人间，你一定听见我说的话了！

妈！我现在生活得很好，你的女儿长大了。我有好几件事要告诉你呢！第一件，我不但入团而且入了党，因此我是一个战士了。第二件，我在医院当了炊事班长，为全院五百多人做四顿饭呦！第三件，医院根据我的表现，推荐我参加了今年的大学考试，哥哥帮我突击复习了高中数学，现在我已通过文化课考试了。你一定会为我高兴吧！

所以，虽然有人打电话到北京军区值班室，盗用乔部长的名义说不同意我上大学，他们还是坚持对一个年轻人的判断和信任，维持原来的决定。

有关负责人说，我们选送考试人选是根据本人的表现和工作的需要。院务处领导找我谈了话：孩子，别着急！还有你妈妈呢！虽然她不在世了，可是我们都知道，龚澎同志是外交战线出色的女干部，你是烈士的女儿，我们有责任培养照顾你。如果地下有知，她一定会支持你继续学习深造的，这件事我们就替你妈妈做主了吧！

妈妈，爸爸得知你离世的消息如遭雷击，悲愤之余他在拼命工作，他在做你们两人的工作，大概你从未想过你在爸爸生命中的位置有多么重要！后来家里发生的一切你已经知道了吗？此刻我只有用全部的亲情来支持爸爸，可是妈妈，我还是很迷惘。

妈，你说什么是爱？什么是世界上伟大的感情？怎样对待一个人和他周围的人就是爱？

我想起一个古老的故事：有两个母亲同时争一个孩子，各说各的理，众人一时不辨真伪难做决断。县官让她们分别牵着孩子的左右手走向各自的家，孩子被拽得生疼，便大哭了起来，一个母亲见了心软就先松了手，另一个高喊着孩子就是自己的，并且更加用力地拖着孩子的胳膊。县官见状便对众人说，看见了吗？最爱孩子的先放手，大爱才能割舍。

还有《海的女儿》，在我十岁那一年，妈妈把翻译家叶君健先生赠送的这本安徒生童话交给了我，小人鱼最后变成了一簇美丽的浪花，她渐渐地从泡沫中升起来……

妈妈，我觉得真正的爱是无私而不是占有，爸爸是我在这个世界上最亲的亲人，尽管对最近发生的事情我有自己的看法，可我想，他一定遇到了许多左右为难的局面。

我尊重爸爸的选择，为了使他的晚年过得更加健康和快乐，我离开了家，妈妈，你知道我心里有多难受吗？你知道我身上承受着多大的压力吗？可是为了爸爸，我什么都没有说。家里发生这么大变化，只有亲生孩子才会为爸爸分担一部分难处。爱是博大和广义的。

妈妈，我太年轻了！大人的感情对我来说很微妙很复杂，我用全身的力量在扛着。我想起你给我讲的太行山的故事：1939年你跟着八路军的部队进入太行山深处，当队伍走进被日本人烧光杀光的村子时，侥幸活下的几个老乡跪在村头迎接八路军进村。你说，看到家破人亡的老百姓，看到战场上一排排死伤的士兵和一幕幕惊心动魄的场面，一切个人的得失都显得那么渺小和微不足道。那时，我觉得这些往事离我是那么遥远，可现在，这些故事给了我许多力量。

在内蒙兵团时，妈妈心里总是放不下我，担心我不能独立生活，应付不了基层的复杂局面，可事实证明，我是一个好样的劳动能手。调回北京以后，我没有向家里要过一分钱，我穿的衣服是部队发的，吃饭在大食堂，住在集体宿舍，我能养活自己了，而且，我就要成为医学院的学生了。

妈妈，你一定要放心，再放心！

——写于妈妈去世后的第三年

妈妈：

我在烈士陵园漫步，看到在你身边有很多我熟悉和不熟悉的名字与墓碑，原来失去生命并不孤单可怕，这也是一种不朽的光明。在寂寞的天国，你多找老朋友聊聊天，别惦念你的孩子，别惦念人间，我们长大了。

妈，咱家的事你别担心，我是懂道理的女儿，对于那些扣在我头上的高帽子和不实之词，我一个不留地都扔到了垃圾堆里。我不但要好好活下去，还要笑着望着天！

妈妈过世后，我真实地看到了人生百态和世态炎凉。“欲行伟大之事，必经伟大之迷途”，只有“苦其心志，劳其筋骨”，才能读懂生活这部大百科。现在我是一个真正的无产者了，但我不会丢掉做人的尊严，那是我心里的宝藏。

妈妈，有时我很难过，可我不愿意在别人面前流眼泪，我不想服输！

这两年爸爸的工作那么忙，我希望他和我们全家今后都幸福，可现在，爸爸周围被捂得严严实实的，一切都天翻地覆，没人听我说话了，而我又不愿去大嚷大叫。院子里的好朋友对我说，你们家就你一个女孩子，要是我们家几个姐妹，我们一定会联合起来到老爹身边去申冤的！妈妈，我没有到爸爸那里去哭闹，不是我不能抗议，而是我不愿意那样做。为了爸爸能集中更多的精力为国家做好工作，我能够识大体顾大局。

爸爸是长辈，是受党多年培养的老干部，相信他会以长者的风范和气度处理问题的。

妈妈，你什么都不要担忧，请好好休息吧！

还有，请妈妈带走一盘刚烤好的小烧饼（这是我在炊事班自己做的），你闻到香味儿了吗？

——都儿写于医院宿舍

月儿弯弯，我手捧寄往天国的信和小烧饼走出大门。那时北太平庄附近还是郊区，在旷野上，我点燃一根火柴，跳动的火苗在燃烧，我放开嗓子大声呼唤：

妈妈！你在哪儿啊？你听到我的声音了吗？

四周无人，只有白桦树叶在哗哗作响，一只萤火虫提着一盏小小的荧光灯飞来，它为我带来了遥远天国的问候。

天凉好个秋

1973年初秋，我收到了大学录取通知书，9月22日之前报到，医学院即将开学上课。短短一个月家里发生了巨大变化，可实际上我们一家三口还没照面，甚至连电话都没通过，做梦也没想到，有一天会面临这样的局面。我早就计划好了，到天津上大学之前，一定要看爸爸一眼，和他道个别。我想问爸爸身体好不好，工作累不累，看见我留下的字没有？我要告诉爸爸，我就要成为医学院的学生了，以后我可以为他测血压、数脉搏、开药方，我还要告诉他不在家的时候家里发生的事。还有，还有许多没有来得及讲的心里话。

而且，我周围的老前辈和亲友都在动员我：一定要去问候爸爸和他的新家，你是女儿，女儿看爸爸是天经地义的，也是最符合人之常情、最自然的事情。当时，很多老同志还在困境中，可他们都像过去一样关心着我们全家。我明白，我一定要去。为爸爸、为妈妈、为周围的亲友和老前辈、为亲生的儿女，我要送去真诚的祝愿。

这一天我很早就醒了，眼前总是晃动着父亲的身影，爸爸近来过得好吗？他的心里很快乐吗？

走过一段寂静的小路。大门打开了，里面出来的是我过去就认识的工人王大叔，文革前曾在外交部宿舍做过后勤，当时和孩子们相处得很融洽。“太好了，大叔！你怎么在这儿呢？”（后来我才得知，爸爸搬到这里以后，这所房子的房产就交由外交部管理）

王大叔朴实的脸上露出笑容：“部里分派我到这里做门卫工作，好久没看见你了，你这是来……？”

“我来找我爸爸，我想看看他。”

王大叔的神色突然阴沉起来，“不行，你不能进去！”

“你说什么？”我几乎不相信自己的听力，不管怎么说，这里住的是我的生身父亲呀！

我对他解释道，过几天我就要到外地读书，今天就是想看看爸爸，不会给他添任何麻烦，过一会儿就回单位。“请您先告我爸一声，他的女儿看他来了。”

王大叔仍旧不同意。“上面已经反复交代过这件事，你不能进去！”他说，这不是他个人的意思，而是“布置下来的任务”。

我惊愕了，眼泪不争气地流了下来，不管爸爸当官还是一介百姓，他是我的血肉之亲啊！几天没和爸爸见面，我怎么就成了笼外的鸟呢？

可是冷静地想一想，这不能责怪王大叔，我还是要耐下心来说服他。我讲述了自己的近况以及爸爸提出让哥哥搬家的经过。

王大叔听罢，诧异地瞪大了眼睛：“原来是这样的！”在我的一再坚持下，挡在前面的身体迟疑动摇了，大叔要我先在门口等候，他马上进去问一下。

正在胡思乱想，眼前却出现了王大叔阴转晴的脸，他带着轻松的笑容走了过来。松都啊，他们商量了，你爸爸让你进去，他说好久没看见你了，特别想你！这回我知道了，你爸对你啊真是没得说！

“我一个人进去你放心吗？”我说：“你还是跟着我吧，也好做个证明。”

王大叔憨厚地说：“你自己去吧，有你爸爸的话我就清楚了，你爸爸很想看看你，快去吧！”

走过葡萄架和几棵繁茂的大树，在客厅门口我站住了，这是我有生以来第一次走进“爸爸的家”，我不知道怎么摆正这样的关系。过去总是爸爸拉着我的手到别人家做客，到自己家又不用客套，可现在，该用什么样的礼节呢？

正在琢磨着，有人在里面高举着胳膊使劲向我招手，伸长脖子一看，那是爸的身影。来不及多想，伸手拉开门，我一眼看到了父亲，他一个人坐在宽大的沙发中间，正笑眯眯地在等我。

我怔住了，将近两个月没有见到爸爸了。

经过这一段天翻地覆的变化，我好像一下子长大了十几岁。我睁大眼睛仔细辨认着，最近的经历使我只相信自己的直接判断。眼前是一张熟悉而亲切的脸，那的确是我的亲人！

见我走进来，爸爸的脸上露出欣喜快乐的笑容，他的瞳孔里闪现出一道我早就熟悉的亲切目光，那是来自心底的光芒，是父母见到亲生儿女的欣慰和快乐——就像家长在校门口苦等着接孩子的感觉一样。焦急之中，

当孩子出现的那一刻，有一种做父母的踏实。

和自己的爸爸交流用不着太多言语，我想这就是血肉相连的亲情。“爸爸！”我习惯性地叫了出来。

“快过来坐吧！”爸爸招呼着我。

我很想走过去，却不知怎么迈出脚步，只是呆呆地看着眼前的爸爸发愣。短短几十天，家里发生这么大的变化，一切恍如隔世，过去的爸爸和眼前的爸爸，他们是一个人吗？

“过来呀，我是你的爸爸，这还有错吗？”

我的身子向前，腿却发僵，还是找不到准确的感觉，我多么想自由自在地靠在自己的亲人身旁和他谈天说地啊，可现在，我和爸爸已经不再共有一个家了，一种生涩感不由而生，我想不出该用哪一套礼节最得体。

只见爸爸坐在那里伤感地念叨着，我真是很可怜啊，连自己的女儿都认不得我了，当这个官实在是没有多大意思，我坐在这里和我们在家的时候还不是一个样子！

或许父亲想起了刚从板门店回来时第一次看到女儿的情景，可是刚才的经历使我大脑一片空白。看到我一脸茫然，爸爸又说：“你自己的爸爸长什么样子还用别人告诉你吗？我们在一个家里一起生活了二十年，天天在一个桌子上吃饭，还用得上别人告诉你，你的爸爸长什么样子，谁是你的爸爸吗？我住在哪里也是你的亲爸爸啊！”我点点头。

爸爸又说：“你自己的爸爸就坐在这里，你还有什么可怕的！拿这杯子坐下来喝点水。”

爸向我伸出右臂：“都啊！坐过来吧！”（只有爸这样叫我）他的瞳孔里闪出晶莹的亮光，“爸爸在这儿你还怕什么！”

这熟悉的声音、熟悉的面容和目光，是我小时候天天听见和看见的！站在门口，我看到了屋里摆放的一架子古装二十四史，原来它们是放在报房胡同家里的书房门口的。玻璃橱柜里摆放着爸爸在板门店谈判时带回的二百年的老灵芝，那是朝鲜人民军的朋友在深山老林中采集的野生灵芝，算是我们家的“老人”了，爸爸时常用放大镜察看它的细纹路；那个白白胖胖泡在玻璃瓶里的长须高丽参也是抗美援朝的纪念品；还有爸妈访问14国时从非洲带回来的精装鸵鸟蛋；它们都是我再熟悉不过的伙伴儿。

我还看到了过去一直摆放在书房拐角小书架上的那个青铜小鼎，每次到爸爸书房里我都要拿起来看一看，古人究竟是怎么喝酒的？一种熟悉的感觉逐渐回到我身上。

我开始放松走了过去，爸爸把一杯白开水放在我面前。在父亲身旁，我礼貌地问候他的身体和工作，和他闲谈着。

最后，爸爸看着我的眼睛大声说："请你们放心，我在这里生活得很好，不用替我担心。也请转告其他朋友，谢谢他们的关心！"

我很快明白了。此时，我只有送去自己的一份理解和祝愿。

我不想让爸爸左右为难。在新的环境里他要面临许多新的局面，爸爸没有多说什么，可和自己亲生的女儿还需要过多的解释吗？

不知道自己是怎么走出的院子，直到身后的大门重新关上。抬头仰望天空，9月的天那样湛蓝，我像为出海远行的亲人送别一样，站在岸边默默地祈祷祝福。

再见了，爸爸！告别了，那个无忧无虑的小姑娘！

*　　*　　*　　*　　*

不知不觉我顺着熟悉的路又走到了报房胡同，站在老院子里，我望着曾经的家发呆。这里有关于父母亲的无数记忆。

15年了，这里是我们一家四口温馨的港湾。抬眼望去，爸爸曾经的书房里仿佛还透着亮光，老阳台上依然竖立着那几根没撤走的晾衣杆和蓝绳子……

在院子里碰到老邻居，得知两周前我家最后搬走的情景。搬家那天爸爸没有来到现场，妈妈的东西没有专人照料，也没有人再用，随便扔在地上和杂物一起堆放着，零散的东西掉了一地，小孩子们在嬉闹争抢着……

一位德高望重的老前辈为妈妈题字的那本画册《虎图集》已经散落，一页页悲伤绝望的画纸随风在院子里飘落，一只只形态各异的老虎（妈属虎）在空中飞舞着。

过去，妈妈一直把这本画册收藏在她床前的小抽屉里，我只是偶尔才可以看到。当搬家卡车拉着被处理的用品驶向单位仓库的时候，院子里有人试图问个究竟……汽车扬长而去。这是1973年9月初发生的事情。

听着这些，我垂下了头，无言以对这一切！我为自己没有能力保护好

妈妈留下的珍贵纪念品而感到无地自容！

望着楼去人空的旧屋，我扭过身，头也不回地快步离开了老院子，离开了那条我和爸爸妈妈不知走过多少遍的小胡同。马蹄声碎，喇叭声噎。

家已然是没有了，路还是要走的，我还很年轻，必须坚忍不拔向前走，以顺利完成我的学业。

多年以后，一位收藏家在拍卖会上买得一本签着父亲母亲名字的书，书中夹着一张母亲于1950年在莫斯科亲笔写给哥哥的明信片。还有人看到，在香港摩罗街（专卖古董旧物）有卖签有给乔冠华题字的名家的画。这些父亲遗留的文物是如何流落市井的呢？

中南海西花厅

在我童年的时候，妈妈就告诉我，我们家的孩子一定要称周恩来和邓颖超为“周伯伯和邓妈妈”。

这一切其实很简单。爸妈在周伯伯身边工作了几十年，哥哥就出生在重庆曾家岩50号。那时候，爸妈几乎每天都要外出工作，他们把孩子放在一个婴儿活动床里，谁有空就帮忙照看一下。周伯伯每次路过这里的时候，总会照看一下“弟弟”（小男孩），哭了抱一抱，饿了喂一口。

而在上海马思南路的周公馆，爸妈的房间在二楼，周伯伯就住在楼下的一层，可以说是近邻了。那时哥哥已经3岁，经常在院子里跑来跑去地玩耍。

很多年之后，妈妈在家翻着老相册总觉得十分遗憾：别人第一次见总理都设法拍照片留作纪念，而你哥哥天天在院子里跑，却没有和总理照一张相片。

妈妈说，那时周伯伯就像隔壁的一位邻居一样，当他与会见的客人在院子里合影之后，常常招呼在小花园里游戏的哥哥：弟弟！快过来！我们一起照张相！

而哥哥对眼前的伯伯太熟悉了，几乎每次在院子里都可以见到这位伯伯的身影，他不在意地说，我才不和你照呢！周伯伯总是和蔼地说，弟弟！快过来吧！可淘气的小男孩儿一下子跑远了……以后再没这么多拍照

1949年周恩来、邓颖超与老朋友们相聚在北京　侯波 摄影
上排右起：周恩来、张忻、龚普生、邓颖超、曾选植
中排右起：龚澎、？、白杨、张瑞芳
前排右起：徐肖冰、何谦、乔冠华

的机会了。

然而，这革命的情谊却一直保留下来。

1964年夏季一个周末的晚上，妈妈非常兴奋地对我说，等一会儿你别出去，有一个重要客人来家里，我一定要让你见见！

这是谁呢？妈妈说，暂时保密！

过了一会儿，妈妈给张颖阿姨打了电话，问客人什么时候到我们家，我似乎猜出来一点儿了。

又过了10分钟，妈妈宣布可以不保密了，爸爸在一旁笑眯眯地看着我说：邓妈妈要来我们家了！

我赶紧跑回屋子换上整齐衣服。这时我听到家里的大门打开了，一声温暖的问候传到耳边。我正在屋里找自己的鞋，越急越找不到，只听见妈妈爸爸与邓妈妈在热烈交谈着。

妈妈大声喊我："都儿，快出来啊！"

我无奈地说："我有一只鞋找不着了！"

接着我听见邓妈妈和蔼的声音：不要紧，过来吧，夏天不穿鞋也没关系呀！

我干脆光着脚丫跑了出去。邓妈妈慈祥和蔼的笑容比我想象得还要亲切。她看见我就笑着说，你这样真凉快啊！我们大人想光脚还不行呢！说得大家都开心地笑了起来。

邓妈妈又问起哥哥学校里的情况怎么样，看得出来，他们是"老相识了"。

周伯伯和邓妈妈不仅是父亲母亲在工作上的老上级，还是他们生活中的尊师和兄长、大姐。多少年来，爸妈遇到疑难都会对周总理倾谈。而我们孩子在失去母亲之后，也自然会把他们当作自己最尊敬的长辈和导师。

在一连串变故后，爸妈的老朋友曾到家中劝说，父亲的事你们不必过问。哥哥说并不想干涉，只是想找邓妈妈谈谈，希望能联系一下。不久，我和哥哥来到了中南海西花厅。

这是1973年中秋节之后的一个周末。湛蓝的天空，绿茵垂柳、宁静的小路、古朴的中国院落。在警卫战士的带领下，我们很快来到一座宽敞质朴的中式房子外边，这里也是周总理办公的地方，看得出来，屋子的布置十分俭朴。

邓妈妈已经在等候我们，她慈祥而和蔼，见到我们就像见到自己的孩子一样随意。当邓妈妈得知我马上要去天津上大学时，她十分高兴地说，去天津上学好啊！我和总理都是在天津的学校毕业的，我们是半个老乡了！

此时，一阵急促的脚步声打断我们的谈话，周总理的外事秘书挟着公文包匆匆走进来，他一边走向里屋一边对邓妈妈说，总理回来了。

邓妈妈对我们说，总理非常忙，他刚刚下火车。

正说着，只见周伯伯一个人从外面进来，他步履匆匆，神采奕奕的脸上稍带倦意，看到我们在座就说："宗淮，你们先和邓妈妈谈谈，我一会儿就过来。"

能见到周伯伯，这真是意外的收获。我暗自期盼着，最后能和周伯伯再见一面，听他说几句话。

仅仅过了不到一刻钟的时间，周伯伯就出来了，他用那双炯炯有神的眼睛亲切地望着我们，似乎有种特殊的力量。我想，这就是伟人的风采吧！

周伯伯像对待家里人一样，详细询问了我和哥哥近期的生活与工作，哥哥如实谈了心中的困惑和想法。周伯伯鼓励我们要努力奋斗，走自己的路，不要靠家里。父亲的事情随他们去。

在谈到妈妈的时候，周伯伯一字一句庄重地说："你们的妈妈是一个非常出色的人，没有人能够代替她。"

在这里，我好像又回到了亲人身旁。这是我最后一次见到周伯伯。

1973年底，就在我们看望周伯伯和邓妈妈之后不久，周伯伯的处境越来越艰难，已不便再见孩子们了。后来我才得知，1973年7月，毛主席批评外交部"153新情况"时说，大事不讨论，小事天天送，此调不改正，势必出修正。从此江青一伙就抓住把柄开始批判周总理。周总理虽然严厉责令外交部多次自我检查，但事情还是没有结束，此后，漩涡越来越大。

在那样的情况下，周伯伯与邓妈妈还关心着我们一家人。每当想起这些，我的心总是难以平静下来。

每逢佳节倍思亲

在大学读书的日子是愉快的，可一旦放下功课，脑海里总是呈现出家里的一切。

从小到大，不管遇到什么问题，我总可以在爸爸那里得到完美的解

释，如果他处理问题不公道，我会马上提出自己的看法。我以为，爸爸在处理家庭事务中能像在联合国讲坛上那样公正，联合国宣言里不是说，人人平等，国家不分大小吗？可是我逐渐发现，事情远没有那么简单，哥哥曾开玩笑地对我说："现在可不是你的话第一啊！"

转眼国庆节到了，我放假回到北京，住到了大姨家。我从天津买回10斤水果糖，一份给表姐表妹，一份给哥嫂，还有一份我想送给爸爸。这是我用自己挣的钱给爸爸买的第一份礼物，可是我却不能像以前那样随时见到他了。望着周围家家团聚的景象，爸爸的身影总是不由自主地浮现在脑海里。

记得有一年国庆我参加了学校的集体联欢，为了让爸妈能看到我戴着美丽的兔八哥头冠参加活动的样子，我和爸妈约定，等他们结束了陪外宾的活动之后，一定要到景山公园来找我。没想到，爸妈把这项任务当成了最重要的活动，上午10点多他们就在公园东门找到我了，这真是意外的惊喜。妈妈说，每年例行的节目都差不多，国庆观礼一结束我们就赶过来了，还是和孩子们在一起更有节日的气氛！爸爸乐呵呵地到小摊上买回一个红色的大气球递到我手里。

有一年的中秋和国庆是同一天，爸妈破例带我和哥哥来到了天安门城楼上，那是我第一次看到毛主席、周总理、朱老总、董老、何连芝妈妈……叶帅看着哥哥说："宗淮都长这么大了！"

今年的国庆又到了，时空和距离带来的是加倍的思念，我很想看一眼爸爸！可是怎么能见到他呢？我再不干上次那样的傻事了。我喜欢自由自在地和爸爸来往，我不愿见父亲像见首长，更不想惊动门卫。

节日的上午，我悄悄把带给爸爸的糖装到书包里，不知不觉就走到了爸爸住的胡同口。过去爸爸大都在9点左右出去参加活动，现在的时间差不多了，我伸长了脖子向他住的方向张望着，希望爸爸高高的身影能够出现在胡同口。

这时，一个快乐的女孩子把一只红色的氢气球放到了天空中，红气球，你看到我的爸爸了吗？爸爸、红气球，那是多么遥远又亲切的记忆呀！

时间已近中午，爸爸的身影还是没有出现，这样的等待似乎有些痴。

我默默从书包里掏出一把水果糖，轻轻撒落在路边：爸爸，我来看过你了！

节日的晚上，大姨拿出美国黑人歌唱家保罗·罗伯逊送给她的原版唱片《老人河》请我听。唱片机里旋转出那宽厚低沉的男低音：

老人河啊，老人河！
你知道一切，却总是沉默，
你滚滚奔流，你总是不停地流过。
他不种番薯，也不种棉花，
那耕种的人，早被人遗忘。
但老人河呀！却总是不停地流过。

一种沉静的感觉在我的周围蔓延开。

爸爸送的生日礼物

几天的假日快结束了，我也准备回学校了，就在这时，我遇到一位熟人，爸妈重庆时期的老朋友王阿姨。妈妈在世时，我们经常去她家做客。她是我们全家信赖的人。

王阿姨看见我非常高兴，她拉着我问长问短，还让我陪她一起散散步。一种久违的亲切涌上心头。以往，每到逢年过节时，爸妈和几位老朋友常带着家人去王阿姨家聚会，大家围坐在一起吃自制的饭菜，那热烈的气氛到现在仍记忆犹新。

一切仿佛隔世。

我们边聊边走，不知不觉已来到灯市西口，王阿姨停下脚步轻声问我："最近去看爸爸了吗？"我摇摇头，不知说什么好："阿姨，我去过，可是……"

王阿姨却爽快地说："你爸爸一直很惦念你呢！"

这是一个敏感的话题，我小心翼翼地从不对别人提起，现在，我不知如何谈下去。

“松都，前不久你爸爸给我打电话，让我一定去他那里一趟。”

我低头沉默不语，不知又发生了什么事情。

王阿姨和蔼地问我：“前不久你是不是过20岁生日了？”我点点头。

“你看！这是送给你的礼物！你打开看看是不是喜欢？”说着，她从提包里取出一个漂亮的袋子交给我，打开一看，里面是一件枣红色的羊绒开衫，颜色和款式都非常漂亮（现在也属高档），制作非常精细。

“太好了！这真是送给我的吗？谢谢您，阿姨！”

不过，阿姨怎么会知道我的生日呢？来不及多想，阿姨又说道：“还有一件东西，你看看吧！”我高兴地接过来一个精致的铁盒子，原来是果仁巧克力！“您怎么知道我爱吃巧克力的？”

阿姨笑了：“喜欢就好，快收起来吧！”

“谢谢您！这两样东西都是我最喜欢的！”我小心翼翼地把这份珍贵的礼物装到书包里，准备和阿姨道别。

“你别谢我，这是你爸爸送给你的生日礼物！前两天我看到他了，你爸爸去联合国开会之前专门托我来看看你。”

我惊讶地抬起头望着阿姨，有点不相信自己的耳朵，什么？这是爸爸送的礼物？您最近看到他了？

王阿姨温和地笑着说：“是呀，他第一次打电话请我过去坐坐，我没有马上去，一个礼拜后他又打电话给我，好像有什么重要事想和我谈，我就抓紧时间去看了他。”“你爸爸叫我去就是为了这件事，他十分惦念你，一直记着你的生日要送你一件礼物。他说我们是相识几十年的老朋友，拜托我帮他办这件事最合适。这是用他自己的工资买的，买什么样子的东西他都仔细交代好了。你爸爸说，一定要买质量最好的礼物给你，钱不够他可以再添上。”

阿姨又笑着补充了一句：“我还要打电话告诉你爸爸，东西已经送到，让他一定放心。”

爸爸？这真的是爸爸送我的生日礼物？他还想着我？

王阿姨肯定地点点头：“你爸爸心里一直惦着你，这还有错吗？买东西的钱是你爸爸请秘书从他自己的工资里取出来的，他把这笔钱交给我，要我一定帮他这个忙。”

爸爸！你在哪里啊？

晚霞铺满了天边，一个高大的身影紧紧拉着一个小姑娘的手从天涯海角走来，他们的侧影越来越清晰地出现在蓝色的苍穹上，那高高的身影微微有些驼背。

那是我心中永远的父亲，曾经，在迷茫的冰雪中我不知他在何方……

“松都，我走啦，你自己要当心！”

不知什么时候，我回过神来。王阿姨已走远了，她向我招招手，就消失在人群中。现在那件羊绒衫仍是我的精品，每当我穿上它，就好像爸爸又来到了我的身旁。

与爸爸分别的日子

1974年国内政局诡谲，此时正值文革后期，“四人帮”打着毛主席的旗号干着不可告人的勾当。周总理既要执行毛主席的内外政策，又要和“四人帮”周旋斗争，他力撑苦局，举步艰难。就在这一年6月，爸爸被任命为外交部部长。

这段时间也是我和爸爸“相距最远”的一段日子。爸爸搬出报房胡同的数年中，我们被一道看不见的墙隔绝了。这是当时我心里最难过而又不得不面对的一件事。上了年纪的爸爸并不知道，他的孩子是何等地思念他。我并不稀罕什么值钱的物品，就是希望爸爸永远不要忘记过去，孩子们能够经常去看望他。

那时，对于高层的内幕，我还不甚明了。在大学宿舍里，我与一个家在甘肃的同学望着天花板谈天说地，谈得最多的是我们的父亲母亲。我羡慕我的同学，在遥远的大西北，她有一个普通而温暖的家。同学却说，你有那么出色的爸和妈，这可不是人人都有的，你是你爸唯一的女儿，他的心里会很在乎你的！是啊，我和爸爸血脉相连，这亲情怎么会因为分开而中止呢？谁说怜子不丈夫？

在我的记忆深处，我的爸爸是一个和蔼可亲，充满正义感、充满人情味儿的人。可现在，过去的一切似乎都隐没在迷雾中。

我尊敬公众眼里的名人爸爸，我为他的成就感到自豪，可令我感到亲

切的还是那个慈祥的老父亲。我觉得，身居要津、风光无限就像妈妈送我那本《居里夫人》的故事一样，是奋斗中的附产品。它与商品社会的金钱很有几分相似，是一个好仆人，一个坏主人。

我更想念过去的爸爸，怀念那些简朴而快乐的生活。

其实，我的愿望很简单，我希望与天下所有的女儿一样，可以自由自在地与自己的父亲来往，互相说出心里话。哪怕长辈批评自己，那又有什么呢？难道因为有些方面的不一致就不是亲人了吗？我希望爸爸倾听我的想法，我需要他的支持与理解。

学校的图书馆里有各式各样的报纸，每次登有爸爸会见外宾或是陪同领导人出访的照片，同学们总是拿给我看。爸爸，我们又见面了！看到你的身体不错，比过去也胖了一些，我真有一种见照片即见亲人的幸福感，但愿你老人家健康长寿！我自由自在地与照片中的爸爸"谈心"，没有任何干扰，不用任何人批准，也不用谁传递消息，就像过去在家里一样。

在我实习的医院附近有一个福利院，里面收留的都是失去父母的孤儿。傍晚，当他们穿着不合体的衣服，大的拉着小的到急诊看病的时候，我的眼睛总是湿润的。世上有很多痛苦无助的人，我逐渐明白妈妈为什么那么希望我学医。或许，希波克拉底（医学之父）的誓言——"我之唯一目的为病家谋幸福"，可以使我忘却一切不快。

唯有遗憾的是，我不能为妈妈治病了。如果能早一些学医，我一定会找遍天下所有的良方护理好妈妈，让她渡过最后那一关，我们全家就不会这样分离了！

那时，我常常一个人骑着自行车徘徊在马路上，往事随着旋转的车轮，越来越清晰地出现在脑海里。

就在这段时间里，爸爸在某个平常的晚上，一个人拄着拐杖走出家门，他来到附近的街头转悠，独自在路边踱步徘徊着，迟迟没有回去。直到几个小时后，单位值班室的同志四处寻找，才在东四附近的马路边找到了他。

爸爸！你为什么孤独一人在晚上徘徊？你在住过多年的报房胡同周边驻步停留，那里有你熟悉的街景和老屋，或许，你希望你的儿女与你"偶然"相遇；或许，你希望见到抗战时期在重庆的老朋友，他们就在你的附近；或许你在思念妈妈，我更希望是这样；或许，你想瞭望闪烁的星空？

实际上，我们一直在关注着爸爸的一切，从能够见到他的长辈或朋友那里，我们断续知道了一些他的真实情况，爸爸的晚年境遇发生了落差极大的变化，在大江东去的浪淘沙中，他时常感到孤独无奈，一些人的一些做法让他感到不快，但他又感到无处诉说，只有把一切都压在心底。我真想插上翅膀，进入时光隧道来到爸爸身边，我要搀扶着他，帮他拿着拐杖，就像小时他保护我一样。

祈祷与守望

从1973年秋季起，我和哥哥一直未见到爸爸。千山万水隔不断骨肉情，孩子们仍旧关切地注视着爸爸的行踪和有关他的任何消息。每当看到同事们下班后与家人团聚的情景，我的眼前总是浮现出爸爸慈祥的笑脸和他那瘦高微微驼背的身影。我默默祈祷着，翘首期盼着自己的亲人一切平安顺利。

1976年清明节的前一天是周六，我从学校回到了北京，在天安门广场，我看到了无数的花圈和诗词，悼念周恩来的群众人山人海，我的心情久久不能平静。

1976年是惊心动魄的一年，中国政局动荡，风云变化，唐山地震后毛泽东逝世；10月“四人帮”倒台。我们迎来真正的春天。在那个特定的历史时期，从中南海到外交部乃至爸爸身边发生的事情，坊间有不少牵强附会、相互矛盾的说法，许多故事不胫而走。外交部熟人中流传着爸爸在四人帮横行年代写过的一首小诗：

笑看鸡虫斗，惶惶无已时。
无如小窗里，卧读辋川诗。

妈妈去世后，爸爸在逆境中更加悲愤努力，他的一些出彩华章，包括第26届联大的发言稿都是在这个时期完成的。随着1973年家里发生的变故，我们离开了他，没有想到，这三年他的命运发生了如此大的变化。

1976年12月，爸爸被免去外交部长职务。在极其复杂的历史时期，爸爸被卷入一场政治漩涡，我们听到传说中的一些事情很震惊。爸爸性格耿直，急公好义，遇到不平的事喜欢站出来仗义执言，历次运动总因为说一些过头的话而受批评，在有些人眼里，他作为领导干部还不够沉稳。文革初期爸爸经受了考验，他忍辱负重，正确对待冲击，白天挨斗，晚上批文件，在极左思潮泛滥的日子里，他宁愿挨批斗，也不说无原则的话，不做无原则的事，博得了外交部干部的尊重。有老同志说，老乔在政治上更加成熟了。

以“不趋炎附势”为做人信条的爸爸，一贯教育孩子要按原则办事，不要轻易放弃自己认为对的事情。他向来不在背后议论人长短，即使同志间有意见，也从不在领导面前贬低他人。文革期间很多干部挨批，外调人员找爸爸了解情况，爸爸从来不乱表态，总是实事求是地替人讲公道话。

身为儿女，我们很难把传说中的事与爸爸一贯的形象吻合起来。在我眼里，爸爸一向是与正义、诚实、光明磊落等品行联系在一起的，我百思不得其解。

爸爸以分析评论国际形势而著称，但当遇到那些错综复杂的人际关系时，他却常常感到束手无策，在大风浪扑天而来的时候，爸爸几次找到曾在妈妈身边工作多年的老同事，商讨如何应付那些微妙复杂的难题。

1977年3月，爸爸因为心脏病发作住进了医院（隔离审查期间）。那时我在大学里还没有毕业。

爸爸过去没有心脏病病史，现在却接连发生了心绞痛和心肌梗塞。在大会上，他从兜里取出硝酸甘油放在嘴里……

我的心被紧紧地揪了起来。

外交部有关人士通知了哥哥这一情况，并且说，爸爸的事情还在审查之中，尚无什么定论。哥哥提出申请到医院看望父亲，希望能够和他谈谈心，让他的情绪稳定下来。哥哥对我说，现在是爸爸最困难的时候，尽管我们对他有意见，也不了解这几年的政治状况，但我们还是要去看望他，鼓励他以正确的态度对待眼前发生的一切。我又何尝不是这样想呢，我希望马上就去看望爸爸，哪怕给他一些安慰也是好的！

爸爸！爸爸！在我们分别的这几年，到底发生了什么不可预料的事情呢？我多么想即刻奔到你的身旁，在医院里我们的会面或许更方便一些！但是，在当时那种特殊的情形下，哥哥说，他一人先去，而且很可能只批准一个人探视，我只有独自焦急地等待着他回来的消息。

父与子　摄于1967年

爸爸在医院见到哥哥后非常高兴，他们像朋友一样推心置腹地谈了起来。当初，父亲因为信仰马克思主义而投身革命，他在这条路上已经走了很长很长。

可现在，又有谁能理解这一切呢？

谈到当前，爸爸的情绪有些低沉，哥哥对爸爸说："要保重身体，只有身体好，才能向组织上把事情说清楚，今后还有许多事情要做，无论如何要保重自己。一定要坚持住！我们都在等着你。"

爸爸在重病中见到儿子，心情逐渐平静下来。病历上留下这样的记录：病人逐渐可以吃进一些东西，并且能按时入睡了。

经过几番治疗，爸爸的心脏病逐渐痊愈了。

在爸爸的病历中，从1971年开始，出现了"高血压"字样，那是在妈妈去世后的半年里；1976年9月下旬，有了胸闷憋气等"心绞痛"的症状描述；1977年3月17日，病史中呈现了"急性心梗"的诊断。1978年8月，爸爸咯出带血丝的痰，经检查，他的肺脏出现了占位性病变。10月24日，日坛医院黄国俊和张大伟两位主任为他进行了右上肺叶切除术。病理切片证实为癌症。这正是造反派在他胸部猛打一拳后受伤的位置。

在这段特殊的日子里，哥哥每周都去探望他（当时还没有解除隔离审查）。爸爸也从此戒掉了几十年抽烟的习惯。

后来爸爸对身边的人说:“在我最红的时候，我的孩子离开了我，但是在我最艰难的时候他们又来到我身边，还是自己的孩子好啊！”

爸爸！我们从来没有离开你！只不过白天变成了黑夜，孩子们的思念在梦里！我们永远等待你，爸爸！

1978年12月至1979年2月中旬，爸爸在医院接受了一个疗程的化疗，出院后回到了他的住所。

第十章

重新走近父亲

世界上最宽阔的是海洋，比海洋宽阔的是天空，比天空宽阔的是人的胸怀。

——雨果

事情就是这么简单！

1977年我毕业回到了北京，在原来的医院做一名医生。

每到周末休息的时候，我常去附近的北师大校园散步，已经好久没有到东城去了。我曾经的家在东城，爸妈工作的单位在东城，我从小上的学校也在东城，那里有太多关于家和父母亲的记忆。所有这些都像一道深深的伤口埋在我心里。

这是一段令人无法忘怀的岁月。

小时候我是爸妈的掌上明珠，妈妈走以后，家里发生了巨大的变化，温馨的家像庞贝城一样瞬间消失了，爸爸出海远行遇到了狂风巨浪。我懂得了什么是生离死别。

世态炎凉不是和风细雨，我用尽全身力气抵挡着狂风巨浪，眼前一片迷茫。一时间我无法承受这些巨大的类似从云端直落地面的反差。

1979年10月，在爸爸动手术一年之后，我也开刀做了手术。

在手术室的水银灯下，我逐渐平静下来。那时父亲正在治疗中，尽管他心中很惦记我，却由于种种无奈没有去成医院。

生命是顽强的，我很快恢复了健康。

我到过边远的乡间，去过教堂，我倾听久远以前古老的声音：世界上最宽阔的是海洋，比海洋宽阔的是天空，比天空宽阔的是人的胸怀。

夜幕降临，在浩瀚的星空中我又见到了那颗眨眼的星星，她关切地注视着我，就像母亲明亮的眼睛。都儿，你好吗？人间的事情我都看到了，我很挂念你！

20世纪80年代初的乔冠华　张彦提供

阵阵如丝般的雨瓣不知不觉坠落在我的身上，我焦急地喊道，妈妈！你要放心，你们的小女儿会和丹娘一样坚强！

一缕青云飘来，为那颗眨眼的星星拭去泪水，她又重新露出了笑意。

一个周末，一位老同事约我去她家坐坐。不知为什么，这次我破例来到老同事位于东城区的家。老同事关心地问我："去看老父亲了吗？你一定要去看他，他现在需要你！"

提到家和父亲，我深深低下了头。

家！我的爸爸和妈妈！这是一个心结，一个痛结，一个沉入海底的结！

"你一定要去看老父亲！"

我岔开话题："说点别的什么吧！"

"不，现在最重要的是去看父亲，这也是很多老同志们的建议。"我不知说什么好，我当然想看自己的爸爸，这还用别人说吗？可是我怎么进他现在的家呢？

"我去过，可是……"

可是我怎么说呢？怎么能一语道清其中的酸甜与苦辣呢？

老同事笑了："你和爸爸之间只有父女情！一个人再婚几次也永远是

自己孩子的亲生父亲，谁都明白这个最简单不过的道理！”

“去看看老父亲吧！现在他需要你，我自己也是做父母的，天下父母的心是一样的！”

“记住！在女儿与父亲之间没有别人，只有你和爸爸两个人。事情就是这么简单！”

老同事对我说：“你实在太年轻了！等你结婚有了孩子才会明白，父母与子女的感情是不可能中断的。下周就去看老父亲！什么也不要多想，我们都希望你送去一个女儿的关心。”

在我们分手的时候，她又叮嘱我说：“在你们爷儿俩之间没有别人，就是你们父女两人，想想看，这个时候你会怎么做！”

其实，父女之间就这么简单，任何人的诠释都是多余的。

我一个人敲开了那扇大门，又走到了爸爸的身边。

那时，爸爸做完手术正在康复中，经过一段调理，他的脸色逐渐红润起来。

我是学医的，这时候父亲最需要劝慰和轻松的话题，也需要休息放松。我一心希望他能够尽早恢复健康，能够和过去一样从事自己所热爱的工作。每次我都不多坐，我不愿给他添任何麻烦。看到爸爸一切不错我就放心了。

我知道，父亲的理想和事业是他一生最大的追求。常言说，知父莫如女，爸爸有许多话是放在心里没有说出的。我明白爸爸最需要的是什么，是被人理解，是像当年那样，走到“神曲之门”，在他熟悉的国际论坛战斗。因为他是一个“革命者”。

从在德国参加反帝大同盟那一天起，他就从学者迈向了这一条路，而现在，他已经走向晚年了。见到爸爸，我从不提任何往事，一切都彬彬有礼、客客气气。

对于那次家里换钥匙以后我所遇到的一切，我是在怎样的情况下离开我们最后的家，我再没有和爸爸提起过，一直到他离开我们的最后一刻。

因为我不愿意在爸爸遇到更大风浪的时候，在他面前提起当初的是非与曲折。我总相信，真的成不了假的，假的也成不了真的，时间和事实能证明一切。

西方哲人有云：你可能在某个时刻欺骗所有的人，也可能在一段时间欺骗某些人，但你永远不可能在所有时刻欺骗所有的人。

爸爸，我想对你说

1981年春季我又经历了一次手术，养病时，我来到了阔别已久的北戴河，晴朗的清晨，我一口气走了一个多小时，终于找到了我和妈妈学游泳的那片海滩。顺着山坡往上爬，绿树丛中很快出现了一栋红顶旧宅。

站在临海的石拱门前眺望，一望无际的海平线展现在眼前。1964年和1965年暑假，我们全家就住在这里。靠在腰枝低垂的大松树身边，我仿佛又回到了童年。草丛里淘气的小蚂蚱、阳光下翩翩起舞的花蝴蝶、还有那个跟在父亲身后捡海蛎子的小姑娘。如今，这里的一切静悄悄，四周长满了马尾草。

往事一去不复返，可是，蓝天还在、大海还在、景色依旧。

我伸出双臂放声呼唤：妈妈！你在哪里啊？

在北戴河，我的脑子里总是浮现出一个念头：什么时候可以陪着爸爸到这里住一段时间，让他在辽阔的大海边散散心呢？爸爸！在大海边你一定会快乐的！

可是，我没有说出我的心愿。我明白，今日不可与过去同日而语。就让我在蓝色的大海边尽情地幻想吧！

白色的海浪带回了往日的欢乐，我拉着爸爸的手，一边捡贝壳一边漫步在沙滩上，我们一起挖螃蟹洞、我们一起砌沙墙。

爸爸！你的女儿与你有些地方是相像的，有时很单纯、有时又固执、有时也会犹豫不决。别看我嘴上没有说什么，其实你带我走过的路、对我说过的话，我全都记在我的脑海里。

当你和妈妈为工作日夜鏖战的时候，我感受到了什么是奋斗；当你告诉我，在家工作的老阿姨黑发变成了白头时，我学会了尊重；当你拿着小锤子敲敲打打修补家具时，我知道了什么叫自己动手；文革中，你搀着刚挨完批斗的妈妈回到家里时，我明白了什么是荣辱与共……

蓝色的大海！你的波浪会永远为我们保存着美好的记忆！

我和父亲

望着天涯海角的彩霞，我找回了快乐的感觉。

麻醉药使人忘却痛苦，手术刀使人珍惜生命。我逐渐明白了《钢铁是怎样炼成的》这本书里讲述的道理，在千百次搏击下，保尔是怎样一次又一次爬起来的。我读了很多遍《牛虻》，书中的主人公给了我许多启迪。

多年来，我习惯了住集体宿舍。这里是我的“家”：一张临窗的下铺、一只合成革皮箱和两个落在一起的纸盒子，爸妈笑意盈盈的合影摆放在床头。我已经是能够为别人解除痛苦的医生了，这是他们一直盼望着的。

医院的对面是几所大学。那些年里，我常常去北师大中文系借阅名著，通过图书馆的范姐，我与《红字》、《白痴》、《约翰·克利斯朵夫》、《基督山伯爵》成为熟悉的老朋友；生物系的基础课也是我常去听的。

周末我和年轻的伙伴一起到电影学院看电影，去邮电学院游泳、滑冰，能够生活在这样一个有利于年轻人成长的大环境里是幸运的，我常常感念部队领导在我成长的关键时刻给予我的支持。每当回到宿舍的“家”，我总把身边的事告诉照片中的妈妈。

妈妈总是笑眯眯地看着我。我想她听见我的声音了，而且我知道，妈

妈希望我常去看看爸爸。

母亲十年祭

妈妈，我们分别快10年了！

还记得吗？你病重的时候，我从内蒙赶回来看你，第一次见面以后你有些激动，病房的医生说，脑溢血的病人要保持平静的心情，因此，他们建议你暂时不再见女儿，等病情平稳一些再说。可是你说，见不到孩子，我的心情就更不能平静下来了！你们可以让孩子坐在我的身边，我们不谈话。院方同意了。

那一天我走进病房时，你正虚弱地靠在枕头上休息，见到我走进来，你努力抬起身，疲惫的脸上露出了欣慰的笑容。护士走过来说，女儿来了，你就闭上眼睛好好睡吧！你摇摇头说，睡不着！不过我可以闭着眼睛放松休息一会儿。

望着你慈祥而依然美丽的面容，我忽然醒悟到，和妈妈在一起的时刻是多么珍贵！

时间是这样不留情，在你身边的一个小时很快就溜过去了。做治疗的护士推着小车走进了病房，这时，你睁开了眼睛，像孩子般对护士祈求道："请允许我的女儿留在病房里陪我吧！"护士摇摇头，你的病情重，做治疗要防止交叉感染。这是为了你的健康啊！可妈妈还是不甘心："让孩子远远地看着我，我们不说话。不会影响你们工作的！"

善解人意的护士安慰着妈妈说，明天很快就到了，下次我让你女儿提前进来陪你！听了这句话，妈妈点点头宽心地笑了："是的，明天我又可以见到孩子了！"

当我起身走出去的时候，妈妈的眼光一直注视着我，不知为什么，这一天的感觉有点特别，走到门口，我转过头来又望了一眼躺在病床上的妈妈，你慈爱地凝视着我，一双深邃的大眼睛充满了对我的牵挂与期望……妈妈，明天我会早一点过来，我们还有许多话要说呢！

可是，当明天到来的时候，妈妈再次昏迷过去，从此我们永无相见之时。

妈妈，你走以后，咱们家发生了“剧震”，你所牵挂的，你所担忧的，你所期望的，都发生了。

60年代的母亲

自从你离世后，爸爸好像失去了另一半生命，他经历了又一场更大的风波。在爸爸患心脏病的时刻，哥哥及时赶到了他的身旁。在爸爸艰难的时候，我们是决不会离开他的！虽然我们不能代替你，可我们知道，此时要伸出双手搀扶自己的老父亲。

妈妈，你一直说，你和爸爸的工作都是“务虚”，希望我将来能“务实”学习自然科学。在大学里，我没有辜负妈妈的期望，我学习了医学基础和临床，各门功课成绩都在前茅。现在我已经成为正式医生，可以为病人解除痛苦了；哥哥的事业发展得也很好。你知道以后一定会非常欣慰的！

妈妈，你不要为任何人担忧。去年我生病住在协和医院，现在已经完全康复了，我一辈子都感谢为我治病的医生们。

吴蔚然是一位优秀的医学专家，在我手术之前，他亲自与协和外科朱主任为我制定了手术方案，爸爸知道后要我去看望感谢他，并且称他为吴伯伯。吴伯伯还是一位和蔼可敬的长者，当我去复查看病的时候，他和我谈天，还拿出巧克力糖请我吃。

妈妈！在我陷入困境之时，你过去的老同学和老朋友、报房大院的姐妹、还有那些不曾与我们相识的人给了我许多无私的帮助。从他们身上，我看到了只有付出才能得到的快乐，我学会了感恩。

妈妈！我知道你喜欢默默无闻无私奉献的人。纵然若干年后世人将你淡忘，但翻开青史，上面却留下你的印迹，孩子们不会忘记他们的好妈妈！

每年的清明节来临时，我都在你的骨灰前放上三朵小红花，这是我、爸爸、还有哥哥。妈妈，请你安息！

和你妈妈在一起的日子我一天也没有忘记

在爸爸生命的最后几年里，他的大多数时间是在家里养病，靠在客厅的躺椅上抱着喜爱的老古书静静地阅读，这是他最大的嗜好。人老眼花，每逢看书时爸爸总要摘掉近视镜。

一天，有一个和我身高年龄相仿的朋友去爸爸家里，见有人走进客厅，爸爸随即放下手中的书，高兴地从座位上站起来迎了上去，他亲切地问道："你怎么好久不来了！"

那朋友常来常往，每次爸爸总是对这些年轻人招招手就算打招呼了。朋友想，准是乔伯伯没戴眼镜认错人了，便走近他说："乔伯伯，是我啊！"

爸爸戴上眼镜看清来人，脸上立刻显露出失望的神情，他黯然地望着窗外，若有所失地说："哦，是你啊！我还以为是……"说罢，又重新坐回位子捧起了书。

事后女友对我说，乔伯伯一定把我当成你了，看样子他十分想念你。不管怎样，你时常去看看他吧！他是你父亲，身为家长总要顾及自己的面子，有些话不见得放在嘴上，你要多体谅他。你现在没孩子没体会，哪有父母不想亲生孩子的！特别是上了年纪以后和年轻时又不一样。我默默地点了点头。

爸爸生病住院后，共事多年的老同事纷纷去看他，也曾关心地问起孩子们的下落。回想自己几十年走过的道路，爸爸思绪万分。世事难料，爸爸为自己当初没有冷静处理问题颇感后悔，他长叹道："说来话长啊！"

也不知道这是第几次去探望爸爸了。每次爸爸总是叫我坐到他的身边，并且把他使用的保健药推荐给我。关于健康，爸爸说，最重要的是遇事要想得开一些。可是，这些年我们家发生了这么大变化，岂是一句想得开就可以释然的呢？望着女儿疑问的目光，爸爸低下头喃喃地说："当然，我也要想得开一些。"一丝忧郁与无奈从他的脸上轻轻掠过。

从那以后，我尽量在爸爸面前表现得更加轻松快乐。有时我去厨房帮着开饭，他总是走过去把我拉开，让我好好坐下和他聊聊，并且让我以后不要到厨房去。我觉得自己应该做些力所能及的事，可如果我在厨房多待一会儿，他就站在门口不走，非要拉我出来，过去在家他可不是这样，总是让我多帮大人干点活儿。

初秋的一天，我去看望爸爸，我坐在他身旁，照例问候他的身体，那天我穿了一身咖啡色套服，爸爸望着我似乎认出了什么："这是你妈妈的衣服。"他的眼中闪烁着亲切的神情，"咖啡色带小格子的，这是用我们去巴基斯坦访问时当地人送的一块毛料做的，你妈妈回国后做了一套衣服和裤子，还剩下一小块料子没有做。你妈妈很喜欢这身衣服的颜色和图案。"

我惊奇地瞪大眼睛望着爸爸，那时我早已为自己定好一条规矩，在这里决不主动提与过去一切有关的话题。妈妈去世后，我曾和爸爸相依为命，至少我主观上是这样认为的，可现在，我们虽然近在咫尺，却已物换星移几度秋。

在爸爸面前，我说不出假话，听到他主动提起妈妈，我顿感意外，便惊奇地看着他说，你身体不好就好好养病吧！还提我妈妈干什么呢？再说，你现在生活得挺好，这里的住房大，条件也比咱们家强，我妈妈也不在了，过去的一切对你已经不重要了！

爸爸悄然望了我一眼，便自顾自地深深陷入了似乎遥远的回忆之中："那一年，总理和陈老总到东南亚访问，我和你妈妈都去了。巴基斯坦是一个古老美丽的地方，当地盛产棉花，我们参观了那里最大的一家纺织厂，主人非常热情，他们送给代表团成员每人一份小礼品。我们收到了这块衣料，你妈妈特别高兴，我记得十分清楚。"

听到爸爸深情的回忆，我疑惑地眯起了眼睛："已经过去那么久的事情，你还都记得吗？你还记得我妈妈？"许久我们没有这样推心置腹地交谈了！我的眼前又浮现出那盆仙客来花。仙客来！你美丽的花瓣在爸爸心里是否已经凋零？

凝视着窗外的缕缕浮云，爸爸的神态变得庄重起来，他充满思念地说："和你妈妈在一起的日子我一天都没有忘记！过去的每一天都装在我的脑子里，我从来不会忘记。"

听了这番话，我睁大了眼睛，望着父亲额头上一道道深深的皱纹，我什么也说不出来。就这样，我们在一起默默坐了许久，我和爸爸谁也没有

再说话，仿佛此刻妈妈就在我们身旁，仿佛此刻就是地老天荒。

小手指姑娘

人到晚年是最容易怀旧的，面对着窗外的夕阳，爸爸一遍遍回首自己的平生，他怀念周总理，怀念自己的青年时代，怀念和妈妈相识后的日子，还有在联合国大厅里叱咤风云的时刻，在那些意气风发的岁月里，他是那么潇洒豪放……

在我去看望他时，他也常对我念叨起和我有关的细节往事。

有一次我下班后跑去看爸爸，在他身旁坐稳后，爸爸为我递来一杯凉开水，我一眼瞥见他左手无名指内侧的那处老伤痕比几年前增大了许多，最初只有半个绿豆大小（大约0.2×0.3厘米），而现在却发展得像一个多出来的小手指头了（1.5×0.7厘米左右），便惊奇地问他为什么不做手术切除掉呢？爸爸低头看了看这个新生的“小手指”说，医生好几次动员他手术，他都推辞表示不做了。

我更奇怪了，爸爸一向是非常开明，非常尊重医生建议的啊！为什么这次他这么固执呢？

只见爸爸用大拇指轻轻摸着那个多出来的“小手指”对我说：“知道吗？这是为了纪念你的！还记得你小时候的事情吧，我们家刚搬到报房胡同的那天，房子里堆满了家具，那时已是晚上7点多了，为了尽快安装好你睡觉的小木床，我把两边的床板使劲往上拉，因为用力过猛，左手四指被床缝夹了一下，这里留下了一处伤痕，很多年都没有变化。”

爸爸伸出左手说：“不知为什么，这两年这个结节生长得很快，现在已经像一个多出来的小手指了。医生说是‘乳头状瘤’，一直建议我手术切掉，以防日后病变。最近我去医院检查身体，医院还是同样的建议，让我考虑尽快手术。可我坚持不做了，她在我身边已经二十多年了，我习惯了，看到它我就想起你和你的小床。”爸爸边说边用自己宽大的手掌轻轻抚摸着那个多出来的小手指，就像是抚摸着自己孩子的头。

爸爸低头看看“小手指姑娘”，又抬头望望我说：“这是为了纪念你的，这些年我已经习惯它在我的身边了，就让她和我永远在一起吧！不管我走到哪里我都带着她，就好像你在我的身边一样。”

说罢，爸爸随手拿过自己的茶杯，他轻轻拍拍小手指姑娘的头，然后把她细心地护在自己的手心儿里，好像生怕谁要碰伤了她。

我愣愣地看着爸爸那熟练的动作，心里不知是什么滋味。

事情已经过去了二十几年，不曾想爸爸还记得那么清楚。莫非是我真的没有读懂父亲的心！

走出大门口，泪水逐渐模糊了视线，在迷茫的风雪中，我已经寻找了很久。其实人性都是共通的，哪个做子女的不希望生身父母与自己息息相通呢！

爸爸！什么时候我们可以像过去一样无拘无束？什么时候我可以陪你到北海公园散步？什么时候我们可以去买活蹦乱跳的小金鱼儿？

难道这个世界上真的有那么多无奈？难道天伦之乐只有在梦中？

夕阳西下，一块藏在心里的冰在流泪、融化。

爸爸的书桌

1958年上半年，我们家从无量大人胡同的旧四合院搬到了刚竣工建成的报房胡同宿舍大楼。那是一栋灰色的四层宿舍楼，我们家住在三层一个四居室的单元里。大门左边就是爸爸的书房兼办公室。这是一间坐北朝南不足15平方米的普通房间。

爸爸的书房永远像图书馆一样整齐。房间门口摆放着两个单人沙发，拐角的小书架上陈列着爸爸收集的宝贝，一个青铜制的古代酒杯和一枚老灵芝。清理文件，整理书籍，这是爸爸每天必做的功课。

爸爸的办公桌

明亮的窗子前是爸爸简朴的办公桌，绿呢子台布上压着玻璃板，案头摆放着一盏小日光灯、一个

记事的台历。

爸爸伏在这张桌子上完成过许多重要声明和社论，“五二〇”声明和26届联大特别会议中国代表团的发言稿就是在这里起草的。这应该是一张值得纪念的办公桌。

与书桌形影不离的是那部红色专用电话和一本保密电话簿。除去爸爸妈妈，谁也不能动。这是家里最重要的纪律。

三个大书架上是爸爸珍藏的经典:《马恩列斯全集》、《资本论》、《鲁迅全集》陶渊明《大同书》……下层放着国内外参考资料和英文杂志《时代周刊》(Time)。除此之外，爸爸还收集了各种版本的世界地图与各个区域的详细图册。

闲暇之余，爸爸经常坐在书桌右侧的木制老躺椅上引经据典，自然，一本厚厚的英文字典是他不离手的工具。爸常说:“字典是经常要用的，要反复查，随时查。”受他影响，我也喜欢上了他的“图书大世界”。

白天爸妈在部里上班，晚上8点是他们第二个忙碌的时间段。书房的灯光亮起来，寂静的红机子电话开始“铃铃”地响了；窗外一阵摩托车“轰轰”的声音后，送文件的叔叔敲门了，我总是第一个跑过去开门。通讯员静静地坐在走廊的饭桌旁等候着。爸爸批文件的时间一般都比较快，很少有超过二三十分钟的。

为了完成中央布置的工作，爸爸时常与写作班子的同事们合作。每逢此时，爸爸总是吩咐我去沏茶倒水、礼貌地问好，当他们和爸爸专心致志的研究写作方案时，我也该准备睡觉了。

从来不知道写作班子的叔叔们是什么时候离开的。如果第二天爸爸没有按时起床，那一定是他们又熬夜了。

当爸爸姗姗来迟再次出现在书房的时候，我就跑到他的面前唱道:“天长了，夜短了，耗子大爷起晚了！”

爸爸并不生气，他说:“这支歌谣编得不完全，只唱了夏天，冬天是什么情景呢？”我愣了一下，随口答道，那就倒过来:“天短了，夜长了，耗子大爷起早了！”

爸爸满意地笑了。

这间书房里有我的一席之地，那是爸爸特意为我准备的一个小抽屉。

每当爸爸伏案工作或是啃书本的时候，我常常坐在地板上，在爸爸的脚边轻轻拉开他办公桌最下面那个抽屉，从里面翻出我的小玩意儿：俄罗斯木制娃娃“玛特柳什卡”、连环画《洋葱头历险记》、铁丝编成的小花篮……我最喜欢的是一个万花筒，从里面可以望到许多变幻莫测的缤纷世界。此外还有一把小锤子，那是爸爸用来钉钉子修家具的。

每当爸爸读书写字的时候，我总是坐在他脚边静静地做自己的游戏，十几年来，这已经成为一种习惯。

1973年我家搬离报房胡同的时候（搬家时我和哥哥都不在场），随爸爸去的物件中就有这张老书桌。

一日，我从单位宿舍去父亲的新家看望他，想起家里发生的变故和不久前爸爸对我许诺过的保证，我沉默不语。

爸爸似乎有许多话要对我说：“过去家里的老书桌是我一直用的，下面那个放玩具的小抽屉我始终为你留着，没有人会动，这件事我做得了主的！”

面对自己的生身父亲，我不想掩饰自己：我连一张属于自己的床铺都没有，哪还用得上书桌啊！我又不能住在小抽屉里。我对爸爸说：“你别留了，留了也没用。我也不住在这里，里面的东西你就全扔了吧！”

“我会给你留着的！”爸爸郑重地对我说。

我绝望地摇摇头：“全都扔了吧！过去的一切已经消失了！”

爸爸却固执地坚持己见：“不管怎样我都要给你留着！我会一直为你保存这个抽屉，因为这是你的！这桌子只有我一个人用，我可以做主。”

我这才抬头仔细地望了一眼父亲，他的无奈、他的伤感、他的心痛又有谁真正知道？

物转星移，时光荏苒，2004年春天，我在父亲家乡的老屋里意外地看到了它——爸爸用了几十年的棕色办公桌，尽管它已经破旧得像旧社会的贫雇农，我仍然一眼就认出了这位老朋友。很久不知它身在何方，也不知到何处去寻觅，现在它就在我眼前。我端来一盆清水，用毛巾轻轻为退尽铅华的书桌梳理着身上的每一道皱纹。我想它也一定历经了许多风和雨，可是没关系，咱们不是又见面了吗？

老书桌望着我笑了：“都儿，你来了！知道吗？你爸爸一直为你保留

着你的小抽屉，他等着你回来呢！”

我的眼睛模糊了，是的，我都知道的！

老办公桌永远和爸爸的回忆联系在一起。

我蹲下来轻轻拉开小抽屉，像儿时一样在里面寻找着，俄罗斯木娃娃、小人书《洋葱头历险记》、还有美丽的万花筒……

与夏衍的半世之交

爸爸有一位结交半个世纪的老朋友，从香港时起开始，直到走到生命的尽头，那就是夏衍伯伯。爸妈一直称他夏公。

夏衍是我们的老前辈，1927年大革命失败后他加入了中国共产党，是左翼文化运动的创始人和著名的戏剧作家和翻译家，他多才多艺，在电影戏剧和外交等许多领域都有建树。伯伯一生经历了近百年中国社会变迁，他历尽坎坷而不改追求。

太平洋战争之前，爸爸到达香港时，夏衍正在香港，不久他们就相识成为好友。爸爸与夏衍的许多想法是相通的。

爸爸曾对夏衍说，性格即命运。过去我没有深想，现在想来，这句话颇有几分哲理。

太平洋战争打响，香港沦陷，夏衍从香港回到了重庆。不久，爸爸从曲江也到达了这里。夏伯伯带他到曾家岩50号去见周恩来同志，爸爸回忆说，那一定是提前就安排好的。可以说，夏衍是爸爸的引路人。

在《新华日报》社，爸爸与夏衍成为同事（夏衍曾担任《新华日报》代总编辑，中共南方局文化组副组长）。

夏衍后来回忆了这一段经历。“汉夫要我给《新华日报》副刊写稿，这就是后来成了专栏的‘司马牛杂感’。我在国统区和香港办了几年报，一方面自以为懂得了一点读者心理，想写一些不落俗套的文章，但另一方面像我这样的没有受过正规训练的知识分子，也难免会犯自由主义的错误，所以1943年《新华日报》小整风，汉夫作为党报的总编辑，就得为我和乔冠华、陈家康等人在副刊上发表的那些有错误的杂文负责任，好在当时主持整风的董老坚持了治病救人的原则，所以我们这几个人作了检讨，就没有受到处分。”

在此之前的1942年，夏衍已在重庆办事处认识了外事组的其他几位同事，王炳南、陈家康、龚澎等人。

建国初期，夏衍被任命为外交部亚洲司司长，因为上海的工作无法分身而没有到任，爸爸代理了一段时间。1954年，夏衍来到文化部主管电影及外事工作，爸爸与他又时常见面了。

文革之前，夏衍住在东四附近的文化部宿舍，离我们住的报房胡同不远。周日如果天气晴朗无风，爸爸或者散步，或者约老友谈天，经常去的有夏衍家。爸爸让我和他一起去串门，可我不太想去。因为夏衍家里没有和我一样大的孩子，大人的话题我不感兴趣，每次都是谈古书旧词之类。爸爸说，你先和我去看老朋友，然后我们到隆福寺去买小金鱼儿。我同意了。

夏衍和爸爸见面没有任何客套话。打开房门，夏伯伯说一句，老乔啊！接着就开始和爸爸讨论起他们在电话中继续的话题，边说边走进屋子坐下。似乎他们有说不完的题目和感兴趣的事情要谈论。

有一阵子他们在研究明清时期的历史，直到取得一个问题的共识之后，爸爸才发现我正站在一旁愣神，便对我挥挥手说，你自己转转吧，到阳台看看他们种的花，到院子里也行。回去的时候我们去买小金鱼儿。

夏伯伯看看屋子里说，我这里是没有一点小孩子玩的东西了，你随便玩吧！我跑到院子里一个人四处转悠，耐心等待着他们结束一个阶段的话题，然后我就可以去逛隆福寺了。每次爸爸都兑现了他的诺言，我们捧着一罐活蹦乱跳的小金鱼儿回到了家，妈妈正在等我们回去吃饭。

文革以后是没有这样的闲情逸致了，许多年没有见到夏伯伯，只知道他们原先住的地方搬进了军代表。20世纪80年代初父亲病重的时候，夏衍又出现在爸爸的身旁。有一次我去医院探视爸爸，走进病房，见到他的床前围着几位老熟人，其中一位是夏衍伯伯。爸爸见到老友似乎很激动，夏衍挥着手要他先好好休息，坐了一会儿夏伯伯就告辞了。原以为事隔十几年，夏伯伯是不会记得我这个小孩子的，没想到，他一眼就认出了我。“松都，你来了！”“夏伯伯好！”还是过去那几句简短的话语，望着夏伯伯亲切的面容，不由得回想起儿时的往事。

在爸爸去世的前一天，夏衍伯伯拄着拐杖匆匆来到爸爸的病床前，面对相知相交50多年的老朋友，爸爸念出了文天祥的名句:“人生自古谁无死，留取丹青照汉青。”

这诗是爸爸和夏衍经常读的。

夏衍也是我们全家的老朋友。1987年，我的大姨龚普生请夏衍为姨夫的传记《章汉夫传》写一篇短文，夏衍在文章最后一段说，汉夫比我小五岁，他却在十四年前就去世了，只留下了这本文集。今天还有多少事要他这样的人来做，有多少文章要他这样的人来写啊！我写不下去了，仰天长叹，呜呼！

第十一章

最后的日子

历史是不会重演的，但历史从来也不会被割断。

——乔冠华

过去的事情一风吹

在爸爸养病的日子里，一些多年不来往的老朋友纷纷去看望他，大家关心地问起他的状况。面对老友的真诚，爸爸讲述了1976年前后的风风雨雨。关于最后一次出席联大时经历的一段故事，经组织审查，已经对这件事做了澄清。爸爸说，“不过回想起来，不免有点不寒而栗。”

1982年春季，爸爸的肺癌复发，他不得不再次住院进行化疗，浓密的头发一绺绺脱落下来。爸爸一生很少有长期住院的经历，面对着惨白而毫无生气的病房，曾经走过的曲折历程一幕幕在脑海里闪过。在医院的阳台上，他一圈圈地散步，就像在北戴河海边一样。当听说外交部的老同事住在同一医院治病，他就要说一句“为什么不来看我啊”（这些点滴是我事后才逐渐得知的），见到老熟人，爸爸总是希望他们多坐一会儿。

1982年12月，时任中共中央总书记的胡耀邦委托习仲勋同志和陈丕显同志在中南海约见了父亲，询问了他的近况，并且代表中央说，“过去的事情一风吹了，一笔勾销。你是党内老同志，受点委屈要想得开。”

陈丕显同志对爸爸讲了自己的经历，“我们入党几十年，差不多都经过这样那样的挫折，受过委屈。你也不要计较了，你有那么多丰富的外交

经验，还要为党的外交事业多做工作。”

面对这些，爸爸遗憾地说：“我已经得了肺癌，剩下的时间不多了。”

组织的信任给了爸爸巨大的安慰。一位外交部的同事在医院碰到了爸爸，爸爸见到他就笑着指指自己说：“现在我是一个好人了！”

爸爸出院康复后，时任友协会长的王炳南伯伯说，让老乔到友协来吧！就这样，从1981年起，爸爸在中国人民对外友好协会担任顾问。他恢复了工作，这是最重要的。

没有了过去的忙碌，爸爸利用一切业余时间勤奋读书，看材料。此时爸爸正在筹备撰写一部外交回忆录。对与他打交道的许多对手，他都将做出自己的评价，爸爸已经对书中具体的章节进行了构思和设想。

然而非常遗憾的是，剩下的时间真的不多了。他的身体状况使他没有完成这个心愿。一切都无法重新再来。

1982年12月27日，爸爸为《国际评论集》写了一篇1000多字的序言，里面包括了爸爸1943年至1946年在重庆期间以“于怀”的笔名在《新华日报》发表的国际述评。1983年7月7日，爸爸又为他早年在香港以“乔木”的笔名写的国际评论集《从慕尼黑到敦刻尔克》作了一篇短序。在波澜壮阔的历史画卷中，他看到了年轻时的自己，爸爸沉浸在流金岁月的回忆中：“历史是不会重演的，但历史从来也不会被割断。”此时，他撰写回忆录的工作已准备就绪。当冯亦代把他27岁时出版的第一部文集《争民主的浪潮》找到，并送到他家时，爸爸欣喜异常，说这样他“写回忆录时便可有所索骥了”。可惜，爸爸没来得及看到文集的出版。他的回忆录也终究没有写成，在写完那篇短序的两个月后，爸爸的病情有了新的发展。

第六感觉和“最后的晚餐”

1983年9月3日是爸爸最后一次住院的时间。

关于那次住院的消息，我第二天上午就知道了。那一段时间，单位安排我在师大对面的工业卫生研究所进修，每天我都在显微镜下忙忙碌碌。

9月3日夜里，我平静入睡以后做了一个梦，爸爸又住院了，仍是肺部的病变与咯血。

一切都是那么真实，冥冥之中通知我的是来自血亲之间的“第六感觉”。我相信，这种未知的“电波”确实在某种特定的场合下存在。

梦中的画面非常真实，爸爸在下午大约黄昏之前的时候离开了他住的院子，我看到他走到大门口，天上有云，刮着风……那情景就好像录像一样印在我的脑海里，到现在我都记得十分清晰（与病历记载完全一致）。

9月4日清晨醒来，总觉得有一个隐约的警示和感觉无法说清，虽然没有接到任何通知，可我觉得这一次病情不同以往。

想来想去还是打个电话询问一下，顶多是自己过于迷信，但是一切疑虑都被证实了：前一天（9月3日）下午，爸爸因咳血加重已住进了医院。

第二天我向单位请了假，先在水果铺买了爸爸最爱吃的香蕉，然后就径直向北京医院北楼走去。当时心中只环绕着一个感觉，一定要去看看我的爸爸！那是来自天上的声音在召唤我。

在病房里我看到了爸爸，他睡了午觉刚刚起来，似乎状态还不错，我稍稍松了口气。

看到我出现在面前，爸爸的眼睛里闪动着快乐的光芒，他惊喜地对我说：“你是第一个来看我的！可是我们还没有通知任何一个人呢，你是怎么知道我住院消息的？”

离开报房胡同以后，爸爸生病住院的消息我都是通过间接渠道打听到的，过一段时间我就主动问一下，不过这次可没人告诉我，我是凭借着自己的感觉与爸爸沟通的。我随口回答说：“做梦做的呗！没人告诉我。”

爸爸听后又认真地追问下去：“你梦见什么了？”

望着窗外的苍穹，我吞咽着苦涩的泪水，诉说了梦中的画面：“我梦见我的爸爸咳血需要住院，在梦里我爸爸是下午去的医院。我很想看看他，就来到了这里。”我相信，在至亲的亲人之间的确存在着第六感觉。

爸听了欣喜地说：“的确是这样的！”

他仰起头轻轻叹口气还想说什么，我打开书包拿出我买的水果，“爸爸，这是我给你买的香蕉，一会儿你就吃了吧！”

爸爸说：“我这里有水果，你钱不多就别买东西了！”。

从小我就知道爸爸的爱好，除了香蕉和广柑之外，他几乎很少吃其他水果（不包括榴莲）。这是妈妈告诉我的。我随口对爸爸说：“别的我也没

买什么，只买了一把香蕉，你不是就爱吃香蕉吗？”

听了我的话，爸爸站在那里凝视着远处似乎在默默想着什么。我没有敢多看他的表情，或许他想起了往事，想起了那个在病床前给他擦眼泪的都儿。

爸爸！还记得吗？在家的时候你不是经常让我去买一把香蕉回来吗？就是远隔万水千山，我也是你的亲生骨肉啊！

不管自己孩子脸上被人涂上多少层油墨，可做父母的闭着眼睛也能辨出自己的儿女长得什么样啊！

屋子里很暗，我走过去帮助爸爸拉开病房里的窗帘，他面对窗户背着我，从口袋里拿出手绢轻轻擦拭着眼睛。爸爸，你要点眼药吗？爸爸摇摇头。爸爸怎么了？原来他在悄悄擦眼泪。

见我在注视着他，爸爸显得有些不好意思，他对我说，“这些年你爸爸老多了，爸爸的眼睛也大不如我们在家的时候了……”

黄昏时分，金色的晚霞透过玻璃洒在爸爸身上，他高大的身躯微微弯曲着，恍惚间，我好像站在报房胡同的老屋里，只是，爸爸的面容憔悴，眼窝深陷，脸颊的肌肉松弛了许多，苍劲的皱纹布满了他的脸，背也比过去佝偻了。弹指一挥间，原来那个神采飞扬的爸爸成了一个暮年老者了。

这时，护士把爸爸订的饭菜送来了，我想我该告辞了。

爸爸，我走了，有时间我会经常来看你，我回去马上告诉哥哥你住院的消息，他现在正在香港（那时哥哥在香港中文大学做访问学者，不久即到香港新华分社担任领导工作）。我想他会尽快赶回北京来看你的！你好好休息吧！

见我要走，爸爸急忙拦住了我，他真切地说，“你别走，我们再多坐一会儿！很快就到6点了，我们在一起吃个饭！”爸爸执意挽留我。

“爸爸，你是病号，我可是医生，医生是不能吃病号饭的，我不打扰你了！”

可爸爸认真起来：“哎呀，你在自己的爸爸这里是什么医生啊！在爸爸面前就是我的女儿，一会儿我们在一起吃饭！这顿饭很多，够我们几人吃的，快过来吧！”

从我学医以后，不管我当护士还是医生，爸总认为那是对别人的，他生病了我可以和他讨论用药，可是他从不让我给他打针，宁愿天天跑医院。我对他说，给你打针的护士还不如我有经验呢！他却固执地说，自家人不能给自家的人治病，特别是动手术，亲人之间心软下不去手。

我当然了解自己的爸爸，他不会对我说客套话，我就听他的吧！

从小到大，我和爸爸一起吃了不知多少顿饭。在我咿呀学语时，爸爸手把手地教我用筷子（大概是他太忙了，我用筷子的技术到现在也不规范）；他教会我饭桌上的每一道规矩：入座后要挺身坐端正，随时捡起掉在桌子上的每一粒米，因为，“乡下农民种稻田是非常辛苦的”。遇到炖鸡的时候，爸爸总要用他的筷子夹出一个鸡腿放在我的碗里，然后连声督促着让我赶快大口吃掉。

这一天爸爸吃的主菜是炖鸡汤，我们脸对脸坐在病房的小桌前，爸爸的面容还是那样亲切，身上的气息还是那样温馨，头发还是那样浓密，只是两鬓和发间已是灰白，望着父亲眉宇间无言的沧桑，我的心在隐隐作痛。

爸爸坐稳后，拿起筷子用力夹起一只大鸡腿，一下子就放到我的碗里，“快吃吧，就着饭一起吃下去！”

“爸爸？”

我抬眼望着父亲本想说，你是病人，这是给你的！可是，我看到了爸爸黑色的眸子里闪出了一束温暖的光，这是我再熟悉不过的眼神，那是小时候我每天看见而后来又似曾生疏的。

“都儿啊！趁热赶快把这个鸡大腿吃掉！”

我点点头，拿起筷子大口吃起来。

一股热流在心底涌动，那块没有完全融化的冰在默默地流泪，悄悄地融化着。我使劲儿把头埋在饭碗里，拼命吞咽着嘴里的米饭和涌出的泪水，一顿饭很快就吃完了。

我又看见了我的老爸爸，他一边心满意足地看着我吃着，一边用勺子把汤浇到自己的米饭上，爸爸仰头高兴地说：“我吃汤浇饭就很好，我就是愿意这样吃饭！”

此时我好像又回到了我们在报房胡同的家。十年似乎只是一瞬间。

爸爸！我们之间还有什么需要解释呢？妈妈走后我们家发生了很多变化，爸爸从来没有责怪我一句。在他的新住处，我客客气气的，再不像过去那样无拘无束地有说有笑了。爸爸总是对我说："泼辣一些！胆子大一点！"

这是我和爸爸在一起吃的最后一顿晚餐，离他去世仅仅两周。上苍，是你安排爸爸和我最后的团聚吗?

* * * * *

两天之后，哥哥赶回了北京，他和嫂子带着我的小侄儿来到了父亲身旁。

在住院的日子里，爸爸经常沉浸在往事的回忆中。一次，爸爸半夜醒来情绪很不平静，他向身边的熟人询问起哥哥一家三口的生活情况，并哭泣道，我这个人很可怜啊！"是不是想孩子了？"爸爸默默地低下了头。

第二天，正准备动身回单位的哥哥带着嫂子和小侄儿再次来到了爸爸身旁，祖孙三代留下了合影。爸爸高兴地大声说，今天真是大吉大利呀！

永 别

1983年9月21日，中共中央书记处书记习仲勋同志又一次代表党中央到医院看望爸爸，并问他对中央还有什么要讲的话，爸爸的回答是"不说了，什么也不说了。"

第二天（9月22日）上午将近10点的时候，我在进修的工业卫生研究所血液实验室接到了乔惠莲丈夫赵克文（乔宗秀女儿和女婿一直在医院照料父亲）打来的电话，得知爸爸报病危的消息后，我扔下电话立即骑上了自行车。

那时候的出租车还没有现在这么普遍，如果不能很快坐上车，再骑车过去可就耽误时间了。从北太平庄穿过市中心，我拼命蹬着车轮，一口气骑到了东单附近的北京医院。

我飞奔着来到了病房，几个医护人员正在整理物品，病床已经清空了。

爸爸！难道你就这样走了吗？！

我又赶到了太平间，师傅！请让我看爸爸最后一眼吧！我得知爸爸报病危的消息后，马上就骑车赶了过来！老人取出钥匙，拉开了冷藏柜……

在香港，陈楚叔叔把这个消息通知了哥哥。

最后的日子是我不想再重复一遍的。当爸爸最后无法说话的时候，他的双眼始终盯着病房的门口，苦苦等待着和他的亲生子女最后见上一面，爸爸的眼神里充满了最后的期待……

这一幕将深深埋藏在我的心底。

爸爸！你的心思我都明白！我知道你有许多的话放在心里没有说出，我懂得，你的心里装着一份亲情从来也未曾改变。

爸爸！请闭上眼睛安息吧！

感谢所有最后守护在爸爸身边的人！感谢你们为爸爸做出的一切努力！

告别的那一天，我把一束红色和白色的玫瑰花放在爸爸身边，它和小手指姑娘紧紧拉着爸爸的手，走向那道燃亮的光束。

1983年9月22日（9月20日是妈妈去世的日子）这一天是中秋节，在这家人团聚的日子里，妈妈把爸爸呼唤去了。

在遥远的天国，嫦娥轻轻拉开了广寒宫的大门，在妈妈的身边出现了一个高高的身影，他面对妈妈说，搭令！我们生离死别整整13年！

妈妈微笑着，什么都不用说了，让我们一起跨过鹊桥，走到神曲之门去看望总理和我们许许多多的老朋友吧！

孩子们都好吗？我们约好每年的中秋节出现在星空中，看看他们和我们的第三代吧！

尾 声

爸爸妈妈已先后离世二三十年，我一直非常想念他们。

和天下的儿女一样，我希望能守候在自己的爸爸妈妈身边，在我想“家”的时候，就可以坐着公共汽车随时去看望他们。我想一只手拉着爸爸，一只手牵着妈妈，在他们身边，我好像又回到了亲切的家。

可是由于历史的种种原因，母亲龚澎安葬在北京八宝山，父亲乔冠华安葬在太湖湖畔。那两抔黄土是两个曾经持手相扶的灵魂，是一对比梁思成和林徽因还要浪漫的夫妻，他们是一双儿女的好爹娘。他们工作实在太累了，早已进入自己的梦乡……

中国人常说，入土为安。一位远在日本的朋友对我说，你妈妈一个人

不孤单吗？我们都希望他们老夫妻合葬在一起。我是一个有血有肉有亲情的女儿，我又何尝不愿意自己的生身父母可以像许多老夫老妻一样长相守。

可是，我不忍心惊动他们。我常想起周伯伯和邓妈妈，他们的骨灰撒到了祖国的江河湖海；我的一位好朋友的父母亲，也是爸妈共事的老朋友，他们双双把骨灰撒在长城脚下。青山处处埋忠骨。

每当我望着大街上那些白发携手的老人，眼前总是浮现出爸爸妈妈的身影。如果他们能够走出十年浩劫活到今天，该也是这样的年纪和这般的慈祥与优雅。我一定会精心地陪伴他们，就像幼时他们照料我一样。可是，上天没有给我这样的机会。我希望这本书能够弥补一点我的遗憾。

和妈妈一样，我喜欢读那些起伏跌宕的历史名著，其实，生活本身就是一部浩瀚的史书，虽然这是我写的第一部作品，但这是一份真实的记述。

如今，我从一个无忧无虑的小姑娘成为一个独立而自食其力的劳动者。我想这正是爸爸妈妈所希望的。

感谢上苍让我与爸爸妈妈共度了一段美好的时光。不管走过绿色的春天和金色的秋天，还是经历夏日的暴风雨和冬天的严寒，我的心里永远有一片灿烂的阳光。

生活犹如爬山，当你站在高山之巅，你看到的是美丽的大海和一览天下的美景，可是当你走下山坡，你还会看到樵夫背着竹筐上山砍柴，山谷下面的农庄里炊烟徐徐升起，还有深山老林里传来的犬吠声声。

真可谓：“有人星夜赶考场，有人辞官归故里。”生活的大起大落需要一颗温暖而平常的心。

幼时和爸妈在山海关看到的那条老对联又浮现出来：

海水潮　朝朝潮　朝潮朝落，
浮云长　常常长　常长常消。[①]

① 原文为：“海水朝朝朝朝朝朝朝落，浮云长长长长长长长消”。

亲爱的爸妈：1983年哥哥继承了父业，他沿着父亲走过的路，出使香港、朝鲜、日内瓦……还有爸爸在20世纪40年代对二战战场进行深入探讨的北欧，当年老爸亲手绘制的芬兰地理交通图和湖光山色就在眼前。

时光飞转，我的儿子在一篇作文中写道，我经常听妈妈讲起姥姥和姥爷，可是我从没有见过他们。对着月亮，我思索着生命的意义。

我希望能把新鲜的空气和阳光带给孩子，更希望他能够在这个有些浮躁的社会里脚踏实地地好好学习，认真地做人。

爸爸妈妈！我带着你们的小外孙在咱们的老院子里等着你们，就像小时我盼着你们从日内瓦开完会早点回家。

月光如水，星光灿烂，有两颗闪亮的星在鹊桥边亲切地向我们眨眼，我对儿子说，看！那是姥姥姥爷，他们正开心地望着我们微笑呢！

愿爸爸妈妈上天之灵永远得到安息！

续篇

怀念与思考

2013年是父亲百年诞辰纪念，也是父亲去世30周年的日子。说不清是第几次回家乡了，每当我踏上这片土地的时候，总会感到一种浓浓的乡情。江苏盐城是父亲生长的地方，也是乔家的祖居地。父亲16岁离家，当他去世30周年，诞辰100周年的时候，家乡的人民伸出双臂来迎接自己的儿子。

这是一次民间纪念，家乡所在地江苏盐城建湖县庆丰镇给予了大力支持。为此付出辛勤努力的，还有乔家的两位侄辈，他们都是实干家。盐城友协的赵宁主任和申森主任为这次活动付出了许多心血。

2013年5月11日是一个万里无云的好天气，阳光明媚五月天，我和哥哥以及数位亲友嘉宾来到了家乡所在地，乡亲们像过节一样，早早就等候在故居门前的绿树旁。上午10时，东乔庄的文化广场中央，父亲乔冠华塑像隆重揭幕。

我和哥哥乔宗淮揭开了红绸，刹那间，一尊以父亲青年时期形象为蓝本的青铜色雕像呈现在人们眼前。父亲神色凝重地站在疾风中，手夹书本眺望远方，真实再现了一个学者型外交家的风采。此时鞭炮齐鸣，数百名乡亲和嘉宾热烈鼓掌，这难得的一幕令人浮想联翩。

中华人民共和国外交部、国务院参事室、国家汉办等单位赠送了花篮。

我代表亲属向乡亲们表达真诚谢意，并祝愿乡亲们把家乡建设得更加美好，人人过上幸福的生活。

哥哥乔宗淮作了简短发言，他说："感谢家乡培育了自己的优秀儿子。父亲16岁离乡求学，以后走上革命道路，没有机会再回故乡。父亲晚年病重时十分思念故乡，现在他的愿望终于实现了。乡亲们在闲暇休息的时候，可以随时可以和他谈天说地。”

参加揭幕仪式的有：中国人民对外友好协会原会长、陈毅元帅长子陈昊苏，传记文学学会会长、万里同志长子万伯翱，江苏省政协原副主席、省委统战部原部长沙人麟，外交部办公厅副主任戚振宏，著名企业家、全国政协原副主席霍英东之子霍振宇以及盐城各界代表，乔家亲属和村民数百人。

在与文化广场相邻接的故居前面，还有一句独具匠心的石雕，一本翻开的大书，上面雕刻着《乔冠华与龚澎——我的父亲母亲》“留德同学”一章。隔壁的老邻居是一对种花的中年夫妻，他们在老屋旁边种满了各式生机盎然的绿色植物，顺着绿叶环绕的小路可以一直走到小河边，也可手捧一本小书在树荫下的石凳上潜心阅读。我想父亲地下有知一定会非常开心的。

2013年5月10日下午4时，盐城市举行了纪念乔冠华诞辰100周年座谈会。

盐城故居

座谈会上，哥哥乔宗淮首先简要回顾了父亲乔冠华的一生：

乔冠华，1913年3月28日出生在盐城建湖县东乔庄。他是属于上世纪三十年代参加革命的知识分子。从1929年上清华大学开始接触学习马列主义著作起一直专注学习研究马列主义，到1939年加入中国共产党，他是从寻求真理、信仰马列主义，进而走上革命道路的。

父亲1939年在香港主编时事晚报发表了大量国际评论，在香港和东南亚华侨中影响很大。他在入党前已熟悉马列著作，并把马克思总结巴黎公社经验的巨作《法兰西内战》奉为他写作的指南。他在晚年时还说，当时读《法兰西内战》写文章，感觉就是不一样。1941年起，他任《华商报》、《大众生活》编委。1941年底，日本占领香港后，在南方局直接领导下，他作为廖承志同志助手参与了营救滞留在香港的大批进步知识、文化界人士的行动。1942年他到重庆从事宣传工作并兼《新华日报》社论委员会委员。1945年他到《新华日报》工作，主持《国际述评》专栏。

1946年，父亲赴香港工作，担任港澳工委常委、新华社驻香港分社社长。解放前夕，在中央领导下，他作为骨干参与将集中在香港的大批民主党派负责人和各界代表人物分批护送到解放区，参加新政协和共和国的成立的重大行动。他还在中央的领导下，做两航领导人刘敬宜的工作，分析形势，动员刘敬宜率领两航起义。此外，他还通过在抗战期间结识的新疆警备司令部参谋长陶晋初中将，动员和协助警备司令陶峙岳在新疆起义，同时完成其他有关党的秘密工作、统战工作和同外国的联络工作。

新中国成立后，父亲长期从事外交工作。1949年新中国成立前夕，他作为华南解放区代表出席了第一届政协代表大会。新中国成立后，父亲担任了中央人民政府办公厅副主任、外交部政策委员会副主任、亚洲司代司长。

1949年，父亲和其他同志发起成立中国人民外交协会，并被委任为副会长和党组书记。

1950年，父亲作为中国代表团顾问出席了安理会特别会议，控诉美国对中国领土台湾的武装侵略。

1951年，父亲赴朝鲜参加停战谈判工作。朝鲜战争结束后，他回国工作，之后参加了日内瓦会议、万隆会议以及第二次日内瓦会议等新中国外交的大部分重要活动。在中苏论战时期，他参加中央组织的写作班子，曾担任副组长。

父亲作为顾问出席了1960年布加勒斯特会议，以及中苏两党会谈。他跟随周恩来、刘少奇多次出国访问。

文革十年是中国历史上非常特殊的时期，中国外交受到极左路线的冲击。文革一开始，父亲一方面是受到批判的走资派，另一方面，由于外交工作特殊，他还继续抓外交业务。到1967年1月风暴夺权之后，他就基本上属于白天被批、晚上工作，5、6月份就完全处于“靠边站”的状态，成为外交部造反派打倒的主要对象之一。（当时外交部造反派主要目标就是打倒“陈、姬、乔”。）7、8月是社会上极左势力高涨的时期。他曾被群众组织关押在地下室。一次批斗陈老总的大会上场面混乱，他被当时的院校造反派殴打至吐血，两次被抄家，直至在周总理的过问下，1969年他才被恢复正常工作。

但也正是在这十年中，由于毛主席、周总理的英明决策，文革后五年又是我国外交取得重大进展、打开新局面的重要时期，就是在这段时间出现了我国外交史上第二次建交高潮。此时，父亲乔冠华已成为外交战线一线主要领导。

1969年，在中国外交受到美苏两面夹击的情况下，周恩来与柯西金在机场确定两国恢复边界谈判。乔冠华担任边界谈判中方代表团团长。当时边界代表团恢复谈判的意义远远超过了边界谈判本身。

随后在1971年，毛主席点名乔冠华担任中国代表团团长，第一次代表新中国出席恢复中华人民共和国联合国合法席位的第26届联大。接着，他又参与了中美恢复正常关系的工作。

父亲乔冠华是新中国建国初期外交文件的主要撰稿人。他主持了建国以来几乎所有重大外交文件的起草，也是重要外交谈判的参与者。从朝鲜停战谈判，他作为中央工作队指导员主要负责指导谈判工作；到后来的中印边界谈判，虽然他不直接参与，但他也负责谈判发言稿审定；他主持了1969年在特定历史条件下，负有特殊使命的中苏边界谈判以及中美恢复正常关系的谈判。他思想清晰，逻辑性强，言辞尖锐。陈毅元帅曾夸他是个辩才。他作为部领导，曾长期主管外交部的调研工作。他有深厚的研究基础，他的调研报告常常受到毛主席、周总理的好评。比如，1953年2月，毛主席在《乔冠华关于经过板门店正式通知美方无条件复会问题的几点意见》上做出批示:“周总理：乔冠华同志的分析是对的……请告乔冠华，时常做些国际形势的分析给我们看”。

概括地说，乔冠华是新中国第一代领导人的外交助手，他的外交工作能力是全面的。

关于父亲文章的政治性、思想性就不多谈了。因为父亲在清华第一年读文学系，后改学哲学，留德期间学习了西方的宗教，并能掌握多种语言，所以他的文章除了政治性强，知识性和文学性也很强。我只想提两点：

第一，据我所知，他的文章经常引经据典，不仅生动，而且恰如其分，入木三分。比如，在1963年9月1日用“中国政府发言人声明”的形式答复苏联领导人在核武器问题上对中国的攻击那一篇文章中，他引用《庄子》中“惠子相梁”的故事，来说明“人各有志，不要以小人之心度君子之腹”的道理。毛主席看后大为赞赏，认为用典用得十分贴切。再比如，1963年7月，他根据毛主席口授，起草了《人民日报》署名观察家的评论文章《反华大合唱中的印度反动派》，文中引用了唐代诗人杜甫的两句诗“尔曹身与名俱灭，不废江河万古流”。记得有一天，父亲作为工作人员列席政治局常委碰头会后回来说，在会上讨论这篇文章时，主席专门提到杜甫这首诗，还兴致勃勃地说起初唐四杰的背景，讲了一大段话。父亲为他能够深通主席的意思，并加以灵活表达而感到满意。

第二，他写文章重思想，写国际评论经常从历史的角度加以哲学的概括。比如，1943年，他为《新华日报》撰写了国际评论《形势比人强》。文章的标题高度概括了1943年苏军反击德国法西斯取得节节胜利、处于重大转折前夕的第二次世界大战形势。他使用的“形势比人强”的语句，至今仍在流传，被人们引用。

在今年父亲诞辰100周年之际，我们缅怀他为党和人民所做的有益的事情，向他学习，学习他的优点和长处。但是他和所有的人一样，有优点，也有缺点，做过有益的事情，也不可避免地做过错事。在文革最后的阶段，也就是不到一年的时间（批邓开始，其间总理去世）形势十分复杂，他也走过一段曲折、坎坷的路。对于他这段经历，1982年底习仲勋同志和陈丕显同志代表中央同他谈话，组织上对他的审查做出了结论，并为他安排了工作。不幸的是，他已是癌症晚期，不久便与世长辞。他临终前，对同他相识四十多年的战友夏衍同志说出的最后一句话是："人生自古谁无死，留取丹心照汗青"。这是他们两个人几十年当中其中一方遇到坎坷时互勉的话。

今年也是父亲逝世三十周年。三十年来，世界发生深刻变化，伟大的祖国也发生了翻天覆地的变化。父亲那一辈人为之奋斗的富强、文明、繁荣的新中国的理想已经实现，我们的祖国已经屹立在世界先进民族之林。我想父亲有知也会感到无限欣慰。

陈昊苏、万伯翱、戚振宏等嘉宾即席发表了讲话。

陈昊苏说："乔冠华同志不愧是从盐城这片热土走出的文采风流极为杰出的革命家、外交家，他在盐城这片土地上得到最初的滋养，以后把满腔热情、全部精力都奉献给了我们伟大祖国的复兴伟业，特别在外交领域做出了卓越贡献。

我觉得特别应该提到的是，乔冠华同志在七十年代前半期担任外交部主要领导人时的杰出表现。那时还是文化革命期间，我们国家在国际斗争中受到国内因素的制约很严重，常常因为一些与外交没有直接关系的言论行动招来巨大的麻烦。周总理在对美工作中就遇到这种情况，一度陷于很严重的困境，乔冠华同志就更难以摆脱这方面的陷阱和阻碍了。但他还是代表我们这个社会主义大国昂首阔步踏上国际外交舞台，作为新中国重返联合国最早的外交部长，在纽约展示政治智慧和外交风采，赢得辉煌的成就。他说过形势比人强，对美国的外交家来说，这是一个鲜活的例证，证明中国的外交家的见识远远超过了美国。强势的中国人利用中国影响力的强势，在国际舞台上写下了光彩夺目的记录。现在我们回顾这一幕，仍然感到骄傲和仰慕，向乔冠华同志献上永远的敬意。

当然，中华民族的伟大复兴是一个相当漫长的过程，在前进的道路上已有许多里程碑树立起来，每座里程碑都是一段新的奋斗起点。我们现在外交斗争所遭遇的困境并不比过去更小，不断有新的更加艰巨的奋斗使命横在我们面前，我认为，乔冠华同志当年在外交舞台上显示出来的高瞻远瞩的气势、对外交事务的出色把握，在外交斗争中不断挥洒的智慧文采，

都特别值得我们学习。”

盐城茆贵明同志在他的发言中论证了作为文章家的乔冠华，他的分析非常中肯与深刻：“古人说，‘言而无文，行之不远’，乔冠华同志在他所处的时代为我们做出了榜样。我们希望现在也能有乔冠华同志那样的文章高手来把握我们外交新闻展现的革命锋芒，激励我们的人民充满信心地向着社会发展的目标前进，实现我们民族复兴的伟大中国梦。”

随后，盐城市地委原副书记、人大常委会原主任陆逵，盐城市文联原副主席、新四军纪念馆原馆长曹晋杰和盐城市党史办副主任茆贵鸣等相继在会上发言，高度评价乔冠华一生对新中国外交和其他方面作出的杰出贡献。盐城市政协文史委员会副主任、中华诗词学会会员、盐城诗词协会主席徐于斌女士特赋一首《高阳台》，并当场朗读：“……以身许国身非我，但邦交四海，笔扫烽烟。沥胆披肝，迎来双鬓都斑。功名岂是生前事，只丹心，留照人间。望长川，日日东流，浪拍云天。”

我宣读了儿子的献词：“我没有见过姥爷，可是他活在我们身边，母亲说，清明节的时候，姥爷姥姥会在天上看望我们，那是我们全家团聚的日子。”

这位后来人发表了自己的独特见解：“我希望各位记住姥爷的成功是因为他的实干和豁达，而非历史的迷雾和旧日的传说。乔的大笑固然是20世纪中国在国际政治上的阶段性的胜利的符号，但新生共和国外交事业，从来不是由一个符号所能代表的，它的建立是由无数人的互相支持和信任作为基石而建立起来的金字塔。其闪耀的塔尖并非祭奠神仙皇帝的功勋柱亦非个人主义的丰碑，而是刺破国际封锁的塔尖和中国夺回合理的话语权的证据，也是国际友好的象征。

……只有姥爷多年未改的乡音是可以传说的，那些以苏北口音发出的感叹，略显古雅的诗词，如贯穿古今的春风夏雨吹打在湖畔，育化成新一代羽扇纶巾的后辈青年。

唯一需要后人做的便是怀先人之赤忱，来呼应往日的波澜，在太平盛世仍不忘危机，就像前辈相信的一样，为战斗中得来的解放而继续奔向那遥远的未来。”

朋友的话

松都：

五十七年前，我在孔德幼稚园认识了你的哥哥宗淮，总角之谊延续至今，我们的交往让我有幸在幼年时代走进了你们的家门，从台基厂、无量大人胡同到报房胡同，我都是贵府的座上客。冠华叔叔和龚澎阿姨当年对我这样的小朋友的热情款待，至今历历在目。近日，你的大作又把我带回到那如梦如幻的年代……久违的龚澎阿姨和冠华叔叔的音容笑貌又浮现在我眼前。那时候，他们对刚刚诞生的新中国的未来充满了自信，尽管当时我国的外交工作十分艰难并充满变数，但是正是他们这一代外事干部结束了旧中国“弱国无外交”的屈辱尴尬历史，也正是他们这一代人在国际舞台上展示了“中国人民从此站起来了！”的精神风貌。他们都是曾为新中国外交事业争气长脸的佼佼者，你作为他们的女儿，当为有这样的父亲、母亲骄傲和自豪。

不幸的是我们和父辈们同时遭遇了那场“十年浩劫”，在我们尚未成熟的心灵中早早结束了那短暂的春天之梦。那场史无前例的政治灾难不仅影响改变了你的命运，也给神州亿万家庭带来难以泯灭的伤害。

作为老大哥，令我感佩的是你依靠顽强的毅力，迈步重踏父母走过的革命人生足迹，收集资料，寻访父辈的同路人，用八年时间完成了对父母的追忆和思念之作《乔冠华和龚澎》。我欣喜地看到曾被冠华叔叔、龚澎阿姨视为掌上明珠的小女孩在磨砺中的成长过程。你以一个女儿的独特视角和心灵，谱写了自己父母光荣战斗的一生。而某些历史的真相，至今让你仍有着难言之隐。因为你所能直接面对的是曾经相依为命，并对你疼爱有加的生身父亲啊！

今天，你能在著述中，勇敢地保留下了父女之间的关爱和情感那人间之美，而以女性特有的包容之心，舍去那些造成家庭不幸之丑陋的阴影，不怨天尤人，坚持说老实话，做老实人。我想世人是会理解的，冠华叔叔龚澎阿姨在天之灵看到女儿至今仍保持着灵魂的净洁，会多么开心啊！这正是这本书的成功所在。

冠华叔叔本是文人才子，又是性情中人，不幸过早地失去了贤内助和政治生涯的主心骨——龚澎阿姨，从而卷入复杂的政治斗争旋涡，留下千古遗憾。

中国有史以来的历代名人中，即使为中华民族做过再大贡献者，又有哪一个人不被他人品头论足，说三道四呢？千秋功过自有后人评说（评说，不是评价，因为任何脱离时代背景的评价都不可能作到公正、准确），何须我们背包袱。对历史人物的评价，不能像中国戏曲脸谱那样勾画得七色分明，历代总有强势的好事者喜欢为古人勾画脸谱，把复杂的人性用一种色彩定性，这样的给历史人物强加的政治色彩都是经不起时间考验的，是站不住脚的。当今世面为冠华叔叔勾画脸谱者不乏其人，作为其后人可不必见褒则喜闻贬则忧，当泰然处之。

相信冠华叔叔和龚澎阿姨听到他们的女儿心灵的呼唤，看到他们的女儿对父母的回忆与思念终于成书，也会含笑九泉的。

思猛大哥
2007年10月6日

初版后记

二十几年想说的话终于写了出来，追寻往事是一种挑战，也是一种享受。

俗话说，仁者见仁，智者见智，对人的看法更是如此。我怀念自己的生身父母，这里有血浓于水的骨肉亲情，更有对那些充满理想时代的感悟，希望历史记住那一代为理想为事业奋斗终生的人们，并从他们身上汲取经验与教训。

父亲一向教育我们要“说老实话”，做到这一点又谈何容易！说实话难，说父母亲的实话更难。为了追寻往事的踪影，我像一个考古者一样，在沉淀的记忆和星星点点的历史碎片中寻寻觅觅。八年下来，我先后采访了与父亲母亲不同时期接触过的几十位前辈，其中有几位已仙逝。在档案馆和资料室那些发黄的卷案与胶片中，我找到了爸妈熟悉的笔迹和亲切的笑容。在这特殊的团聚中，一种归属感油然而生。应该说，爸妈是与一代人的事业联系在一起的。

我愿借此机会，将一个真实的父亲和母亲以及他们在血与火中锻造的爱情、亲情、友情和人生历程的故事介绍给读者，还一段历史的本来面目。

近些年来，坊间有不少回忆或传记或多或少地提到父亲，无论人们说父亲成也好，败也好，具体是非功过，只有留待历史评说。我在这里说的和所能说的，都是我亲身经历和了解到的事实、我的感慨和我的感悟。历史是多元的，相信读者在读完这本小书后，会有自己的理智判断。

感谢各级领导、前辈和朋友们的支持。

万伯翱、马斯猛两位兄长对本书作了具体指导。外交部档案馆、安徽省政协戴健、广东省党史办刘子建、上海档案馆以及中央新影制片厂资料库的同志热情地向我提供了相关资料，世界知识出版社周宇君为本书初稿作了校订。梁光玉先生、韩亚君先生都对初稿提出过中肯意见，在此向各位表示真诚谢意！

我采访的前辈和亲友是：（按采访时间顺序）

柯　华	熊向晖	区棠亮	刘白羽	黄苗子	林　林	沈少星
张　颖	王务安	吴蔚然	龚普生	张　彦	陈秀霞	陈　辉
郭元慧	秦华孙	蔡再度	黄　明	鲁　明	马毓真	李　之
童丹宁	简慧露	杨致英	陈鲁直	陈治文	宋以敏	刘建珍
吕　霞	金华彬	程远行	王　立	康岱沙	杨公素	伍仪瑜
童富贵	王守元	陈　浩	陈舜瑶	史济招	金桂华	王嵎生
戴　严	李道豫	毕季龙	龚荣荣	吴妙发	温　馨	朱　烈

2007年10月10日
于北京

再版后记

这本写了八年的书于2007年11月交稿，2008年3月由中华书局出版，至今已经过去五年了。世界知识出版社胡孝文主任邀请我把这本书放到世知社再版。于是，我重新阅读了一遍自己写的小书。

我又一次被自己记录下的文字带回到往事之中，那些遥远的，飘忽不定的影像似乎更加清新更加与自己血肉相连。

当我的孩子长到我当年下乡的年纪时，我深深感到当年父母的心。在我执意要下乡的时候，妈妈望着我喃喃欲语的表情就在眼前……我和哥哥先后踏上东北内蒙的火车以后，家里又是怎样的状况……

或许我们已经走过或是接近爸妈当时的年纪了。人生其实是很快的，人无完人，历经风风雨雨，我们或许要为长辈做一份担待。就像我们的出生与成长，父母为我们所承担的一样。

《苦难辉煌》一书中说，有人奋斗，有人收获，父亲母亲这一代人奋斗一生，在收获来临的日子里，他们中的很多人已经消逝了，但是我们还是要为中华民族曾经有这样一批优秀的儿女而自豪，这其中有我的父亲母亲的身影。

2014年是母亲龚澎诞辰100周年。谨以此书作为纪念。

完成修改版文字之时，已是初夏时节，窗外绿叶丛丛，阳光灿烂，亲爱的妈妈，今天是你的生日！取前辈之精华，健康快乐地迈向新生活，这正是生命本身的意义。

需要说明的是，我的小书发表后，河南新乡、北京、上海、广东、山西等地的热心读者对作品做了认真校正，使本书中的文字与历史情节更加准确，这使我获益匪浅。许多相识与不相识的读者给予我巨大鼓励。在此表示诚挚的感谢。

感谢万伯翱，王彤（三星），王焕德，马思猛，沈长风，霍平分，张丽娜，马波，江岩，赵香华，孙大纹，苏宝琛，窦广利，张力力，徐琳等朋友一如既往的支持。

感谢所有为本书出版发行付出辛勤努力的人。

参考资料

王永琪:“一二·九”时期燕大党和革命组织的建立”，载赵荣声，周游主编:《一二·九在未名湖畔》，北京出版社1985年版。

[美]费正清著，陆惠勤，陈祖怀，陈维益，宋瑜译:《对华回忆录》(China Bound, A Fifty-Year Memoir)，知识出版社1991版。

张颖:“杰出的女外交家龚澎”，载程湘君主编《女外交官》，人民体育出版社1995年版。

王明湘，刘立群，王泓主编:《中共中央南方局和八路军驻重庆办事处》，重庆出版社1995版。

戴健:《有德有年，功在民国——龚镇洲传略》，载合肥市政协学习与文史委员会主编:《辛亥革命与合肥》1989年版。

[美]白修德、贾安娜著，瑞纳译:《中国的惊雷》，新华出版社1988年版。

乔冠华:《口述自传》，谈话录音。

梁奎峰:《人间自有真情在》，中国青年出版社1994年版。

中共党史研究室、重庆市委党史研究室主编:《见证红岩——回忆南方局》，重庆出版社2004年版。

冯亦代:《冯亦代文集》，中国友谊出版公司1999年版。

陈秀霞:《献身对外交流》，世界知识出版社2001年版。

林洙:《梁思成、林徽因与我》，清华大学出版社2003年版。

中共上海市委党史资料征集委员会学生运动史料征集组编:《不朽的白衣战士：计苏华纪念集》，上海人民出版社2002年版。

四川大学马列主义教研室编著:《重庆谈判资料》，四川人民出版社1979版。

李辉:《在历史现场》，大象出版社2003年版。

中共中央文献研究室编:《周恩来年谱》(1898—1949),中央文献出版社1989年版。

张彦:"我的引路人乔冠华、龚澎",载《记者无悔》,开明出版社2001年版。

中国共产党代表团驻沪办事处纪念馆编:《上海周公馆》,上海人民出版社1994年版。

茆贵鸣:《从清华才子到外交部长》,江苏文艺出版社2007年版。

陈敦德:《知情者说——共和国是怎么组建外交部的》,中国青年出版社2004年版。

曾文彬:"我所了解的外交部新闻司"。

金冲及主编:《周恩来传》,中央文献研究室1998年版。

熊向晖:《我的外交与情报生涯》,中共党史出版社2006年版。

黄华:《亲历与见闻》,世界知识出版社2008年版。

张彦主编:《万隆精神普照大地》,世界知识出版社2005年版。

雷英夫:《日内瓦会议的军事谈判》。

童小鹏:《少小离家老大回》,福建人民出版社2000年版。

于土:"1946年的上海周公馆",载《蓝盾》1985年第6期。

本书编写组:《章汉夫传》,世界知识出版社2003年版。

陈秀霞:"1959年,外国驻京记者采访西藏",载《纵横》2004年5期。

陈乐民:"想起一个外国老人",载《春泥集》,花城出版社2008年版。

陈秀霞:"斯诺与中美关系",载《世界知识》2007年第19期。

李效忠:《联合国的女外交官:邢洚的故事》,长征出版社2004年版。

康矛召著,张亦弛整理:《外交官回忆录》,中央文献出版社2003版。

柯华:"挥泪忆龚澎",载《光明日报》,2008年3月25日。

李金华:"怀念龚澎同志"。

戴严:"忆龚澎同志对我的教导"。

程远行:《中国涉外事件秘闻》,作家出版社2006年版。

程远行:《风云特使——老外交家王炳南》,中国文联出版社2001年版。

杜易:《大雪压青松》,世界知识出版社1997年版。

马继森:《外交部文革纪实》,中文大学出版社2003年版。

中共中央文献研究室:《周恩来年谱》,中央文献出版社2007年版。

殷树良："乔冠华、龚澎二三事"。

龚普生：《我最高尚的朋友》题后记。

《乔冠华文集》，吉林人民出版社2000年版。

夏衍：《懒寻旧梦录》，生活·读书·新知三联书店，1985年版。

胡风：《胡风遗稿》，山东友谊出版社1998年版。

本书编写组：《贤者不朽：连贯同志纪念文集》，中国华侨出版社1995年版。

乔冠华：《关于朝鲜战争与停战谈判》。

吴冷西：《回忆毛主席》，新华出版社1995年版。

雷英夫：《在最高统帅部当参谋》，百花洲文艺出版社1997年版。

杜平：《在志愿军总部——杜平回忆录》，解放军出版社1989版

程湘君主编：《女外交官》，人民体育出版社1995年版。

符浩：《风雨沧桑集》，世界知识出版社2001年版。

刘金质：《冷战史》，世界知识出版社2004年版。

柴成文："周总理领导我们进行中苏谈判"，载中共中央文献研究室、中央档案馆《党的文献》编辑部编：《中共党史重大事件述实》，人民出版社1993年版。

宗道一等编著：《周南口述——遥想当年羽扇纶今》，齐鲁书社2007年版。

吴妙发编著：《乔冠华在联合国》，世界知识出版社1998年版。

王之栋：《我这个外交官》，中国文联出版社2005年版。

张容：《一言难尽乔冠华》，2009年。

邓榕：《我的父亲邓小平》中央文献出版社1993年版。

崔奇："忆乔冠华二三事"。

熊向晖：《我的情报与外交生涯》，中共党史出版社2006年版。

程远行：《风云特使：老外交家王炳南》，中国文联出版社2001年版。

张颖：《外交风云亲历记》，湖北人民出版社2008年版。

外交部档案馆开放档案

图书在版编目（CIP）数据

乔冠华与龚澎：我的父亲母亲 / 乔松都著. —北京：世界知识出版社，2014.11

ISBN 978-7-5012-4775-2

Ⅰ.①乔… Ⅱ.①乔… Ⅲ.①乔冠华（1913~1983）—生平事迹 ②龚澎（1914~1970）—生平事迹 Ⅳ.①K827=7

中国版本图书馆CIP数据核字（2014）第271393号

责任编辑	胡孝文　王晓娟
责任出版	赵　玥
责任校对	马莉娜
封面设计	小　月

书　　名	**乔冠华与龚澎——我的父亲母亲（修订版）** Qiaoguanhua Yu Gongpeng — Wo De Fuqin Muqin
作　　者	乔松都　著
出版发行	世界知识出版社
地址邮编	北京市东城区干面胡同51号（100010）
网　　址	www.wap1934.com
电　　话	010-65265923（发行）　010-85119023（邮购） 010-65135637　010-85118128（编辑部）
邮　　箱	614849700@qq.com;　2652857746@qq.com
经　　销	新华书店
印　　刷	北京新华印刷有限公司
开本印张	787×1092毫米　1/16　35印张
字　　数	548千字
版次印次	2014年12月第一版　2014年12月第一次印刷
标准书号	ISBN 978-7-5012-4775-2
定　　价	56.00元